启微

自主

［美］丛小平 著译
Cong Xiaoping

中国革命中的
婚姻、法律与女性身份
（1940～1960）

Marriage,
Law and Gender in
Revolutionary China,
1940-1960

社会科学文献出版社
SOCIAL SCIENCES ACADEMIC PRESS (CHINA)

谨以此书纪念世伯暨导师冯契先生（1915~1995）

感谢他教我以哲学角度思考历史

目　录

中文版序言 ·· i

英文版序言及鸣谢 ·· iii

1944年陕甘宁边区示意图 ·· xi

导　论 ·· 1

第一章　封彦贵诉张金才：陕甘宁革命根据地与婚姻改革 ··· 44
　一　从边陲到革命根据地：1930年代陇东与陕北的
　　　政权建设 ··· 49
　二　婚姻改革与地方社会 ··· 64
　三　社会冲突：婚姻纠纷背后的经济动因 ··················· 77
　四　法律和社会实践：处理革命司法与当地文化的
　　　不相容问题 ·· 86

第二章　捧儿上诉：妇女、爱情、婚姻与革命政权 ·········· 94
　一　作为革命话语的"婚姻自由" ······························· 98
　二　当地家长制下的妇女：爱情、性、婚姻与家庭 ······ 101
　三　当地妇女与革命政府 ·· 125
　四　王银锁左润离婚案 ··· 145
　小　结 ··· 150

I

第三章 二审判决：边区司法建设与婚姻改革 …… 151
  一 建立行之有效的边区司法制度（1937～1946）…… 156
  二 司法体系革命：混合型新模式的探索（1943～1946）
    …………………………………………………………… 168
  三 司法实践：形式主义或革命原则下的地方灵活性？…… 185
  小 结 …………………………………………………… 200

第四章 建立新的判决原则：从"婚姻自由"到"婚姻自主"
  …………………………………………………………… 205
  一 从"自由"到"自主"：词语与条例 …………… 206
  二 自主：从法律实践中产生的新婚姻原则 ………… 222
  三 修改中的婚姻条例：1944年与1946年 ………… 242
  小 结 …………………………………………………… 257

第五章 新闻报道：建设新民主主义的乡村法治秩序 …… 258
  一 马锡五的审判方式：安定地方乡村社会 ………… 260
  二 马锡五的审判方式：改进政府与乡村社会的关系 …… 270
  三 马锡五的审判方式：地方／民间社会渗透、
    重塑国家话语 …………………………………… 294
  四 《新华日报》：展示边区民主、发掘新的女英雄形象 … 304
  小 结 …………………………………………………… 308

第六章 秦腔剧本与说书：从反叛的女儿到"社会母亲" …… 309
  一 "后五四一代"的都市青年在延安：投身革命，
    寻找民族之根 …………………………………… 312
  二 革命政权下女性的新形象 ………………………… 325
  三 一场改变母女关系的革命 ………………………… 332

四　韩起祥与说书《刘巧团圆》：体现地方价值观的故事 …………………………………………………………… 355
　小　结 ………………………………………………………… 362

第七章　从评剧到电影：《刘巧儿》与全国性婚姻家庭改革 ………………………………………………………… 364
　一　1950 年《婚姻法》：重回都市理想，面对实践的挑战 ………………………………………………………… 367
　二　评剧《刘巧儿》：创造新妇女的形象 ………………… 378
　三　从评剧到电影：民间艺术的改造与提升 …………… 383
　四　封芝琴与"刘巧儿"：妇女的新榜样 ……………… 401
　小　结 ………………………………………………………… 407

余论　当代历史与革命传统："刘巧儿"、法律、"自主" …… 408

参考文献 ………………………………………………………… 426

中文版序言

在中文版序言中，我想解释一下本书的书名为何与英文版稍有不同。实际上，在 2014 年我将最初的英文书稿交给英国剑桥大学出版社时，书稿的题目就是 *Self-Determination：Marriage, Law, and Gender in Chinese Revolution, 1940－1960*，意思与现在的中文书名一样。但是在与剑桥大学出版社签合同时，编辑告诉我，编委会审查的时候，要求我把书名改为 *Marriage, Law, and Gender in Chinese Revolution, 1940－1960*，去掉"Self-Determination（自主）"一词。我当时极力反对，告诉他们本书想表达的精神就在于这个词。经过一番争执，编委会坚持他们的意见，理由是改了书名"市场卖相会比较好"。为了书能出版，我只好妥协了。细思下来，出版社论点的基础是资本的逻辑，而我的反驳却是用历史和文化的逻辑，结果是历史和文化的逻辑被资本的逻辑打败了。但是我却一直相信，在资本逻辑的背后，肯定有另一种历史和文化的逻辑，不过这就说来话长，足够另写一本书了。

所幸有机会出中文版，让我得以恢复原有的书名，并且在翻译过程中对原著有所修改、增删，增的部分主要包括原稿中被出版社要求压缩的部分，我也借此机会对某些论点做了进一步发挥，并且将英文书稿中以意译方式引用的资料在这里以原文呈现。删的部分主要是一些解释性的句子和内容，当时专为对中国

i

自主：中国革命中的婚姻、法律与女性身份（1940～1960）

社会和中国革命不太熟悉的英文读者而作，这些地方对于中文读者来说就显得啰唆冗长。由于本人长期在英语语境中生活、写作，在翻译过程中难免受到英文句式的干扰，一些句子可能会有些生硬，还请读者理解。本书的写作主要是面对英语世界的学者和学生，虽然在书中我强调以中国革命经验为主体的概念升华，但是书中的不少观点是与北美和欧洲学者进行对话和讨论后形成的。书中所引用的学术观点也多以英语著作和文章为主，涉及的议题也难以摆脱欧美学术界的理论框架。尽管如此，这种对话仍然是必要的，因为不少议题是国内中国革命史研究者所关心的。过去十多年中，国内学者关于新革命史研究的著作大量涌现，但是我对国内学者的研究成果了解有限，引用借鉴也有限，不能不说是本书的一个遗憾。

这里我要提到的是，本书第一章、第五章、第六章的初译稿是由西北工业大学外国语学院的张晶教授帮我翻译的，在这个初译稿的基础上我又做出了增删、修改与校订，所以在这里对她的帮助表示感谢。此外，我还要感谢西工大公共管理学院的韩伟教授和马克思主义学院的杨冰郁教授，因为一些从网上查阅到的资料和文章，需要在书中标明页码，他们热心地帮我查找资料源头，使得此书更加完善。

最后我要感谢社会科学文献出版社的两位编辑——宋荣欣和石岩。她们不辞劳苦，为文字编辑做了大量工作，在这里向她们表达我深深的谢意。

丛小平
2021年7月于休斯敦

英文版序言及鸣谢

尽管从1990年代以来，中国社会兴起一种告别革命的思潮，但是革命作为20世纪的重大文化与社会事件，在新的千禧年总是会一次次地被回顾。中外学者对中国20世纪的革命研究涵盖了中国革命中的国际关系、意识形态、方针政策、革命领袖、军事与战争、中共与知识分子的关系，以及中共与底层革命等方面。但是可能由于资料的局限，中共革命中一个极为重要的方面，即革命政权在地方的行政和司法实践尚未被深入研究。同时，这种实践的历史意义，尤其是它在本土实践中所生长出的思想观念与文化符号对后革命时代的影响仍是一个值得深思的问题。本书显示，20世纪中国社会以及知识界接受了大量源自西方的外来词语（许多是经由日本输入的），而本土的社会革命实践不仅选择性地消化了这些外来词语，赋予它们新的内涵，而且创造出新的词语，例如"自主"，这个词既是本土经验的结晶，又指导了实践，成为20世纪上半叶革命的重要产物，在20世纪中后期被继承并发扬光大，以至今日。本书对"自主"一词的分析显示，它的源流与变化正好与20世纪中国革命的过程交相辉映。

自主：中国革命中的婚姻、法律与女性身份（1940~1960）

不论从思想主题还是从历史顺序的角度，本书都是我上一本书①的继续，尽管两本书研究的对象完全不同，但思路一以贯之。上一本书研究中国的师范学校，以师范学校发展的例子说明西方中心论在中国历史研究中产生的偏颇；本书则叙述中国革命的实践如何建设性地创造了本土的概念，又用以指导革命实践。上一本书最后一章写到许多师范学校学生受到1930年代革命思潮的影响，参加了中共的革命。当我寻找这些师范生在下一阶段社会革命中的足迹时，发现了"刘巧儿"的故事。这个故事激发了我童年的回忆，因为当时的许多联欢会上，评剧《刘巧儿》的唱段永远是保留节目，广受欢迎，刘巧儿因此成为社会主义女性在婚姻上自己做主的象征。查阅资料后我惊喜地发现，刘巧儿的原型——封芝琴仍然在世！这引起我极大的兴趣，考虑到她的年龄，我觉得对刘巧儿－封芝琴案例的研究刻不容缓，因为封芝琴的故事是一个乡村妇女在革命中改变命运的故事。于是在2005年我去甘肃华池县拜访封芝琴并做了第一次访谈。在那次采访的同时，我得知陕甘宁边区高等法院的资料对外开放。于是对封芝琴以及其他相关人员的访谈以及陕甘宁边区高等法院的相关档案资料构成了本书的坚实基础。我要再次表达对封芝琴的感谢，她的故事是20世纪革命叙事的一部分。遗憾的是，封芝琴老人于2015年2月12日病逝，未能看到她的故事在英语世界的

---

① 即 *Teacher's Schools and the Making of the Modern Chinese Nation-State*, 1897 - 1937, Toronto: The University of British Columbia Press, 2007. 中译本为《师范学校与中国的现代化——民族国家的形成与社会转型：1897~1937》，商务印书馆，2014。

英文版序言及鸣谢

传播，本书是对她深深的感激和永久的纪念。

我非常感激艾尔曼（Benjamin Elman）教授，在我完成博士训练后，十数年来，他依然关心、指导我的研究。我也要向贺萧（Gail Hershatter）教授、周锡瑞（Joe Esherick）教授、孟悦教授表达我的深深谢意。当我开始此项研究，还在撰写课题、申报提纲时，贺教授阅读了提纲并给予我鼓励与建议。书稿初稿完成以后，周教授仔细阅读了提要和导论部分，向我提出修改书稿的宝贵意见。在写作过程中，好友孟悦倾听我的思路和想法，并阅读了书稿的绪言部分，给出非常有价值的评论和建设性意见，对我进一步修改书稿有很大的帮助。

最应该感谢的一个人是我的好友、西北工业大学马克思主义学院的秦燕教授。我们的友谊始于大学时代，我们既是同班同学又是室友。秦教授对于陕北社会和妇女的开创性研究对我理解当地社会地理环境、风俗习惯和乡村妇女生活状况有极大帮助。而且她为我介绍了不少当地乡村的人脉，陪我一起做采访，使我的研究顺利展开。秦教授还慷慨地将她收集的宝贵资料与我分享，正是她的无私帮助，使这本书增色不少。有她这样的朋友是我的极大荣幸。

在写作过程中，我与许多学者朋友有过交流和讨论，从中得到了启发与帮助，她们的评论与建议让我获得了许多灵感，也砥磨了我的想法。她们是莱斯大学的钱南秀（Nanxiu Qian）教授、约克大学的季家珍（Joan Judge）教授、Lewis and Clark 学院的 Susan Glosser 教授，她们都曾就此书与我进行过深入交谈。钱南秀教授还慷慨地分享了她所收集的有关晚清妇女史的珍贵史料。

v

自主：中国革命中的婚姻、法律与女性身份（1940~1960）

我曾将本书的几个章节提交不同的学术会议和学术工作坊，从中得到了有益的评论与反馈，为此要感谢下列学者和朋友，他们是司马富（Rich Smith）、白露（Toni Barlow）、汪晖、魏定熙（Timothy B. Weston）、宋少鹏、沙培德（Peter Zarrow）、高哲一（Rob Culp）、何谷理（Robert Hegel）、马钊、曾小萍（Madeleine Zelin）、陈利、顾德曼（Bryna Goodman）、戴真兰（Janet Theiss）、郭贞娣（Maggie Kuo）、胡宗绮（Jennifer Neighbors）、Lisa Tran、刘昶、姜进、郭于华、Yun-cheng Chiang、游鉴明、吕妙芬等教授以及王超华、赵安妮博士等。在写作书稿和发表文章过程中，纪保宁（Pauline Keating）教授以及许多匿名评审人都对我的研究发表了非常有见地的评论，让我书中的观点更加清晰明了。

我要感谢休斯敦大学历史系的同事们，特别是 Cathy Patterson 教授、Sarah Fisherman 教授、John Hart 教授、Nancy Young 教授，他们也阅读了书稿的部分内容并提出了宝贵意见。也要感谢 Martin Melosi、Linda Reed、Kairn Kleiman、Natalia Milanesio、Landon Starrs 等诸位教授，他们给我提供了各式各样的帮助。还要感谢我们人文社科学院的两位前院长——John Antel 和 Steven Craig 教授，他们为我的研究和本书的写作提供了有力的支持。系里的工作人员 Lorena Lopez、Donna Butler、Daphyne Pitre 以及 Gloria Ned 都为我的研究、旅行、教学提供了许多帮助，在此一并致谢。

这项研究从一开始就获得了包括休大在内的各种机构的资助，让我得以到中国旅行，到档案馆、图书馆收集资料。所以首先要感谢 2006 年美国全国历史学家学会（American Historians

Association)的 Bernadotte E. Schmitt 欧非亚历史研究基金（Bernadotte E. Schmitt Grants for Research in European, African, or Asian History）为我提供的资助。2008年到2009年之间，我获得了美国国家学术团体暨美国国家人文基金会（the American Council of Learned Society/the National Endowment of Humanities）"美国中国人文研究基金"（the American Research of Humanities in China）资助，同年还获得了美国国会富布赖特学者基金（the Fulbright Foreign Scholarship Program）的"中国研究学者资助"（the Research Scholar Grant to China）。这些资助让我得以在中国逗留一年多，完成资料的收集工作，为此书的写作打下坚实基础。我同时也感谢休斯敦大学为我提供的资助，从2005年夏开始，休大的妇女与性别研究中心（the Center for Women's, Gender and Sexuality Studies）为我提供了"教授夏季研究奖"（Faculty Summer Fellowship），因此我能够完成初步考察过程。从2006年到2016年我获得了休大关于研究、会议旅行以及完成书稿的各种资助，例如 GEAR、Small Grant、GIA、Provost Travel Grants、Completion Grant、Publication Grant，以及2012年的学术休假，让我有比较完整的时间思考书稿架构并基本完成初稿。这些资助让我在研究和写作的每一阶段都能稳步前进，最终完成专著的出版。

在我收集资料期间，下列档案馆、图书馆的工作人员都曾给予热情的协助，他们分别是陕西省档案馆、庆阳市档案馆、华池县档案馆、米脂县档案馆、榆林市档案馆、延安市档案馆、中国国家图书馆、上海图书馆、陕西省图书馆，以及位于台北的中研

自主：中国革命中的婚姻、法律与女性身份（1940~1960）

院图书馆、"内政部"调查局档案馆、"法务部"档案馆。同时，休斯敦大学图书馆馆际交流部以及馆员 Alex Simons 也为我提供了很多支持，在此感谢。

我在中国做研究期间，所到地方的政府领导和有关人士都予以全力帮助、热情款待。他们是庆阳市原负责人马平及其秘书姚正杰，华池县文化局局长折兴发、旅游局谭局长、县档案馆朱馆长和馆员赵华先生。华池县的杨振发先生还将他所著有关"刘巧儿"和封芝琴故事的著作馈赠于我，我在书中也有所引用。

我的一些老同学、老朋友有在西安的高校工作的，有在陕北政府部门工作的，他们也提供了热情的帮助与支持。原在榆林市政府工作的刘汉利先生以及原在延安市政府工作的杨晓鹤先生，为我在当地收集资料提供了尽可能的帮助。我还要感谢我的母校陕西师范大学在 2008~2009 年接受我为访问学者并为我提供了各种研究上的便利。在陕西师大任教的老同学贾二强、张建成、侯甬坚等教授，以及学校其他教授，如韩旭辉，都给予我很大的帮助，让我的研究顺利进行。当时就读于北京师范大学的博士生王本涛同学、就读于陕西师大的博士生邓同莉同学，以及当时西安外院的学生朱聪同学，作为我的研究助手，认真负责地完成了我交付的工作，谢谢他们。

在书稿写作和完成过程中，Cyndy Brown 女士和 Maura Cummingham 博士协助我对书稿进行了文字上的修改与校对，Cyndy Brown 女士还编辑了本书的索引部分，本人表示感谢。本书的某些部分曾作为英文论文在美国《二十世纪中国》(*Twentieth-Century China*) 和澳大利亚国立大学的《中国研究》(*The China*

Journal)上发表，本书出版之际，两个刊物的编辑部准许我将这些文章的内容在书中出版，对此我深表感谢。

我也要对英国剑桥大学出版社的编辑们表达我的谢意，他们从书的审稿到最后出版，都表现出高度的专业水平。约稿编辑 Lucy Rhymer 博士慧眼识珠，充分理解书稿的学术价值，并很快将其列入出版计划，快速完成了审稿过程，让本书得以出版。出版编辑 Amanda George 和责任编辑以及美编设计都发挥了他们的专业水平。两位匿名评审人以及第三位评审人 Michael Schoenhals 教授的专业评论对书稿的改进很有帮助。本书非常荣幸地被列入著名的"剑桥中华人民共和国史"研究系列，这一大型系列的主编们也提供了一些颇有见地的建设性论点，让此书更为专业、严谨。

我还要对一群朋友表达我的感激之情，她们以各种各样的方式一直在支持我。我最好的朋友——休大的温晓红教授给予我持久的关心。还有密歇根州立大学做中非关系史研究的孟洁梅（Jamie Monson）教授，2008 年我们同时获得了美国国家学术团体的资助在中国做研究，我和她相识于北京，在那里我们互相支持，度过了一段有趣的时光。在北京的时候，我的老友和老同学、北京师范大学的赵军秀教授也对我有很多的帮助。另外我在休斯敦有一群可爱的邻居，如 Teresa Powell、Linda Lively 以及其他邻居在我回国做研究时为我照看房屋，帮我浇花。我也从她们那里学到了很多日常生活的知识并与她们分享快乐。

最后，我想要感谢的是我的家庭，即母亲和我的二姐李欣、大妹皖平、小妹立新及妹夫叶森。这些年来，我因专注于学术而不能在需要的时候在她们身边,但她们却在我需要的时候为我提供各种帮助。我为不能尽家庭成员之责而深感愧疚,本书的完成也包含了她们的功劳。

丛小平

2015 年于休斯敦

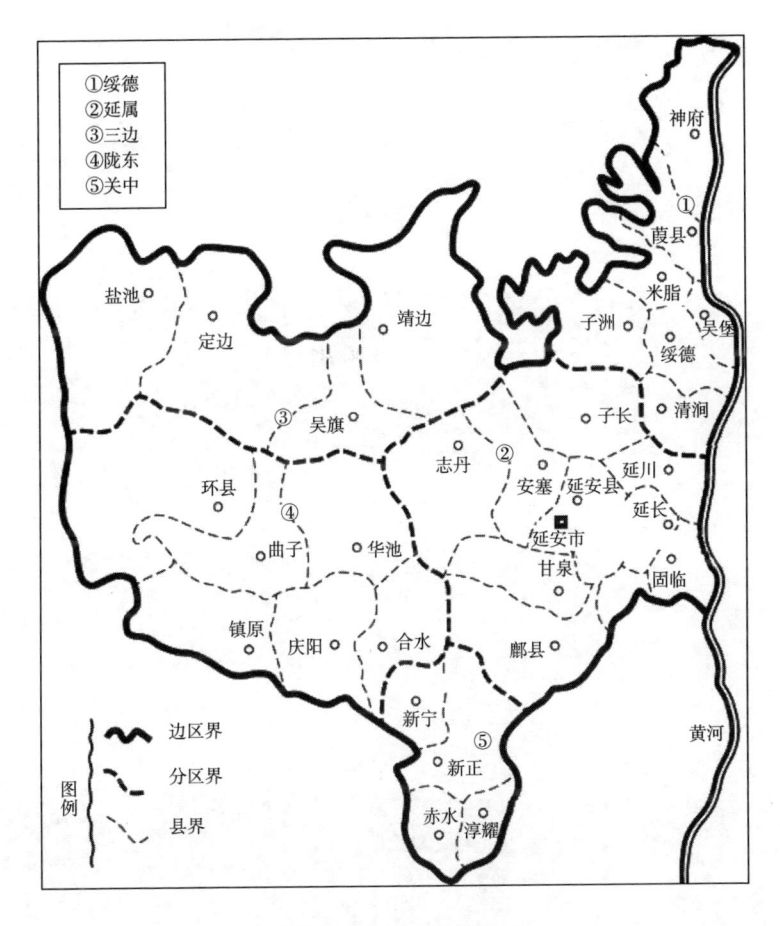

1944年陕甘宁边区示意图

资料来源：基于《解放日报》1944年7月23日地图编辑。

导　论

自主：20世纪中国革命实践与文化符号的创造

　　1950年，伴随着新中国《婚姻法》的颁布，评剧《刘巧儿》在北京及其周边地区的舞台上演出。《刘巧儿》讲的是1940年代陕甘宁革命根据地一位年轻姑娘刘巧儿勇敢反抗包办婚姻的故事。巧儿从小与赵家的儿子柱儿订婚，但是不愿意接受这桩买卖包办婚姻，想要自己找对象，因此和对方解除了婚约。同时巧儿在区上开劳模会的时候认识了一个英俊的男青年并爱上了他，后来才知道，原来这个男青年就是以前与她订过婚的柱儿。但是此时巧儿的父亲又为她订了一门亲，男方是一个有钱的地主，年龄比巧儿大很多。赵柱儿的父亲听到消息，连夜到巧儿家，把巧儿抢回家去成了亲。巧儿父亲将对方告到县里，县司法处判决赵家聚众抢亲，因此巧儿与柱儿的婚姻无效。马专员下乡视察，及时发现了问题，进村了解情况后，认为政府应该支持婚姻自主，因此改判巧儿和柱儿婚姻合法，有情人终成眷属。

　　此后，评剧《刘巧儿》曾在北方的许多城市上演，1956年又被改编为电影《刘巧儿》并在全国放映。可以毫不夸张地说，这部戏曲电影影响了从1950年代到1960年代的大批年轻人。

自主：中国革命中的婚姻、法律与女性身份（1940~1960）

《刘巧儿》中的许多唱段广为流传，成为当时很多晚会和联欢会上的保留节目，① 其中最为著名的是：

> 巧儿我自幼儿许配赵家，我和柱儿不认识我怎能嫁他呀。
> 我的爹在区上已经把亲退呀，这一回我可要自己找婆家呀！
> 上一次劳模会上我爱上人一个呀，
> 他的名字叫赵振华，都选他做模范，人人都把他夸呀。
> 从那天看见他我心里头放不下呀，因此上我偷偷地就爱上他呀。
> 但愿这个年轻的人哪，他也把我爱呀。
> 过了门，他劳动，我生产，又织布，纺棉花，
> 我们学文化，他帮助我，我帮助他，争一对模范夫妻立业成家呀。②

这个作品不仅创造了"刘巧儿"的形象，表现了年轻妇女反抗包办婚姻的意愿，同时也推广了一个词和一种观念："自主"——"自己找婆家"，它告诉年轻姑娘，她们有权决定自己婚姻的对象。

这部作品之所以有着强大的影响力是因为这个故事并非虚构，它来自一个真实的事件，即 1943 年发生在陕甘宁边区的一桩婚姻纠纷。农民封彦贵废除了自己女儿封捧儿（1950 年代改

---

① 经历过 1950~1960 年代的人应该都记得这种场景，很多人会哼唱其中的唱段，尤其在广大北方地区。
② 见伊琳导演的电影《刘巧儿》，长春电影制片厂出品，1956。

名为封芝琴，1924～2015）与另一农民张金才（有的文件中为张进财，亦写作张金财，本书照录原文，不做统一）儿子张柏（有的文件中为张柏儿，1922～1991）之间的婚约，然后把女儿许配给了另一求亲者朱寿昌，收取了高额彩礼。大约一周之后，捧儿遇到了张柏，并表示愿意跟他在一起。张家立即动员本族二十多人闯入封家，将捧儿抢回家中成亲。封彦贵随即以抢亲为由，将张金才一伙告到县里，要求惩罚张家。①

这个纠纷案发生在甘肃省陇东地区华池县的一个小村子里，从1930年代后期到1948年，陇东是中共领导下的陕甘宁边区的一部分（见文前《1944年陕甘宁边区示意图》）。这一地区与现在的内蒙古接壤，地方社会各种文化杂处，既有正统的国家意识形态与传统家长制，又有非正统的地方文化以及草原文化的影响。在这一地区，家庭与婚姻模式以及性活动形态同样表现出复杂的形式，如童养媳、站年汉②、包办买卖婚姻、抢婚，也有逃妻、婚外情/性、一夫多妻，甚至一妻多夫。政治上这一地区相当闭塞，很少受到沿海和大城市从晚清以来的一系列政治运动的影响。清末的立宪运动、1911年的辛亥革命、随后的五四新文化运动以及1920年代的反帝运动对沿海地区和上层社会、知识分子造成了巨大冲击，但在这里基本上波澜不惊，直到1930年

---

① 《封彦贵与张金财为儿女婚姻案》，陕西省档案馆藏，全宗号15，案卷号842。该档以下简称《封张案》，并不再注明藏所、档号。本书所引档案大部分来自陕西省档案馆馆藏，后文凡出自该馆的档案均不再标明藏所。
② "站年汉"是当地的一种特殊的婚姻安排。站年汉是指未来的女婿，他可以是少年也可以是成人。

代中国共产党的力量进入了这一地区,社会才发生了变化(见第一、二章)。

1939年,陕甘宁边区政府颁布了《陕甘宁边区婚姻条例》,试图推行婚姻改革(见第一章)。正是根据这个《婚姻条例》,华池县司法处在处理封彦贵和张金才婚姻纠纷案时,处罚了张金才的抢婚行为,并宣布封捧儿与张柏的婚姻无效。但是,捧儿拒绝接受这个判决,并上诉到陇东地区专员、边区高等法院陇东分庭的庭长马锡五(1899～1962)处(见第三章)。马锡五重审了此案并推翻了原判,宣布封捧儿和张柏的婚姻有效。同时,马锡五的判决书中强调了边区婚姻的基本原则——"自主"。

此案结束大约一年后,关于这一案件的一系列文化作品出现,并获得了新的政治与文化意义。先是在1944年,延安的重要报纸《解放日报》头版发表了题为《马锡五同志的审判方式》一文,称赞此案的处理为政府的治理和干部端正工作方式做出了榜样,是处理乡村纠纷的司法新模式。这篇文章将一个产生于小村庄的案例从革命根据地的边缘地区带到了政治中心——延安。[1] 然后在1944年和1945年,重庆《新华日报》两次报道了这个案件,将它作为陕甘宁边区政府解放妇女、实行民主的一个有力例证,意在赢得国统区妇女和广大民众的支持。[2]

在1944年到1956年之间,一群革命文艺工作者在这个案件的基础上,创作、改编了一系列文化作品,将此一案件从司法和

---

[1] 《马锡五同志的审判方式》,《解放日报》1944年3月13日。
[2] 《边区调解婚姻的一个实例》,《新华日报》1944年10月22日;李普:《一件抢婚案》,《新华日报》1945年4月11日。

政治领域的样板变为艺术创作的原型。1944年，艺术家古元（1919~1996）在《解放日报》上发表了一幅版画，表现了马锡五解决乡村纠纷的方式和场景。1944年底到1945年初，延安的女作家袁静（1914~1999）根据此案写出了剧本《刘巧儿告状》，并被当地的秦腔爱好者改编、配曲，搬上了舞台，在延安和周边地区演出。在剧本中，袁静不仅塑造了一个敢于反抗包办婚姻，敢于为自己的幸福而斗争的女青年形象，而且创造了一个中年妇女的角色，作为"社会母亲"指导并帮助反叛的女儿。这样的妇女形象已经超越了五四新文化运动关于女性的话语，表达了袁静在20世纪社会转型和国家建设的过程中，对妇女与国家关系的看法。稍后，陕北当地的一位盲艺人韩起祥听到别人转述《刘巧儿告状》的故事，将其改编为说书《刘巧团圆》。因适合当地民众的口味，《刘巧团圆》在边区广为传播。从1946年到1950年，伴随着中国共产党在军事上和政治上的胜利，袁静的剧本和韩起祥的说书底本曾在延安、东北、香港、北京等地出版，甚至很有可能为配合当地的土改和社会改革，在东北新解放区上演过。①

这个以法律案件为蓝本的故事在1949年之后继续展开。首先在1950年初，评剧演员新凤霞（1927~1998）在剧作家和导演帮助下，以韩起祥的说书和袁静的剧本为底本，演出了评剧《刘巧儿》。该剧曾在北京和天津上演，为即将颁布的新《婚姻

---

① 因为各种原因，作者未到东北地区进行档案考察，了解《刘巧儿告状》是否真曾在当地上演，这不能不说是一个遗憾。

法》进行宣传。在这出新的评剧中，新凤霞扮演主角刘巧儿，她以精湛的演技完美地诠释了一位勇敢女性的形象，使新《婚姻法》以及婚姻自主的观念深入人心。1956年，在评剧取得广泛成功的基础上，长春电影制片厂拍摄了电影《刘巧儿》。在影片中，刘巧儿代表了新中国妇女的形象，追求婚姻自主与幸福，受到全国观众的广泛欢迎。

在这一系列创作过程中，发源于1943年华池县小村庄的那个故事被一遍遍地讲述，并且被一遍遍地重塑。从一个年轻妇女不服县司法处的判决，想维护自己的美好婚姻，到关于如何治理乡村以及边区司法的工作方法，再到一系列新的婚姻家庭观念的表达、对旧婚姻制度的谴责，最后浓缩为一个代表革命理想婚姻的妇女形象。1958年"大跃进"时期，刘巧儿的形象被借用来推广人民公社。1990年代，这个故事又有了新版本，针对的是复燃的彩礼与包办婚姻。2000年以后红色旅游兴起，这个故事和封芝琴的住所又成为一个吸引游客的旅游点，为当地经济做出了贡献。

这个由1943年的一桩民事案件所产生的故事不仅有助于理解1940年代以来在中国社会的变革中，女性身份地位发生了什么样的重要变化，而且对理解中国革命中司法建设与实践如何成为政权建设以及社会改造的重要保障有重大意义。首先，本书在考察陕甘宁边区婚姻改革以及对中国革命中女性的既有研究的基础上，探讨了革命政权与当地妇女在司法实践过程中的互动关系。作者展示了"自主"这一词语具有的力量：它不仅是地方妇女主体意识的根源，也被边区的司法体系所接受并在司法实践中得到贯彻，成为保障妇女权利的原则。其次，从文化史的角度出发，本书回顾了"自主"一词的出现及其在20世纪中国历史与社会中的转变。通过追踪这一词语的变化过程，试图回答一个问题，即地方文化的主体如何接受外来观念，并且最终发展出包含本土经验的新原则与新观念。包括中国在内的第三世界国家在殖民主义时代和帝国主义侵略中被消解的主体（主权与思想意识），如何通过革命实践重新创造本土概念，进而重建自己的主权的和思想的主体性？这也是本书要讨论的问题。最后，在分析刘巧儿这个文化形象时，本书试图将革命政权、地方社会与知识分子之间的复杂关系做一梳理，勾勒出故事的演进如何促成了婚姻改革的政治运动，如何重塑了关于妇女、家庭和国家关系的观念。同时进步知识分子如何通过参与革命活动，参与文化艺术的创作，摆脱殖民主义话语的影响，在民间的沃土上重获文思和力量。通过这种梳理，本书彰显了"刘巧儿"这一文化形象和"自主"一词作为革命实践的产物，又反过来重塑了革命的话语并进一步强化了革命的合法性。

中国革命中的妇女解放、婚姻改革与女性的主体性

从1960年代到1970年代，西方学者对中国革命中的婚姻改革以及妇女解放基本持肯定态度。由于冷战所引起的对抗以及西方对中国的封锁，这些学者不能来中国亲自考察，他们完全依靠书面资料，重点研究共产主义革命在什么程度上从传统的家长制下

解放了妇女,这种方法持续到1970年代末。① 但是从1970年代后期开始,西方学者开始重新审视逐渐开放的中国。此时他们可以访问中国,直接观察经历了社会革命后的妇女。但是在他们看来,中国妇女地位的改变似乎并没有他们想象中的那样翻天覆地,因为乡村中家长制依然存在。② 他们将妇女地位变化不如他们的想象归咎于1940年代的革命,认为当时共产党为了赢得男性农民对抗日战争和解放战争的支持,牺牲了妇女的权利,延迟甚至没有做到解放妇女,因此中国革命并未完成妇女解放的目标。不仅如此,他们认为新的革命政权重建了父权制统治,称之为"父权制社会主义"(patriarchal socialism)。③ 这种观点从1980年代以

---

① Marinus J. Meijer, *Marriage Law and Policy in the Chinese People's Republic* (Hong Kong: Hong Kong University Press, 1971); Marilyn B. Young, ed., *Women in China: Studies in Social Change and Feminism* (Ann Arbor: Center for Chinese Studies, University of Michigan, 1973); Margery Wolf and Roxane Witke, eds., *Women in Chinese Society* (Stanford, CA: Stanford University Press, 1975); Delia Davin, *Woman-Work: Women and the Party in Revolutionary China* (New York: Oxford University Press, 1980).

② 参见 Norma Diamond, "Collectivization, Kinship, and the Status of Woman in Rural China," in Rayna R. Reiter, ed., *Toward an Anthropology of Women* (New York: Monthly Review Press, 1975), pp. 372 – 395。

③ 参见 Kay Ann Johnson, *Women, the Family and Peasant Revolution in China* (Chicago, IL: University of Chicago Press, 1983); Judith Stacey, *Patriarchy and Socialist Revolution in China* (Berkeley: University of California Press, 1983); Phyllis Andors, *The Unfinished Liberation of Chinese Women, 1949 – 1980* (Bloomington: Indiana University Press, 1983); Patricia Stranahan, *Yan'an Women and the Communist Party* (Berkeley: University of California, Institute of East Asian Studies, 1983); Margery Wolf, *Revolution Postponed: Women in Contemporary China* (Stanford, CA: Stanford University Press, 1985)。这些学者尽管对中国革命中解放妇女的事业评价等级不同,但是都认为共产主义革命在改善妇女在家庭和社会上的地位方面做得很不够。

来成为西方女权主义史学家在妇女解放问题上批评中国革命的主流观点,并且被广泛接受和引用。①

然而,这种观点却难以解释"封张案"。首先,为什么边区政府和法院支持了封捧儿的上诉并确认其婚姻合法,而不是支持封张两姓的家长呢?其次,西方女权主义关于妇女解放形成了一个绝对性的进步主义话语,却忽视了另一种现实,即现代化的社会改造工程,包括婚姻改革,肯定会赋予妇女相当的权利,同时也会在某些方面做出限制,譬如限定一夫一妻制,要求婚姻登记,设置单方面离婚的条件,限制地方社会中的一些旧的婚姻形式和风俗。② 本书的研究显示,现代国家政权的婚姻政策允许妇女离婚,帮助她们摆脱不幸婚姻,但是也会限制她们以前在家长制下的某些习俗性的权利,例如逃妻逃婚、一妻多夫、早婚、抢婚等等。再次,西方学者关于妇女解放的话语是一种机械两分法

---

① 例如:Pauline Keating, *Two Revolutions: Village Reconstruction and the Cooperative Movement in Northern Shaanxi, 1934–1945* (Stanford, CA: Stanford University Press, 1997), p. 7; Tamara Jacka, *Women's Work in Rural China: Change and Continuity in an Era of Reform* (New York: Cambridge University Press, 1997), p. 30; Philip Huang, *Chinese Civil Justice, Past and Present* (New York: Rowman & Littlefield, 2010), pp. 109–113.

② 白凯(Kathryn Bernhardt)考察了宋代至民国妇女对家庭财产的权利问题,她认为,近代以来的法律赋予了女性某些权利,但是也剥夺了妇女原有的一些权利。例如近代法律根据男女平等的原则,在继承法中规定,妇女在丈夫死后获得家庭财产的一半,并和子女平分另一半属于丈夫的财产。但同时,法律也禁止了原有的通例,即妇女在丈夫死后有权代丈夫管理全部家庭财产,直到她死之后,子女方可分家析产。因此,在民国时期有不少案例是寡母和子女对簿公堂,子女要求析产,而寡母则希望按传统保全财产。见 *Women and Property in China, 960–1949* (Stanford, CA: Stanford University Press, 1999).

(dichotomy),国家权力要么是解放者要么是压迫者,这种模式也就视妇女为有待拯救的受害者,实际上抹杀了妇女的主体性。这种视角也不能告诉我们有关妇女在本地社会生活的具体境况,以及她们是如何应对社会的变化、革命政权的法律和司法程序的。因此这种两分法的固化解释模式是一种从上而下的视角,忽视了妇女在变革中的感受和行动。而且这种以政策分析为基础的研究并不能准确告诉我们国家政策制定与具体执行之间的区别、政治运动与司法实践之间的区别。①

  1990 年代以来,欧美的中国妇女史研究出现了转折,新一代学者批评此前的研究往往将重点放在士大夫家庭,描绘家长制下妇女困守闺阁,成为软弱无助的受害者的图景。新一代学者努力发掘历史资料,积极寻找妇女的声音,证明即使在传统的家长制下,妇女仍然是一股活跃的力量,她们积极开拓自己的独立空间,以自己的活动创造出一个活跃的文化与文学氛围,生动地表达了女性的主体性。② 然而,这些研究仍然聚焦于士大夫家庭中

---

① 郭贞娣(Margaret Kuo)在关于民国时期婚姻立法的研究中提出,尽管在 1930 年代社会运动进入低潮,但是在随后的民国司法体系建设中,仍然将社会运动所追求的性别平等精神具象化为法律。见 *Intolerable Cruelty*: *Marriage, Law, and Society in Early Twentieth - Century China*(New York: Rowman & Littlefield Publishers, Inc., 2014), pp. 3 – 17。实际上这种发展的模式不仅存在于 1930 年代的国统区以及 1940 年代的根据地,也同样存在于 1950 年代(见第七章)。

② 参见 Patricia Ebrey, *The Inner Quarters*: *Marriage and the Lives of Chinese Women in the Sung Period*(Berkeley: University of California Press, 1993); Dorothy Ko, *Teachers of the Inner Chamber*: *Women and Culture in Seventeenth - Century China*(Stanford, CA: Stanford University Press, 1994); Christina Gilmartin, *Engendering the Chinese Revolution*: *Radical Women, Communist Politics,*

受过教育的妇女,研究她们留下的文字,但是这些研究并不能说明社会下层妇女的生活状况。在新一代的学者中,也有人将妇女与家国关系的研究延伸到法律领域,考察了晚清至 20 世纪早期的国家政权是如何利用法律来规范妇女和家庭的。譬如,黄宗智(Philip Huang)、苏成捷(Matthew Sommer)、戴真兰(Janet M. Theiss)的研究显示,一方面国家试图强化意识形态,控制妇女的婚姻和性活动;另一方面,妇女在她们自己的婚姻与性活动中表现出强烈的自主性。① 新的视角引导一些学者以田野调查的方式,重新评估 1950 年《婚姻法》的效果,研究显示,1980 年

---

  and Mass Movements in the 1920s (Berkeley: University of California Press, 1995); Susan Mann, *Precious Records: Women in China's Long Eighteenth Century* (Stanford, CA: Stanford University Press, 1997); Susan Mann, *Gender and Sexuality in Modern Chinese History* (New York: Cambridge University Press, 2011); Paul Ropp, Paola Zamperini, and Harriet Zurndorfer, eds., *Passionate Women: Female Suicide in Late Imperial China* (Leiden: Brill, 2001); Weijing Lu, *True to Her Word: The Faithful Maiden Cult in Late Imperial China* (Stanford, CA: Stanford University Press, 2008); Joan Judge, *The Precious Raft of History: The Past, The West, and The Women Question in China* (Stanford, CA: Stanford University Press, 2008), pp. 188 – 229; Joan Judge, "Talent, Virtue, and the Nation: Chinese Nationalisms and Female Subjectivities in the Early Twentieth Century," *The American Historical Review*, Vol. 106, No. 3 (Jun. 2001): 765 – 803。

① Philip Huang, "Women's Choices under the Law: Marriage, Divorce, and Illicit Sex in the Qing and the Republic," *Modern China* 27 (1) (2001): 3 – 58; Matthew Sommer, *Sex, Law, and Society in Late Imperial China* (Stanford, CA: Stanford University Press, 2000); Janet M. Theiss, *Disgraceful Matters: The Politics of Chastity in Eighteenth-Century China* (Berkeley: University of California Press, 2004)。

代初以来西方学者关于中国革命和妇女的看法并不符合实际情况。① 另外,还有一些女性研究的学者批评 1980 年代初以来西方学者的中国妇女研究,认为他们从西方女权主义视角出发,对于中国妇女社会地位的综合性进步未能给予公允的评价。②

与此同时,有些研究则将重点放在了底层妇女身上,致力于发现这些妇女的声音和她们的主体性。例如,贺萧(Gail Hershatter)对上海妓女的研究显示,即使像妓女这样处于社会最底层的群体也有着某种主体性,表现在她们会精心地选择自己的恩客,在性交易中有技巧地将自己的利益最大化。③ 贺萧的另一部著作通过对陕西乡村妇女的访谈,收集她们对于 1950 年代政治运动的回忆,考察在国家与社会之间,在记忆与真实之间的张力以及其中所表达出的女性问题。贺萧认为,在革命运动中,妇

---

① Ellen Judd, "Reconsidering China's Marriage Law Campaign: Toward a De-orientalized Feminist Perspective," *Asian Journal of Women's Studies* 4 (2) (1998): 8–26; Neil Diamant, "Re-examining the Impact of the 1950 Marriage Law: State Improvisation, Local Initiative, and Rural Family Change," *China Quarterly* 161 (2000): 171–198; Neil Diamant, *Revolutionizing the Family: Politics, Love, and Divorce in Urban and Rural China, 1949–1968* (Berkeley: University of California Press, 2000).

② Ann Agnost, "Transformation of Gender in Modern China," in Sandra Morgen, ed., *Gender and Anthropology: Critical Reviews for Research and Teaching* (Washington, D. C.: American Anthropological Association, 1989), pp. 313–329; Tani E. Barlow, "Asian Perspective," *Gender and History* 1 (3) (Autumn, 1989): 318–330; Rey Chow, "Violence in the Other Country: China as Crisis, Spectacle, and Women," in Chandra Talpade Mohanty, Ann Russo, and Laurdes Torres, eds., *Third World Women and the Politics of Feminism* (Bloomington: Indiana University Press, 1991), pp. 81–100.

③ Gail Hershatter, *Dangerous Pleasures: Prostitution and Modernity in Twentieth-Century Shanghai* (Berkeley: University of California Press, 1997).

女既是国家改革工程的行动主力又是这些改革的目标，但是在国家话语的主导下，她所访谈的妇女似乎已经被革命叙事和妇女解放的话语"格式化"了，缺乏她们自己独立的声音。① 实际上，这种访谈有其局限性，未能把访谈的说法和妇女生活的实际变化以及她们如何运用官方话语放在一起去分析，这种研究很难真正理解妇女的主体性。在以上的底层研究中，我们不仅看不到这些妇女作为行动者对国家政策和政治运动有任何影响，也看不到乡村妇女如何利用国家话语，更不要说体现主体性并成为改变历史的力量了。而本书研究的例子显示，虽然边区的妇女接受了不少国家话语，但是在日常生活中，她们往往会利用官方话语来达成自己的目的，为自己的利益辩护，这是一种更为积极的主体性的体现，这种主体性不仅表现在言说上，更主要地表现在行动上。因此问题不在于妇女说了什么，而在于乡村妇女是否有能力运用国家的革命话语来达成自己的目的，她们是否是改革中的一种力量，她们以什么样的方式参与社会改革，她们在社会改革中的一系列活动是否给国家的改革政策带来了一些具体的变化，这是作者要在本书中考察的问题。

---

① Gail Hershatter, "The Gender of Memory: Rural Chinese Women and the 1950s," *Signs: Journal of Women in Culture and Society* 28 (1) (2002): 43 – 70; Gail Hershatter, "Virtue at Work: Rural Shaanxi Women Remember the 1950s," in Bryna Goodman and Wendy Larson, eds., *Gender in Motion: Divisions of Labor and Cultural Change in Late Imperial and Modern China* (Lanham, MD: Rowman and Littlefield, 2005), pp. 309 – 328; Gail Hershatter, *The Gender of Memory: Rural Women and China's Collective Past* (Berkeley: University of California Press, 2011).

从"自由"到"自主":1940 年代陕甘宁边区婚姻改革中新词语的文化史视角

本书所讨论的问题既基于西方学术界现有的妇女史与女性研究,也质疑其在研究中国革命的婚姻改革和妇女问题上的一些主要观点,这种质疑既建立在发掘与运用新史料的基础之上,也意在批判西方女权主义的视角。尽管本书的研究以一个法律案例及其演变作为叙述的主线,却多角度、全方位地探讨了延安时期的革命及其后续,并非仅限于单一案例的叙述,或限于对婚姻改革政策的演变做出解说。本书提供了全景式的研究视角,不仅讨论了陕甘宁边区司法建设,还从社会史、文化史以及女性研究的角度探讨了案例的意义。更为重要的是,本书试图通过文化史的视角,对中国革命中出现的新词、新话语、新的文化符号及其意义进行解析,因为这些在革命中涌现的新词、新话语、新文化符号及形象包含了中国 20 世纪社会运动与革命的实践与经验。通过考察这些话语、形象、符号并对其进行语源学、语义学的分析,追溯其产生与转化的社会历史背景,本书意在表现中国的主体性与经验表达。本书要指出的是,中国革命的实践是一种不能全然用西方话语和理论表达,也不应该在西方话语与理论框架中来表达的社会经历。因此考察革命实践如何形成新的概念,对建设中国理论探索、形成概念基础就尤为重要。同时,本书也拟探讨这些来自实践经验的新词语与新符号、新形象在什么程度上塑造了中国革命的论述,以及在进行社会动员时,这些词语、符号、形象又如何对历史做出解释。

导 论

美国文化人类学家克里夫·吉兹（Clifford Geertz）创建了符号人类学理论，他认为在人类创造的意义网络中，文化更像是一个符号学（semiotics）概念。因为文化是一套继承而来的概念体系，以符号的形式表达，并且通过这些符号所形成的体系，人们得以交流，他们对于生活的知识和态度永续存在并且得以发展。① 因此，新文化史的学者林·亨特（Lynn Hunt）宣称，"文化史的重点在于对文本、图像、行为的密切考察，以开放的头脑来看待这种考察所释放出的东西"。② 近代以来，中国传统的符号体系遭到西方话语体系的挑战，经历了一系列的巨大变化。19世纪末以来，由于西方的影响，中国社会中涌现了一大批反映社会急剧变化的新词语、新概念，这种变化主要发生在沿海地区和大城市。从19世纪后期到20世纪前半叶，在构建中国变革的政治话语时，具有改革头脑的中国文化精英大量地借用了西方政治学与社会理论的词语与概念，其中很多是经由日本翻译而来。然而，刘禾（Lydia Liu）的研究提醒我们，在把西方词语翻译成中文的同时也会将西方词语的霸权合法化，正如19世纪到20世纪的国际关系中中西的地位一样，西方语言和中文在权力关系上也是不平衡、不平等的。③ 正如我在后面章节中所展示的那样，20

---

① Clifford Geertz, *The Interpretation of Cultures: Selected Essays* (New York: Basic Books, Inc., Publishers, 1973), pp. 5, 89.
② Lynn Hunt, "Introduction," in Lynn Hunt, ed., *The New Cultural History*, (Berkeley: University of California Press, 1989), p. 22.
③ Lydia Liu, *Translingual Practice: Literature, National Culture, and Translated Modernity, 1900 – 1937* (Stanford, CA: Stanford University Press, 1995), pp. 26 – 29. 刘禾的书同时也讨论了19世纪、20世纪诸多新词语的合法化过程，不过她的讨论没有包括"自主"这个词。

世纪中国对传统词语"自由"的翻译不仅证实了这种不平等的权力关系,而且,经由翻译,这一词语在实践中所引起的混乱、冲突、分裂表现得非常明显。一旦将这种翻译的词语付诸社会实践,它们所带有的不平衡关系就会显现出来,表现为在不发达的内陆与较为发达的沿海之间、在知识分子与普通民众之间、在城市与广大乡村地区之间的鸿沟与隔阂、扭曲与误解。

既有的新词语研究往往强调这些新词语如何反映了20世纪中国社会与文化的变迁,而且不假思索地认为根据西方词语所翻译过来中文词语,其含义完全地对应中文本来的含义,却忽视了中文词语是扎根在原有的历史、语言土壤之中,有着本来的社会与文化语境。陈建华对"revolution/革命"一词的研究很好地说明了这一点。他指出,中文的"革命"一词原来深深地根植于传统中国政治话语中,但是当"revolution"一词在20世纪初从西方经由日本传入中国时,它本身是具有和平改良与暴力造反双重含义的词,因此当时在将"revolution"翻译为"革命"时,译者其实也试图将这种双重含义表达出来。然而在20世纪中国的激进主义潮流推动下,城市的共产主义运动最终发展为乡村革命,从而使得这个外来词中所包含的双重含义最终转向了中国政治词语原有的含义,即用暴力行为推翻旧的统治政权。[①] 这个例子显示,如果不对这些外来词语进行详查,作语言学、语源学、语义学上以及社会语境的分析就贸然接受这些新词语的翻译,有

---

① 陈建华:《"革命"的现代性:中国革命话语考论》,上海古籍出版社,2000,第1~22页。

可能在实践上导致文化的强烈不适,甚至带来社会冲突,正如我的研究所显示的那样。

在20世纪头30年,"婚姻自由"是一个非常重要的概念,同时也是一项重要的社会改革议程。反传统的五四新文化运动在社会与文学领域中创造了一系列妇女形象,旨在反抗儒家礼教下的家长制家庭。与五四新文化运动兴起同步,马克思主义与社会主义、共产主义也传入了中国,强烈地影响着五四话语中关于妇女与婚姻的话语形成,支持妇女从"封建"家长制的家庭压迫下,从不幸的包办婚姻中解放出来,这种社会思潮成为20世纪社会转型中的重要部分。然而,在1910年代到1930年代之间,这些变化主要发生在城市和较为发达的沿海地区,发生在受过教育的妇女群体中。① 20世纪更为广泛的社会革命与社会运动最终改造了婚姻观念和婚姻形态,不过这种变革发生在中国共产党领导下的革命运动中,发生在与之前完全不同的社会阶层、地理与文化环境之中。1930年代到1940年代发生在陕甘宁边区以及其他革命根据地的婚姻改革正是这种社会转型的重要部分,而且对

---

① 关于婚姻改革,尽管国民政府的立法机关颁布了比较自由平等的法律,但是其在城市地区的影响仍然有限,而在乡村地区基本没有影响。见 Kathryn Bernhardt,"Women and the Law: Divorce in the Republican Period," in Kathryn Bernhardt and Philip Huang, eds., *Civil Law in Qing and Republican China* (Stanford, CA: Stanford University Press, 1994), pp. 187–214。郭贞娣的研究显示,在城市里以及经济发达的地区,一些平民妇女在婚姻纠纷中的确受惠于民国法律。她也承认,这一时期,妇女在婚姻上受惠于民国法律的程度受限于当地有没有法律机关,而现实是,乡村地区的司法机关非常罕见。见其 *Intolerable Cruelty: Marriage, Law, and Society in Early Twentieth-Century China*, pp. 3–21。

1949年以后的社会改革有着深远的影响和意义。在1920年代都市和知识分子中具有广泛影响力的词语是"婚姻自由",这个词语进入了1939年《陕甘宁边区婚姻条例》,成为婚姻改革的原则。然而,在陕甘宁边区发生的封张两家婚姻纠纷案例的判词中,司法人员却用的是"婚姻自主"原则。为什么是"自主"而不是"自由"的原则?这中间发生了什么?这两个词语有什么区别?使用"自主"原则而不是"自由"原则有什么重要含义吗?这种变化反映了什么样的社会背景与实践过程?

"自由"和"自主"这两个词在中国文化和历史中均有着丰富的含义,二者在19世纪后期到20世纪的社会运动中均经历了现代的转型。在现代词典中以及通用语言中,"自由"实际上包含了双重含义,一种来自其古典的根源,意思是"无拘无束""自由自在",但同时也意味着"随心所欲""无法无天"。① 根据《汉语大词典》,"自由"最早出现在两汉乐府和南北朝的历史记载里。② "自由"一词的另一含义是它的现代内涵,等于英语的"freedom"或"liberty",是19世纪中叶由传教士翻译而来。在翻译过程中,这个词的语言结构发生了变化。从语言学上讲,由于在古汉语中,汉字的特点是"一字一词",古典的"自

---

① 见罗竹风主编《汉语大词典》卷8,上海辞书出版社,2001,第1308页。1970年代,著名汉学家柯文就意识到在中文里,"自由"一词"具有任意性和无法无天"的含义。参见 Paul A. Cohen, *Discovering History in China: American Historical Writing on the Recent Chinese Past* (New York: Columbia University Press, 1984), p. 14.

② 见汉乐府《焦仲卿妻》,"汝岂得自由"。见罗竹风主编《汉语大词典》卷8,第1308页。亦见刘正埮、高名凯、麦永乾、史有为编《汉语外来词词典》,上海辞书出版社,1984,第410页。

由"是由两个字（词）组成的词组。① 但是在翻译之后，"自由"只表达了英语的一个不可分割的单词，liberty 或 freedom，即将原来的两个字（词）组成的词组压缩成了一个词，产生了语言学上的变形，这就导致了"自由"一词的现代转型经历了一个十分复杂的过程，并导致其词义的混淆。其和古典意义上的"自由"既有重要的差别，原来词根的含义又保存了下来，因此在现代"自由"概念之内，又含有古典词义的"无拘无束，随心所欲"之意。

古典词组"自由"经过翻译之后，从1890年代到1920年代，代表西方概念的"自由/liberty"一词在受教育的城市知识分子中广为传播，却对广大乡村地区的普通民众毫无影响（见第四章）。因此流行于都市的"婚姻自由"观念落脚在内陆的陕甘宁边区乡村，立刻遭遇了文化的不适。首先，这个地区婚姻由父母包办，在彩礼高涨的情况下，"自由"成为大多数家庭中父亲操纵女儿，利用《陕甘宁边区婚姻条例》来牟利的借口（见第一章）。其次，对那些并未接受过现代教育的农民来说，"自由"的新含义并不清晰，他们对其古典含义却不生疏，因此家长们认为他们可以对儿女的婚姻为所欲为。正是在这种心态下，封彦贵废除了女儿捧儿原先的婚约，然后将捧儿许配给支付得起更高彩礼的男人。都市观念中的"婚姻自由"观念进入乡村后，造成当地民众在观念上的曲解，并造成村民与司法人员的争执（见第

---

① 如梁启超指出，在大多数情况下，古典汉语中，汉字是以单字为词。引自马西尼（Fedrico Masini）《现代汉语词汇的形成》，黄河清译，汉语大词典出版社，1997，第94页。

一章至第四章)。

　　另一方面,"自主"一词既不是从西方翻译过来的概念,也不是一个由文化精英创造的先验性概念。它的出现早于20世纪,但是其演变、流行与转型却与1940年代中国革命的法律和政治实践紧密相关。从语源学上来说,根据《汉语大词典》,"自主"一词的起源大大地晚于"自由"一词,其最早出现在明清之际的市井文化中,而且主要用于与婚姻相关的事务中。① 从语义上来说,"自由"与"自主"都表达一种主体可以进行选择,做出行动或决定,但"自主"包含(对某种事务)"自己做主"的意思,更接近英语的"autonomy""self-determined",或更准确地说是"autonomously (doing something)"。比较起来,"自由/liberty"作为一个名词,表现的是一个抽象的概念或一种状态,而"(古典的)自由"和"自主"二者均强调行为和决定权,表现了强烈的主体力量并指示了行为主体。"自由"允许行为者的开放性和任意性,无须有针对的对象,而"自主"则暗示了行为者对某种特定议题或目的的决定性力量。② 从19世纪末到20世纪初的社会转型中,"自主"一词有时用于与主权有关的事务,但很快在政治流行语中退潮,直到1930年代才重新被注意到。③ "自由"一词在其现代转型中,由于包含两种含义而容易

---

① 见罗竹风主编《汉语大词典》卷8,第1310页。
② 尽管这两个词都表达了行动主体的自由意志,但是二者在语义上的差别使二者在造句中不可互换,不可相互取代。
③ 香港中文大学教授金观涛、刘青峰进行了一个宏大的研究计划,对从晚清到1920年代的出版物进行了一个全面的考察。他们将20世纪以来诸多有影响的新名词汇集成册,以理解20世纪中国政治和思想观念的变化。根据

产生歧义，但"自主"一词则保持了其原有的语言结构与单一的语言含义，因此在其现代转型中并未发生歧义，更利于作为政治词汇在广大乡村地区流传（见第四章），也更容易引导主体的行动与实践。

在殖民主义和帝国主义体系下，殖民地、半殖民地国家在政治上、经济上和国际关系上完全或部分丧失了主权，失去了主体性，从而也在对自己社会文化和历史的表达上失去了主体性。西方文化的输入造成了与传统的割裂，正如列文森所断言的，西方词语颠覆了中国本土语言体系，导致文化断裂，传统文化不能应对现代化，会走向消亡，于是中国在西方的冲击下不得不接受（西式的）现代化。① 这种观点意味着对被殖民化的民族在文化上去主体化，这种去主体化的过程正反映在上述词语变化中，具有主体性和行动力的"自由"在转换中不仅被割断了本土文化的根

他们的研究，从 1915 开始，"自主"一词很少出现在任何公开出版的书刊上。见金观涛、刘青峰《观念的历史：中国现代重要政治术语的形成》，法律出版社，2009，第 526 页。在 1930 年代，大多数词典并未收录"自主"一词，甚至专门的新词语词典亦未收录，这意味着编辑者并不认为这个词有重要的政治或社会含义。见邢墨卿编《新名词辞典》，新生命书局，1934。

① 〔美〕列文森：《儒学中国及其现代命运》，郑大华、任菁译，中国社会科学出版社，2000，第 139~143 页。列文森认为，"语言的变化和词汇的丰富"是两个不同的过程，语言的变化是指外来文化颠覆了本土语言体系，导致文化的断裂，而词汇的丰富是指一种语言主体未发生变化，只是在与其他文化的交流中扩大了词库。他认为，自 19 世纪以来，在中国和西方的交往中，中国带给西方社会的是词汇的丰富，而西方带给中国的是语言上的改变，因而从根本上改变了整个中国社会和中国文化，造成了传统与现代的对立以及文化的断裂。列文森给的例子是中国共产党接受了马克思主义的理论与词汇，完全抛弃了传统儒学的词汇和意识形态，从而导致传统走向消亡。

源,而且转化为无主体性、无行动力的静态概念。与之相反,"自主"一词的本土性根源保存了下来,因此得以在社会实践中转型,保持了语言和语义的连续性、主体性和行动力。

正是因为在语言和语义上的这种差别,"自主"包含了行动者完成特定目标的力量。因此,通过法律实践,包括与乡村妇女的互动以及学习地方风俗,陕甘宁边区司法人员发展出"自主"的新原则,运用于"封张婚姻纠纷案"以及其他许多案件中。通过采取自主原则,司法人员能够将注意力集中在妇女的意愿上。同时,他们利用新的司法策略与技巧,赋予妇女权利,让她们在婚姻纠纷中有选择权与决定权。这个自主原则旨在将妇女从家长制的藩篱中解脱出来,逐渐地削弱家长制的权威,赋予妇女婚姻自主的权利。1940年代的法律改革及其实践,以及1950年代的婚姻变革,为"自主"一词在1978年进入《中华人民共和国宪法》奠定了基础。1978年宪法第53条并没有使用"婚姻自由"的说法,而是宣布"男女婚姻自主"。[①] 1986年的《中华人民共和国民法通则》更进一步定义了"婚姻自主",认定这是一项属于公民个人的"婚姻自主权",使其成为一项可以行使的个人权利。[②] 从1940年代出现在政治、社会和法律领域,伴随着革命的实践,到1986年的《民法通则》,"自主"一词的发展蕴含在中国在20世纪的漫长实践历程,但这个具有实践性的发展过程在文化研究中往

---

① 《中华人民共和国宪法》(1978),《人民日报》1978年3月8日。
② 见《中华人民共和国民法通则》(1986年4月12日颁布)第103条,引自"法律图书馆",http://www.law-lib.com/law/law_view.asp? id=3633 (2011年9月8日查询)。

往被忽视。通过考察"自主"一词,本研究探讨这个普通词语如何在17世纪的大众文化中浮现,然后成为20世纪到21世纪政治、法律和社会生活中的重要词语。本书同时也探讨这一词所代表的特殊的地方经验怎样凝结在"自主"这个词上,最终写入宪法,带入政治与法律领域,然后扩展到更为广阔的领域。因此,本书的研究所提供的中国经验完全不同于20世纪后殖民主义研究理论,而是注重如何从本土实践中凝练出现代性的概念(见第四章)。

为强国改革家庭:"自主"与国家主权意识

陕甘宁边区政府在1940年代所推行的婚姻改革实际上是晚清以来家庭改革运动的继续。面对西方帝国主义强权,在中国的民族主义浪潮的推动下,从晚清改革派到五四一代进步知识分子均不断号召进行家庭改革,将其视为建立强大民族国家的途径。加拿大学者季家珍(Joan Judge)的研究显示,在20世纪早期的社会运动中,某些激进的妇女运动积极分子认为妇女能够为救国做出贡献。[1] 但是,民族自强的计划主要是由男性改革者设计、推动的,他们认为妇女属于不生产的寄生群体,是中国"落后""虚弱"的根源,为了国家的生存与强大,有必要改造妇女。[2]

---

[1] Joan Judge, "Talent, Virtue, and the Nation: Chinese Nationalisms and Female Subjectivities in the Early Twentieth Century," *The American Historical Review*, Vol. 106, No. 3 (June 2001): 765-803.
[2] 梁启超:《变法通议》,《饮冰室合集·文集》卷1,中华书局,1932,第1~64页。

自主：中国革命中的婚姻、法律与女性身份（1940~1960）

美国学者苏珊·葛劳瑟（Susan Glosser）指出，五四新文化运动的旗手们激烈地谴责传统的"四世同堂"的大家庭模式，宣扬新型的、更加平等的小家庭模式，但是他们并非简单地采纳西方式的核心家庭模式，而是以自己的思路，试图改变以家国秩序为政治文化基石的中国家庭模式。①

五四新文化运动中的家庭改革观念代表了文化精英关于国家民族建设的话语，是建立在"家国一体"的儒学政治理论之上的。从这种观念出发，国家的秩序仍然是家庭秩序的延伸，而且在中国文化精英的观念中，可以延伸到中国在国际秩序中的地位。②正如当时许多学者指出的，在这种"家国一体"的模式中，妇女在家长制家庭中的地位象征着中华民族在当时的国际秩序中受西方帝国主义列强欺压的地位。因此，从家长制家庭中解放妇女就有了特殊意义，象征中国可以摆脱西方帝国主义和殖民主义的压迫。家庭改革、解放妇女因此成为国家建设的重要议题——因为从各种压迫中解放出来就可以使中国成为世界强国。③

在这种心态下，"自主"一词的出现联结了家庭和国家，以

---

① Susan L. Glosser, *Chinese Visions of Family and State, 1915–1953* (Berkeley: University of California Press, 2003).
② 实际上，在中文里，"国家"一词标志着"state"是"国"和"家"的合体，意味着二者是相互关联并有着同一秩序的结合体，因为国家秩序建立在家庭秩序之上，而且是家庭秩序的延伸。国家之外是"天下"，而"天下"则代表中国关于国际秩序的观念。
③ Glosser, *Chinese Visions of Family and State, 1915–1953*, pp. 5–10; Dorothy Ko, *Teachers of the Inner Chambers: Women and Culture in Seventeenth-Century China* (Stanford, CA: Stanford University Press, 1994), pp. 1–5; Gail Hershatter, "The Subaltern Talks Back: Reflections on Subaltern Theory and Chinese History," *Positions*, no. 1 (1993): 103–130.

家国一体作为基础，对于妇女和国家来说都具有实践意义。这个词从与婚姻有关的事务中脱胎而来，又在晚清民族主义兴起时转型成为一个与国家主权有关的词，后在1930年代中国人民抗击日本帝国主义侵略的大环境中进入政治和法律领域，体现了中国人民为维护主权完整而斗争，体现了边区婚姻改革中对妇女意志的尊重，非常适合表达国家与家庭的改革。于是这个词成为枢纽，连接起家国关系，也连接起妇女为婚姻自主所做的抗争以及国家为民族解放的斗争。从语言学的角度，"自主"一词包含了行动者强烈的能动性，可以象征妇女和国家的行动。相比由西方传入的"自由/liberty/freedom"的静态观念，它是一个更为动态有力的词，而古典"自由"一词中的动态性和主体性在近代转型中已经被消解了（见第四章）。

尽管都市受过现代教育的青年接受了五四话语中关于"婚姻自由"观念，但是他们对"自主"一词的接受却与家国一体的观念有关。中国的都市知识精英虽然拥抱西方的文化价值，努力学习西方"先进"技术，但是他们的民族自尊常常会被西方列强凌辱国家主权的现实所羞辱，他们在半殖民地中国的低下地位和中国妇女在家长制家庭中的低下地位有很大的相似性，① 都同样面临主体性被剥夺的境况。因此当他们在都市感受到殖民主义羞辱之际，当国家面临存亡之际，"自主"一词为他们带来了强烈的能动性，赋予其参与社会运动，挽救民族危亡，救国救民的

---

① Gail Hershatter, "The Subaltern Talks Back: Reflections on Subaltern Theory and Chinese History," *Positions*, no. 1 (1993): 103 – 130.

使命感,使其重获失去的主体性。抗战时从都市来到内地乡村的大多数小知识分子和青年学生,尤其是从城市来的女学生,见到了生活在社会底层的农民,从他们身上获取了民族独立的力量与行动力。在发生战争的情况下,不论在乡村还是在都市,中国的妇女运动都和争取民族解放的事业紧密地联系在一起。① 本书的研究显示,正是在战时,从都市来的男女青年学生在革命根据地取得了巨大的成就,他们将个人所遭受的痛苦,不论是物质的还是精神的,看作他们对民族解放和国家独立的贡献,同时自己也收获良多。在这一点上,我们可以理解古元、袁静以及1940年代许多革命根据地作家、艺术家的文学艺术活动和他们的作品。

革命政权与乡村社会:"延安道路"
还是"高层的现代主义"?

中国革命中的社会改革工程是 20 世纪中国最重要的历史事件。通过这些革命政权领导的改革工程,婚姻的新观念,如以爱情为基础的婚姻、一夫一妻制、婚姻注册制等等,经由革命政权的行政与司法管理系统,深入乡村社会。正如本书第五章所要讲到的,婚姻改革,尤其是对"自由"一词的混乱理解,在乡村社会造成了不少的抱怨和抗拒改革的行动。问题是,在遭遇长征

---

① 这一代的年轻女性,不论是奔赴内陆参加革命的青年,还是城市里的女性主义活动分子,都视国家救亡先于女性解放议题,因此 20 世纪中国的妇女解放运动是与民族解放运动交织在一起的。见 Wang Zheng, *Women in the Chinese Enlightenment*: *Oral and Textual Histories* (Berkeley: University of California Press, 1999), pp. 124 – 131。

的巨大损失之后，面对陕北的艰苦环境，中共推行了一系列改革乡村社会措施。面对改革的各种困难，革命政权不仅生存下来，并且取得全国革命胜利，他们是如何做到的？

延安时期（1935~1948）是中国革命取得最终胜利的关键阶段。美国学者塞尔登（Mark Selden）1971年的著作《中国革命中的延安道路》认为"延安道路"中党的群众路线代表了革命政权的民主性和合作精神，是中共最终获胜的法宝。① 然而面对1990年以来国际思潮的变幻以及美国中国研究学界某些人对他的批评，② 塞尔登在1995年不得不修正了他的观点以回应这种批评。在回应中，塞尔登承认中共在延安时期有"不民主"的方面，但是认为这种"不民主"仅仅处于萌芽状态。③ 另一方面，澳大利亚学者纪保宁则认为这群学者对延安时期中共"不民主"性质的批判是片面的，他们的研究与观点仍然不能解释为什么共产党能够在1949年取得全国政权。④ 因此她另辟蹊径，对陕甘宁

---

① Mark Selden, *The Yenan Way in Revolutionary China* (Cambridge, MA: Harvard University Press, 1971).

② 见 Tony Saich and Hans van de Ven, eds., *New Perspectives on the Chinese Communist Revolution* (London: M. E. Sharpe, 1994)。这个论文集的主要观点认为塞尔登美化了延安时期中国共产党政权，其中论文作者从不同角度和不同议题试图证明共产党在延安时期有很多"阴暗面"，属于专制集权的政党，因此才有1949年以后一系列治理上的灾难。我认为这些学者是在美国新自由主义理论流行的政治大环境下形成的看法。

③ Mark Selden, *China in Revolution: The Yenan Way Revisited* (London: M. E. Sharpe, 1995), pp. 220-252.

④ Pauline Keating, "Review of *China in Revolution* and *New Perspectives on the Chinese Communist Revolution*," *The China Journal*, No. 37 (January 1997): 219-223.

边区两个分区的社会及文化生态进行了分析,从二者的不同生态与社会状况来解释为什么中共的政策在有的地方执行成功,有些地方却产生问题,需要纠偏。① 这种视角对解释共产党 1949 年的胜利有帮助,同时也回应了 1990 年代以来美国学界在重新评估中国革命时所提出的问题。但是,关于延安时期中共政权如何治理乡村以及如何动员群众进行社会改革,纪保宁仍然留下了一些未能回答的问题,例如婚姻改革。

詹姆斯·斯科特(James Scott)在思考 20 世纪非洲、亚洲的许多国家进行社会改革所遭遇的失败时,提出尽管国家的改革工程立意良好,试图建立理想社会,却都未获得成功,原因在于几个方面的缺失:当国家试图进行社会和自然的改造时,为了操作方便,主政者往往将计划简化为一种"可读的"简图,从"高层现代主义的意识形态"(high-modernism)出发,以国家的集权力量来推动改革和建设。这种集权国家往往是在革命、战争、民族危机、人道危机或社会动乱的情况下产生的,如果国家权力面对的是一个软弱、驯服的"市民社会",在推动改革时缺乏底层的声音对国家的过激行为进行抵制,就会造成灾难和人道危机。② 20 世纪的中国革命的确对社会进行了深度的改造,尤其

---

① Pauline Keating, *Two Revolutions Village Reconstruction and the Cooperative Movement in Northern Shaanxi*, 1934 – 1945 (Stanford, CA: Stanford University Press, 1997).

② James C. Scott, *Seeing Like a State*: *How Certain Schemes to Improve the Human Condition Have Failed* (New Haven, CT: Yale University Press, 1998), pp. 3 – 5. 亦见丛小平的书评《看上去像个国家》,《书林》2016 年第 6 期,第 223 ~ 226 页。

是在传统的婚姻家庭关系和土地与财产关系方面。在 1940 年代，共产党将源于西方的激进观念带到经济不发达的落后地区，不仅建立了革命政权，而且进行了一系列政治与社会的改造工程，包括改造婚姻、改造社会、动员农民。尽管这些社会改造工程受到"高层现代主义"的引导，但是共产党却逐渐地在陕甘宁地区稳定了政权并赢得了 1949 年的全国胜利。

20 世纪中国革命最重要的特点是社会和政治革命运动伴随着现代化的过程，而革命本身就是一场现代化的运动，中国革命包含了现代性又推动了现代性的建构。边区的政权包含着非常丰富的多重性质。作为一个非执政党领导下的陕甘宁边区，其政权是统一民族国家的地方政权；在抗日战争的形势下，中共政权同时具有反对帝国主义和殖民主义、争取民族独立的性质。所以，从国家建设（state-building）的角度，边区政府既是地区性政权，也是现代国家建设的一部分。正如前面提到的，边区政府积极推动了边区各级政权的建设，并承担了各种现代政权的职责，如村级政权的建设、人口控制、婚姻登记、规范婚姻、普及教育、建立税收制度和财政系统、改善公共卫生、进行道路通信网络建设、建立司法体系和法律秩序等等。① 同时边区政府又是一个革命政权，其革命性在于社会改造工程颠覆了传统并注入了现代性，譬如其婚姻政策、社会风俗改造、群众路线、建立群众组织、实行民主选举、底层动员、土地革命、重建乡村秩序等举

---

① 虽然这些机构与制度在中国前近代的国家体系中也存在，但是一方面传统政治机制在此时此地已经失效，另一方面，边区政府重建的机构范围远大于传统国家制度，并且是按照现代国家体系建立起来的。

自主：中国革命中的婚姻、法律与女性身份（1940~1960）

措。尤其在法律制度方面，边区政权做到了在坚持革命原则的情况下包容地方风俗。在陕甘宁边区，革命政权有一套行之有效的制度来推行其社会改革工程，所以从本质上来讲，这是一个革命性与现代性交织的政权。

共产党领导下的边区政府在延安时期是否真的实现了民主？西方学者往往认为，国家毫无疑问是一个暴力机器，现代国家对社会的控制无孔不入，是对个人自由的限制。只有由独立个人组成的"市民社会"，尤其是由有文化的、理性的、小资产阶级个人组成的市民社会，才能防止国家形成绝对权力，只有在市民社会的基础上才能形成民主社会。① 所以问题在于像陕甘宁边区这种地方是否有一个这样的市民社会来推行民主，制衡国家权力？如果我们以哈贝马斯（Jurgen Habermas）的标准，那么在陕甘宁边区的环境中，95%以上的人口都是文盲，根本不可能产生西方式的市民社会，回答应该是否定的。然而，如果我们从历史现实出发，从本土的社会文化生态出发，可以观察到农民对边区政府的某些政策的抵制，表达对某些政策的不满，以此来保护自己的利益。同时革命政权也动员农民参与村庄公共事务，参与政治活动与司法过程，以平息农民的不满。如果从这个角度来看，那么回答应该是肯定的。这就是说，在延安时期，虽然没有西式的市民社会，但是

---

① Jurgen Habermas, *The Structural Transformation of the Public Sphere: An Inquiry into a Category of Bourgeois Society*, trans. by Thomas Burger and Frederick Lawrence (Cambridge, MA: MIT Press, 1989). 当然，对市民社会的讨论不限于哈贝马斯，还包括欧美知识界以及中国学术界的各种讨论，由于篇幅的限制，就不在这里一一列举了。

普通农民以各种方式与边区政府形成了有效的对话机制，政府也有让民众表达意见的渠道（见第五章），从而使革命政权得到发展，扩大了群众基础，得到老百姓的支持，体现了民主社会的本质。

另外，我们还应该注意的是，中共政权的发展经历了一个从早期相对较弱，到逐步建立起有效的引导性政府的过程。它的最大考虑是如何通过深入村落和老百姓建立起联系，通过与地方社会文化生态协调来达到生存与发展的目的。1935年，中共和红军在长征之后到达陕北，他们首先经历了和国民党政府、地方军阀和地主势力的斗争，直到1939年才能够稳定所控制的地区（例如，在1939年保卫陇东地区的战斗中，边区丢失了比较富庶的南部地区，但同时开辟了新的地区），并重划了行政区域。1940年前后，各级政府行政机构和党支部都在建设中，社会组织如农会、抗日救国会、民兵连、妇女救国会等渐渐建立起来。同时，司法体系也开始建设并发展，如第三章、第四章、第五章所显示。这些都体现了现代政权的性质。

以往对中国革命的研究往往集中于中国共产党和革命政权的性质、政治政策和策略、军事行动与战争态势、妇女解放的程度以及革命领袖们的思想与特质，对于中国革命过程中的一个重要方面——司法制度及其实践却缺乏研究。在非常有限的研究中，西方学者往往将眼光聚集于早期中华苏维埃政府的法令、法条和对法律的政治化运用，[①] 以及在民事纠纷中以政府管理代替司法

[①] W. E. Butler, ed., *The Legal System of the Chinese Soviet Republic, 1931–1934* (New York: Transnational Publishers Inc., 1983).

秩序,以民意取代法律程序的状况,① 而对延安时期的司法实践更缺乏了解。中国革命的延安时期建立了革命的司法体系,有着全面的实践和丰富的案例。国内学者在研究革命根据地的司法理念、法律条文、司法制度变迁、司法体系的发展上做出了宝贵的贡献,② 然而,也许我们需要通过对具体案例的分析,了解这些司法制度如何在实践中演变,司法体系如何在实践中运作,司法理念如何落实到社会底层。因此,本书关心的问题本质上是政治与司法的关系,即:在革命政党领导的社会改革工程中,革命的司法体系扮演了什么样的角色?司法体系如何成为革命政权改革社会的强大助力?具体地说,就是司法体系在什么程度上,以什么方式执行了婚姻改革的政策和原则?在法律实践中,司法如何执行"群众路线",参与乡村治理?更进一步地说,现代(西方)法律理念对革命司法体系的形成有何影响?革命司法体系又如何化解与地方文化习俗的冲突?

  本书的研究显示,为了执行婚姻政策,革命政权及其司法体系认真严肃地不断调整政策上的不适应,并认真了解、学习地方文化和习俗。事实上,中共政权适应环境,接受地方文化以壮大自己的力量不仅发生在陕甘宁边区,也发生在其他革命

---

① Trygve Lötveit, *Chinese Communism 1931 – 1934*: *Experience in Civil Government* (Lund, Sweden: Studentlitteratur, 1973).

② 参见张希坡、韩延龙主编《中国革命法制史》,中国社会科学出版社,2007;张希坡《革命根据地法制史研究与"史源学"举隅》,中国人民大学出版社,2011;侯欣一《从司法为民到人民司法——陕甘宁边区大众化司法制度研究》,中国政法大学出版社,2007;汪世荣等《新中国司法制度的基石:陕甘宁边区高等法院(1937~1949)》,商务印书馆,2011。

根据地，例如澳大利亚学者古德曼（David S. G. Goodman）对于太行山根据地的研究，以及欧洲学者班国瑞（Gregor Benton）对于活动于江淮一带的新四军的研究都显示，革命政府和军队在实施政策时都有相当程度的灵活性和对不恰当政策的调整。① 美国学者裴宜理（Elizabeth J. Perry）研究了共产党从事安源工人运动的政策和策略，认为共产党干部确实具有灵活机动的能力。② 面对乡村民众对婚姻改革以及其他政策的不满与抱怨，革命政权以各种策略和方法，如不断修改婚姻条例，调整司法程序，送干部和司法人员下乡，实现"民间公共场所"对话的群众路线，让老百姓参与公开审理等措施来安抚乡村的不满，同时在群众参与社会活动中教育群众（见第五章）。裴宜理认为，中共在动员群众时，最有效的方式就是采用"文化重置"（cultural positioning）的政策，即"有策略地利用一系列符号资源（包括宗教、礼仪、说辞、服装、戏剧、艺术等等），来达到政治鼓动的目的"。③ 这说明，革命政权可以通过借用地方文化的形式，如民歌、舞蹈、庙会、戏剧、说书等，对这些形式进行改造，

---

① 见 David S. G. Goodman, *Social and Political Change in Revolutionary China: The Taihang Base Area in the War of Resistance to Japan, 1937－1945* (New York: Rowman & Littlefield Publishers, Inc., 2000)。在班国瑞对新四军的研究中，他将抗战时期新四军在江淮一带的壮大发展归因于他们的政策灵活，成功地适应了当地不同的社会、政治、生态、文化环境。见 Gregor Benton, *New Fourth Army: Communist Resistance along the Yangtze and the Huai, 1938－1941* (Berkeley, California: University of California Press, 1999)。

② 裴宜理的研究显示中共在动员、组织安源矿工，使之成为革命力量方面非常成功。见其 *Anyuan: Mining China's Revolutionary Tradition* (Berkeley, California: University of California, 2012)。

③ Elizabeth J. Perry, *Anyuan: Mining China's Revolutionary Tradition*, p. 4.

以新的文化形式来传播革命理想和现代观念，争取获得人民的支持。如本书所研究的案例转化为文艺作品，对批判包办买卖婚姻、强调司法公正起到了很好的作用。与此同时，革命政权也对广大乡村民众的意见有所回应。如1939年的《陕甘宁边区婚姻条例》在1944年、1946年被修改了两次，但《条例》并未放弃改革的原则，这就是一个很好的例子。一方面，为了减少诉讼和广大民众的不满情绪，边区政府不仅重建并主导了古老的乡村调解制度和自治传统，而且号召建立和谐民主的家庭；司法体系发明出新的司法技巧，将其融合在党的群众路线中以完成革命的社会改革。另一方面，面对旧的地方风俗和民间习俗强大的存在，革命政权并不放任，不仅有法律的惩罚，更是扮演了一个教育者和引导者的角色，在"民间公共场所"的对话和基层调解中，通过革命政权培养和引导的地方新精英，包括基层干部、开明乡绅、妇女主任、民兵连长、村干部、劳动模范等，来引导舆论，促成基层群众思想的转变（见第五章），体现了政权的革命性。司法体系这种灵活的策略与政策引导使得革命政权能在承认乡村传统的基础上协调乡村的需求并且重建乡村。在某种程度上，革命政权的策略和政策可以解释延安时期革命的社会基础逐渐壮大，凝聚力量最后赢得全国胜利的历史进程。革命政权在执行政策时的灵活性，文化产品的号召力，政权对生存的考虑以及中共的群众路线是革命政权保持其群众基础的重要因素。

导 论

司法档案与妇女的声音

在 1980 年之前，许多国外研究中国革命和中共党史的学者面对一个最困难的问题，即他们可以找到不少中共的官方政策文件，但是对于这些文件在基层是如何执行的却缺乏足够的证据，也难以找到基层民众对于执行政策的反馈资料。大多数研究基本上依赖于中共的官方文件和高层领导的著作、文章、公开讲话等，但是这些公开发表的资料仅仅表达了中共高层领导的理论目标和政策愿望，却忽视了在高层政策制定与基层实际执行之间存在相当程度的差别。在有些情况下，研究者不得不依赖基层干部的报告，忽视了报告中有可能存在着报喜不报忧的情况。

自 1980 年代以来，西方世界解除了对中国的封锁，随之而来的中国的对外开放，给了西方学者一个就近观察中国，进行田野调查的机会。从 1990 年代起，中国各地的档案馆逐渐向公众开放，于是地方档案馆中一大批关于乡村妇女和基层人民生活与活动的历史文献可公开查阅。基于这些开放的档案材料所发表的研究成果在相当程度上改变了西方学界对 20 世纪中国妇女及其社会活动的理解。[①] 同时对 1930~1940 年代革命根据地的研究也

[①] 例如，Wang Zheng, *Women in the Chinese Enlightenment: Oral and Textual Histories*; Neil J. Diamant, *Revolutionizing the Family: Politics, Love, and Divorce in Urban and Rural China, 1949 – 1968* (Berkeley: University of California Press, 2000); Gail Hershatter, *The Gender of Memory: Rural Women and China's Collective Past* (Berkeley: University of California Press, 2011)。

受惠于档案的开放,西方学者有机会了解当时革命政权在乡村地区执行政策的实际情况。①

本书试图摆脱以往研究的两种倾向,一是上层视角,即较多地把注意力放在革命领袖、政治人物、文化精英身上,关注这些人物的言论、意见、经历等。二是以政策文件为基础的研究,这种研究的结论容易导致理想与实际的分离,同时可能忽视社会变革中生动的过程和普通妇女的贡献。本书试图把焦点转向普通乡村妇女,更多地从底层视角来考察社会的变革。受惠于1990年代以来地方档案馆和图书馆的开放,笔者能够从底层的视角来描述社会变迁与普通人的经历。这本书的资料主要来源于各种档案馆、地方志、个人回忆录以及访谈,其中相当重要的一部分则来自1937年到1949年陕甘宁边区高等法院的档案。这一组档案的复印件完整地保存在陕西省档案馆,总数超过千卷,包括了各种婚姻纠纷以及其他民事和刑事案件。除了法庭记录,还包括了法律条文、法庭之间的通信、笔记、备忘录等,以及各种诉状、传票、上诉状、请愿书、判决记录、法庭命令、证据材料等。从

---

① 例如,Joseph Esherick, "Deconstructing the Construction of the Party – State: Gulin County in the Shaan – Gan – Ning Border Region," *The China Quarterly*, no. 140 (Dec. 1994): 1052 – 1079; Pauline Keating, *Two Revolutions*; David S. G. Goodman, " The Licheng Rebellion of 1941: Class, Gender, and Leadership in the Sino – Japanese War," *Modern China* 23 (2) (April 1997): 216 – 245; D. S. Goodman, *Social and Political Change in Revolutionary China: The Taihang Base Area in the War of Resistance to Japan, 1937 – 1945* (New York: Rowman & Littlefield 2000); Lucien Bianco, "Peasant Responses to CCP Mobilization Policies, 1937 – 1945," in Tony Saich and Hans van de Ven, eds.,*New Perspectives on the Chinese Communist Revolution*, pp. 175 – 191; Gregor Benton, *New Fourth Army*。

1990年代起,这批档案向社会开放,但是当时几乎没有被西方学者注意到,而笔者有幸收集到了其中的一部分,这就为本书从方法和观点的展开提供了充实的材料基础。

当然,这批资料也存在着一定的缺憾,例如并非每卷档案都完整地记录了特定案件,有些案卷的纸张部分缺失,字迹模糊,在分类装订时,有的把好几个案件合成一个卷宗,又有些把一个案件分散在不同的卷宗中。但是瑕不掩瑜,这批档案仍具有很高的研究价值,尤其是在保持案件的原发状态和记录当事人谈话方面。譬如记录这些档案的法庭书记员或法官审判员中,有不少受教育程度不高,更没有接受过多少法律训练,但是这种在当时看来的缺憾对于今天的历史学者来说却是一件好事,因为这些书记员、审判员不像晚清的"刑名师爷"那样,在记载案件时使用高度格式化的法律词汇,那样的记录虽然简洁明了,但是许多生动的细节被省略了。边区高院的案件记录较少使用专业法律词汇,记载了男女当事人的原话,大部分没有经过法律词语的过滤。在阅读这些档案的时候,你可以感觉到当地村庄的那些男男女女,虽然不识字,但是表达却十分生动。他们面对法庭讲述他们的故事和争执,法庭书记员直接记载了他们在庭审时的诉求与回答,包含口语和俚语。在有些案件中,书记员还记下了当事人的微笑、支吾、迟疑、羞涩甚至小动作。所有这些都增加了材料的历史感和可信度。由于边区司法系统设计了特别的庭审策略和程序(见第四章),许多妇女能够在法庭上直言自己的意愿,于是法庭记录就成为理解乡村妇女及其要求与想法的可信资料。这些司法文件提供了边区革命根据地中婚姻改革具体执行的情况以及关于乡村生活更为翔实的信息,为本书的研究提供了坚实的依据。①

笔者另一部分重要研究材料来自对当事人和其他相关人员的访谈。在2005年和2007年我对"封张案"的当事人之一封芝琴(原名封捧儿,也是刘巧儿的原型)进行了访谈。2005年时她81岁,看上去健康状况还不错,但是在2007年再次见到老人家时,她的身体状况已经大不如前。她因此案以及后续的《刘巧儿》为人所知,在1980年代之后接受了很多采访。在一遍遍地讲述自己的故事时,她的用词很多都是官方政治语言,有着强烈的格式化色彩。这与贺萧在对陕西乡村妇女的访谈中遇到的情况类似。但是我仍然有机会绕过这些固定的说辞,问了一些特别的问题,她的回答是此前所有材料中都没有提及的,这也是我访谈的一大收获。

本书对"封张婚姻纠纷案"及其演变的研究,尤其是此一案件的发展——早期发生在陇东和陕北地区,后来演变成具有政治和文化意义的艺术作品,其影响在1949年以后继续延伸到中国其他地区,超出了陕甘宁边区的地理、社会、文化生态环境。追踪这个案件的意义以及它如何从一个小村庄的事件演变成为全国的文化符号,为我们提供了一个观察中国20世纪社会革命的独特视角。

---

① 有必要指出,本书所涉及的有关民事当事人大都是这一地区的普通人,像农民、下级军官和战士、乡村妇女等等。在我所见到的案件中极少涉及政府干部或党的干部的婚姻问题。目前似乎没有证据显示共产党的中高级干部是通过司法系统来处理他们的婚姻纠纷的。将普通民众的婚姻纠纷与中共干部的婚姻管理分开来可能是出于历史原因或政治原因,也可能由于大多数共产党干部属于外来人口,并不在当地的司法管辖范围之内。同时,陕西省档案馆保存的边区高院档案只是当时边区高院档案的一小部分,而其大部分都毁于战火,我们无法知道那些被毁的档案包含了什么内容。总之,由于资料的限制,本书不涉及共产党干部的婚姻问题。

图 0-1 采访封芝琴，2005 年 7 月 21 日

图 0-2 封芝琴老人在新居窑洞前，2005 年 7 月 21 日

自主：中国革命中的婚姻、法律与女性身份（1940~1960）

全书概要

本书的叙事主要以"封张两家婚姻纠纷"事件及其发展为线索，同时展示这一事件在不同的历史阶段所包含的社会、法律、政治和文化的含义。由于此一事件在每个发展阶段都有不同的行动主体，如果只是将其过程做描述性的呈现，则不能了解此一事件在不同时期表象下面的内在逻辑。所以我以第四章中"自主"一词的讨论为主轴来串联起这个事件在各个不同时间和地点的展开，以期全书的叙事有一致的思想内涵。全书分为三个部分，随着这个事件在社会政治、法律和文化层面的展开，依次体现三个次主题，即婚姻、法律、女性观念的重建。

第一部分包括第一章和第二章，主要阐述边区基层的家庭婚姻状况、妇女生活状态；以此作为事件的环境背景，并讨论了边区政府在这种背景下推行婚姻改革初期所遇到的问题。在第一章中，笔者论证了共产党婚姻改革的理念源于都市，但是其政策的实施却是在一个地理、社会、文化背景都完全不同的乡村中进行的。这个特定的环境对共产党推动社会改造是一个巨大的挑战。因为从19世纪后期开始，中国沿海地区和大城市不断受到西方的影响与冲击，民众普遍认知到社会变革不可避免。但是像陕甘宁地区，尤其是事件发生的陇东地区从晚清以来社会所经历的变化很小。中共中央和红军进入这个地区以后，当地百姓就必须直接面对具有现代性质的革命政权和秩序的重建。① 一种外来的婚姻观念被带入了这一地区，革命政权所推行的现代化改造工程带来了地方传统与革命政策的冲突，这种冲突就体现在"封张婚姻纠纷"一案中。第二章继续讲述案件的发展，特别是将捧儿上诉的行为放在当地家长制下妇女日常活动的背景中去思考。研究显示，捧儿的勇敢上诉不仅与政府的政策有关，而且深植于当地妇女的文化传统，尤其是婚姻与性活动方面的观念与习俗之中。当地妇女在婚姻和性活动上有某种自主性，而且在家长制下为自己争得了一定的自主空间。正是在这种自主性的基础上，边区司法人员引导并尊重其合理意愿，使妇女自发的愿望最终成为制度化的规定。但在这种自主意愿的转型过程中，国家权力在赋予妇女自主婚姻的同时，也取消了妇女原来在家长制下某些不成文的"权益"。历史资料显示，乡村妇女知道如何与司法体系打交道，如何伸张自己的权益、表明立场和要求，正如封捧儿所表现的那样。正是基于对本地妇女自主性的引导，革命根据地社会改革中的自主概念才有了本土的基础和政治上的正当性。

第二部分包括第三、四章，聚焦于边区司法体系的建立和实践，讨论了从"自由"的原则过渡到"自主"的原则，即从实践中凝练出概念原则的过程。第三章讨论了"封张婚姻案"的改判，探讨了这种改判背后的深层原因。通过考察司法体系的建

---

① 这里必须声明，之所以使用"现代"一词，因为中共的政权绝不是古老政权的重建，而是具有现代性质的政权。关于现代性的争论证明，现代性并不只有一种，而是有多种，共产主义革命无疑也体现了一种现代性，如笔者在前文所述。

设及其在婚姻改革中的作用，笔者展示了1940年代陕甘宁边区司法体系的建设与实践如何在婚姻改革中维护了妇女的权益。第四章表达了本书的核心思想：通过对马锡五重新审理后所做出的新判决书的深层解读，指出这个新的判决书之所以重要就是因为使用了"自主"的原则，而不是以"自由"原则作为判决基础。本书由此对"自主"和"自由"两词在中国思想史和政治史的脉络中做了词源学和语义学上的分析，指出"自主"一词作为政治和法律词语的重现，与19世纪末到1940年代的民族国家建设和家庭改革高度同步，因此成为重建"家国"关系的中国经验的概念表达。而且这个词的形成正是在反帝反侵略的环境下产生的，这个概念的出现显示了在反抗殖民主义体系过程中，被剥夺主体性和主权的国家，开始重建其主体意识。这一章同时将"自由"与"自主"这两个词的转型放入从江西苏维埃时期（1929～1934）到延安时期的婚姻改革与实践中考察其变化，并讨论了1944年和1946年陕甘宁边区两次修正婚姻条例的意义。

进入第三部分，即本书的第五、六、七章叙述这一事件如何从一个地方司法案例转变成政治的榜样和文化的象征。第五章着重考察这个司法案件如何进入以延安为代表的革命中心，该案作为政治治理和司法实践的榜样彰显了边区革命政权希望通过"息讼"，说服、动员民众参与司法和乡村事务，以及尊重"调解"等地方社会传统的方法来重建自治秩序与和谐乡村，而不是简单地使用国家机器，使用暴力及强制措施推进现代性的社会改造工程。

第六章追溯了"封张案"被改编成戏剧和说书的过程，讲述了像《刘巧儿告状》的作者袁静这样在五四新文化运动熏陶下的都市青年学生，如何帮助革命政权重塑妇女形象以及性别观念与家庭关系。笔者认为袁静在创造根据地新妇女形象的同时也在寻求新的家国关系，表达对家国关系的新想象。在袁静所创造的妇女形象中，不仅包括刘巧儿这样年轻妇女，而且包括李婶这样的中年妇女，她作为"社会母亲"，帮助了反叛的女儿刘巧儿。笔者认为这个形象实际上试图重新定义妇女与国家、家庭与社会的关系，而且通过国家建设的框架，重建公共领域中妇女的代际关系，建立起妇女的自主传统与传承力量。

第七章则追踪了刘巧儿的故事在 1950 年代的改编与传播，《刘巧儿》的改编是为了宣传新颁布的婚姻法，宣传妇女的婚姻自主。在从评剧到电影的改编过程中，知识分子对新中国政治意识的解读赋予刘巧儿的形象许多新的含义。评剧演员新凤霞个人的婚姻以及她所扮演的刘巧儿有效地诠释了新婚姻法所代表的精神。

"余论"部分对事件的当代发展及其意义做出了交代，并指出了"自主"这一概念在当代社会的扩展与升华。关于中国在 20 世纪社会运动和社会革命中的经验应该如何在历史和社会的语境中实现理论化，以形成革命的完整叙事，本书做出了初步尝试。革命遗产对当今天社会发展的意义是笔者在本书及今后的研究中将进一步思考的问题。

第一章　封彦贵诉张金才：陕甘宁革命根据地与婚姻改革

1943年的封、张两姓婚姻纠纷发生在甘肃省华池县的一个小村庄里。这桩婚姻纠纷体现了当地历史的特殊性，在当时也有其普遍的代表性。纠纷的起源可以追溯到1928年。华池县农民封彦贵将自己4岁的女儿封捧儿①许配给邻村张金才（有的文件写作张进财或张金财）5岁的儿子张柏（有文件写作张柏儿），②张家以10块银圆作为彩礼。③ 1942年，当捧儿18岁，到法定结婚年龄时，④ 张金才几次要求为两人举行正式的婚礼，封彦贵却置之不理，根本没有履行婚约的意思。张金才便去华池县政府，

---

① 中国传统上用"岁"来计算年龄。孩子的年龄是从母亲怀孕算起，新生儿一诞生即是一岁，过了一个新年就长了一岁。陕甘宁边区正式规定使用公历，而且使用民国历法，但文件中并没有清晰地指出使用哪种方式计算当地人的年龄。如果没有指明的话，我便假定在绝大多数情况下当地人使用"岁"制。在正式的官方文件中，也有可能当地干部将"岁"转变为以公历计算的岁。

② 关于两个孩子的订婚年龄，民事诉讼的记录和正式的法律文件与新闻报道并不一致。这里我按法律文件中的记载来计算。

③ 《封张案》。边区民政厅的文件《陕甘宁边区婚姻问题材料汇集》（1943）记载说这桩婚约发生在1925年，当时捧儿1岁，张柏2岁。见《陕甘宁边区婚姻问题材料汇集》（1943），全宗号4，档案号1，案卷号65。

④ 这个结婚年龄是边区政府在1939年《陕甘宁边区婚姻条例》中规定的，但陕甘宁地区的大部分婚姻并没有遵守此规定。在下文中，我将呈现此地区的社会和经济变化，这应该是封彦贵将女儿的正式婚期延迟的主要原因。

第一章 封彦贵诉张金才：陕甘宁革命根据地与婚姻改革

状告封彦贵意图悔婚。县政府对这起纠纷进行了调解，但未成功。根据记录，捧儿本人对这桩婚事"坚决不愿意"，县政府的办事人员只能宣布这桩婚约无效。档案记载：

> 华池县温台区三乡一村张家湾贫农张金财，年六十岁，于民国十四年以价十元订冯彦贵之女为媳。当时女近一岁，儿子两岁。至民国卅一年娶婚时，女子年已十八岁，坚决不愿意。张金财遂控诉冯彦贵。经第一科几次调解无效，遂判决离婚。（原文见图1-1——引者注）①

婚约取消之后，封彦贵试图将捧儿许配给张宪芝之子，彩礼是2400元法币外加48块银圆。② 这个消息传到了张金才的耳朵里，虽然政府已经取消了婚约，但是张金才不服，仍然时刻关注着封家的一举一动。于是张金才以"买卖婚姻"为由将封彦贵告到政府。"买卖婚姻"为1939年的《陕甘宁边区婚姻条例》（以下简称1939年《婚姻条例》或《条例》）所禁止，因此封彦贵新订的婚约被华池县政府宣布无效。③ 1943年，捧儿的父亲接受了一个叫朱寿昌的求亲者，此人许诺8000元法币、4匹机织

---

① 冯彦贵应为封彦贵。当时县政府的工作人员只能根据当事人口头发音做出记载，故有误。另外捧儿的年龄与下面正式法律文件有出入。
② 法币是国民政府于1935年发行的纸质货币。一法币本应等同于一个银圆，但是到1940年初它迅速贬值。1940年代初期，陕甘宁边区同时流通着三种货币：袁世凯政府在1910年代发行的老银圆，国民政府于1935年发行的法币，陕甘宁边区政府发行的边币。详见后面有关通货汇率的注解。
③ 《封张案》。亦见《马锡五同志审判方式》，《解放日报》1944年3月13日。

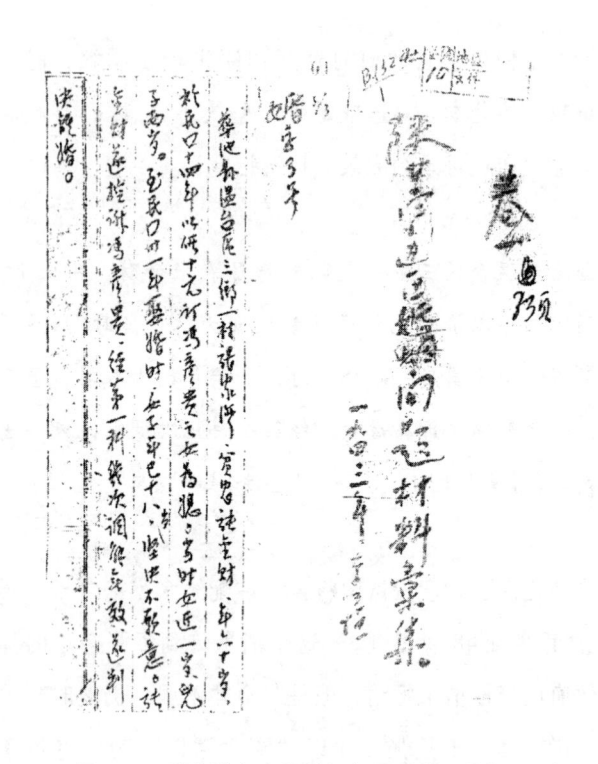

图 1-1 《陕甘宁边区婚姻问题材料汇集》（1943），全宗号 4，档案号 1，案卷号 65

布，外加 20 块银圆作为彩礼。1943 年 3 月 10 日，朱寿昌到封家举办订婚仪式，当时给了 7000 元法币、哔叽布料 4 匹（大约价值 112 万元法币）①和 20 块银圆，外加 3 斤棉花。婚约就这样订了下来。②

---

① 根据《华池县志》（甘肃人民出版社，2004，第 289 页），1943 年在西安产的平纹布一匹 28 万元法币。由于 1940 年代的通货膨胀（见后续对通货膨胀的原因及膨胀率的说明）以及此一地区市场体系不发达，大部分交易依靠物物交换，因此彩礼的总额只能用当时的价格估算。

② 《封张案》。

第一章 封彦贵诉张金才：陕甘宁革命根据地与婚姻改革

农历二月十三日这天，① 捧儿跟她母亲到邻村"过事"（即乡村的红白喜事聚会）。在这里她遇见了年轻英俊的张柏。② 由于封家与张家一直有着换亲的关系，他们两个在幼年走亲戚时可能见过面，③ 但这却是他们成年后第一次相遇。在这种情况下两人略做交谈，确切内容无人知晓。④ 二审的法律文件上宣称捧儿表达了她希望嫁给张柏的愿望，对父亲刚刚给她安排的婚姻非常不满，抱怨自己"出不了恶劣家庭环境"。同时，"张柏亦非常爱慕捧儿，二人当时已商议决定将为夫妇关系"。⑤ 2005年，当我第一次采访封芝琴时，⑥ 问了她那次谈话的内容，封芝琴回忆说，他们并没有谈多少，但记得自己说过的一句话，"咱们的事不能算了"。⑦ 从当地的文化背景和社会习俗上来看，这句话简直算得上"海誓山盟"。所以二审判决书关于捧儿意愿的记载基

---

① 尽管陕甘宁边区政府在官方文件中全部采用了公历，但是村民在日常生活中还是继续使用农历，特别是在家族和村庄活动中。详见第二章对这一件事准确时间的分析。
② 《封张案》。亦见封芝琴《回忆马锡五同志》，《甘肃文艺资料选集》第12辑，甘肃省政协，1982，第145~153页。
③ 参见笔者对折兴发主任的采访，2005年7月21日。折当时是华池县文化发展办公室主任，他陪我去了封芝琴的村子，把我介绍给封。根据当地人和折的叙述，在"封张案"之前，封家与张家最近的姻亲关系是捧儿的姑姑嫁给了张金才的堂兄弟。详见杨振发《封芝琴，刘巧儿》，中国广播电视出版社，2004，第21页。
④ 笔者对封芝琴的采访（2005年7月21日）确认了他们的确进行了交谈，但是后来的一些记载说他们从未交谈过，也没有见过面。如《解放日报》和《新华日报》的报道（见第5章）。
⑤ 《封张案》。
⑥ 1957年，封捧儿取了官名封芝琴，据说这是出于当时人口登记的需要。详见第七章。
⑦ 笔者对封芝琴的采访，2005年7月21日。

本正确。

张柏回家后将他和捧儿会面的事告诉了父亲。张金才早就听说封彦贵为捧儿又订了一门亲事,现在从张柏口里得到了证实。1943年3月18日晚,他从本族召集了20来个人,跟张柏一起去了封家的村子。这支队伍步行约30里,于半夜时分到达封家门前。张家深夜突袭,张柏首先冲进窑洞将捧儿拉了出来,黑暗之中,封家无法抵抗,只能让张家把捧儿抢走了。张家把捧儿带回家,立刻为他们举办了婚礼。① 这次夜半惊魂之后,封彦贵就以对方绑架其女儿为由将张家告到了华池县司法处。1943年5月3日,县司法处宣布了裁决,判张金才六个月劳役,逮捕张柏并以绑架罪将其关押,同时宣布捧儿和张柏的婚姻无效。②

1939年初,中共在陕甘宁边区的政权已基本稳定,边区政府出台了一系列社会改革计划,包括禁止缠足、赌博、抽鸦片,以及其他一些被革命政府视为落后的风俗习惯。1939年4月4日,边区政府颁布了《陕甘宁边区婚姻条例》,开始进行婚姻和家庭的革命。在20世纪头30年中国社会的剧变中,陇东与陕北一带变化甚微,1939年《条例》将一种现代的、在受到西方影响的都市环境中形成的婚姻观念带给了这一地区。陇东农村地区没有经历过19世纪晚期至20世纪早期中国南方和沿海地区那种

---

① 《封张案》;封芝琴:《回忆马锡五同志》,《甘肃文艺资料选集》第12辑,第145~153页。
② 《封张案》;亦见封芝琴《回忆马锡五同志》,《甘肃文艺资料选集》第12辑,第145~153页;《马锡五同志审判方式》,《解放日报》1944年3月13日。

第一章 封彦贵诉张金才：陕甘宁革命根据地与婚姻改革

从帝制到共和制，在社会运动冲击下逐渐地开放，开启"现代化"变革这样的逐步过渡的阶段。因此，这一地区政治上十分孤立，社会经济状况落后，文化氛围闭塞，地理生态贫瘠。凡此种种都是对中国共产党进行社会革命的巨大挑战。"封张案"涉及很多革命政府想要去除的地方风俗，改革阻力重重。因此"封张案"所显现的地理、社会、文化的背景，和陕甘宁边区的其他许多案件一样，在革命政府改造边区社会的过程中有着指标性的意义。

一 从边陲到革命根据地：1930年代陇东与陕北的政权建设

这桩婚姻纠纷案的发生地在华池县温台区。华池县坐落在甘肃省的东部。因位于陇山以东，习惯上华池及周边地区被称为"陇东"或"陇右"（如今的庆阳市）。① 在20世纪的绝大部分时间里，这里都是中国北部最贫困的地区之一。② 当剧烈的社会、文化和政治变革席卷了中国东南部的沿海地区和城市时，这片位于中国中心地带的区域几乎依然是死水一潭。③ 直到一群共

---

① 这个地区的行政名称经多次更改，但"陇东"作为它的地理位置名称，从来都没有变更过。为了和历史记载相一致，我指称该地时使用不同的名字：在描述明清时期时使用"庆阳县"；革命时期使用"陇东"；1949年之后使用"庆阳地区"，即今天的庆阳市。
② 庆阳在21世纪初仍然是中国最贫困的地区之一。2007年我访问庆阳时得知其治下的8个县中，有6个还处于国家标准的贫困线以下。
③ 这片区域连同毗邻的陕北地区，在清代就远远落后于国家的社会和经济发展，见 Keating, *Two Revolutions*, pp. 22–25。

产党的革命家进入这片区域,此地才开始有了变化。1934 年,土生土长的陕北保安县(今志丹县)人刘志丹,一位曾受训于广州著名的黄埔军校的共产党员,在南梁乡建立了一个小小的革命根据地。次年,经历了长征后的中央红军和中国共产党中央委员会到达这个地方。两股力量汇集,将革命根据地的范围扩展到了陕北和宁夏南部。陕甘宁边区初步成形。① 1935 年底,红军和中共中央移师陕北,又于 1937 年 1 月转至延安,陕北便成了共产党革命根据地的中心,共产党的中央委员会和军委会都坐落于此。相较于山西、河北和山东那些备受日军侵略、攻击的革命根据地来说,陇东地区因处于大后方,受战争影响较小。虽然从 1938 年至 1941 年,日本的飞机多次轰炸延安城,但日军始终未能打过黄河。黄河沿着陕甘宁边区的东线流淌,成为一道天然屏障将陕北和山西隔开。共产党军队和土匪、国民党军队在边区的边界地带有过一些冲突,但 1939 年之后,陕甘宁边区趋于稳定。正是在这种相对和平的环境中,边区政府启动了乡村社会建设和社会改革计划。

陇东地区的地理、历史、人口状况

纪保宁在研究陕北革命根据地的著作《两场革命》一书中指出,中共之所以取得革命成功,原因在于中共能够根据当地的地理环境与社会生态(ecology)灵活运用政策。像陕甘宁边

---

① 有关 1930 年代陕北和陇东地区的革命活动,以及刘志丹、谢子长和习仲勋等人的活动,见《习仲勋在陕甘宁边区》编委会编《习仲勋在陕甘宁边区》,中国文史出版社,2009。

第一章 封彦贵诉张金才：陕甘宁革命根据地与婚姻改革

区这样的根据地不是一个经济上或社会上均匀分布的同质性地区，这就给了中共在不同分区实行不同政策的空间。① 1940 年代，陕甘宁边区分为 5 个分区，即陇东分区、延属分区（陕北主要地区或西部地区）、关中分区（涵盖了陕西中部和甘肃南部的小片地区）、三边分区（宁夏南部）、绥德分区（陕北东北部），其中延属分区包括了延安市，形成了革命根据地的核心地带。从地理位置上来讲，陇东分区的东部相邻延属分区，北部与三边分区接壤（见书前《1944 年陕甘宁边区示意图》）。陇东地区构成了陕甘宁边区的甘肃部分，它位于狭长的甘肃省的最东部。从地图上看，陇东地区为陕、宁两省所拥抱，东部和东北部紧邻陕西的陕北地区，南部与陕西关中地区相连，西部和西北部与宁夏南部毗邻，仅在西南部平凉地区有一条狭窄的通道联结甘肃。这条通道，如同一道关隘，与其说联结甘肃，不如说阻隔了陇东与甘肃主要部分的联系。而且这条通道常常被平凉府或平凉地区隔绝，更加增加了陇东本区与甘肃联系的困难。今天的庆阳市区距离甘肃的政治文化中心兰州 487 公里，距陕西的政治文化中心西安只有 268 公里。从地形上来说，黄土高原从山西的太行山脉延伸，包括了山西的大部分和陕西的北部，向西延伸到甘肃和宁夏，也覆盖了内蒙古的南部和青海的东部。② 陇东和陕西北部同在这个高原地带，在陇东区

---

① Keating, *Two Revolutions*, pp. 1–13.
② 史念海：《黄土高原历史地理研究》，黄河水利出版社，2001，"前言"第 1 页；Mark Selden, *The Yenan Way in Revolutionary China*, p. 2; Edgar Snow, *Red Star Over China* (New York: Grove Press, 1968), p. 55.

内的南部地区，有一部分称为董志塬的区域地势平坦，对农业生产十分有利。不幸的是，1940年代革命政府管辖的是从中部向北部和东北部延伸的最贫困地区，这里的地貌包括了陇东和陕北崎岖的梁峁和陡峭的沟壑。① 通过将三省中具有相似的地理、社会和生态基础的区域，特别是从中部到西部的区域进行整合，形成了陕甘宁边区的基本范围。因此，不论从地理上、生态上、历史上，还是从经济上，陇东地区与陕西省都有着密切关系。这正是刘志丹等人在陕北革命暴动失败后，轻而易举地转入陇东南梁地区的原因。因为在地理和社会环境都与陕北类似的南梁，可以重新聚集革命力量开展活动，从而成功地建立一个小型的革命根据地。陇东与陕西的联系也正是后来陕甘宁边区形成一体的地理与环境生态基础。

在历史上，陇东一直隶属陕西省，元、明、清均设庆阳府，府治在庆阳，即后来之庆城县。清代建制略有变化，陇东在1665年划归甘肃省，② 民国初年废府，设立陇东道，治所移到西峰镇，即今日之庆阳市西峰区。1949年以后，陇东改为庆阳专区、地区，2002年改变建制成为地级市。③ 在1934年到1939年之间，陇东革命根据地的边界和建制在不断变动，区域包括今日

---

① 陇东本以庆阳的名字为人所知，但边区政府恢复了它的历史名称。为了区分地理上的范围名称与行政名称，我一般用"陇东地区"指其地理范围，用"陇东分区"表示受边区政府行政管辖的部分。
② 《华池县志》，第58～59页；庆阳地区志编撰委员会编《庆阳地区志》第1卷，兰州大学出版社，1993，第221～222页。
③ 《华池县志》，第59～62页；《庆阳地区志》第1卷，第234～241页。

第一章 封彦贵诉张金才：陕甘宁革命根据地与婚姻改革

之庆阳市的大部分地区。1939年的两次陇东事件①之后，尽管辖区缩小，但陇东地区的革命政权和疆界却稳定下来。1940年陕甘宁边区的陇东分区成立，下辖华池、环县、曲子县（今环县和庆城县部分地区，后被撤销）、庆阳县、合水、镇原六个县。当时陇东分区中部、西部和南部的庆阳、镇原、宁县、正宁、合水等地与国民党统治区形成犬牙交错之势；西部、西北部连接边区的宁夏部分；东南部通向陕西的关中地区，从正宁县和宁县等处分隔出来的属于边区部分的地方设立了新正县和新宁县，隶属陕甘宁边区的关中分区。陇东分区的东部、东北部则与延属地区连成一片。华池县则位于陇东的东部偏北，与今天陕北的吴起县和志丹县相邻。因此不论从哪个方位来看，华池县均背靠延属地区，处于根据地中较为安全的地带。

长久以来，陇东与陕北以及晋西北地区一样，处于农业中国的边缘地带。两千多年前，司马迁曾将今河北昌黎县向西经过今日的北京和太原之北，达于黄河两岸的龙门山下一线，画为汉代的农牧分界线。其后两千年农业地区不断扩张，北部的黄土高原地区经过隋唐和明清两个时期的农牧互转，农牧分界线不断向西部、北部推移。到明清以后，大部黄土高原地区，尤其是今日之晋西北、陕北、陇东一带成为农业地区，以明代长城为界，与内

---

① "两次陇东事件"指驻扎在陇东部分地区的国民党地方政府和军队在1939年4月和11月两次挑起的反共摩擦，试图蚕食陇东革命根据地的事件。边区政府和军队进行了反击，但是为了维持统一战线，中共地方政府被迫退出陇东南部的宁县、镇原县城。此后边区政府在宁县和镇原的其他乡镇重建了边区领导下的宁县和镇原县政府。见刘凤阁主编《陕甘宁边区陇东的军事斗争》，中共庆阳地委党史资料征集办公室，1992，第12~38页。

蒙古、宁夏等牧业地区相邻。①

不仅如此，陇东在历代都是边防要塞。在战国时代，秦国在此修筑城墙，抵抗匈奴入侵，后来秦国长城与六国城墙连接，成为长城的一部分。在今天的镇原、环县、华池一带仍有秦汉长城的遗迹，亦有秦直道的遗迹。② 在唐宋时期，抵御游牧民族入侵的军事防线在今天的环县、宁县、庆阳一带来回摆动，所以，今日华池所在地区常常成为喋血的战场。两千年来，陇东在帝国版图上均具有战略地位，因为这里是从西安到灵州（今宁夏吴忠市）的必经之路。③ 这一地区位于蒙古草原的南部，连同陕西北部地区一带，游牧民族南下时每每首当其冲。在和平时期，这里则成为军事要塞和军屯、茶马交易的场所。时至今日，在庆阳地区，尤其是环县、华池一带，从宋代名臣范仲淹、明代知府刘元会，到陕西巡抚马文升所筑之城池要塞的遗迹依然有踪迹可寻。④ 正是由于陇东的地理位置和与蒙古草原游牧民族的各种交往，这一地区的文化也受到北部草原文化的影响。

由于战火连绵加之土地贫瘠，陇东的广大北部地区和邻近的陕北地区，在明清交替之时"土地荒废，人烟稀少"，⑤ 大多数为明代军户的后代或外来移民。明代嘉靖年间（1522～1566），庆阳府共有人口21.3万人，每平方公里8.6人。人口密集地区

---

① 史念海：《黄土高原历史地理研究》，第388～402页。
② 《华池县志》，第776页。
③ 史念海：《黄土高原历史地理研究》，"前言"，第26～27页。
④ 《华池县志》，第777～780页；《环县志》，第42页。
⑤ 《庆阳地区志》第1卷，第468～469页。

集中在靠近陕西关中地区的县份，如安化、宁州等地，北部县份如环县，仅有人口一万多。清初战乱之后，中经康乾期的恢复，到嘉庆二十五年（1820），庆阳府人口达到顶点，共121.7万人，比明代多出许多。但是19世纪中后期，捻军起义（1853～1868）和同治回民起义（1861～1873）造成了人口的急剧下降，到光绪三十四年（1908），全区仅剩24.1万人，平均每平方公里9.7人。① 据《华池县志》记载，明朝初年，曾有大量山西、河南移民迁入，但到了战乱之后的1880年，当地人口降至乱前1/10，地方官不得不从四川招纳大量移民开垦土地。② 在随后的几十年，各地移民不断涌入，1928年人口稍有回升，庆阳全区总人口31.8万人，平均每平方公里11.7人，但仍多集中在靠近陕西关中地区的县份。如宁县人口达13.5万，每平方公里51.4人。其次是地区政治中心庆阳县，8.8万人，每平方公里11.9人。而在北部和东部靠近陕北的县份，如环县，人口只有1.3万，每平方公里1.5人。到1940年，陇东分区六个县，合计人口26.6万，1944年维持大约同样的人数，平均每平方公里10.3人。③ 考虑到共产党管辖的都是北部和东北部最贫瘠和梁峁、沟壑区域，这个数字证明了边区政府从战争和受灾地区吸引难民和移民政策的成功，能够为当地居民和新到达的难民提供稳定的生活。与此同时，移民与当地居民在土地占用和所有权上产生了许多冲突。这些冲突也成为1940年代社会不安的几个原因之一。

---

① 《庆阳地区志》第1卷，第498页。
② 《华池县志》，第144页。
③ 《庆阳地区志》第1卷，第498～500页。

这片区域内的广阔土地以前由数量不多的不在村地主掌控,他们住在庆阳城或陕西省会西安。绝大多数当地农民要么没有土地,要么是租户。因此当刘志丹的队伍在村子里重新分配土地时,基本上没有受到任何阻碍。① 在1941年之前,当边区政府开始推行婚姻改革时,陇东分区大部分地区已经先一步完成了土地的重新分配,按照当地人的叫法,即完成了"土地革命"。② 在陕甘宁边区的其他分区,1937年第二次统一战线形成之后,执行的土地政策是减租减息。所以相比之下,陇东分区的土地改革要早得多。③ 通过土地革命,这个地区的大部分农民成为小土地所有者。正如马克·塞尔登指出的,中国共产党的土地政策确实赢得了当地农民的心,④ 为之后的婚姻改革打下了坚实的基础。在2005年对封芝琴的采访中,我问到她父亲对边区政府处罚他"买卖婚姻"是否心存不满,封芝琴的回答让我意外。她说实际上她父亲拥护共产党,因为在土地革命中他得到了30亩地,在那次事件之后,她父亲甚至还担任过村长职务。⑤ 在回答我关于婚姻的问题时,封芝琴主动将她父亲获得土地和她的婚姻案例联系起来,可见土地革命带来了乡村稳定,即使农民不认同政府的婚姻改革,但不会从根本上否定边区政府。另一方面,中国共产党力图消除许多当地的婚姻习俗,进行家庭改革,却遭到了相当强烈的抗拒。

---

① 《华池县志》,第1071~1072页。
② 刘凤阁主编《陇东的土地革命运动》,中共庆阳地委党史资料征集办公室,1992,第2~44页。
③ Keating, *Two Revolutions*, pp. 65-75.
④ Mark Selden, *The Yenan Way in Revolutionary China*, pp. 79-94.
⑤ 笔者对封芝琴的采访,2005年7月21日。

第一章 封彦贵诉张金才：陕甘宁革命根据地与婚姻改革

当地的政治历史、社会和文化

陇东地区的地理位置、特征和政治管理发展出它独特的社会习俗和文化传统，使得边区政府对婚姻条例的实施颇具难度，特别是在早期。作为曾经的边疆地区，清朝之前对这片区域的管理更注重其军事作用，而不是发展民生。这里地处边塞又人口稀少，政权管制力量薄弱，府县设置数量较少，且变动频繁。直到晚清，庆阳地区的领土被分成了六个行政辖区，包括府治所在地（庆阳府）、一个行政区（宁州）和四个县（环县、安化、合水和镇宁）。1934年之前的华池只是一个无足轻重的小镇，直到刘志丹和习仲勋建立了陕甘省苏维埃政府，新政府重新划分了管辖区域，设立一批新的县，[①] 1934年华池从合水县划出，与庆阳县的一部分合并，正式成为一个县，隶属于陕甘省苏维埃政府。[②]

行政建制的散漫与政治管理的松弛阻碍了当地文化的发展，因为明清的府州县设置与儒学在地理上的扩展互为表里，明清国家的意识形态对地方社会的渗透往往是通过王朝的教育体系和科举考试实现的。县份建制稀疏和频繁变动正说明这些地方受国家正统意识形态影响较弱。陇东地区虽然存在官学系统与科举考试，但远远落后于中国南方的发达地区。[③] 首先表现在进士的人

[①] 例如，曲子、赤庆、新正、新宁。见《华池县志》，第59~60页。
[②] 《华池县志》，第59~60页。
[③] 有关南部诸省的进士数目，见 Ping‑ti Ho, *The Ladder of Success in Imperial China: Aspects of Social Mobility, 1368–1911* (New York: Columbia University Press, 1962), pp. 227–229.

数上。有明一代（1368～1644），庆阳府在陕西省布政使治下，于科举上小有斩获，共出了42名进士。① 虽然与江南的某些府县相比，这个数字无可夸耀，但是考虑到明代这一地区的居民大多数是军户和移民的后代，② 这个数字就已经是相当的成就了。不过，这个地区的政治重要性在清代大幅降低，它的文化和教育发展也相应地被忽视了。由于当时实行"陕甘合闱"的政策，所有甘肃的生员必须到西安参加乡试，路途遥远，花费颇巨，许多甘肃学子只能放弃考试，造成甘肃进士的人数大降。从1875年开始，陕甘分闱，自此甘肃的进士数量才有所上升，③ 但是对于提升甘肃的人文氛围似乎已经为时太晚。庆阳府离西安较近，人文环境颇受西安影响，但即使如此，整个庆阳府在有清一代的进士人数也只有13人。相比于康乾两朝（1662～1795）人口的增长来说，这是一个严重的倒退。而后来华池县所在的合水县，在清朝的267年中，竟未出过一名进士。④ 当然，庆阳的衰落还有其他原因，容后再述。

其次，儒学的有限影响还在于官学体系的衰落和书院数量太

---

① 这个数字来自清初杨藻凤所撰《庆阳府志》（甘肃人民出版社，2001）第681～683页。但是今人的研究则显示有49名进士。见马啸《明代西北科举与社会环境——以庆阳府进士与举人的时空分布、特点以及成因为线索》，《宁夏大学学报》（人文社会科学版）2010年第4期，第118～130页。两个数字不同可能是从清代到中华人民共和国时期的地区划分不同所致。

② 马啸：《明代西北科举与社会环境》，《宁夏大学学报》（人文社会科学版）2010年第4期，第118～130页。

③ 陈尚敏：《陕甘分闱与清代甘肃进士的时间分布》，《青海社会科学》2009年第5期，第130～134页。

④ 陈尚敏：《清代甘肃进士的地理分布》，《中国历史地理论丛》2009年第4期，第71～80页。

第一章 封彦贵诉张金才：陕甘宁革命根据地与婚姻改革

少，因为官学与行政体系的设置是一致的。1870 年之前，庆阳府地区仅有 5 所书院，其中最重要的凤城书院和宁江书院在 1868 年的回民起义中被洗劫一空，其他书院则因经费问题，时开时闭。1880 年之后，在江南两湖一带，大量传统和改良书院如雨后春笋般出现，但庆阳府所辖地区仅有两所新书院开张。① 在华池原属的合水县境内，竟无一所书院。② 而且，有清一代，在后来的华池县境内，私塾、社学、义学的数量也非常有限。从 1912 年到 1939 年，当国家大部分地区都在向现代/西方教育体系转变时，整个陇东地区没有一所现代中等学校。尽管在民国初年陇东地区建立了 18 所私塾，但真正的现代西式小学是在 1930 年代之后由革命政府所建。在整个华池的管辖范围内，到 1934 年只有 3 名（现代）小学教师，大约 20 名私塾教师。而陇东地区的第一所现代中学——陇东中学，则是由边区政府 1940 年建立的。③ 直到 1956 年华池县才成立第一所初中。④ 按地方志的描述，华池县城及其周边地区在 1930 年代文盲率非常之高，以至于方圆百里之内找不到一个识文断字的人为农民阅读往来信件，或在农历新年时为他们写春联。⑤ 当时共产党亦非常缺乏受过教育的干部。当地这种不发达的教育状况对边区政府完善行政体系、实行管理、健全司法体制、行使司法权力都非常不利。直到 1930 年代

---

① 《庆阳地区志》，第 1 卷，第 367~68 页。
② 陈尚敏：《清代甘肃进士的地理分布》，《中国历史地理论丛》2009 年第 4 期，第 71~80 页。
③ 袁兆秀主编《陇东中学校史》，甘肃文化出版社，2000。
④ 《华池县志》，第 651、684、673 页。
⑤ 《华池县志》，第 677 页。

末 1940 年代初，大量受过教育的青年学生到达边区以后，边区政府的行政管理和司法体系才能真正有效地运行（见第三章、第五章和第六章）。

当地的民间文化是基于一种融合了泛灵论、祖先崇拜、道教和佛教的本土信仰体系。这个区域曾经盛行佛教，但由于战事及人口流动频繁，地广人稀以及蒙古草原文化的影响，在 20 世纪已经本土化的佛教与其他本地信仰相融合，塑造了这一地区人民的精神世界。对普通村民来说，最具影响力的文化象征是当地的神明，诸如土地爷、玉帝和送子娘娘，还有一些和它们有关的自然神灵，当地的知名人物在死后也受到祭祀。除了这些历史和宗教的影响外，大多数人的文化价值观念是从当地民歌和庙会上表演的传统戏剧中形成的。① 如第二章所示，妇女的婚姻和爱情观大部分建立在这种混杂的文化信仰之上。正是政治和文化上的迟滞，造成了中国共产党引进的新理念与当地文化有着较大的隔阂。

陇东地区的落后不仅与它的地理位置和历史沿革有关，也与它在清朝时变化的管辖区域划分以及政治和军事地位的衰落有关。首先，由于清代北部边疆扩张到内外蒙古地区和西北边陲，超越了千年来的农牧业分界线，庆阳不再是帝国的边疆，而转为内陆地区，因此失去了军事上的意义，不再有帝国防御的功能。② 其次，清初之前，朝廷往往通过陕西布政使或陕甘总督经

---

① 《华池县志》，第 873 ~ 875、879 页；庆阳县志编纂委员会：《庆阳县志》，甘肃人民出版社，1993，第 934 ~ 936 页；《重修镇原志》，成文出版有限公司，1935，第 648 页。

② 《庆阳地区志》第 1 卷，第 38 页。

第一章 封彦贵诉张金才：陕甘宁革命根据地与婚姻改革

营广大的西部地区，陇右地区成为帝国腹地的当然中介与屏障。然而，当清朝在西部的疆域超越了青海、新疆一带，起而代之的是兰州作为甘肃的新省会，成了新边疆的政治中心，辅助清廷管理广大的西部区域。① 陇东也自然失去了军事和政治上的重要性。再次，自从1665年庆阳府划归甘肃后，庆阳处于甘肃东部最远端，远离位于西部兰州的政治文化中心和社会人际网络中心。同时这种设置又切断了原来庆阳与西安的政治文化以及社会网络的联系，使庆阳变得十分封闭，成为一个同时被两省遗忘的角落，被抛出了从晚清到20世纪初社会变革的轨道。无论是王朝有关国家建设的政策，还是都市地区的社会政治运动都触动不到它。② 这种趋势在民国时期还在持续，因为国民党政府也将这片区域排除于国家发展蓝图之外。譬如，国民政府在规划全国铁路时，最重要的陇海铁路本来意在连接广袤的西部与沿海发达地区，但是在1930年代与1940年代铁路修建到陕西中部并即将延至甘肃段时，也没有将庆阳包括进去。这种长达几个世纪的封闭状态制造了一种政治真空，也正是这种"三不管"状态成为刘志丹等人在1930年代决定在此地开辟根据地的原因。由刘志丹和习仲勋建立的陕甘苏维埃政府，一度占据了陇东南部的富庶地

---

① 《庆阳地区志》第1卷，第222页。
② 我在2005年和2007年两次参观此地区期间，当地接待我的政府干部不断地抱怨庆阳被从陕西划分出去又被兰州忽视的状况，他们很热烈地讨论怎样能说服中央，通过重新划分行政区将庆阳划归陕西。一个重要原因是，中央政府在过去二十多年的石油政策，允许陕北老根据地政府开发油田作为地方财政收入。同样作为老区，由于庆阳隶属甘肃，未能从这一政策中受惠，而当时位于庆阳的长庆油田是央属企业，庆阳地方政府无缘分享其利润，干部们都将庆阳的贫困归因于此。

区。但在1939年的两次陇东事件中，陕甘宁边区丢失了它的南方阵地，被迫后撤到更为贫困的、已经被清朝和民国政府遗弃许久的陇东北部。

正是由于陇东这种边缘性质，该地区在20世纪初的社会变革中反应迟缓且变化均发生在表层。晚清的变革中，19世纪末期的帝国危机在庆阳地方似乎并未引起涟漪，些微的表层变化出现在20世纪初年。当现代学制建立后，与陕西毗邻的县份受到些许现代化的冲击，一些书院改为学堂，但数量也极为有限。在清末的制宪运动中，相对江南、两湖、广东等地的地方士绅积极参与筹备立宪，陇东地方士绅似乎波澜不惊。甚至当邻近的陕西省迅速回应了辛亥年的武昌起义，宣布独立时，庆阳府依旧谨守清王朝体制。直到清帝逊位、民国已成立了数月，陕甘总督长庚才不情愿地发布了清朝皇帝退位的消息，改元民国，开始建立省县议会。数月之后，袁世凯下令解散地方议会，庆阳一带竟也无士绅抗议。① 据《庆阳地区志》记载，当袁世凯宣布恢复帝制时，甘肃总督张广建盗用各县民众名义上表拥戴，庆阳地区"各县清遗老势力抬头。主张共和制人士受到排挤"。② 这一地区在政治上的保守与封闭可见一斑。

尽管陇东地方对社会变革反应迟缓，但这一地区的社会动乱却连绵不断，中央管制的松弛和瓦解迅速引起地方社会混乱。从明末起，陕北陇东地区一带向来是农民叛乱和秘密会社活动的渊

---

① 《庆阳地区志》第1卷，第47~50页。
② 《庆阳地区志》第1卷，第50页。

第一章　封彦贵诉张金才：陕甘宁革命根据地与婚姻改革

薮，19世纪的捻军、回民起义，都在当地留下了战乱的痕迹。当陕西省响应武昌起义而宣布独立时，陇东的清军被调往镇压，哥老会则借着地方空虚而攻城略地。从20世纪初到1940年代，红枪会、哥老会在此地盛行并蔓延到许多农村地区。① 整个1920年代到1930年代，陇东地区各方势力，包括地方军阀互相缠斗，土匪不断骚扰。而外来势力和西方势力也渐入当地：1917年美国、英国天主教神父开始进入此地传教，但在改变本地文化方面鲜有建树。② 与此同时，1920年代大城市和沿海地区的激进运动也只是在这片死水中激起了些许涟漪而已。例如1919年新文化运动只是促成了本地县城的精英们成立"放足会"，但在庆阳县城之外毫无影响。而1920年代反帝运动的影响则是通过西安的教育界传过来的。1925年，在西安上学的学生王孝锡等人利用暑期回乡的机会，在庆阳等地发起成立"青年社""旅陕青年会"，汇集陇东籍学生15人宣传反帝爱国思想。③ 此后，西方思想开始进入陇东，但是影响仍然极其有限。

正是由于陇东与陕西的紧密关系，陕西成为20世纪中国沿海和城市地区社会变动辐射到陇东地区的中介，1920年代末共产主义的力量也是从陕北地区传入的。在共产主义运动中，陕西和陇东地区形成一个互相激荡的联动体。1928年，中共陕西省委组织渭华暴动后，一部分力量进入陇东。1930年，刘志丹在陕北地区遭到挫败后，转移到陇东。1934年刘志丹、习仲勋、

---

① 《庆阳地区志》第1卷，第47～55页；《华池县志》，第20～21页。
② 《庆阳地区志》第1卷，第589～591页。
③ 《庆阳地区志》第1卷，第50～53页。

马锡五等人在南梁建立革命根据地。① 这一时期,南梁根据地的土地政策以及婚姻政策都借鉴了江西中央苏区,但由于地方革命政权不稳定,大部分革命政策只在游击队力量存在的状况下才得以实施,一旦军事力量离开,土地改革的成果就不能维持。许多地区处于与地方军阀势力拉锯的状态,而游击队、苏区政府也未能建立起正常的政治管制,主要是靠打土豪、掠浮财支撑政府的运作,包括婚姻改革在内的社会革命政策仅停留在呼口号阶段,或仅为一些临时性措施。

在中央红军进入陕甘地区后,陇东地区成为首先迎接中央红军的地方。但陇东地区狭小,在中央红军转向延安发展,开辟了陕北根据地后,陇东遂成为陕甘宁革命根据地的新边疆。这个新边疆地区仍然十分不稳定,后来红军西征,将整个根据地扩展到宁夏南部地区,才为陇东地区的建设建立了足够的屏障,一系列社会改革措施才得以实行。也是从此时,正常的政府治理开始建立并介入当地社会的日常生产生活,家庭婚姻纠纷开始增加。

二 婚姻改革与地方社会

1939年《婚姻条例》对地方社会的影响与地方政权的完善以及控制力渐增是有关的。陕甘宁边区政府在1939年的"陇东事变"后最终稳定了管辖范围,开始着手实行国家建设和社会改革的计划。边区政府成立了从分区到县、乡、村层面的有效行政

---

① 《华池县志》,第20~24页。

体制，并设立了下至县一级的司法系统（见第三章）。社会改革涉及对1939年《陕甘宁边区婚姻条例》的宣传和普及，标志着家庭改革的理想将要付诸实施，而司法体系则作为执行这项计划的有力工具。然而，边区政府很快发现，他们面对的社会现实与1939年《条例》的理论基础是如此天差地别，他们不得不在改革中将二者加以调和。封张两姓的婚姻纠纷就是在这个背景下出现的。

1939年《条例》和婚姻改革

早期的共产主义运动是一种城市的知识分子运动，对于这一时期的妇女运动和妇女工作的政策和事件，美国的学者有自己的观察。根据美国学者柯临清（Christina Gilmartin）的研究，早期共产党内的女性领袖们积极发动妇女，力争提高妇女地位，她们组织城市工厂的女工们展开了一系列要求改善工作条件和提高工资待遇的斗争。但通常她们的努力并不被以男性知识分子为主的共产党高层领导重视。① 斯塔纳罕（Patricia Strananhan）和达文（Delia Davin）的研究认为，直到开辟了江西农村根据地，红色苏维埃政府成立，共产党早期的领袖也对一些实际问题，诸如婚姻、家庭改革及乡村妇女的生存状况等关注不够。② 实际上，为回应那些遭受贫困和不幸家庭生活的乡村妇女的要求，江西苏维埃政府于1931年颁布了《中华苏维埃共和国婚姻条例》，这个条例受到

---

① Gilmartin, *Engendering the Chinese Revolution*.
② Stranahan, *Yan'an Women and the Communist Party*, pp. 9–24; Davin, *Woman-work*, pp. 21–23.

1926年苏联婚姻法的影响,其目的是给予妇女婚姻自由,特别是离婚自由。① 然而,由于资料不足,江西革命根据地婚姻条例的执行情况和有效性难以评估。② 此条例在1934年被修订成《中华苏维埃共和国婚姻法》,其中加了一条,即对红军战士妻子单方面的离婚要求加以约束。③ 在西方学者的眼里,正是这一条给共产党的妇女解放政策蒙上了阴影,对这个问题的讨论将放在第二章和第四章。考虑到不久后中央红军开始了长征,《中华苏维埃共和国婚姻法》显然未来得及付诸实施。

陕甘宁边区政府成立之后,于1939年颁布的《陕甘宁边区婚姻条例》可以说是1934年《婚姻法》的改进版。在简略的文本中,1939年《条例》表达的普遍原则集中体现了中国共产党有关婚姻的理想模式。它不但强调了一夫一妻制作为婚姻的唯一形式,还制定了婚姻的基础是"本人的自由意志"。④ 条例的原则被简化为"婚姻自由"的口号,在当地村民间广为传播。条例也显示了政府决心取缔当地许多不法行为,如纳妾、重婚、早婚、童养媳、站年汉、买卖婚姻、包办婚姻和强迫婚姻等。为了革除盛行于当地的早婚恶习,条例制定了婚姻的合法年龄:女性

---

① 《中华苏维埃共和国婚姻条例》,江西省妇女联合会、江西省档案馆:《江西苏区妇女运动史料选编》,江西人民出版社,1982,第33~35页;又见Meijer, *Marriage Law and Policy*, pp. 49 – 53。

② Meijer, *Marriage Law and Policy*, pp. 42 – 43; Davin, *Woman-work*, pp. 28 – 29; Stranahan, *Yan'an Women and the Communist Party*, pp. 9 – 24.

③ 《中华苏维埃共和国婚姻法》(1934),《江西苏区妇女运动史料选编》,第176~178页。

④ 《陕甘宁边区婚姻条例》(1939),陕西省妇女联合会编《陕甘宁边区妇女运动文献资料选编》(1937~1945),陕西省妇联编印,1982,第54~56页。

第一章 封彦贵诉张金才：陕甘宁革命根据地与婚姻改革

为 18 岁，男性 20 岁。作为现代政府，边区政府要求婚姻的整个过程都在政府的监督之下，结婚和离婚都必须在当地政府办公室登记，① 此举试图改革当地以社会仪式认可婚姻的习俗。1939 年《条例》最重要的内容是对单方面离婚规定了一系列的前提，只要出现下面 10 个依主次顺序排列的情况，即可判离婚：①重婚；②感情意志根本不和，无法继续同居；③通奸；④虐待他方；⑤恶意遗弃；⑥图谋陷害他方；⑦不能人道；⑧患不治之恶疾；⑨生死不明一年以上；⑩其他重大事由。② 1939 年《条例》体现了革命政府对传统婚姻和家庭进行现代化改革的意图。

然而，条例的推行引起了乡村民众的强烈不满，那些有年轻男性的家庭反应尤为激烈。其中就包括张金才和他的儿子张柏，他们和封家之前的婚约被县政府宣布无效，损失了彩礼。他们的不满混合着其他许多人的抱怨，给当地政府造成很大的压力。面对这种种批评，边区政府于 1944 年修订了条例，并于 1946 年再次修订条例。（具体细节见第四章）

从 1970 年代到 1980 年代，西方学者对 1944 年和 1946 年两次修订的婚姻条例做出了两极分化的评价。美国学者马瑞纳斯·梅尔（Marinus J. Meijer）对中共婚姻改革政策进行了开拓性研究，他对中共的婚姻政策给予了积极的评价，认为这些政策对妇女解放有革命性的贡献。③ 达文也承认，尽管《婚姻条例》的修

---

① 如第五章提到的，这种婚姻登记在当时很难实行。
② 《陕甘宁边区婚姻条例》（1939），陕西省妇女联合会编《陕甘宁边区妇女运动文献资料选编》（1937～1945），第 54～56 页。
③ Meijer, *Marriage Law and Policy*, pp. 42 – 45.

自主：中国革命中的婚姻、法律与女性身份（1940～1960）

正是中共对革命理想原则的折中，但它出于1942年边区政府"军事经济状况"的需要。① 正是达文带着同情意味的辩解开启了后来学者转向对婚姻修正条例负面评价的大门。

1970年代末1980年代初，中国的大门打开，一些访问了中国的西方女权主义学者看到中国妇女虽然从事社会生产但却依然贫困，尤其是在乡村地区，父权、夫权仍然支配着她们的生活。这些学者们原来对中国革命的幻想遇到了现实的挑战。她们转而认为社会主义并没有使中国妇女得到解放，她们为中国革命没有为妇女的生活带来显著的改善而感到失望。有的西方学者试图为1949年之后中国乡村重建父权制统治的状况寻求解释，说这并非中共的本意，只是因为中共上层都是以男性为主，因此在政策制定和执行中难以克服男性中心的观念，因此未能做到性别平等。② 这些学者们相信问题的源头在于革命政权未能兑现对妇女的承诺，而这可以追溯到1940年代对《婚姻条例》的修正。西方学者们推测在抗日战争和解放战争中，为了获得男性农民的支持，中共放弃了早先秉持的在妇女解放问题上的理想主义与激进主义原则。③ 将婚姻条例的修正归因于乡村男性作为一个整体与中共男性领导人间互做交易的结果，这种观点缺乏对历史的分析，并且忽视了当地农民（包括女性）与共产党政权之间的动态关系。

---

① 见 Davin, *Woman-work*, pp. 35-40。遗憾的是，达文没能在研究中提供一个可靠的例证，而且假定1939年《条例》与修订条款都没有在此地区执行。这和我发现的法律记录是矛盾的。

② Margery Wolf, *Revolution Postponed: Women in Contemporary China*.

③ 见 Johnson, *Woman, the Family and Peasant Revolution*; Stacey, *Patriarchy and Socialist Revolution*; Andors, *Unfinished Liberation*。

第一章　封彦贵诉张金才：陕甘宁革命根据地与婚姻改革

它也忽视了源自都市、引自西方的激进理念与乡村社会的文化现实之间的扞格之处。封彦贵取消女儿的婚约，张家对捧儿的"绑架"一案正说明了这一点。

当地的社会结构与家庭革命

很多上述提到的西方学者是将中国视为一个没有阶级差别、没有文化差异和区域差别的整体性国家，从这一视角出发，他们将研究建立在中国社会是由"儒教父权制家族"统治的一般性假设之上。① 事实是，陇东地区的社会与风俗既不同于先前的共产党南方革命根据地的状况，其家庭结构和婚姻传统也不同于新文化运动所攻击的那种受儒学影响的大家庭模式，或被一些西方学者称为"儒学父权"的刻板印象。② 在 1930 年代，人类学家费孝通通过考察长江三角洲的乡村生活，指出此一地区的绝大部分家庭都是小规模的，五四话语中描述的大家庭只出现在城镇地区。费孝通证实，农村地区下层社会中的大部分中国人遵循小家庭模式。③ 近年来，中国学者谭同学对湖南一个山村的研究也进一步证实了这一点。他指出，受新文化运动谴责的父权制大家庭不但在数量上极

---

① Johnson, *Women, the Family and Peasant Revolution*, pp. 7 – 26; Stacey, *Patriarchy and Socialist Revolution*, pp. 15 – 65; Davin, *Woman-work*, pp. 35 – 37.

② 见 Stacey, *Patriarchy and Socialist Revolution*, pp. 15 – 65。尽管 Stacey 意识到大多数农民家庭是小规模的，她仍将农民家庭与上层社会的家庭形式等同起来，于是得出中国乡村的小农仍然处于儒教父权制之下的结论。见同书 pp. 21 – 26。

③ Hsiao-tong Fei, *Peasant Life in China: A Field Study of Country Life in the Yangtze Valley* (London: Kegan Paul, Trench, Trubner & Co., Ltd, 1939), pp. 27 – 29.

少，而且只存在于儒家的家庭理想中，而非广泛的社会现实。①

　　学术研究表明，小家庭在中国北方地区甚至更普遍。由于未发现对陇东地区家庭结构的深度研究，我们可以从相邻地区家庭与宗族的学术研究中进行一些推断，因为它们和陇东地区有着地理、社会和文化上的相似性。秦燕和胡红安对陕北宗族的研究表明，绝大部分中层到下层社会的农民家庭只是两代或三代同堂。大宗族确实存在，其中许多在明朝初期的移民浪潮中到达陕北，但他们从来不像五四话语所描述的那样。由于这一地区有许多分散的坡地，自然条件艰苦，生产率底下，存在着大量的未开垦的荒地，移民的大宗族不断分化成小的分支，延展成不同的小村庄或搬去别的地区。② 他们的研究还指出，即使同一地区的居民可能源自共同的祖先或属于同一个宗族，但是人们也是以小家庭为中心，拥有独立的土地所有权，这会直接导致每个家庭经济状况的不同。自从明初以来，时常处于变换中的多种家庭形式就存在于这一地区。比如，大多数家庭是一对夫妻和他们的未婚子女组成核心家庭。当孩子长大成人，这种核心家庭会暂时发展为主干家庭或联合家庭，由父母与一个或多个已婚儿子还有其他未婚子女住在一起。③ 这个地区有分家的传统，主要发生在兄弟成家的时候，这有助于形成

---

① 见谭同学《桥村有道：转型乡村的道德、权力与社会结构》，生活·读书·新知三联书店，2010，第1~14页。
② 秦燕、胡红安：《秦代以来的陕北宗族与社会变迁》，西北工业大学出版社，2004，第24~29页。
③ 一些对17~20世纪欧洲家庭结构的研究也表明了相似的家庭模式。见Stephanie Coontz, *The Social Origins of Private Life: A History of American Families, 1600–1900* (New York: Verso, 1988), pp. 18–19。

第一章 封彦贵诉张金才：陕甘宁革命根据地与婚姻改革

小家庭。一旦分家，主干家庭或联合家庭就会分解，形成一些新的核心家庭。这种模式会一直持续到另一个周期完成。①

庆阳和华池的地方志似乎也确认了这个地区很少有大家庭的事实。自汉朝（公元前202～公元220年）至明清，每户家庭的平均人口在4～6人。② 20世纪以来，陇东地区1934年平均每户家庭包含4口人，1947年增至6口。③ 陕甘宁高等法院的档案文件也证实了这一点：大多数诉讼当事人都出自小家庭，人口从2人到8人不等，极少有超过10人的。这个区域的人口流动性和其他因素促成了小家庭模式。比如说，季节性的农业短工、赶牲口的脚夫、逃妻、逃荒者等等，都导致家庭的不稳定。与此同时，平均寿命短、婴儿死亡率高也是影响家庭规模增长的原因（见第二章）。因此很少见到像约翰逊和达文书中所写的那种父权制大家庭，④ 或巴金的小说《家》中描绘的那样，同一屋檐下"四世同堂"的大家庭。

从晚清到五四新文化运动期间，城市精英知识分子充满激情地号召反抗家长制的大家庭，并提倡核心家庭和夫妇小家庭。⑤ 然而在陇东地区，这种小规模的，以核心家庭或主干家庭为主的

---

① 秦燕、胡红安：《秦代以来的陕北宗族与社会变迁》，第66页。费孝通的研究表明，在江南地区，分家有时甚至从第一个儿子结婚开始（见Fei, *Peasant Life in China*, pp. 56 - 79）。
② 《华池县志》，第157页。
③ 《庆阳地区志》，第1卷，第550页；《华池县志》，第144页。
④ Johnson, *Women, the Family and Peasant Revolution*, p. 9; Davin, *Woman-work*, p. 37.
⑤ 关于五四时期知识分子对家庭改革的理念和有关核心家庭的阐述，见Glosser, *Chinese Visions of Family and State*, 该书有大量相关论述。

家庭模式已经存在了上千年。① 这说明，五四话语指导"家庭革命"的改革思想具有局限性，并不符合陇东地区的社会现实。而这个社会现实在事实上挑战了改革理论的合法性，使后者更像一种"高级现代主义的意识形态"，这种意识形态往往使国家政权按照自己的想象将现代化的改革强加于地方社会。② 本书在第五章中将会说明，正是由于边区政府和法院并非以一种"高级现代主义意识形态"进行社会改造和管理，才最终取得了革命的胜利。

同时，五四话语中激烈攻击的婚姻制度在陇东和陕北地区的普通百姓中也基本不存在。在这个贫困的地区，婚姻和家庭形式因每个家庭的经济状况而定。③ 尽管一夫一妻制占绝大多数，但仍然有其他婚姻形式存在。五四作家们常常抨击旧式家庭要求寡妇守节、不得再嫁的习俗非常不人道，但在陇东地区，寡妇再婚是很普通的事，它常常由寡妇自己做主，或由寡妇、娘家和夫家协商解决。当地有句老话："先嫁由爹娘，再嫁由本身"，④ 这反映了妇女在再婚中是有一定自主权的。事实上，在有些地方，一

---

① 《华池县志》，第157页。
② 见 Scott, *Seeing Like a State*, pp. 2–5。
③ 在本章所述的有关社会风俗的信息如果没有特别指明的话，皆来自以下文件和学术著作：《各县有关的风俗习惯》，全宗号15，案卷号57；《清涧的婚俗》，《解放日报》1942年11月3日、4日；国民政府司法行政部编纂《民事习惯调查报告》，中国政法大学出版社，2005年重印，第799~833页；丁世良、赵放编《中国地方志民俗资料汇编·西北卷》，北京图书馆出版社，1989，第109~26页；延安鲁迅艺术学院整理编纂《陕北民歌选》，新华书店，1949，第1~120页；《华池县志》，第155~156页；《庆阳地区志》，第1卷，第919~24页。亦见秦燕、岳珑《走出封闭：陕北妇女的婚姻与生育，1900~1949》，陕西人民出版社，1997，第21~162页；秦燕：《清末民初的陕北社会》，陕西人民出版社，2000，第87~128页。
④ 《边区推事、审判员列席会议发言记录（6）》，全宗号15，案卷号81。

第一章 封彦贵诉张金才：陕甘宁革命根据地与婚姻改革

个寡妇甚至比一个姑娘更容易嫁出去，因为她已经具备了家务劳动的经验，由此节省了夫家训练一位新娘子的精力。如果已逝丈夫的家庭或寡妇本人坚持留在夫家，这个寡妇还可以坐堂招夫，他们的孩子也会成为两个家庭的继承者。五四时代左翼作家柔石的短篇小说《为奴隶的母亲》，描述的是一个悲惨的典妻故事，哀叹妇女被夫权支配的命运。① 在陇东地区，典妻的确存在于当地的风俗中，但当地有"招夫"的风俗：如果一个男人穷得娶不起媳妇，而有一个女人在丈夫离家日久或离家后杳无音讯，这个男人就可以作为她的"临时/替代丈夫"，直到原来的丈夫归来。在草原文化的影响下，鳏夫或寡妇可以在他们之前的婚姻家庭中再择配偶，例如"转搓"（娶亡妻之妹）和"转房"（寡妇嫁给亡夫兄弟），这种婚姻形式尽管少见，但也同样存在于这个地区。②

五四时期的文学作品对童养媳的命运深表同情。和中国许多地方一样，陕甘宁边区同样流行这种风俗。但在另一方面，站年汉是"男版"的童养媳。尽管站年汉不如童养媳那般普遍，但在陇东和陕北地区也并不少见。站年汉主要来自极度贫困家庭，他们无力提供必要的彩礼娶妻。而女方一般是有女无子又相对富裕的家庭，这样的家庭需要男性劳动力。于是，站年汉住在未婚

---

① 柔石：《为奴隶的母亲》（世界英语编译社，1947）。
② 近代的研究也观察到了这种类型的草原文化对中国北部汉族人婚姻习俗的强烈影响。见 Jennifer Holmgren, "The Economic Foundation of Virtue: Widow Remarrying in Early and Modern China," *The Australian Journal of Chinese Affairs* 13 (1985): 1 – 27; Bettine Birge, "Levirate Marriage and the Revival of Widow Chastity in Yuan China," *Asia Major*, 8 (2) (January 1995): 107 – 146.

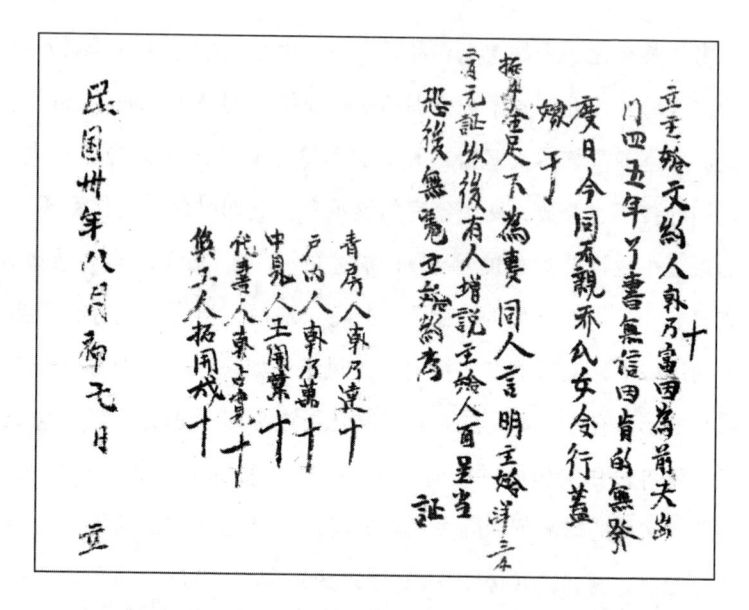

自主：中国革命中的婚姻、法律与女性身份（1940~1960）

图1-2 1941年陇东地区一个妇女因丈夫外出无音信要求再嫁的合同文书
资料来源：《子洲县拓千金为婚姻一案由》，全宗号15，档案号1563。

妻家中劳动，同时等待未婚妻长大成人以便成婚。当地确实也存在多配偶的婚姻形式，富裕家庭因为有经济能力可以纳妾，会出现一妻多妾，而穷人中则有可能出现一妻多夫的情况。① 一妻多夫的状况大多是因为丈夫能力不济——要么不能劳作，要么无法生育，他的妻子可以"招夫养夫"，即请另一个男人入住家庭，扮

---

① 除了我在陕北地区发现的文件之外，苏成捷（Matthew Sommer）在他针对清代其他地区有关的法律案件研究中，也得出相同的结论，见 Sommer, "Making Sex Work: Polyandry as a Survival Strategy in Qing Dynasty China," in Bryna Goodman and Wendy Larson, eds., *Gender in Motion: Divisions of Labor and Cultural Change in Late Imperial and Modern China* (New York: Rowman & Littlefield, 2005), pp. 29-54. 又见张志永对1940年代中国北部革命根据地的研究：《华北抗日根据地妇女运动与婚外性关系》，《抗日战争研究》2009年第1期，第77~86页。

第一章 封彦贵诉张金才：陕甘宁革命根据地与婚姻改革

演丈夫的角色，维持家庭生活和性关系，妻子为两个男性家庭生育后代。这些形式的婚姻在当地均属少数。

在陇东和陕北地区主流的婚姻形式是以男方家庭为中心的，社会学上称为"从夫居"，这也被五四话语和一些当代西方学者看作家长制统治的体现。① 然而，入赘婚姻在这一地区也很常见，一般称为"招婿"或招"儿女婿"。中国其他地区或许存在着村民对入赘女婿的歧视，丈夫遭受不公平家庭待遇，陇东地区的情况有所不同，在当地，入赘形式多样并被普遍接受，丈夫遵循婚前的合同即可。这一地区的家庭制度以及那些"非主流"婚姻形式的存在并非如五四作家所批判的那样，是封建家长制对女性的压迫，更多的是当地人基于生存策略和繁衍需求而为之。② 因为每一种习俗都有涉及男女两性的两种形式，并不单独针对妇女。当然，在实际生活中，男性的选择与机会可能比女性多一些。

在陕甘宁边区的婚姻习俗里，为儿女包办婚姻大事的确体现了家长的权力。一般来说，正式婚礼的年龄对女孩来说是 13 到 17 岁，对男孩来说是 15 岁以上，但父母常常在孩子们两三岁时就为他们包办了婚姻。③ 在这种习俗下，不管女孩还是男孩都必

---

① 如 Johnson, *Women, the Family and Peasant Revolution*, p. 12。
② 不同于 Johnson 将家庭看成一个完全由男性统治的领域，Davin 注意到，在家长制下年长的女性享有特权地位（*Woman - work*, pp. 49 - 50）；另一方面，为了将男性统治作为一个攻击目标，Johnson 将男女之间的分界描述成中国父权家长制的基本形式。为了强调这一点，她认为入赘婚姻是一种对父权制的"偏离"（deviation），它是妇女的耻辱而不是男性的顺从（*Women, the Family and Peasant Revolution*, p. 12）。
③ 《庆阳地区志》第 1 卷，第 919~20 页；也见于秦燕、岳珑《走出封闭》，第 45~48 页。

须服从父母的权威。这种订婚常常伴有一定数量的彩礼,由男方家庭向女方家庭支付,作为双方家庭对婚姻的承诺。王跃生认为在传统社会,由于父母对子女婚姻的控制是建立在财产关系上,因此婚姻就是一种财产转移的过程。① 这一点在边区的婚姻习俗中得到了很好的体现。婚约伴着一系列由媒人见证的仪式,包括形成书面或口头契约。由于订婚是在孩子们还年幼时进行的,它显然是由父母主持的家庭事件,主要是父亲,有时也包括母亲进行操作。因此婚约绝不是出于儿女们的个人决定。②

1939年《婚姻条例》的履行要求一个前提,即实现自由个体的自由意志。这一前提在陕甘宁地区传统婚姻习俗中并不存在。"封张案"的全称"封彦贵与张金才为儿女婚姻纠纷一案",这个法律案件的名称就表明,它是两个订婚家庭的冲突,而不是捧儿和张柏作为个人之间的问题。尽管他们两人都已18岁,符合法定婚龄,但在当地风俗中,只有正式婚礼才赋予个人成人的权利。因此年轻人的婚姻事务必须要由他们的父母来执行。③ 在这种情况下,革命政府一时无法将个体男女从家庭中剥离出来。这种剥离是本书第三章和第四章中讨论的法律实践目标。

如斯科特所指出的,任何有关社会变革的高端现代主义的规

---

① 王跃生:《清代中期婚姻冲突透析》,社会科学文献出版社,2003,第15页。
② 见《庆阳地区志》,第1卷,第921~922页;《华池县志》,第881~882页;秦燕、岳珑:《走出封闭》,第67~74页。
③ 陕甘宁边区有关订婚和离婚的法院文件表明,这些争端主要是在两三个家庭而非两三位当事人间发生的。

划在操作上都要依赖现存社会,但与旧体制的结合又可能导致原有改革计划的失败。① 当共产党政府启动婚姻和家庭的社会改革时,它不仅仅需要应对婚姻习俗中的"落后状态",还需处理隐藏在婚姻纠纷后的财产关系。这些被现代婚姻所定义的"非正式关系",比如订婚,要么是在共产党政府到达之前就完成了,要么是在1939年《条例》颁布后私下进行的。不幸的是,这些问题在1939年《条例》中并未提及,它表明革命政党在新的地区执行改革方案时,未能预期到所遭遇的挑战。

三 社会冲突:婚姻纠纷背后的经济动因

1939年《条例》颁布之后,婚姻纠纷急剧增加,其中有很多废除婚约的案子,也有很多离婚案子。② 1939年的统计数字表明,来自各县的司法案件总数为273例,其中48例为婚姻纠纷。然而仅仅在1941年上半年,在各县全部271例案件中,婚姻纠纷就增长至71例。③ 另一数据来源显示,1943年婚姻纠纷达到225例。④ 在大多数情况下,往往是女方,即她们的家庭提出离

---

① Scott, *Seeing Like a State*, p.6.
② 我之所以在此使用"婚姻纠纷"而不是将其分为"离婚"和"取消婚约",是因为最初的文件并没有将二者分开。请看下面的讨论。
③ 《边区司法工作报告》(1941年10月),全宗号15,案卷号175。
④ 张世斌主编,冯迎春、惠兴文副主编《陕甘宁边区高等法院史记》,陕西人民出版社,2006,第76页。由于当时报道的不同来源,所以法律案件的数目可能并不准确。必须指出的是,在陕甘宁边区的背景下,"婚姻纠纷"并不仅仅意味着离婚,也有可能只是婚约纠纷,像"封张案"所显示的。我将在下面的章节澄清这一点。

婚或废除婚约（见第二章中有关"女方"的讨论）。① 同时，来自男方的强烈不满也呈上升趋势。② 从表面上来看，这些现象很容易被解读为妇女通过"婚姻自由"获得了解放，或是保守的男性农民对其统治地位被削弱而不快。然而，如果我们对婚姻纠纷的具体案例详加审视，就会发现情况截然不同。

1940年代，很多婚姻纠纷，包括离婚和废除婚约，都和当地盛行的彩礼习俗有关。头一笔彩礼往往在订婚时支付，但余下部分可以依据时间和数目而有所变化。当正式婚礼日期临近时，有些新郎家庭会提供额外的礼物来充实新娘的嫁妆，这叫作"二成礼"，但也有些家庭不用给"二成礼"。在一些地方，男方家庭有义务通过持续提供物质和劳力来帮助女方家庭。头笔彩礼可能是粮食或者银圆，甚至土地、牲口，而婚礼前的"二成礼"主要是一些个人用品，像衣服、布料、化妆品、首饰、被子、床单、洗脸盆、镜子等。尽管新娘应该从娘家带一笔嫁妆至夫家，但这笔嫁妆常常比彩礼总数要少得多。在晚清和民国早期，彩礼仅被当作一种婚姻承诺的象征，或是为新娘所交的定金。彩礼的数目也是相当少的。但随着1920年代这一地区农村经济的恶化、自然灾害的发生、饥荒和农民的破产，彩礼的价格在1930年代逐渐上涨起来。对陕甘宁政府来说，这种习俗与《婚姻条例》

---

① 见第2章的论述，在陕甘宁边区背景下，"女方"一词并不意味着在婚姻纠纷或离婚案例中的女性个人。
② 《陕甘宁边区婚姻问题材料汇集》（1943），全宗号4，档案号1，案卷号65。

所称的"买卖婚姻"界限模糊,引起1940年代司法实践的诸多问题。

由于多重因素,彩礼的数额在1940年代达到了一个前所未有的水平。首先,这个地区在性别比例上一直处于失衡状态:1909年,安化县和董志县的男女性别比例大约是117∶100。1925年,合水县(部分属今天的华池)的男性人口占53.67%,女性人口只占到46.33%。这种失衡一直持续到1940年代,例如1947年,有四个县(庆阳、宁县、镇原、正宁)的性别比例保持在115∶100。① 陕北地区面临着相似的问题。

其次,中共中央和红军的到来给这个地区带来了大量的男性人口,包括战士、政府工作人员、战争难民等等,这更增加了男女性别比例的差距。延安地区的男女性别比例不平衡在1938年前达到了30∶1,1941年为18∶1,1942年为12∶1。1938年后,随着越来越多的女学生从城市来到延安,当地的性别差距有所缩小,但在1944年仍然高达8∶1。② 延安城以外的地区可能没有那么糟,但差距仍然存在。按照朱鸿召的调查,所谓的二五八团的政策(本意是限制干部和军官的结婚人数)仅仅是个谣传,

---

① 见《庆阳地区志》,第1卷,第519页。当地县志中没有记载当地存在溺杀女婴的情况,那么性别失衡的原因极可能与生活方式与贫困有关(见第二章),特别是与分娩时产妇的高死亡率有关。到了1960年代,女性与男性性别比例的差距开始回落到大约100∶106,这个相对自然的平衡比例一直持续到1990年代。

② 朱鸿召:《延安:日常生活中的历史(1937-1947)》,广西师范大学出版社,2007,第283页。谢觉哉也证实在1942年的延安地区,男女比例为12∶1。见焕南(谢觉哉)《炉边闲话》,《解放日报》1942年3月16日。

从来没有官方文件证明它的存在。① 而且即使是不成文的规定，事实上也没有严格执行，特别是在延安外围地区。陕甘宁边区高等法院的文献证明，有一定数量的低阶军队干部和士兵与当地女性成婚。② 这支新的，以男性为主的队伍，特别是那些普通政府工作人员或低阶军队干部，他们驻扎于延安以外的村镇附近，也进入了当地的婚姻市场。由于中共实行供给制，干部家属的生活都由政府保障，在婚姻市场相当有竞争力。一个本就男女比例失衡的地区，现在又有更多男性加入了娶妻的行列，这让那些儿子已达适婚年龄的家庭不得不支付更高的彩礼。

在一个地理位置不那么重要，经济不发达，缺少自然资源的地区，如此迅速的人口增长必然会导致通货膨胀和货币贬值，这也是引起彩礼价格上涨的重要原因。1930年代早期，彩礼价格依照地区不同从2块到50块银圆不等，但通常是10~20块银圆。然而到了1940年代中期，在通货膨胀更为严重的延安和甘

---

① 传闻中的政策宣称，干部和军人如果超过25岁，参加革命超过8年，并且职务为团级干部，即可享受结婚的优先权。[朱鸿召：《延安：日常生活中的历史（1937-1947）》，第243页]。在我所见到的1937年到1948年高院司法资料以及其他文献中，也并未发现这样的规定，甚至在边区法院有关军人婚姻的判决中，也未曾提到相关内容。但是，对于中共军事和政治干部的有关婚姻规定，目前唯一能见到的是1948年西北局对干部婚姻问题的文件，文件指出在全国解放的艰难时刻，为了集中力量支援前线，需要纠正干部在婚姻问题上的混乱现象。文件规定：批准结婚的条件是，"党龄在□年以上，或军龄在十年以上，或有十年以上革命斗争历史的非党员，年龄在三十岁以上者。"见《中国西北中央局关于干部婚姻问题的新决定》（1948年7月7日），全宗号46，案卷号11。
② 例如，《关于审判朱老婆为女儿卖钱诉讼女儿朱金花与宋振和之婚姻案》，全宗号15，案卷号1471；《关于程桃花与高正寿等因婚姻案》，全宗号15，案卷号1335。

第一章 封彦贵诉张金才：陕甘宁革命根据地与婚姻改革

肃东部地区，彩礼价格增长高达 100 万元到 150 万元法币，① 鄜县的价格最低，为 3000 元法币，在一些受货币贬值影响较小的地区，彩礼价格大约 20 万元边币。② 高昂的彩礼让谢觉哉大为震惊，他曾任陕甘宁边区高等法院院长，当时在边区政府中负责司法工作。在 1943 年 3 月 16 日的日记中，他记载了来自《解放日报》中一则婚姻案例的报道："他（指孟庆城，似为一边区干部。——引者注）说他们家付了三石谷子，两头牛，七垧肥田，③ 半垧水田，再加五千元法币的彩礼为他兄弟订婚。"谢觉哉惊呼："一个女人怎么能这么贵？"④ 值得一提的是，此案与"封张案"发生在同一时间。封彦贵在 1928 年收到 10 个银圆的彩礼在当时是个好价钱，但到了 1943 年便微不足道了。

面对通货膨胀，和大多数在 1920～1930 年代为女儿订婚的家庭一样，封彦贵觉得女儿彩礼太低了。原来没有一定之规的二

---

① 1940 年初，法币快速贬值。在一些国民党控制的区域，1940 年代中期贬值到 1 块银圆兑换 1000 法币，到 1940 年代末，可兑换 2000～3000 法币。在共产党控制的区域，法币的贬值率看起来相对缓慢些。同时，陕甘宁政府在 1941 年也发行了自己的货币（边币），试图通过使用边币来降低法币贬值的影响。在陕甘宁大部分地区，边币与法币和银圆同时流通过几年，但从 1940 年代中期开始，边币逐渐代替了法币和银圆。陕甘宁政府最初指定 1 边币等于 1 法币。然而边区的通货膨胀最终在 1940 年代中期将比率稳定在 1 法币兑 9 边币。见《华池县志》，第 528～530 页；黄正林：《陕甘宁边区乡村的经济与社会》，人民出版社，2006，第 104～119 页；Selden, *The Yenan Way in Revolutionary China*, pp. 180 - 181；朱鸿召：《延安：日常生活中的历史（1937 - 1947）》，第 3～24 页。
② 《婚姻问题与婚姻条例》（1945），全宗号 15，案卷号 72。
③ 石（dan）是这一地区的计重单位，1 石大约相当于 15 公斤；垧是当地的土地单位，1 垧相当于 3 亩。
④ 《谢觉哉日记》，人民出版社，1984，第 428 页。

成礼现在变得必不可少了,① 封彦贵便提出让张金才家支付二成礼。② 一般来说,原来的二成礼只是一种象征,而且主要是赠送给新娘的个人礼品,而现在则要求更实质性的东西,像现金、谷物等。如果新郎的家庭拒绝或支付不起,婚礼就会被无限延期甚至取消。对于大部分女方家庭来讲,最为简便的方式是假装女孩小时候订的婚约并不存在,然后再许一家,立即举行婚礼,以获得高额彩礼。等到前一个男方家庭发现了这个骗局,女孩已经成婚一段时间,从第二个家庭得到的钱财已经花掉了。第一个男方家庭会起诉女孩的家庭悔婚,第二个新郎家庭也会跟进。陕甘宁边区法院案卷中称这种情况为"一女两许/多许",③ 这正是"封张案"的状况。

有许多案例类似于"封张案",属于"一女两许/多许"。例如,1941 年陕甘宁边区高等法院从安塞地方法院接过一个案子,徐智庭和曹金贵起诉景福荣和她的继女封润儿,两位原告争相要娶润儿为妻。润儿的生父封某在 1929 年把他的年幼女儿许配给了徐智庭,从徐家得到了 24 个银圆的彩礼。然而,封某去世(时间不详)以后,其妻封刘氏带着润儿嫁给景福荣。他们一家在 1936 年从安定县移居到安塞县,在那里,景福荣又以 40 元的

---

① 第二笔彩礼直到 1940 年代初在有些地区还不存在。它是在通货膨胀期间才形成的惯例。见《为呈请买卖婚姻如何处理》,全宗号 15,案卷号 39。
② 根据有的说法,封家要求了好几次但张家拒绝支付。见杨正发《封芝琴·刘巧儿》,第 26 页。
③ 陕甘宁边区高等法院:《陕甘宁边区婚姻问题与条例》,全宗号 15,卷号 72。根据一些研究,这种索求更多彩礼所推动的欺骗形式也在清代中期时发生于中国南部一些地区。见王跃生《清代中期婚姻冲突透析》,第 6~13 页。

第一章 封彦贵诉张金才：陕甘宁革命根据地与婚姻改革

彩礼把他的继女许配给曹金贵。1937年景家生活困苦，景福荣送13岁的润儿到曹家做了童养媳，并在两年以后办了婚事。1940年，当这个婚事传到润儿的老家，徐家就到景家来要人。当封刘氏承认当初的婚约确实存在，徐家的诉求就有了依据，于是这就成为一起"一女两许"的案子。徐家在安塞县法院起诉景家和曹家，要求润儿嫁给智庭，曹家也要求法院承认曹金贵与润儿的婚姻。法院基于润儿还没有到法定结婚年龄的事实，裁决曹、徐两家与润儿的婚姻或婚约均为无效，宣布一旦润儿到达法定婚龄18岁，由她自己决定跟谁结婚。①

还有一些更为复杂的纠纷涉及了多重当事人。例如1942年环县的孙长有将他寡居的儿媳以1400元法币的彩礼钱许给了芦秃子，但儿媳的娘家则以400元法币的彩礼将其许给了陈子杰。同时，寡妇自己则选择与马某订婚，彩礼为600元法币。这种多重婚约最终导致了芦秃子和他的同伙去抢亲，绑架了寡妇，从而使婚姻纠纷发展成一桩刑事案件。幸运的是，由于地方政府的介入，寡妇被赋予了自己做主的权利。②

1945年的一张统计表中则将有关婚约的诉讼从离婚条目下分离出来，进行了详细的分类。③ 它表明在1944年，各县法庭受理了总共23起要求取消婚约的诉讼，到1945年上半年，这个数

---

① 《徐智庭诉曹金贵与景福荣》，全宗号15，卷号1923。
② 《陕甘宁边区婚姻问题材料汇集》（1943），全宗号4，档案号1，案卷号65。
③ 由于1944年《婚姻暂行条例》设定了一个条款来处理订婚问题（见第四章），因此1945年的数据将有关订婚的诉讼与离婚分离开来。

目上升到 56 起。所有这些诉讼都是由女方提交至政府的。

表 1-1 1944 年各县解除婚约案件之原因及数目

要求解除婚约的原因	案例数	要求方	
		男方	女方
娘家挑唆	3		3
一女两许	4		4
要求自主	4		4
神经病	2		2
不能人道	1		1
隐瞒年龄	2		2
嫌贫	2		2
抗日军人无信	3		3
未婚夫外出无信	1		1
未婚夫死亡	1		1
合计	23		23

资料来源:《1944 年各县解除婚约案件之原因及数目》,《陕甘宁边区婚姻问题与条例》,全宗号 15,案卷号 72。

表 1-1 所列的原因,其中基于身体状况(神经病、性无能、死亡)的要求,婚约比较容易解除,因为不论根据地习惯还是革命法律,这样的要求都是合理合法的。男方无音信或死亡也符合这个原则,如果未婚夫(包括士兵)几年间没有音信(通常是 2~5 年),婚约也容易解除。虽然原因各有不同,但物质因素绝对是请求解除婚约的主要动机。"嫌贫"和"一女两许"直接和经济因素有关,"娘家挑唆"主要是娘家索要更多的彩礼,或者寻找能够支付更高彩礼的下家。"要求自主"的情况较为复杂,需要做个案观察。许多案例证明,娘家以这个合法说辞掩盖

第一章 封彦贵诉张金才：陕甘宁革命根据地与婚姻改革

他们的经济动机，具体论述见第二章和第三章。

在大多数情况下，通过政府办理的离婚不处理有关婚前的彩礼问题，但也有一些离婚案件也与彩礼有关（在第二章和第四章中有对离婚案有全面的论述）。例如，志丹县在1943年接到一纸诉状，陈鱼为李玉成的孙子（姓名未知）之妻（有的文件中为童养媳），却被她父亲许配给刘振海的儿子。陈鱼的父亲陈登云是个瘾君子，看不起处于贫困中的女婿。当刘振海慷慨地支付一笔彩礼后，陈便说服他的女儿和丈夫离婚（按当地的说法）。陈带着女儿到当地政府要求离婚，然后她便嫁给了刘振海的儿子。李玉成于是状告刘振海和陈登云，这桩离婚案后来被高等法院判定无效。①

有了这个背景，封彦贵取消他女儿早年婚约的动机就完全可以解释了。封的行为不仅是一个家长面对1940年代陕甘宁边区的经济与政治变革做出的反应，也是他个人利用革命政策为自己谋利益之举。以当地农民们对婚姻改革的态度而论，男性农民大概可以分为这样几类：有儿子的和有女儿的，他们所考虑的问题截然不同。那些既有儿子又有女儿的人，就会处于一种矛盾的中间立场。因此，如果说男性农民都是强烈抵制婚姻改革的保守分子，这未免过于绝对。我们可以认为，封彦贵出于自身利益的考虑，一定乐于接受婚姻改革；而大部分对婚姻改革的抱怨和不满可能会来自像张金才这样家有儿子，并且在10年前就为儿子订

---

① 《刘振海妨害自由一案撤销陈鱼离婚结婚，原归李姓为妻由》，全宗号15，案卷号842；亦见《边区高院：判案实例括录》，全宗号15，案卷号27。

自主:中国革命中的婚姻、法律与女性身份(1940~1960)

了婚的男性农民。

四 法律和社会实践:处理革命司法与当地文化的不相容问题

共产党的婚姻改革政策与当地习俗间的不相容也源自对婚姻的不同看法。在现代观念看来,一桩正式的婚姻始于一对男女结合之时,并通过政府或教堂对其进行认证。但在陕甘宁边区社会传统中,一桩婚姻从订婚就开始生效,因为确立婚约在当地习俗中就相当于婚事成立。"婚姻纠纷"这种说法常常见于官方文件,它并不简单地意味着离婚,还表示在解除婚约上的争执。[①]一份婚约通常是从财产转移过程开始,主要表现为彩礼的支付,伴随着订婚男女双方的成长,婚约可持续十多年,其中包括了不断的财产转移以及劳力支付。而且,订婚被看作完全意义上的婚姻不可分割的一部分,它由未来的婚礼加以确认。这也解释了为什么在中国的许多地区婚礼常常被称作"过门"(即住到丈夫的家里),这个仪式仅仅表示一个完整婚姻过程的最终完成。[②] 在

[①] 白凯(Kathryn Bernhardt)也注意到了这个现象,晚清的一些案例往往将订婚女子当妻子来对待,于是在清朝婚约就显得更加正式。见 Kathryn Bernhardt, "A Ming-Qing Transition in Chinese Women's History: The Perspective from Law," in Grail Hershatter, Emily Honing, Jonathan N. Lipman, and Randall Stross, eds., *Remapping China: Fissures in Historical Terrain* (Stanford, CA: Stanford University Press, 1996), pp. 42 – 58.

[②] 这并非陕甘宁边区特有的社会风俗,它也是中国绝大多数地区传统婚姻的做法。见郭松义《伦理与生活:清代的婚姻关系》,商务印书馆,2000,第 121~123 页。

第一章 封彦贵诉张金才：陕甘宁革命根据地与婚姻改革

现代司法改革中，1931年国民政府的《民法总则亲属编》给予婚约及其相关的财产问题一定程度的考虑，但把彩礼置于"赠礼"这样一个特殊范畴，与新娘的嫁妆对等。[①] 而1939年《陕甘宁边区婚姻条例》提倡一种更为激进的婚姻观念，并不认为婚约具有任何法律地位，因此不对婚约设立任何条款，更不用说像彩礼导致的财产纠纷这样的问题了。

由于这种原因，尽管1939年《条例》原则上取缔了"买卖婚姻"的习俗，但在实际执行时却困难重重。虽然此条例中确实包含了一些在离婚时分割婚姻财产中对女方有利的条款，但是这些条款假定财产仅由目前夫妻双方共同拥有，并没有考虑到在"现代"婚姻之前订婚家庭间的财产转移情况。这就在取缔买卖婚姻的实施中，造成了一个巨大的漏洞。即使买卖婚姻的定义可以延伸到婚礼的过程，它仍然不具有可行性。在大多数案例中，彩礼的转移往往在正式婚礼前很久就发生了——有时长达十多年，特别是当彩礼包含了可消费的和不可测量的因素，如男方家庭对女方家庭付出的劳力，以及长期的金钱、实物援助等等。1939年《条例》在实施时，将订婚和相关的"礼物"转移问题都交于政府和司法人员之手，却没有给予任何法律条文或详细的释义。1940年代初期，当条例的执行引起诸多纠纷时，我们看到地方法院频频写信给高等法院，要求明确买卖婚姻的定义，以及与当地彩礼习俗的区别。[②] 在第四章中，我们将会看到修改后

[①] Meijer, *Marriage Law and Policy*, pp. 26–27.
[②] 《赤水县司法处请示关于早婚及买卖婚姻问题》（1942），全宗号15，案卷号33。

的 1944 年《婚姻暂行条例》，尽管其在实践中仍然存在不少问题，却至少试图去弥补这个漏洞。

从理论上来说，促进婚姻自由，禁止买卖婚姻的 1939 年《条例》应该对男女双方都有利。从条例制定者的理想主义角度出发，婚姻应该基于男女相互爱慕而选择对方，应该排除物质利益与婚姻之间的联系。革命政府希望男女双方，特别是贫困家庭的年轻男性，能够拥护这个与共产党阶级路线革命原则相一致的婚姻政策，因为这为他们解除了彩礼的负担。但事实上却恰恰相反，年轻妇女和她们的父亲拥护这个政策的原因完全有悖于政府的初衷。而贫困的年轻男性则强烈反对这个政策，[①] 因为解除婚约而不给予与等值的彩礼赔偿，这不仅仅是一场婚姻纠纷，而是一场经济纠纷，在当地人眼中，这是事关公平的大问题。

在 1939 年《婚姻条例》的实践中，那些已经订了婚的，以及为了结婚而支付了彩礼的男性农民无论如何也无法赢得官司，特别是在通货膨胀时期。一个家庭为了给儿子订婚已是倾家荡产，期待着十年之后婚约能够兑现。然而通货膨胀已经导致农民家庭陷于贫困，如果婚后青年夫妇努力劳动，生活仍有希望，但是如果婚约取消了，这些农民就陷入了一种"人财两空"的处境。由于 1940 年代普遍的通货膨胀，即使女方归还彩礼，甚至再加上一些补偿，也远远低于彩礼原来的价值，更不足以支付重新娶媳妇的费用。而且，大部分女方家庭已经把彩礼钱花光，根本无法归还。在一些案例中，第一次彩礼甚至包括了土地；这些

[①] 《怎样禁止买卖婚姻？》，全宗号 15，案卷号 40。

第一章 封彦贵诉张金才：陕甘宁革命根据地与婚姻改革

土地已经被女方家庭耕种了好些年，几乎不可能再归还给男方家庭。① 这种"人财两空"的处境威胁着这群贫困男性农民家庭的生存。

1942年延安的一桩离婚案就说明了这个问题。陈志芳先为李家童养媳，14岁时嫁给了李汉城，但两人一直合不来。两年后陈志芳起诉离婚，但李强烈反对。李在法庭上解释了原因：为了娶陈，他卖掉了家里仅有的一垧地作为彩礼，现在他身无分文。陈想离婚却不还钱，这在李是不能接受的。李用"人财两空"来描绘自己的处境。他在上诉状中说：

> 陈志芳于十一岁时由我父母出洋八十元及布粮等物将她买于我家于我为童养媳，但现在她受了她娘家的挑拨要与我离婚，地方法院准许她离，但以前我家出的钱财等物又不退还，这样我人财两空。……若要离婚则须退还我家所出的财物。②

而当法院判定离婚并试图说服陈归还订婚彩礼时，陈回答说："政府法令规定离婚时要给，我就给。"③ 然而，1942年边区政府

---

① 这些问题在1945年的司法会议上讨论过。见《边区推事审判员联席会议发言记录（5）》，全宗号15，案卷号80；以及《边区推事审判员联席会议发言记录（7）》，全宗号15，案卷号81。
② 《为与陈志芳婚姻案不服延市地方法院判决来院上诉事》，全宗号15，案卷号1340。
③ 《为与陈志芳婚姻案不服延市地方法院判决来院上诉事·审问笔录》，全宗号15，案卷号1340。

还没有制定任何有关归还彩礼的法律，因此，法庭对此无能为力。

在这种制度下，悔婚或为经济目的离婚就钻了法律一个大漏洞。它在一个人们相互依赖传统契约方式、依赖熟人之间信任的社会中制造了巨大的不和。如同此地区的其他许多类型的契约一样，婚约一直被高度重视，并且被视作任何纠纷的正式法律文件；一份地方志将其描述为"一诺千金"。① 任何一方违背了契约，都须向另一方提供赔偿，否则会被诉诸法律程序。而且根据地方风俗，如果协商不成，感觉被不公正对待的一方可以针对另一方采取行动，包括"抢婚"甚至体罚。地方志中记载了源自草原文化传统的"抢婚"（或用现代法律词汇称为"绑架"），在这一地区直到1940年代也并不罕见，有些地方甚至延续到1950年代。②

在村民的眼中，如果法律无法达成正义，他们就通过自己的规则来解决问题，就像"封张案"中所发生的情况一样。边区民政厅和高等法院承认绑架习俗于1940年代在陕甘宁边区再次上演。他们坦承是政府对婚姻纠纷案件的错误处理造成了抢婚案的增加。③ 例如，贾银贵案是由于"一女两许"引起的，后来演变成一起抢婚案。在土地革命之前，贾银贵的父母付给张凤良一

---

① 《重修镇原志》，第478页。也见于王跃生《清代中期婚姻冲突透析》，第48页。
② 《各县风俗习惯》，全宗号15，案卷号57；《庆阳地区志》第1卷，第924页；《重修镇原志》，第478页；也见秦燕、岳珑《走出封闭》，第33~34页。
③ 《边区关于处理婚姻问题调查及其有关材料》（1944），全宗号4，档案号1，案卷号66；《陕甘宁边区婚姻问题材料汇集》，全宗号4，档案号1，案卷号65；陕甘宁高等法院：《陕甘宁边区婚姻问题与条例》，全宗号15，案卷号72。

第一章 封彦贵诉张金才：陕甘宁革命根据地与婚姻改革

笔钱，将张的女儿——张海女子，许配给贾银贵。1939年，当张海女子14岁（当地的结婚年龄）时，贾家支付了二成礼，向张家要求行正式婚礼。然而，张父在接受了二成礼后却在迎娶之日将女儿藏了起来，贾家无法将新娘子带回去。1941年，张凤良将他女儿以另一笔价钱许配给一个叫作李永昌的人，李来自安定县（今天的子长县）。贾家立刻向延安地方法院提出诉讼，法院裁决此婚约为买卖婚姻，必须废除。政府还判决张海女子只有16岁，尚未达到结婚年龄，所有婚约均为无效。然而贾家为这桩婚姻已经花了不少钱，觉得裁决不公平，便于1942年上诉到高等法院。高等法院支持地方法院的决定，但判决张凤良须将彩礼钱归还贾家。张凤良听到风声，在没有收到正式判决书之前就消失了，分文未付。① 1943年初，当李永昌要将张海女子带回家结婚时，贾银贵在路上绑架了新娘，将其带回家并举行了婚礼。李永昌向地方政府提交诉讼，状告贾银贵绑架了他的妻子。②

在婚姻纠纷中，更多的不安定因素来自军队的战士，他们的妻子或未婚妻在他们服役期间离开了他们。这些女人遵照当地习俗，即丈夫如果不在家并且与家里失联的话，妻子可以再嫁或招夫，一旦原夫回来，她就必须回到他身边。但实际上却造成两个男人为一个女人大打出手的局面，如第二章所述。而且这种再婚是私下操办的，再嫁之妇并未和原夫正式离婚，规避了政府的监

---

① 《关于贾银贵与张海解除婚约案材料》，全宗号15，案卷号1333。
② 《关于判决李永昌诉讼贾银贵抢婚案的呈、批答》，全宗号15，案卷号847；《关于张维金与白风林、贾银贵与张凤良婚姻诉讼案两案材料》，全宗号15，案卷号1332。

管。由于 1939 年的《婚姻条例》并无关于军人婚姻的条款，地方政府无法帮助战士将妻子或未婚妻带回家中，即使走法律程序也是旷日长久。所以最常见的情况是回家探亲或退役士兵将他的前妻或前未婚妻绑架回去。在雷尚志的案子中，雷退伍回家后带着全家将他的崔姓前妻从第二任丈夫那里抢了回来。① 一位名叫刘连的在役战士则伙同他的战友绑架了他的前未婚妻。② 在清涧县，一位名叫史有财的士兵用一枚炸弹相威胁，逼他的前未婚妻回到他身边，尽管对方已经嫁与别人多年，还生育了三个孩子。在延川县，一位退役士兵带领村子里的自卫队绑架了他再婚的前妻。③ 这些绑架案常常伴随着暴力行为，如非法禁闭、殴打和强奸。有时军队下层官兵也会介入这些行为，并因此在政府工作人员和军队间产生冲突，④ 具体案例见第四章。

尽管当地政府尽力避免婚姻纠纷中的暴力，但事态有时还是会失控，地方政府的干部会不由自主地卷入暴力。1945 年，葭县（今佳县）政府的一个公文中报告了一桩绑架案。米脂县民权区政府批准了女方解除幼年时所订之婚约，而来自葭县的男方家庭坚决反对，并绑架了这名女子。民权区区长令当地民兵二十多人持械前往男方村子，试图将女子抢回。这次行动演化成了民权区民兵与葭县群众之间的"武装冲突，双方致伤数人"。米脂

---

① 《李荣春与雷尚志因婚姻纠纷上诉案》，《边区判例汇编·1944》，全宗号 15，案卷号 26。
② 《刘连绑架石秀英案》，《判案实例括录》（1945），全宗号 15，案卷号 27。
③ 陕甘宁高等法院：《陕甘宁边区婚姻问题与条例》，全宗号 15，案卷号 72。
④ 亦见汪世荣等《新中国司法制度的基石》，第 184 页脚注①。

第一章 封彦贵诉张金才：陕甘宁革命根据地与婚姻改革

民权区区长的行动失败了，不久之后，女子的娘家又组织了另一次行动，终于将女子抢了回来。这个案件的解决延宕了数年，直到报告写就的1945年也没有结案。① 以上述案例为背景，我们便能够理解华池县对"封张案"中绑架行为的判决，因为控制法律纠纷中的暴力行为是当地政府职责所在。

然而，我们并不能就此草率地下结论，认为绑架或抢婚总是违背女性意愿的暴力行为，有些女性也会利用它作为逃脱包办婚姻，与钟情男子成婚的一种手段。这也适用于捧儿的案例。在下一章中我将揭示捧儿在所谓的抢婚事件中扮演的隐秘角色。尽管当地的"抢婚"习俗并没有因1939年《条例》而停止，但它可以被归类于"强迫婚姻"或民国刑法中"绑架"一条。正是出于这样的考虑，华池县政府宣告捧儿和张柏之间的婚姻无效。对华池县司法处来说，这个判决完全是照章办事，但结果却冒犯了各方当事人。一场上诉即将上演。

---

① 《葭县婚姻法令执行总结》（1945），全宗号15，案卷号294。

第二章　捧儿上诉：妇女、爱情、婚姻与革命政权

这桩案子各方的当事人对判决都不满意，封捧儿对华池县司法处判决的反应尤为激烈，这一点儿也不意外。在她1982年的口授回忆录中，以及在2005年和我的访谈中，封芝琴确认了一个事实，就是她那时候还裹着小脚，却在两天内走了大约80里路到了庆阳。当时庆阳是陇东分区行署所在地，她找到了行署专员马锡五，向他讲述了自己的冤屈。① 马锡五听了她的诉说，同情地说："封建买卖婚姻真是害人呀！"马锡五还向捧儿保证，他会亲自审查这个案子，而且几天后，马确实去了捧儿的村子。当时捧儿正在田里劳动，在田头的一棵大桑树下，遇到了前往村里做调查的马锡五。② 这个细节在后来的文艺作品中被反复再现，但都强调是马锡五下乡巡回考察时偶遇在树下啜泣的巧儿，听了她的诉说才发现了这个案子。后面分析将指出，这种表现方式实际上弱化了巧儿的主动性。

---

① 笔者2005年7月21日对封芝琴的访谈；封芝琴：《回忆马锡五》，《甘肃文史资料选辑》第12辑，第145~153页。这篇文章是在1980年代初由封芝琴口授，当地政府的一位秘书记录写成。封芝琴本人没有受过教育，通过1950年代的扫盲才粗通读写。

② 杨正发：《封芝琴·刘巧儿》，第51~52页；庆阳市政协、华池县政协：《"刘巧儿"传奇人生》，甘肃人民出版社，2005，第44~45页。

第二章 捧儿上诉：妇女、爱情、婚姻与革命政权

表面上看，捧儿的故事像是革命教科书中的典型，即一个勇敢的姑娘，受到共产党"婚姻自由"思想的影响，敢于挑战封建家长制，反对包办婚姻。杰克·贝尔登（Jack Belden）在《金花的故事》中也写过类似的故事：一位叫金花的年轻妇女，在共产党政府的帮助下，从不幸的婚姻和暴烈的丈夫手里解放了出来。① 捧儿的例子在国内许多文章、书籍、杂志中被作为中国革命从传统家长制的压迫下解放妇女的典型。② 虽然这个案件听上去像是五四话语中关于妇女反抗封建家长制的一个实例，但是，从历史学的角度看，这种"主旋律"的说法实际上将这个事件的意义简单化了，忽略了故事里的多面相、多层次的丰富性及其所代表的深层含义，容易导致教条化、模式化。正如本书所要表达的，这个故事包含了底层妇女的主体性，司法体系的建设过程，革命经验升华为概念等等内容。另一方面，尽管从1980年代以来美国学者试图以西方女权主义的视角质疑中国革命的主流叙事，颠覆共产党为妇女解放而奋斗的形象，但是这个案件并不支持他们的假设，正如我在"导论"和第一章中对这种观点的反驳。

封芝琴在1982年《回忆马锡五》文中，披露了上诉的动机，她不接受县司法处的判决，认为：

---

① Jack Belden, *China Shakes the World* (New York: Harper & Brothers, 1949), pp. 275–307.
② 从2000年以来，庆阳政府和有关人士发表了各种各样关于封芝琴的故事，如杨正发《封芝琴·刘巧儿》；庆阳市政协、华池县政协：《"刘巧儿"传奇人生》。

县司法处偏听偏信,派出警卫队将我公公和参与抢亲的人都抓了起来,不做调查了解,便匆忙审理……在这亲人被监禁、美满婚姻被拆散的情况下,我只得独自一人步行80多里路来到陇东专署所在地的庆阳城,向闻名已久的"马青天"马锡五专员告状。①

在回忆文中,她从未提到对父亲有任何抱怨。很明显,她说的"亲人"实际上是她的婆家——张家,包括张柏,因为县司法处并没有处罚她的父亲封彦贵,所以她要为自己(婆家)的亲人讨个公道,更不愿被拆散婚姻。这么多年过去了,封芝琴的记忆力也许衰退了,但从她在1980年代初的回忆文中所表达的诉求更多的是不满华池县的"偏听偏信",为的是拯救自己的美满婚姻、拯救家人,这正是她上诉的动机。她的诉求和行动其实有着深沉的文化背景,因为积极"救人"与不屈不挠地"诉冤",不论在被视为"大传统"的儒家文化中,还是在"小传统"的底层文化中,都被视为好女人的举动,因为这些主题常常在传统戏剧中出现,不断地传达给乡村的妇女,塑造了她们在面对不公时承担应尽之责的观念。② 但是,我们将在第六章中看到,当这个故事被写成剧本,捧儿的诉冤救人的行为就被转化为一个年轻妇

---

① 封芝琴:《回忆马锡五》,《甘肃文史资料选辑》第12辑,第146页。
② R. David Arkush, "Love and Marriage in North Chinese Peasant Operas," in Perry Link, Richard Madsen, and Paul G. Pickowicz, eds., *Unofficial China: Popular Culture and Thought in the People's Republic*, (Boulder, CO: Westview Press, 1990), pp. 72–87.

第二章 捧儿上诉：妇女、爱情、婚姻与革命政权

女勇敢反抗包办婚姻的故事。

在本章中，我将陕甘宁边区广大的乡村妇女视为具有主体性的群体，并且着重于发现她们对家长制以及新的革命政权既合作又不简单服从等行为背后的一致性。从这一点出发，我试图解释捧儿既顺从父亲之意解除婚约，后来又上诉要求推翻华池县判决之间的矛盾及其背后的逻辑。我将捧儿的这种看似矛盾之处放在更为广阔的社会与文化背景中来讨论，不仅考察当地妇女的文化与生活，她们关于性、爱情与婚姻的观念，在传统家长制下的生存技巧与策略，同时还考察她们的爱情观、婚姻观、性行为在革命政权下的变化。从这个角度出发，我认为，一般现代国家政权，包括陕甘宁边区革命政权，关于妇女权利以及改变妇女地位的政策与计划，都有着双重效果。这些具有现代意义的政策在试图摧毁家长制的权威，赋予妇女婚姻选择权的同时，也取消了她们以前在家长制权威下所拥有的某些自主惯例。同男性乡民一样，在新的革命政权治下，乡村妇女也同样经历了调整和适应，她们在拥抱新政策的同时发展出新的策略与技巧，通过与边区政府和司法体系的互动，为自己创造机会。她们知道怎样维护自己的利益，她们的行动对法律条文和程序的改变也有贡献。这种角度把妇女看作社会变革的参与者，而不是简单地接受革命政策的恩惠。在这个角度上，我们也许可以更好地理解捧儿的上诉，而不是简单地将乡村妇女视为传统的受害者，或者将其拔高为一种神话。

自主：中国革命中的婚姻、法律与女性身份（1940~1960）

一 作为革命话语的"婚姻自由"

1940年代陕甘宁边区的婚姻家庭改革是从晚清以来自沿海地区开始变革的继续。美国学者苏珊·葛劳瑟认为，这种改革话语体现的是知识精英关于20世纪社会变革的观点，他们既认为中国已处于一种变化中的家国关系，又将儒学式的家国秩序视为一成不变。① 这种观点为改革社会提供了推动力和路径，但是由于中国社会广泛的阶级、地域、文化差异，这种改革方案在实践中的效果并不尽如人意。

中国共产党主导的婚姻家庭改革的理论基础有两个来源：一是反对传统儒学家长制的五四话语，另一个就是马克思主义、共产主义关于妇女解放的理论。在五四话语里，妇女被简单地描绘成家长制家庭的受害者，许多五四作家集中描写女性的悲惨命运，尤其是许多年轻女子在传统家长制家庭压迫下，在没有爱情的包办婚姻中凋零至死。② 另一些作者则批判儒家对于妇女的压迫，例如要求妇女坚守贞节，反对寡妇再嫁，等等。③ 在马克思主义理论下，妇女一方面被视为受害者，尤其是乡村妇女，她们

---

① 参见 Glosser, *Chinese Visions of Family and State*, pp. 4 – 10。
② 见巴金的《家》，人民文学出版社，1981；亦见毛泽东的评论文章《对于赵女士自杀的批评》《赵女士的人格问题》《社会万恶与赵女士》，中共中央文献研究室与中国湖南省委《毛泽东早期文稿》编辑组编《毛泽东早期文稿》，湖南出版社，1990，第413~414、416~417、424~427页。
③ 如鲁迅《我之节烈观》，《五四时期妇女问题文选》，三联书店，1981，第106~114页；胡适《贞操问题》，《五四时期妇女问题文选》，第115~123页。

第二章 捧儿上诉：妇女、爱情、婚姻与革命政权

受到"封建"家长制和西方帝国主义的双重压迫；另一方面在中国革命中，她们又被视为社会革命的力量。① 这种对妇女的双重定位有可能导致理论上的困境。一方面，革命运动承认妇女作为一种寻求解放的社会力量，可以被动员起来参加社会革命和生产劳动，但另一方面，当妇女被动员参加革命运动时，为了更高的目标，尤其是在民族危亡的紧急关头，妇女解放的目标却有可能被推迟甚至被牺牲。美国学者陈梅庭（Tina Mai Chen）指出，这种理论上的双重性可能导致了早期中共领导人在妇女政策上的摇摆，即他们会要求妇女为人类解放而牺牲，同时也支持妇女改善生活和社会地位的要求。② 也正是基于这种理论上的双重性，在1980年代，某些西方学者也同样从理论出发，假定抗战中妇女被要求为了民族解放，牺牲自身利益，因此中国共产党解放妇女的承诺并未实现。而本书所要揭示的是，虽然理论的双重性可能导致妇女解放运动的困境，但中国革命的实践证明，这种困境得到了合理解决。尽管在陕甘宁边区高等法院的文献中，妇女的确被要求为民族解放和妇女整体解放做出暂时的牺牲，这二者并

---

① Tina Mai Chen, "Peasant and Woman in Maoist Revolutionary Theory, 1920 – 1950s," in Catherine Lynch, Robert B. Marks, and Paul G. Pickowicz, eds., *Radicalism, Revolution, and Reform in Modern China: Essays in Honor of Maurice Meisner*, pp. 55 – 77.

② Tina Mai Chen, "Peasant and Woman in Maoist Revolutionary Theory, 1920 – 1950s," in Catherine Lynch, Robert B. Marks, and Paul G. Pickowicz, eds., *Radicalism, Revolution, and Reform in Modern China: Essays in Honor of Maurice Meisner*, pp. 55 – 77. 亦见吴玉章《中共妇女在五四运动中走上了自己解放的道路》（1939），《陕甘宁边区妇女运动文献资料选编》，第84~91页；邓颖超《抗日民族统一战线中的妇女运动》（1939），《陕甘宁边区妇女运动文献资料选编》，第61~73页。

非是对立的,而且在具体执行中,革命政权也积极推动婚姻改革,赋予妇女独立人格,鼓励并帮助妇女追求婚姻的自主。

基于这种社会改革理论,在革命根据地建立的初期,政府的干部认为离婚自由是妇女解放的最佳解决方案,这样可以让她们离开以前的封闭家庭,参与更广阔的社会活动。通过离婚,妇女可以从家长制的压迫下获得独立,打碎家庭的枷锁,投身革命运动。为了推翻乡村的家长制权威和家庭制度,江西苏维埃政权和其他地区的革命政权颁布了婚姻条例,赋予妇女婚姻自由的权利,尤其是自由离婚的权利(见第四章)。于是,梅尔(Meijer)相信,离婚的自由程度就成了妇女解放的尺度,任何对离婚的限制都被视为一种对"保守男性"的"让步"。[①] 本书"导论"与第一章所提到的对1944年和1946年《婚姻条例》的批评也是基于这样的原则。但是本章以及第三、四章都证明,这种观点与批评实际上将婚姻改革以及妇女不幸的根源简单化了。

通过颁布革命的婚姻条例,中共期待婚姻自由的政策能够拯救遭受婚姻不幸和家庭压迫的妇女。1939年《婚姻条例》给予男女双方提出离婚的权利,在双方均同意离婚的情况下,可以直接到政府登记离婚。但是单方面提出离婚的情况就比较复杂,需要在男女双方调解不成的情况下,经由法庭判决离婚。法庭需要基于第一章所述的10个离婚条件做出判决。离婚条件的第2条,"感情意志根本不合,无法继续同居"往往被认为较为激进,有

[①] Marinus J. Meijer, *Marriage Law and Policy*, pp. 42 – 45;亦见 Fernando Galbiati, *P'eng P'ai and the Hai – Lu – Feng Soviet* (Stanford, CA: Stanford University Press, 1985), p. 198。

理想主义色彩，因为它保障了婚姻建立在男女双方相亲相爱、自愿结合的基础之上。

由于这种婚姻观念与当地习俗不合，婚姻纠纷案件急剧上升，村民对婚姻改革普遍不满（见第五章）。这种现象往往被美国女权主义学者视为保守男性农民对于妇女解放的必然反应（见第一章）。但是，在这种"妇女解放，男人反对"的二元对立结构中，我们既看不到妇女在传统家长制下的活动，也听不到妇女对婚姻改革的观点和声音。而且，如果从妇女是受害者、渴望被拯救的视角来看，捧儿先是同意废除早年的婚约，后来又为了争取和早年包办婚姻的未婚夫张柏结婚而去上诉，似乎并不符合这种妇女解放的宏大革命叙事。为了更好地理解当地文化和妇女的活动，我们应该看到，捧儿的故事从来都不是"金花"故事的简单复制品，也不是革命教科书中单薄的典型，因为捧儿的故事反映了更为深层的文化与历史的逻辑。

二　当地家长制下的妇女：爱情、性、婚姻与家庭

与世界上其他农业社会一样，中国的家长制权威构成了这一地区的基本权力结构。在家长制下，家庭的长者，主要是男性长者如父亲（有时包括母亲），对其他家庭成员有支配权。不过，这只是一个抽象的定义，仅仅描述了家长制的静态秩序。而在实践中，这种家长制的权威有可能被削弱，受到干涉，甚至在具体活动与运作中受到其他家庭成员的限制。正如高彦颐指出的那

样,在现实中,家长权威从来不会像在五四文学作品中描绘的那样,以一种抽象的方式运作。① 同时,从英语"patriarchy"翻译过来的"父权制"的定义也不能准确描述中国家庭的权力关系,因为这种字面上的翻译容易导致中国学者对本国社会制度的误解,更有可能忽视中国家庭中母亲的权威,以及她们在儿女婚姻以及爱情生活中的活跃角色。实际上,在五四时期的作品中,更多的作者使用的词汇是"父母""家族制度""家长制",而非西式的"父权制"。② 作者在第六章对封张婚姻案的讨论中,将揭示捧儿的母亲在安排捧儿和张柏的见面中,在给张家传递消息上所扮演的角色。正是在这种动态的家庭体系中,乡村妇女能够通过自己的活动相互支持,在家长制权威下为自己开拓一定的自主空间。

当地妇女的状况:生活在困苦之中

一般来说,乡村妇女在家长制家庭中的地位依当地风俗而定。在中国历史上,溺杀女婴的风俗被视为女性一生苦难的开端。③ 尽管这一习俗在中国南方许多地区,甚至在陕西关中一带

---

① Ko, *Teachers of the Inner Chambers*, pp. 10 - 11.

② 所以,本书使用"家长制"和"父权制"这两个词的方式略有不同。在描述西方学者的论述时,我尊重他们对于"父权制"一词的使用。但是在我自己的论述中,我尽可能地使用"家长制"一词描述中国家庭的权力关系。

③ Ono Kazuko, *Chinese Women in a Century of Revolution*, 1850 - 1950, Joshua Fogel, ed., trans. by Kathryn Bernhardt et al. (Stanford, CA: Stanford University Press, 1978), pp. 140 - 142; Stacey, *Patriarchy and Socialist Revolution*, pp. 44 - 45.

第二章 捧儿上诉：妇女、爱情、婚姻与革命政权

都有所发生，但是在陇东地区，不论是从明代后期和清代早期编纂的《庆阳府志》，还是民国时期编纂的《重修镇原志》，甚至到共和国时期《庆阳地区志》《华池县志》《环县志》《庆阳县志》等地方志中，笔者都没有发现有溺杀女婴的明确记载。① 当代学者的研究显示，由于婴儿存活率非常低，陇东、陕北一带的妇女在拜求送子娘娘的时候，往往会表示希望最好得到男孩，但是女孩也可以接受，显示她们"重男不轻女"的态度。② 在中国其他地区，贫穷家庭因不能为女儿提供嫁妆导致了溺杀女婴的习俗。③ 然而在陇东地区，女孩并不是家庭的负担，反而是家庭的一笔财富，因为男女性别比例导致对女孩的高度需求，如第一章所显示的那样。陕甘宁边区高等法院记载了若干个案例，显示会有两个或三个家庭同时争夺女孩的抚养权或居住权。④ 当寡妇再嫁时，如果女孩年幼不能离开母亲的照顾，女孩的叔伯都会和寡

---

① 见（明）傅学礼撰《庆阳府志》（1557），甘肃人民出版社，2001；（清）杨藻凤撰《庆阳府志》（1660，1993年重印）；《重修镇原志》（1935）；《庆阳地方志》（1993）；《华池县志》（2004）；《环县志》（1993）；《庆阳县志》（1993）。当然并不是说这一地区完全没有溺婴现象，可能比较少见而没有被录入地方志而已。
② 秦燕、岳珑：《走出封闭：陕北妇女的婚姻与生育（1900～1949）》，第170～171页。
③ 郭松义：《伦理与生活：清代的婚姻关系》，第126～133页。
④ 《边区高等法院1946年民刑事汇集判决书存本》（之一），全宗号15，案卷号29；还有本案卷中的《刘思光与盛丕正因抚养女孩纠纷事件上诉》《康富财与康余氏、陈步花因抚育女孩事件上诉案》《冯登科张玉恭因争女纠纷一案》《为批示贺克荣、朱氏争女纠由》。虽然争夺女孩的原因不同，但是高院在处理中均能以女孩的福祉为优先考虑，同时根据女孩自己的愿望来做出判决。

妇立个约,确保女孩长大以后仍然回归父亲家族。① 尽管争夺女孩抚养权的动机多是为了将来获得女孩的彩礼,但是也有个别案例是继父出于对女孩的感情以及想要改善女孩的生存状态与受教育的机会。② 无论如何,在实际情况下都保证了女孩的生命和对她们的照顾。

在中国妇女史的叙事中,通常结婚意味着女性进入了一个悲惨的人生阶段,她将不断地遭受恶婆婆和狠丈夫的无端虐待。这种状况在陕甘宁地区确有发生,但是同时,社会体制也有可能被妇女利用。例如根据当地风俗,结婚就是女性的成年礼,这意味着她早在十四五岁时就可以离开父母的管教,而且她的发式变化也表示了自己成年人的身份,可以被称为"婆姨",不同于未婚的"女子"。一个婆姨即使年龄小于18岁,也可以被当作成人,但一个十七八岁的"女子"却仍会被视为未成年人,受到父母的监管。如果一个姑娘嫁到了一个父母双亡的家庭,她会立即成为女主人;如果嫁到公婆双全的家庭,她会利用地方风俗寻求对自己有利的境况。例如,当地普遍的习俗是当儿子结婚以后可以分家另过(见第一章),而且这种"闹分家"的风俗也常常被女性利用,如果成功,她就能够逃过公婆的虐待。

当地恶劣的气候、特殊的地理环境导致耕作环境艰难,大多

---

① 如《刘全与贺德武争女案》,见艾绍润、高海深编《陕甘宁边区判例案例选》,陕西人民出版社,2007,第100~101页;亦见《关于判决景生华、景继强捆绑高刘氏妨害自由案的审问笔录、判决书》,全宗号15,案卷号806。
② 《曹怀厚诉梁文林、张茂荣争女纠纷案》,全宗号15,案卷号1574。

第二章 捧儿上诉：妇女、爱情、婚姻与革命政权

数妇女遵循传统的家庭分工，很少从事田间耕作。① 尽管当地妇女精于传统的手艺，像纺线织布、刺绣剪纸等，但是陇东一带不发达的市场让她们的手工劳作不能产生经济价值，不足以补贴家用，只能作为家内日用或嫁妆、礼品交换。妇女不得不在很大程度上依赖男人提供生活所需的食品、现金、劳动力。在1930年代，陕北和陇东地区就已经被卷入了逐渐开放的现代商品市场。高等法院的档案显示，在1930~1940年代的彩礼中，已经包含了来自城市的卡其布、哔叽这样的机织布；除了现金、谷物和手工艺品，产自现代城市工业品像搪瓷脸盆、镜子以及化妆品也成了彩礼的一部分。这样就让当地妇女的传统手工艺品越发地不值钱。

长久以来，这一地区妇女的生活较为困苦，她们忍受着极度贫穷与恶劣的生活环境。除了缠脚的痛苦和公婆、丈夫的打骂之外，妇女还得忍受许多其他女性特有的痛苦，导致她们不得不依赖于男人。由于没有关于生育的知识和技能，也没有卫生条件和节育手段，许多妇女的一生就在不断地怀孕、生产、育儿的循环中度过。当代学者注意到，在1940年代，陕北清涧县的一位妇女从16岁结婚到46岁之间，生育了17次，流产3次。另一位

---

① 贺萧的著作对了解乡村妇女有重大贡献，她认为乡村妇女经常从事田间劳作，但是妇女从事户外劳动的价值和范围往往被忽视和低估了。见其 The Gender of Memory, pp. 129-153。我认为，贺萧所说的情况在关中地区也许正常，但是由于陕北和陇东一带的地理和生态环境以及田地分布状况，妇女在沟壑纵横的碎片田地里从事户外劳作的情况并不普遍。1942年边区政府发动大生产运动，其中一项重要任务就是动员妇女参加田间劳动，说明在此之前，妇女从事田间劳作并非常态。

清涧妇女生育过12次。① 恶劣的卫生状况也增加了妇女在生产时的危险,许多年轻妇女被难产和产褥热夺去性命,即使她们逃过了生产的危险,生育的后遗症也往往会伴随她们一生。即使她们都躲过了这些苦难,由于婴儿存活率实在太低,大多数妇女都经受了情感上的折磨与悲痛。1942年《解放日报》刊登的一份社会调查报告显示,延安附近的安塞县,婴儿的夭折率高达81.67%。② 绥德县在陕北地区经济文化较为发达,婴儿夭折率相对低一点,但也有58%。③《华池县志》中记载,1948年婴儿死亡率接近80%,④ 比全国平均儿童夭折率25%高出许多。⑤ 正是这些身体上和感情上的创伤使得妇女难以从事户外生产,因此而依赖于男人。在1930年代,边区政府的干部指出,这种高度依赖男人的情况导致妇女只能指望婚姻带给她们更好的生活,因此,要求彩礼和"二成礼"就成了一种生存的手段。⑥

传统家长制下乡村妇女的生活:爱情、性、婚姻

如同在旧中国的其他地区,陕甘宁地区的青年男女都不能逃脱被父母包办婚姻的命运。无数错配的婚姻导致许多青年男女承受了身体和感情的伤害。在陕北和陇东广大地区,以及山西甘肃

---

① 秦燕、岳珑:《走出封闭》,第5页。
② 江萍:《死的倒比生的多:安塞卫生实验区调查》,《解放日报》1942年3月4日。
③ 《延市北区卫生检查,绥德儿童死亡率惊人》,《解放日报》1942年4月2日。
④ 《华池县志》,第142页;亦见秦燕、岳珑《走出封闭》,第190~202页。
⑤ 引自秦燕、岳珑《走出封闭》,第190页。
⑥ 《各县风俗习惯》,全宗号15,案卷号57。

第二章 捧儿上诉：妇女、爱情、婚姻与革命政权

青海一带，有着丰富的口述文化传统。不识字的老百姓，不论男女，往往用歌声描述生活，表达感情。这些流传甚广的民歌讲述了妇女的爱恨情感、悲伤快乐，以及她们的性经历。1940年代，这些民歌被延安鲁艺的一群革命艺术工作者们收集采纳，汇集成册在延安出版。虽然在收集过程中，原来民歌中一些明显与性有关的部分可能被过滤了，但是这些民歌依然为历史学和社会学留下了宝贵的资料。①

一些民歌表达了女性对情郎的似水柔情，如《五哥放羊》中，一位姑娘表达了和情郎哥哥在一起的喜悦。当情郎哥哥要到远处放羊，姑娘唱出了对情郎的思念，并且期待他回来迎娶自己。② 当妇女深陷情感时，她能够用歌声表达对丈夫或情郎的痴心与思念：

> 山在水在石头在，人家都在你不在。
> 端起饭碗想起你，泪珠珠跌在碗根底。
> 风尘尘不动树梢梢摆，做梦也梦不见你回来。
> 红瓤瓤西瓜绿花花皮，想死想活不能提。
> 白天里想你硷畔上站，夜晚里想你胡盘算。
> 树叶叶落到树根里，挨打挨骂全是为了你。

---

① 鲁迅艺术学院：《陕北民歌选》。此书"前言"中说明，虽然命名为《陕北民歌选》，但是发表的内容涵盖了陕甘宁根据地的不同地区。除了此书的出版，其他收集到但当时未出版的民歌后来在1950年代出版，有些甚至到了1980年代才出版。
② 《五哥放羊》，《陇东革命歌谣》，甘肃人民出版社，1982，第14~16页。

自主：中国革命中的婚姻、法律与女性身份（1940~1960）

刮一阵风来下一阵雨，不知道我的人儿在哪里。①

当身处不幸的婚姻，妇女往往感叹自己命苦，并抱怨爱钱的父母，诅咒黑心的媒人未能真实告知夫家的情况：

我爸我妈爱银钱，给我寻下个倒霉汉。
倒灶鬼媒人爱吃肉，给我寻下个二大流。②

她们认为这是婚姻不幸的根源，尽管她们都有着对幸福婚姻的渴望，却不得不忍受家长制下的社会现实。

当婚姻中没有爱情，一些妇女会寻找另外的关系以满足情感和性的需求。③ 这一地区有些习俗，像"交朋友""搭伙计""找干哥哥"等，为一些妇女不幸的婚姻找到了出口。④ 有些民歌声称，"三钵榆树一钵柳，寻不下好男人交朋友"，"天上的星星配对对，人人都有个干妹妹"。⑤ 在晋陕甘一带非常流行的一首民歌《兰花花》，唱的是兰花花年轻漂亮，容貌出众，"一十

---

① 《谢觉哉日记》，人民出版社，1984，第880~881页。当谢觉哉听到这首民歌，非常喜欢，就记录在了日记中。
② 《信天游》，《陕北民歌选》，第33~36页。
③ 王跃生关于清代中期婚姻的研究亦注意到了这个问题，即夫妻关系不和时，妻子往往会在婚外寻找替代。见王跃生《清代中期婚姻冲突透析》，第55~59页。
④ "干哥哥""干妹妹"多数情况下可能是未婚夫妻的关系，也可能是情人关系，甚至是较为随便的关系，有些情况下也可能只是简单的熟人关系。
⑤ 《信天游》，《陕北民歌选》，第29~31页。

三省的女儿呀,数上兰花花好"。① 兰花花有个情人,但却被迫嫁给一户有钱人家当媳妇,她丈夫不仅相貌丑陋而且尚未成年。兰花花时刻惦记着自己的情哥哥,甚至等不到婚礼结束就奔向情哥哥的家:

> 手提上那个羊肉怀揣上糕,
> 拼上个死命我往哥哥家里跑。
> 不爱你那个东来不爱你西,
> 单爱你哥哥呀二十几。
>
> 见了我的情哥哥呀拉不完的话,
> 咱二人死活哟常在一搭。②

在此类情歌中,妇女表达了她们对于美的追求。她们心目中的理想男人年轻、英俊、身材挺拔强壮,而且是"白生生的面皮花棱棱眼"。③

> 骑马要骑海骝马,
> 交朋友要交十七八。
> 骑马要骑花点点,

---

① 这首民歌应该起源于明代,因为明代在全国设置两京十三布政司(布政司相当于省)。
② 《兰花花》,《陇东革命歌谣》,第 26~27 页。
③ 《穷死穷活不变心》,《陇东革命歌谣》,第 33 页。"花棱棱眼"即双眼皮。

>交朋友要交花眼眼。(原注：双眼皮)
>……
>年青人看着年青的好，
>白胡子老汉毬势了（原注：完蛋了）
>……
>骑上个毛驴打上个伞，
>慢慢儿寻个漂亮汉。①
>……
>我不爱你金来不爱你银，
>就爱你板板的身材毛眼眼。②

根据美国学者研究，从17世纪起，由于儒学的强大影响、家庭的压力、国家的意识形态以及心理等原因，江南文人士大夫家庭的妇女竞相守节。③ 美国学者苏成捷认为，清入主中原后对社会习俗进行了某些改革，以达到控制社会男女性行为的目的。④ 但是作为清代的国家建设工程，这种试图控制下层妇女性行为的努力似乎直到1940年代仍未到达这一地区。当地的方志

---

① 《信天游》，《陕北民歌选》，第29~30页。
② 党音之编《信天游五百首》，陕西人民出版社，1993，第63页。"毛眼眼"即双眼皮。
③ 关于明清时代妇女守节的研究，见 Janet Theiss, "Managing Martyrdom: Female Suicide and Statecraft in Mid – Qing China," *Nan Nü: Men, Women and Gender in China* 3 (1) (2005): 47 – 76; T'ien Ju – k'ang, *Male Anxiety and Female Chastity: A Comparative Study of Chinese Ethical Values in Ming – Ch'ing Times* (Leiden: Brill, 1988); Weijing Lu, *True to Her Word*。
④ Sommer, *Sex, Law, and Society in Late Imperial China*, pp. 1 – 17.

第二章 捧儿上诉：妇女、爱情、婚姻与革命政权

的确记载了一些节妇烈女，她们得到朝廷的表彰，但她们大多出自当地上层家庭，① 一般下层阶级的妇女往往有着比较活跃的性生活。例如民歌《搭伙计》流传于晋陕甘一带，讲述了一个山西的年轻妇女李贵姐的故事。李贵姐"生得好人样"，14岁时出嫁，但婚后和丈夫合不来，丈夫就离家出走去西口，从此没有回家。于是李贵姐从14岁到23岁有过三个"伙计"和她同居，但三个男人最后都离开她回家娶妻，让她伤心不已。②

许多民歌大胆地表达了青年男女之间的性行为，而且这些民歌也启蒙了年轻女孩的性意识。更为重要的是，由于贫穷和地理环境因素，许多农民家庭仅有一口窑洞，父母和子女全家人都睡在一个炕上。③ 这让男孩女孩在少年时代就对性有了朦胧的了解，他们/她们有着比较开放的态度，正如一首民歌中唱的：

> 荞麦花，落满地，
> 尔个的年轻人真不济，
> 一把拉我在洼洼地，
> 亲了个豆芽子嘴。
> 鲜羊肉，烩白面，
> 你没婆姨我没汉，
> 咱二人好比一骨朵蒜，

---

① （明）傅学礼、（清）杨藻凤：《庆阳府志》，第349~353、767~771页。
② 《陕北民歌选》，第69~76页。
③ 秦燕、岳珑：《走出封闭》，第55页。

自主：中国革命中的婚姻、法律与女性身份（1940～1960）

> 一搭儿生一搭儿烂。①

很明显，这是一对未婚男女的相遇。唱歌者是女性口吻，歌里的"鲜羊肉，烩白面"是用食物的美味来暗喻一种性活动的愉悦，形容两个年轻身体的交融。而"一骨朵蒜"的"生"和"烂"则表达了他们难分难舍，生死同心，永不分离的感情。

陕甘宁高等法院的记录也证实了当地妇女对性活动的开放心态，在许多案例中，妇女因对丈夫不满而发生了婚外性。② 当时，通奸在国民政府的法律中是要受到惩罚的，但在陕甘宁边区则只是离婚的条件，因此很多离婚案的起因就是婚外性，往往是因为妻子有了婚外性而要求离婚的。在1940年代，边区流行一个术语——"打游击"，用来指称婚外性关系。这个词是一个隐喻，比喻婚外性关系有着和战争中打游击一样的不规则和不正式的性质。

在有些情况下，妇女有婚外性却并不意味着她要离婚，例如李氏和高武峰的案例，这是一个非常有戏剧性却又导致悲剧的案子。1943年，国民党友军第22军的上尉副官高武峰前往延安公干，中途病倒在边区甘泉驿的一个乡村小客店，耽搁了两个星期。店主的妻子李氏在高生病期间尽心尽力地伺候他，这种同情和照顾导致了二人之间的性行为。高武峰病愈离开时想要带走李

---

① 《探家》，《陕北民歌选》，第88页。
② 见 Philip Huang, *Code, Custom, and Legal Practice in China: The Qing and the Republic Compared* (Stanford, CA: StanfordUniversity Press, 2001), p. 182。

第二章 捧儿上诉：妇女、爱情、婚姻与革命政权

氏。但是李氏并不想离开丈夫，高先是用枪威胁李氏和她的家人，然后又强迫李氏喝下一碗鸦片汁，逼她服毒自尽。所幸救得及时，李氏保住了性命。至此，高武峰已经闹得小镇不安，人们议论纷纷。于是当地革命政府派民兵拘捕了高，准备把他解送回22军，让其上级管教他。但是在回去的路上，高武峰自己喝鸦片汁自尽了。①

很多离婚案涉及婚外性，但往往不是男人提出离婚，而是妻子先提出离婚。与王跃生所研究的清代中期同类案件相比，②1940年代陕甘宁边区的妇女似乎更知道如何利用新近颁布的《婚姻条例》来解决她们的婚姻问题。当一名妇女被丈夫发现婚外性时，她会立即提出离婚，而她的丈夫往往拒绝离婚。边区高院的档案记载了不少这样的案例。③ 例如，1942年的《张英与梁成福离婚案》就是如此，法庭建议梁成福接受离婚，提醒他如果不离婚，他的妻子会继续"打游击"。但是这个可怜的丈夫坚持不离婚，说只要妻子"打游击"不发生在他眼前就行了。④ 同一

---

① 《关于高武峰与苏兴旺之妻因奸丧命的呈函和调查报告》，全宗号15，案卷号842。
② 相同的情况，即妻子发生婚外性，却先提出离婚的案例也发生在清代。见王跃生《清代中期婚姻冲突透析》，第167～181页。
③ 例如《关于陈芝芳与李汉成、吴国俊与董绍林离婚两案材料》（全宗号15，案卷号1340），《关于张英与梁成福、孙常增与李秀英离婚案两案材料》（全宗号15，案卷号1397），《关于贺麟图、杨怀山抢亲及党秀英重婚两案材料》（全宗号15，案卷号946），《边区高院、延长县府司法处关于处理康德胜诱拐惠成德之妻跌崖毙命和赵蕴兰惠玉明刑事案件判决书：命令、呈文、批答》，全宗号15，案卷号948。
④ 《关于张英与梁成福、孙常增与李秀英离婚案两案材料》，全宗号15，案卷号1397。

年还有一桩离婚案,《吴国俊因婚姻上诉董绍林一案》也是如此。妻子董绍林是延安难民工厂的护士,丈夫吴国俊是中央军委参谋部的警卫员,二人在1937年结婚,还有了一个儿子,但是当丈夫指责董绍林"打游击"后,夫妻俩吵架、打架成了家常便饭。董就提出了离婚,但吴坚决不同意。在法庭调查时,董公开承认自己"打游击",说与吴的关系不好是因为"性交不合",吴的"生殖器短"。更为难堪的是她在法庭上公开承认儿子不是吴国俊的,其生父是一位王姓男子。在这种情况下,尽管吴仍然反对,法庭只能判决离婚。①

如果我们从家庭结构、婚姻形式、爱情、性行为这四个相关的维度去考察人类的社会关系和活动目的以及内涵的话,这个地区的家庭结构和婚姻形式很明显是以劳动、生育和生存为基本原则的,正如第一章所谈到的,所有活动与安排都围绕着家庭的经济计划和生存、生育展开。与此同时,爱情和性行为则被视为个人的事务,并不完全限制在家庭和婚姻范围之内。在以往的研究中,学者往往更多地关注上层精英妇女的婚姻与感情生活。② 他们的研究显示,社会上层和士大夫家庭的妇女衣食无忧,很多人受到良好的教育,尤其是在明清时代。尽管所受的教育以及她们的才华让这些上层妇女能够通过文学艺术的创作,在儒学家长制的家庭体系中,用自己的想象力和才能打造一个不受约束的家内

---

① 《关于陈芝芳与李汉成、吴国俊与董绍林离婚两案材料》,全宗号15,案卷号1340。
② 陈东原:《中国妇女生活史》,商务印书馆,1998(重印)。

第二章 捧儿上诉：妇女、爱情、婚姻与革命政权

活动范围，但是她们的性行为和爱情往往受到严密的控制。① 所以财富和社会地位给予这些上层知识妇女在某些方面一定的表达自由，而社会下层的妇女，像在陕北和陇东那样，往往在个人情感和性行为上有着更大的活动空间。

1940年代之前，无论是当地的国家权力还是家长制体系都未能从意识形态或者法律禁令的角度对妇女的婚外感情或性行为进行强力约束。② 所以这种社会状况可以让我们重新思考关于家长制权威的定义及其对妇女的控制约束力度。在相关的家庭、婚姻、爱情、性活动这四个维度中，家长制权力在婚姻和家庭方面的确牢牢把握着权威，这种控制就体现为包办婚姻与严格禁止离婚。当地的家长们完全清楚家中的妇女们在感情和性行为上的开放表现，只是感到这种行为很难禁止与约束，所以不得不容忍、接受，于是婚外性活动就成为妇女们忍受不幸婚姻与家庭生活的发泄口。从这个意义上来说，下层妇女的确对自己的身体和感情有更多的主宰，显示出很大程度的自主性。而中国共产党革命的现代性带来了关于家庭、婚姻、性、爱情的新观念，这种现代性就体现在主张婚姻、性、家庭形成一个以爱情为圆点的同心圆。尽管共产党的主张与当地妇女自发地追求婚姻幸福的愿望有一致

---

① 曼素恩认为许多江南士大夫家庭的女性能够了解关于性的知识并通过文学作品或手工艺品表达她们对性的渴望（见其 *Precious Records*, pp. 60 - 63）。但是这些士大夫家庭妇女的性活动不可避免地受到严格监视。见 Ko, *Teachers of the Inner Chambers*; Ellen Widmer and Kang - I Chang, eds., *Writing Women in Late Imperial China* (Stanford University Press, 1985)。

② 关于清代国家对下层妇女的性行为进行规范的研究，见 Sommer, *Sex, Law, and Society in Late Imperial China*; and Theiss, *Disgraceful Matters*。

性，但是社会生活的现代转型和政权建设对社会的管制却导致了边区革命政权与妇女在某些方面的冲突。然而，通过这些冲突，革命政权既改变了妇女的一些传统习俗，同时妇女的活动也使得革命政府在政策上做出补充性调整，以回应妇女的要求。

反抗家长制与不幸婚姻：妇女逃跑与"被绑架"案件

如第一章中所指出的，在婚姻纠纷中，男方很可能使用像"抢婚""绑架"这种暴力方法来解决问题，就像在"封张案"中一样，但是"抢婚"或"绑架"也可能是妇女用来反抗家长制的一种手段。由于陕北、陇东一带靠近蒙古草原，受到母系制家庭文化的影响，同时这一地区人口流动较为频繁，从国家政权的视角来看，年轻妇女的自主性往往会表现为某些"反常的"行动。如果家长制家庭将包办婚姻强加于妇女，或者婆家和丈夫的虐待变得不堪忍受，某些妇女就会用任何可能的方法来逃避。

从夫家逃跑就是这种方法之一。在中国社会，逃妻之事并不少见，这是下层妇女逃避家庭不幸、寻求更好生活的常用方法。逃妻不仅发生在乡村地区，而且也发生在像是北京这样的大都市地区。[①] 千年以来，陕北、陇东一带既是战场，也是人口流动频繁的地区。从晚清到20世纪中期，现代国家的人口控制从未有效地到达这一地区。由于地理环境造成的交通不便、信息不通，

---

① 见 Zhao Ma, *Runaway Wives, Urban Crimes, and Survival Strategies in Wartime Beijing, 1937–1949*, (Harvard University Press, 2015)。

第二章 捧儿上诉：妇女、爱情、婚姻与革命政权

当妻子逃走之后，夫家要花费一大笔钱，费时费日，动员各种人脉来寻找妻子。当妻子逃到一个相对安全的地方，她可以很快地嫁给当地的一个男人，开始新生活。如果有幸没有被夫家找到，逃跑再嫁就成为妇女自己做主、赌一把找个好人家的机会。例如，1943年边区高院档案记载的"高应财上诉案"中，高瑞福居住葭县，其妻高氏于1941年出逃至延长县，经人介绍嫁给了高应财。1943年高瑞福的家人找到高氏时，高氏已经与高应财一起生活了两年。① 在1943年的"张怀保与杜桂荣婚姻上诉案"中，米脂县妇女杜桂荣与丈夫张怀保相处不睦，又受到婆婆严苛对待，忍受不了衣不保暖、食不果腹又被打骂的日子，杜桂荣和其妯娌一起逃到绥德县，进了一家难民工厂工作。当丈夫最终找到她的时候，她提出离婚并与工厂的一名男性结婚（见图2-1离婚证书）。②

在另一桩1945年的案子中，当事人高兰英忍受不了夫家的虐待，从延安逃到安塞县，在那里她"自卖本身"，和另一男子结婚。最能体现她自主性的事，就是她用"自卖本身"的彩礼钱，支付了车费，还在当地的饭馆里请客，答谢了在逃跑路上帮助过她的人。之后还剩下一些钱，高兰英给自己买了一些好看的衣服，她要好好地打扮一下自己。③ 当这些妇女被原先的丈夫找

---

① 《关于判决高应财之妻与高瑞福同居及马曹氏诉马生枝另与人结婚案的呈、批答》，全宗号15，案卷号845。
② 《关于审理张怀保之妻杜桂荣被人挑拨逃走，另与联政三五八旅商业科长结婚纠纷案的谈话笔录、调查材料》，全宗号15，案卷号1470。
③ 《史玉德妻被拐卖案》，全宗号15，案卷号1576。

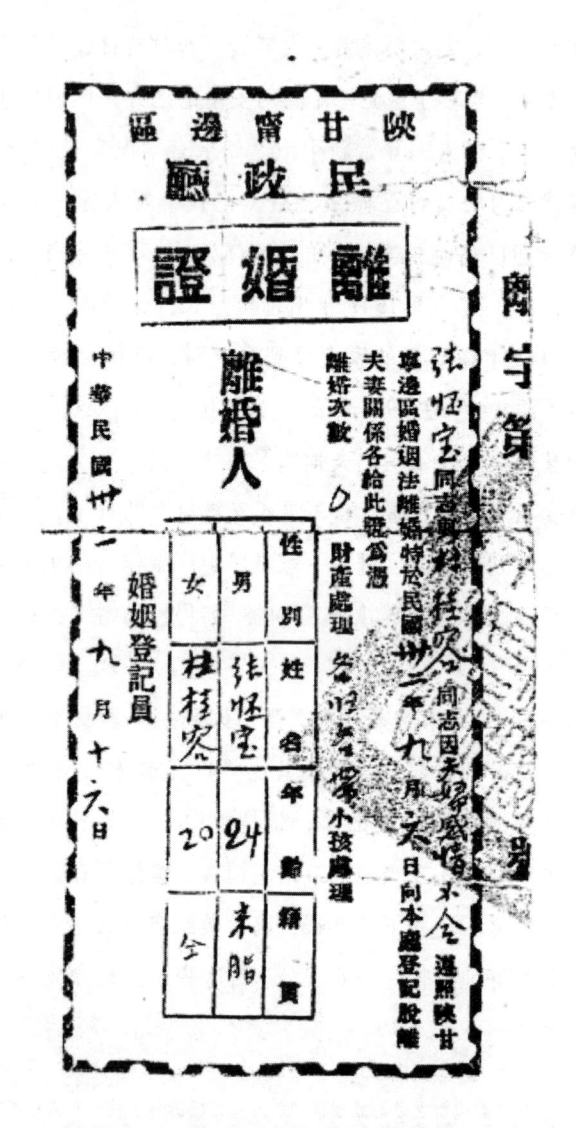

自主：中国革命中的婚姻、法律与女性身份（1940~1960）

图 2-1　陕甘宁边区政府颁发的离婚证书
资料来源：《张怀保与杜桂荣婚姻上诉案》，全宗号 15，案卷号 1470。

到后,她们的案件就被提交到边区法院,这样当事人就在历史上留下了记录。

还有一些案子里的妇女最后不知所终,这可能意味着她们达成了逃跑的目的,可以在新的地方开始新生活了。例如,1941年,17岁的庆阳姑娘程桃花不愿意接受父亲和堂兄的安排,嫁给一个姓高的人,就和一个叫张能富的男人私奔了,并在途中自拜天地结了婚。随后高家将程桃花的父亲程永奎告到政府,状告程家未能履行婚约。县司法处判决程桃花年仅17岁且包办婚姻无效,她与张能富婚姻未登记,亦属无效,命程永奎退还高家彩礼并将桃花带回。回家后程家父兄不断给桃花压力,欲迫使其嫁给高家,但桃花坚决不愿意,并将堂兄和高家一起告上庆阳县法庭。在庆阳城等待调查、审理期间,程桃花被安排在当地一个妇联女干部家里临时居住。不料程桃花在等待审理过程中,却和当地保安团的一位战士私下结婚,然后一起"潜逃无影",案子就没有了下文。① 逃跑的妇女像高兰英、程桃花这种的,实际上面临很大的风险,路途上有暴力、诱拐、谋杀、贩卖,甚至更糟糕的状况,这要靠妇女自己来考虑逃跑是否值得。

由于途中有各种危险,大多数逃跑的妇女选择和其他男人做伴。黄宗智的研究指出,清代的法律将逃妻分为几种不同类型,法律用语不同,像是"和诱""略诱""和略""背夫在逃",这几个词的区别在于表示逃跑是否得到了妇女的同意。黄宗智认为

---

① 《关于程桃花与高正寿等婚姻案材料》,全宗号15,案卷号1335。

自主：中国革命中的婚姻、法律与女性身份（1940～1960）

这些用语表示男人是行动者，而妇女只是被动无奈的接受者，因此在清代的婚姻及两性关系中，妇女在不同程度上受到男性的支配。民国政府的法律抛弃了这些特别的用语，说明民国法律废除了清代法律中的等级制而倾向于在法律上对所有公民一视同仁。①

1939年边区的《婚姻条例》并没有任何条款涉及逃妻现象，只是在离婚条款中列有一款与民国政府法律一致的"恶意遗弃"作为准予离婚的条件。另外，"生死不明过一年"也准予离婚。两条都适用于男女双方。而且，1939年的《婚姻条例》对拐卖妇女、绑架妇女、贩卖妇女等行为也都没有设立条文，只是简略地用"买卖婚姻"或"强迫婚姻"来概括之。在实践中，边区高院有时使用清代律法中的用语，因为有些法官曾在清末民初的政法学校里接受训练（见第三章）。但是使用清律用语也许暗示着某些法官认为在这些案件中男人仍是主导的一方，这在某种程度上符合革命话语中将妇女视为家长制下受害者的观念。例如，1946年延安县农民李怀树向政府报案，他的妻子跟着延长县的李福财跑了。二人在逃跑途中被当地民兵拦住，并带到区政府问话。在简短了解情况后，他们被取保候审，等待传讯。但是二人再次逃跑，不见了踪影。当地区政府在报告这桩案子时，将其归类于"诱拐"，② 这个案子的用词并未显示当事妇女可能是自愿与人逃跑的。

---

① Huang, *Code, Custom, and Legal Practice in China*, pp. 161–165.
② 《关于审批李福财拐走李怀树之妻案的呈、审讯笔录、批答》，全宗号15，案卷号1133。

第二章 捧儿上诉：妇女、爱情、婚姻与革命政权

事实上，在逃妻案中，为了安全起见，不少妇女有可能与情人一起逃跑，也可能与邻居、亲戚一起逃跑，她们会掩饰自己的真实身份以避免别人怀疑，也掩盖自己的行踪。当地乡民用各种各样的说法来描述这种情况，用语大多平和、中性，像是"挂走""拐/跨走""引走"。也许"拐走"一词中有着些微受到男人诱惑或引导的意思，但并无暴力含义，也暗示了妇女是自愿跟随，并未受到强迫。当地民歌中表述了同样的说法，如《店家失女》中店主夫妇讲述他们的女儿被雇来看牲口的小伙子"拐走"了。① 尽管这些用语对男性的主动地位仅仅是暗示，但实际上，有很多情况下可能是妇女主动寻求从困境中逃走的机会，或者就单纯是私奔。

这些当地的用词有时会出现在记录老乡和基层干部叙述的法庭文件中，表达本地村民对具体案件的看法。例如，1946年，延安县报告了当地居民李增治之妻被李仲勋带走的事件，在当地县政府开给李增治去高院申诉的介绍信中，用的词是李的妻子被李仲勋"挂走"，但边区高院将此事件立案为"李增治之妻被李仲勋拐走案"，② 于是案件的性质就清晰地表述为一桩以男性为主的刑事案。另一个案件也发生在延安：1943年张得厚的妻子被胡氏兄弟带到鄜县。由于是跨县事件，延安县法院以介绍信的方式将此案移交到了边区高院。尽管在案件录入时使用了当事人的说法，用了"跨走"一词，即"张得厚媳妇被胡海清等跨走

---

① 《店家失女》，《陕北民歌选》，第94~95页。
② 《关于处理李仲勋拐走李增治妻及张志金之妻被杨志荣拐走和杨春茂抢走刘有富之妻张桂花案的呈、批答》，全宗号15，案卷号1076。

案",以被动形式暗示了妇女可能的被动角色。但是,在高院法官写给鄜县县长的信函中,此案被描述为张得厚媳妇被胡氏兄弟"拐骗"至鄜县,请求协助张前往投诉,① 于是案件性质发生了改变,妇女成了受害者,案件有可能从民事纠纷转为刑事案件。在前面提到的高兰英一案中,高的丈夫史玉德讲述了他的妻子被什么人"引走"而不是"拐骗",但是最终案件是以"拐卖"定性,甚至忽略了高兰英"自卖本身"的行为。② 可见,即使逃跑是妇女在某些男人的帮助下完成的,且当地的习俗在一定程度上承认逃跑妇女的意愿。譬如在前面提到的姑娘程桃花,她并非被绑架或拐骗,而以结婚的方式利用两个男人协助她逃跑。但是当事件进入法律程序,其说法就被法律语言格式化了,有了"被迫"的含义。但是作为历史学者,我们可以穿透这些法律语言,看到背后原本民间说法中对妇女自主性的承认。

还有一些被定性为"绑架"或"抢婚"的案子,也可能包含了逃妻或逃跑者的自主意愿,就像捧儿的抢婚案一样。在有些情况下,当家庭看管太严,姑娘不能逃离家庭,她可以悄悄给意中人捎个话,告诉他自己何时身在何处,暗示他采取行动。延长县一个从1940年拖到1943年的案子就和捧儿的抢亲案有些类似。1940年,出身陕北当地的一个妇女干部张钦,当时在西北局通讯处工作,状告在延长县的父亲和哥哥欲将自己年仅14岁的妹妹张腊娃,卖给本县的农民刘保清为妻。延长

---

① 《张得厚媳妇被胡海清等跨走案》,全宗号15,案卷号842。
② 《史玉德妻被拐卖案》,全宗号15,案卷号1576。

第二章 捧儿上诉：妇女、爱情、婚姻与革命政权

县政府判决婚约无效并没收了彩礼，罚张钦的哥哥三个月劳役。大约一年后，张钦在延安为妹妹张腊娃安排了学校，让她到延安接受教育，但是在去延安的途中，张腊娃被刘保清"绑架"了，然后二人成了亲。张钦非常愤怒，在延安县状告刘保清绑架了她妹妹。当延安县发出传票，要求刘保清、张腊娃到案说明，但是二人均未出庭。不过张腊娃给姐姐张钦写了一封信，说自己很好，是自愿和刘保清在一起，请姐姐不要打搅自己的生活。但张钦不相信这是妹妹自己的意思，反而催促延安县加快审理。终于在1943年法庭派出武装人员，押解刘保清到案，并同时带来了张腊娃。在法庭调查问话时，腊娃告诉法官，是她去延安前托人捎话给刘保清，让他在路上来接自己。她还向法官确认了那封信就是她自己的主意。而且，她还面露羞涩地告诉法官她已经怀孕了。由于张腊娃是自愿与刘保清结婚，法庭告知张钦，让双方达成和解。在此情况下，姐姐张钦只得撤诉，案件结审。① 在这个案件中，张钦相信自己在帮助妹妹逃离包办婚姻，从绑架中解救妹妹，但是实际上却是腊娃本人自主决定让刘保清来接她的。

在这种背景下，我们应该重新审视捧儿的"绑架"案或者说"抢婚"案。根据法庭判决书记载，捧儿的父亲是公历3月10日在自己家中接受了朱寿昌的彩礼，而捧儿是在"古二月十

---

① 《边区高等法院及延安、延长县府关于审判张腊娃与刘保清婚姻一案的命令、审讯笔录》，全宗号15，案卷号891。

三日"在邻村"巧遇"张柏，抢婚发生在公历3月18日。① 如果我们将捧儿遇到张柏的日子转换为公历，那么1943年的"古二月十三日"正好就是3月18日，② 正是封彦贵接受朱寿昌彩礼的一周后，也是捧儿和张柏相遇的当天晚上！考虑到这个时间的巧合以及判决书中所引捧儿的话，"捧儿愿与张柏结婚，就是被父母包办出不了恶劣家庭环境"，事情很明显，那就是捧儿催促张柏要想个办法，因为父亲看得紧，她离不开，也不愿意嫁给朱寿昌（判决书全文见第三章）。于是张柏回到家中，将捧儿的话转述给父亲，促使张金才下定决心，要将儿媳妇抢回来，于是那天晚上就发生了"抢婚"。张柏首先冲进窑洞，"将捧儿拖出"，并且回家当晚就成了亲。③ 所以，捧儿的所作所为是无数在她之先，或与她同时的当地妇女的一种常见行为，也是一种社会习俗。相对于父亲为她选择的男人朱寿昌，张柏无疑年轻英俊，更

---

① 陕甘宁边区政府从一开始就在公文中使用公历，在有些案件中，政府工作人员将当地人使用的旧历/农历日期在行文中转换为公历。如果政府工作人员直录当地人谈话中的农历日期而未能及时转换，就会注明日期为"古历"或"旧历""废历"。在陕甘宁边区高院档案中很多这样的例子，这里的"古二月十三日"就是旧历二月十三日（公历3月18日）。这里要指出的是，《解放日报》在报道这个案子的时候，并没有进行古历和公历的转换，而是把捧儿和张柏见面的日子写为（公历）2月13日。在这种情况下，这个故事就成了捧儿和张柏定情在先，而3月10日封彦贵为捧儿与朱寿昌订婚在后。这种叙述的时间顺序不论是有意或无意，会给读者造成一种父亲棒打鸳鸯的悲情，让人们更容易对华池县判决不满，支持马锡五的判决。
② 抢婚案发生后，封彦贵立即状告张金才。所以抢婚日期3月18日是法庭文件中的公历。"古历"与"公历"的换算参照李伟主编《最新实用万年历》，中医古籍出版社，2008，第93页。
③ 《封张案》。

让捧儿喜欢,于是婚姻决定可以说是由捧儿做出的,但是捧儿需要张家的帮助,这就是"抢婚"的背景。

三 当地妇女与革命政府

1940年前后,当革命政权逐渐地在基层建立起地方政府并深入一般村民的日常生活中去的时候,当地妇女面临如何应对政府新规范的问题。尽管革命政府在政治上、生活上以及法律条文上支持妇女的独立与解放,但是在摧毁旧的家长制的同时,政府也试图规范妇女的婚姻与性活动,并用新的婚姻观来重塑当地妇女的观念。相应地,妇女在家长制下一定程度的自主空间逐渐随着婚姻条例的推行以及法律实践的约束发生了改变。当地妇女有时会配合政府的政策,有时会抵制,有时会在法律程序中利用政府的新政策和新说法争取利益,达成自己的目的。在此过程中,当地妇女重整了主体性的表现方式,尤其是在案件审理过程中,妇女利用各种辩护说辞来解释自己的行为和动机。当然,在任何时代、任何社会,妇女都不是一个行为一致的整体,她们对政府政策和国家权力的反应基本上基于自己的社会地位与利益。

革命政权:动员妇女为国家民族做出牺牲

1930年代中期,当刘志丹领导的革命运动在陕北和陇东一带开始动员妇女时,革命政权宣称要实行一系列的社会改革,包括推行婚姻自由、禁止缠脚、打女人、赌博、抽鸦片等社会恶俗。① 然而，从马克思主义和民族主义的观点来看，中国妇女作为整体，也是资本主义、帝国主义和军国主义的受害者，尤其是在日本侵略者大举进犯的情况下。从这点出发，也同时基于共产党之前在城市从事社会运动的经验，早期共产党的妇女工作②重点在于政治动员，在公开会议上讲话，组织各种各样的集会，动员妇女参加共产党领导的政治组织等等。③ 就是说，妇女工作不仅是关于家庭革命和婚姻改革，也包括动员妇女参与革命运动和民族解放斗争，而且在社会改革形式上，更多地注重了革命说教和政治活动的参与。

所以早期妇女工作往往忽视了社会现实和妇女的基本需求，因此在实践中遇到了阻力。从1936年到1942年前后，陕甘宁边区的妇女运动开展不太顺利。许多基层妇女干部抱怨说乡村妇女对革命运动不感兴趣，推动妇女工作比想象的要难得多。同时，基层的妇女干部也不断要求高层领导考虑广大妇女的特殊情况，照顾她们的利益，尤其是在家庭和婚姻方面的问题，并要求做一些改善妇女生活状况的工作。为了赢得妇女的支持，当时的乡村妇女干部会自发地组织一些斗争恶婆婆和家暴丈夫的活动，动员放脚，解放童养媳等等。④ 这些活动往往是作为动员当地妇女支持革

---

① 《习仲勋在陕甘宁边区》编辑委员会编《习仲勋在陕甘宁边区》，第160页。
② 妇女工作是中共政治运动、社会革命中的一部分，主要指组织、动员妇女参加社会和政治运动。
③ 《边区党委关于边区妇女群众组织的决定》（1937），《陕甘宁边区妇女运动文献资料选编》，第3～6页。
④ 石秀云：《边区妇女第一次代表大会讨论总结讲话》（1938），《陕甘宁边区妇女运动文献资料选编》，第17～19、25～28页；李有义：《红军教导师在庆阳片段》，《甘肃文史资料》第12辑，甘肃省政协，1981，第6～10页。

第二章 捧儿上诉：妇女、爱情、婚姻与革命政权

命政府的一种手段，并非一种长期的政策。直到1939年陕甘宁边区的紧张局势改变，革命政权足够稳定之后，社会革命的议题才被提上了正式日程。更重要的是，在革命政权培训了足够的当地妇女干部之前，社会革命和家庭改造的议题只能是空谈，因为初期的妇女干部大多是从南方城市或江西根据地过来的，她们的南方口音造成与当地乡村妇女交流的困难。① 从1939年开始，边区的社会运动就不仅限于颁布《婚姻条例》，而是将其推广到边区各级政府和各地乡村，确保革命政权扫除社会恶疾的改造工程能够推行。②

陕甘宁边区政府作为一个革命政权，虽然有着解放妇女的理想目标，但是按照治理的需要，一个具有现代性的政权会对妇女的婚姻和家庭做出某些限制。例如，1939年《陕甘宁边区婚姻条例》将重婚放在准许离婚条件的第一条，目的在于推行一夫一妻制，禁止纳妾，防止妇女受到不公对待。③ 重婚特别针对的是

---

① 庆阳县妇联：《蔡畅同志在庆阳》，《庆阳文史资料》第1辑，庆阳县政协等印刷，1999，第69~79页。
② 甘肃省妇女联合会庆阳地区办事处：《陇东各地妇联工作纪略》，《陇东妇女运动史资料汇编》，甘肃省妇女联合会庆阳地区办事处妇运史小组印，1982，第69~70页。
③ 纳妾在国民党统治区的法律中被归类为重婚，属于自诉的案件。但是美国学者Lisa Tran认为，这一条款有意无意地给予国民党政府官员、军阀和富有阶级留下了法律漏洞。因为重婚是自诉案，只有正妻状告自己的丈夫重婚（纳妾）才能立案，而起诉的结果往往只能是自己"被离婚"。于是在国民党统治区极少有正妻援引重婚法条的案例，于是纳妾现象在民国时期一直未能根除（见Lisa Tran, *Concubines in Court: Marriage and Monogamy in Twentieth-Century China*. Lanham, MD: Rowman & Littlefield, 2015）。《陕甘宁边区婚姻条例》将纳妾作为不符合婚姻原则的一个类别单独列出来，所以重婚成为离婚的条件。从这点上来说，边区的《婚姻条例》比国民党统治区法律要更为先进，从而更彻底地贯彻了一夫一妻制，清除了纳妾现象。

能够纳妾的富人阶级，实行一夫一妻制将会拯救那些卖身为妾的贫苦妇女。但是这一条在实践中却表现出了不适，在这一地区，这个条款很少用于惩罚男人，反倒不断地在妇女离婚的案子中被援引。在陕甘宁这种极度贫困地区，能够纳妾的男人属于极少数有钱有势的家庭（见第一章）。这些富人绝大多数早已逃离了革命根据地，尤其陇东地区早在1934年到1937年就已经摧毁了地主阶级，所以"重婚"一条基本上并没有适用对象。在陕甘宁边区高院的上百件婚姻纠纷中，有不少是所谓的妇女"重婚"案，而真正身为小妾的妇女要求离婚的只有极少几件，多是从国统区逃过来的。

在现实中，不少贫苦、受虐待的妇女受到这个条款的惩罚，尽管这并非此条款的本意。首先，当地有"招夫养夫"的习俗，往往是因为一个家庭丈夫残疾有病，丧失劳动能力，于是处于贫困的妻子只能引入另一个男人履行养家的责任。《陕甘宁边区婚姻条例》认为这一习俗应被废除，法律要求妻子必须和其中一人离婚。[1] 这种要求将当事妇女置于两难境地，因为原夫离开自己不能生存，而与后夫离婚则全家老小都无生活来源。

其次，尽管在传统法律和家长制权威下，妇女离婚的要求受到严格限制，但是某些法律以及乡村传统允许妇女在某些条件下

---

[1]《关于判决刘福之媳刘康氏另与李志清结婚逃跑和郭俊高、刘启德争妻刘莲花诉讼案的谈话笔录、判决书》，全宗号15，案卷号1498。

第二章 捧儿上诉：妇女、爱情、婚姻与革命政权

再婚，像丈夫有相当长的时间外出"音信全无"。① 如第一章显示，这种再嫁往往有两种方式，或者妇女"离家走人"嫁出去，或者妇女在家"招夫"。尽管根据《婚姻条例》，夫妇双方可以离婚，但是现代婚姻制度仍将上述这些习俗视为"重婚"。

再次，对重婚的惩罚也会用于那些逃跑的妇女，她们往往因为不堪虐待而逃离原来的丈夫，然后在不同地点再嫁。在当地的习俗中，如果逃妻被原夫找到却不愿回家，则后夫可以付给原夫一部分彩礼，让他重新找个妻子。② 最坏的情况是原夫通过绑架的方法找回妻子，不过这就会使争端上升为婚姻纠纷，成为"两夫争妻"的案件。边区高院的档案显示，政府并不承认逃妻的第二次婚姻，因为她没有和原夫离婚。但是政府的离婚程序往往拖得过长，尤其是《婚姻条例》颁布的初期，离婚过程从六个月到两年都有可能。在此期间，原夫拒绝为要求离婚的妻子提供任何生活来源。只要丈夫不断地上诉，离婚就不能结案，而且按照法律，妻子和丈夫都不能在此期间结婚。有时妇女在离婚案未结、丈夫上诉的情况下又一次结婚，于是妻子的婚姻就被认为是重婚。③ 这种情况与一个政权的政治性质无关，而是现代法律的

---

① 黄宗智指出，如果丈夫外出超过三年，主要是丈夫犯罪在逃的情况下，清代法律允许妇女再嫁。在某些地区，丈夫外出三年无音信妻子也可以再嫁。（Philip Huang, *Chinese Civil Justice, Chinese Civil Justice, Past and Present*, New York: Rowman & Littlefield, 2010, p. 27; Huang, *Code, Custom, and Legal Practice*, p. 162）。亦见王跃生《清代中期婚姻冲突透析》第 27~29 页。
② 这种情况甚至存在于边区高院的某些调解案例中。
③ 例如《边区高等法院1946年刑民事判决书汇集》中的《赵祥治与刘凤兰/文漪案》和《韩文光与李桂花/孙桂林案》（全宗号15，案卷号30），以及前面提到的《高应财上诉案》（全宗号15，案卷号845）。

制度形式和程序要求与地方原有风俗的冲突。

当一个政权用自己的规范来定义婚姻和家庭时，它必须维持这种规范。由于国民党政府对边区的封锁以及渗透，边区政府开始控制人口流动。首先，在1940年代早期国民党军队封锁了边区的情况下，一般人需要路条才能旅行，这就使得妇女更难逃跑。在前面提到的杜桂荣和妯娌逃跑的案例中，村长非常同情她们妯娌二人的遭遇，私下里悄悄地给她们开了路条。① 其次，随着各级政权逐渐完善，最后到村一级政权的建立，边区政府也在回应丈夫们的要求，帮助寻找逃跑的妇女。当政府找到逃妻后，只能动员她们先回自己的居住地，然后再起诉离婚。1946年，延安的一位农民张志金给庆阳专区专员兼高院分庭庭长马锡五写信，请求帮他寻找妻子史秀英。史秀英带着9岁的女儿和延安枣园的一位理发员杨志忠逃跑了，他听说有人在庆阳一带见到过妻子，因此写信给马锡五要求协助找人。同时他还提到他连襟许智二的妻子，即史秀英的姐姐，也一起逃跑了。庆阳县政府工作人员的确找到了史秀英并催促她回村和丈夫解决婚姻问题。② 在大多数情况下，当逃妻被带到政府，政府都会建议她们回到原籍，向原住地的法院提出离婚。

革命政权也同样关心逃妻返回原村庄后的情况，确保她们不会被虐待，避免类似史景迁（Jonathan Spence）在《王氏之死》

---

① 《关于张怀保之妻杜桂荣被人挑拨逃走》，全宗号15，案卷号1470。
② 《张志金之妻被杨志忠拐走案》，全宗号15，案卷号1076。

第二章 捧儿上诉：妇女、爱情、婚姻与革命政权

里写的那种情况再次发生。① 在本书第四章，作者会讨论在离婚过程中，地方政府或法庭如何保障妇女返回家中免受虐待，一旦丈夫或其家人的虐待被确认，法庭往往会很快批准妻子的离婚请求。

抗属："不安守候"的女人们

如果我们同意在旧式家长制下，妇女们能够争取到一定的自主空间，那么逻辑上来说，她们同样也可以在革命政权下争取到自己的自主空间。事实上，高院的法律文件显示的确如此。在研究中国革命和妇女问题的时候，某些学者倾向于将革命政权视为一种全方位、无所不能的支配性权力，全面地控制着妇女的生活，甚至取代了旧式家长制家庭的权威，成为新型的"父权制社会主义"（Patriarchal-socialism）政权。这些学者认为在新的革命政权下，妇女仍然是没有自主权的受害者。她们屈从于新的父权家长制的权威，被动地接受改造，在观念上被重新塑造，接受国家的意识形态，被国家动员起来成为社会运动的工具。② 革命政权需要摧毁传统的家长制家庭结构，将妇女从中解放出来，既将她们置于国家规范之下，同时也由国家保障她个人的权利，这是现代国家建设的必经过程。而且，因为共产党的意识形态，革

---

① Jonathan Spence, *The Death of Woman Wang* (New York: Viking Press, 1978), pp. 99 ~ 132.

② 参见 Judith Stacey, *Patriarchy and Socialist Revolution in China*；郭于华：《心灵的集体化：陕北骥村农业合作化的女性》，《中国社会科学》2003 年第 4 期，第 79 ~ 92 页；Wu Xueshan, "Forging Marriage," (trans. by Hui Xiao), *Inter - Asia Cultural Studies* 7 (3) (2006): 504 - 512.

命政权愿意支持妇女反抗传统的家长制权威,并把妇女的力量整合在国家和革命的旗帜之下。然而,上述学者忽视了妇女是如何经历了社会变革,并学会了与新政权打交道。陕甘宁边区法院的资料显示,乡村妇女利用各种当地文化习俗、地方传统以及新的革命说辞作为自己行动的合法性资源。

陕甘宁边区有一群妇女,她们的婚姻和家庭强烈地受到革命事业和边区《婚姻条例》的影响。这些妇女有一个统一的称呼:"抗属"。从广义上说,抗属是指所有抗日军人的家属,但是在婚姻事务方面,这个词专指战士的妻子或未婚妻。在1940年前后严峻的社会与生存环境中,边区政府受到国民党军队的封锁以及当地军阀、土匪不断的袭击。这对革命政权来说是一个极端关键的时刻,它需要稳定的环境来进行政权建设和社会改造。这需要边区政府保持一支强大的军队来保障生存和发展。然而,抗属婚姻成为一个让各级干部头痛的问题,正是这种压力让边区政府开始正视抗日军人的婚姻问题。

1939年的《婚姻条例》并没有一项条款涉及抗日军人的婚姻。1934年江西革命根据地的《婚姻法》曾做出规定,红军战士的妻子须等待一定时间方能提出离婚请求。① 虽然有1934年的《婚姻法》在前,但是1939年的《婚姻条例》不知为何取消了军人婚姻的条款。这种军婚条例缺位的情况并不是一个简单的疏漏,它可以有两种解释:此条例或者反映了理想主义观点,即边

---

① 见《中华苏维埃共和国婚姻法》(1934年),江西省妇女联合会、江西省档案馆:《江西苏区妇女运动史料选编》,第176~178页。

第二章 捧儿上诉：妇女、爱情、婚姻与革命政权

区政府期待抗日军人的妻子或未婚妻在民族危亡之际应无条件地等待为国家抗战做出贡献的丈夫；或者反映了另一种观点，即军人的妻子和其他平民妇女具有同等权利，在离婚纠纷中军人不应该有特殊权利。从妇女解放的角度来说，这两种解释都有其理想主义的基础，因为从理论上讲，共产党领导的民族解放运动和共产主义革命是为了民族和人类的解放，也是为了解放妇女。这种期望在1942年的《左润诉王银锁案》的判词中体现了出来，边区政府审判委员会在判词中写道：①

> 要知道今天是抗战最紧张阶段，如果使战士为了婚姻问题而影响他的情绪，那么让敌人打进来了，我们的青年妇女同胞就会很残酷的受到敌人的蹂躏。另外，男子身体强健，拿起枪杆到前线打仗，女子身体较为柔弱，就在家庭做她该做的工作（一部分女子当然是例外），使她的丈夫在前线上无后顾之忧，这种互相帮助作用是很大的，这并不是对女权有什么忽视。②

然而，这种理论上的期待在司法过程中往往受到妇女们的挑战，抗属们通过各种方法，包括援引本地文化传统，借用官方说辞，扭曲法律条文，钻法律漏洞等实现自己的目的。

1943年到1945年之间，清涧县政府对下属新社区的第三乡

---

① 边区政府审判委员会见第3章关于边区司法制度的讨论。
② 《关于王银锁与（左）润女、乔功俊与任祖兰离婚案两案材料》，全宗号15，案卷号1336。

和店子沟区的第五乡做了一个调查。调查发现在 38 个抗属家庭中，有50%的战士妻子或未婚妻在婚姻或订婚上"有问题"（见表 2-1）[1]。根据这个调查，大部分离家的战士是在 1934~1937 年加入红军。到进行调查的 1940 年代中期，大多数战士已离家大约十年，很多已经失去了联系。这种状况给各级政府都带来了很大的压力，要尽量安抚这些抗属的情绪。

表 2-1　清涧两乡抗属婚姻问题统计

情况	人数		小计	三年内有信或人常回者	九年以上无音信者	附记
	新社区三乡	店子沟区五乡				
娘婆家得到同意，女的另改嫁了	3	2	5	1	4	内有二人系订婚
女的自己另嫁了		1	1		1	
女的另嫁了，政府给归回的		1	1	1		订婚关系，男的来信叫走，但信不明确
另嫁了，原夫回，又归回，但原夫不要了，又走了的	1		1		1	
家里同意另招夫在家的	1	1	2		2	
在家招下了夫，原夫回来，招夫又退回了的	1		1		1	

---

[1] 如第一章所述，这一地区普遍视订婚为一种婚姻状况，因此取消婚约视同离婚。

第二章 捧儿上诉：妇女、爱情、婚姻与革命政权

续表

情况	人数		小计	三年内有信或人常回者	九年以上无音信者	附记
	新社区三乡	店子沟区五乡				
在家有不正当行为的（包括嚷闹与通奸）	5	1	6	2	4	内一人四年无音信，一人系订婚关系
患思想神经病者		1	1		1	夫嫌其妻，卅年（1941）回县亦不回家
行为不当因而自杀		1	1		1	
在家没问题的	4	15	19	19		
总计	15	23	38	23	15	

注：此文件没有标明的具体时间，但从内容分析应该在 1943~1945 年之间。
资料来源：《清涧两乡抗属婚姻》，全宗号 15，案卷号 220。

在这些案例中，一方面，地方习俗允许妇女再嫁或招夫，而妇女们也利用这些习俗作为自己要求再嫁的理由（见第一章图1-2）。根据边区高院的记录，这种习俗并不限于进行调查的清涧县两个乡。地方风俗习惯塑造了妇女们关于婚姻与家庭的观念，即丈夫应该常在身边并为家庭提供物质和情感的支持，当地民歌唱出男人不在家时女人的辛苦。① 陇东地区的司法人员也承认当地妇女更愿意嫁给一般庄稼汉而不是当兵的。② 不少案例中，抗属陷入长期的压抑中并且因此在家吵闹要求离婚。如果地

---

① 鲁艺：《陕北民歌选》第 18~21，40~42 页。
② 《关于王生贵与孙善文婚姻纠纷案的全案材料》，全宗号 15，案卷号 1495。

方政府不许离婚,她们就"到处哭闹,不生产,不回家。她们说:'花开能有几日红?','绿叶等成红叶,红叶等成黄叶','不是没吃没穿什么都不短(缺少——作者注),就是短个人'"。① 这些抗属的行为导致不少婚姻纠纷以及因此引起的其他案件,包括逃妻、绑架、重婚、通奸,以及两夫争妻/未婚妻。

某些家庭中的公婆们为了家庭宁静,也为了得到彩礼,按照当地风俗允许抗属再嫁。例如,延安县的一个案子,《李荣春雷尚志婚姻纠纷案》,雷尚志与崔氏于1934年结婚,第二年有了女儿。1935年雷参加红军离开家,1940年崔氏再嫁李荣春,李给了雷家一大笔彩礼。② 在1920年代,子长县一个刘姓家庭给年幼的儿子刘连聘下石家的幼女石秀英。刘连1935年参加红军上了前线,1936年石秀英的父亲亡故,秀英到刘家做了童养媳,因为受不了公婆的虐待,秀英离开刘家嫁给了一个姓李的男人,后者给了刘家一大笔彩礼。③ 同样的情况也发生在米脂县,张丕有与武美香订婚后参加了红军,但很多年没有音信,张家同意武美香再嫁他人。④ 所有这些案件中,妇女的新丈夫都支付了一笔相当可观的彩礼给她原来丈夫或未婚夫的家庭。但是在政府眼里,这种再婚都不合法,属于重婚,因为这种形式的再婚都是非正式的,以当地婚姻习俗为依据,并没有和原来的丈夫办离婚手续。

---

① 《婚姻问题与婚姻条例》,全宗号15,案卷号72。
② 《李荣春雷尚志婚姻纠纷案》,《陕甘宁边区判例汇编》,全宗号15,案卷号26。
③ 《子长县九月份抢婚案》,《判案实例括录》,全宗号15,案卷号27。
④ 《张丕有武美香婚姻纠纷》,《边区高等法院1946年刑事判决书汇集》之一,全宗号15,案卷号29。

第二章 捧儿上诉：妇女、爱情、婚姻与革命政权

也有些家庭不愿意失去儿媳妇，于是就招夫。在前面提到的清涧调查中38个抗属家庭中有3例招夫。同样的情况在别的县份也有，例如延长县的刘福，儿子1936年参军，儿媳康氏在家里哭闹不已，要丈夫回家。为了平息儿媳的吵闹，刘福只能同意她招夫，而且说明一旦儿子回家，招夫马上走人。只是后来招夫李志清试图将康氏带走，违反了原来的约定才引发婚姻纠纷，案件被提交到政府。①

有些妇女决定要和军人丈夫离婚，她们提出各种各样的理由，包括利用革命话语中的说辞来达成自己的目的。由于1939年的《婚姻条例》中军婚条款缺位，如果一位抗属要离婚又没有其他合法理由的话，她只能援引离婚条款中"感情完全不合"一项。但是在司法上，这一项很难认定。例如，1930年李莲（妻）与赵怀珍（夫）在家乡镇宁县结婚，根据后来文件中的记录，二人在头10年相处和睦。后来赵参了军，驻守延安，并帮助李莲来到延安，进了延安制药厂工作。李莲来到延安后，他们的关系日渐疏远。1945年，李莲在延安市法院第一次提出离婚，但法庭认为她的要求不符合离婚条件。这次争执之后，夫妻关系更加恶化，导致双方互相动手。李以此为理由第二次申请离婚被批准。但赵怀珍不服，上诉到高等法院，发誓说他们的关系以前很好，但是李进了工厂，开始瞧不起战士，嫌他家里穷。李反驳说，他们二人是包办婚姻，"无深厚感情"。李莲以"包办婚姻"

---

① 《婚姻问题与婚姻条例》，全宗号15，案卷号72；《刘福之媳刘康氏另与李志清结婚逃跑》，全宗号15，案卷号1498。

为基础起诉离婚，但前 10 年二人关系尚可，这一点似乎不太寻常，很可能是利用"包办婚姻"作为说辞。她也提出二人"感情完全不合"，但当法庭询问"不合"的具体情况，她抱怨赵家太穷，"连被子也没有"。在第一次提出离婚后，她又因二人打架，状告赵怀珍虐待，请求离婚。法庭经过调查后认为，李莲"以旧的眼光轻视当兵"，不符合条件，不予批准离婚。①

另一方面，革命的规则与语言又为当地妇女寻求新生活提供了选择和资源。和上述案例一样，许多妇女使用各种各样她们学到的官方词语作为离婚的诉求。例如，在前面提到的陈志芳、李汉成的离婚案中，丈夫李汉成原是一名战士，因故伤了一只眼，被安排到当地的疗养院中当伙夫。法庭在劝解陈志芳时，希望陈不要嫌弃李是个伙夫就和他离婚。陈志芳用革命词汇来反驳法庭说："我是个年青（轻）人，是进步的，他是退步的，你们还要说叫我不离婚就不对了。"而另一方面，李汉成也会用革命词汇来反对离婚，他说，陈要求离婚又不退还财物，"这样我人财两空，对我革命情绪实有打击"。② 同样，在王寅德和曹秀英的婚姻纠纷中，曹提出要和她当农民的丈夫离婚，嫁给一位革命干部，她的理由是"要革命"。③ 在韩文光和李桂花的婚姻纠纷案中，李桂花是一位农妇，后在延安保育小学做保姆，1946 年 6 月，李桂花提出和丈夫韩文光离婚，除了用"感情完全不合"

---

① 《李莲离婚案》，《陕甘宁边区判例汇编》（1944），全宗号 15，案卷号 26。
② 《陈志芳李汉成离婚案》，全宗号 15，案卷号 1340。
③ 《王寅德与曹秀英婚姻案》，《陕甘宁边区判例汇编》（1944），全宗号 15，案卷号 26。

第二章 捧儿上诉：妇女、爱情、婚姻与革命政权

"包办婚姻"等理由之外，李还用了高度政治化的词语，以"家庭压迫"作为理由。① 还有前面提到的张怀宝与杜桂荣的婚姻案中，杜桂荣提出离婚的理由是因为张家的"家长制压迫"，离婚是为了追求进步。② 从档案中我们还可以看到更多这样的例子。

在1942年，边区政府试图回应由于《婚姻条例》的疏忽造成无法判定军婚纠纷的状况，于1943年1月颁布了《陕甘宁边区抗属离婚处理办法》。③《处理办法》规定，"抗日战士之妻五年以上不得其夫音讯者，得提出离婚之请求""抗日战士与女方订立婚约，如该战士三年无音讯，或虽有音讯而女方已超过结婚年龄五年仍不能结婚者，经查明属实，女方得以解除婚约"。这个处理办法很快地被纳入1944年的《修正陕甘宁边区婚姻暂行条例》，④ 试图修正1939年《婚姻条例》的缺失。在1939年的《条例》中，"生死不明过一年"可以作为离婚理由，但在1944年的《暂行条例》中改为"生死不明已过三年"，这个时间长度和战士未婚妻等待的时间一样，后来这个"生死不明三年"的条款也延伸到了1946年的《边区婚姻条例》。实际上，这种修改使得包括抗属在内的妇女离婚条件和清代以及民国法律一致起来。⑤

在《抗属婚姻处理办法》中，有一点非常值得注意，即边

---

① 《韩文光上诉离婚案》，《边区高等法院1946年刑民事判决书汇集》之一，全宗号15，案卷号29。
② 《张怀宝杜桂荣婚姻纠纷案》，全宗号15，案卷号1470。
③ 《陕甘宁边区妇女运动文献资料选编》，第155~156页。
④ 1944年的《修正陕甘宁边区婚姻暂行条例》见《陕甘宁边区妇女运动文献资料选编》，第192~194页。
⑤ 见 Huang, *Code, Custom, and Legal Practice in China*, pp.162, 185。

区政府要求军队迅速建立战士休假制度，让家在边区的战士能够每18个月得到1次回乡休假机会。[①] 我们可以看到，面对抗属妇女不断要求丈夫/未婚夫从军队回家，政府和司法机关必须做出回应，从原来没有处理抗属婚姻的条款，到出台《处理办法》，设定等待期限，并督促设立战士休假制度，让夫妻保持联系，确保婚姻稳定。至于休假制度，从边区的许多司法档案来看，这个制度的确得到了执行。不少案件是因战士回家休假才发现婚姻有变，因而采取行动导致纠纷的。

"婚姻自由"在实践中的失误：强化家庭主体和父母主导

关于实行"婚姻自由"有利妇女解放的观念，以陕甘宁边区的实践看来只是部分正确。边区高院的档案显示，大多数取消婚约或要求离婚者都是女方（见第一章表1-1），这个现象很容易被解读为妇女反抗包办婚姻，要求婚姻自由的胜利。事实上，在中文里，"女方"是一个由上下文来决定的词，在1940年代陕甘宁边区的现实中，大多数情况下，家庭和父母或长辈亲属代表"女方"。在一些例子中，妇女可能是法律文书所指的当事人，但是她们受到家庭、父母以及第三方的极大影响。由于订婚是一桩家庭事务，涉及家庭财产的转移，所以在纠纷中往往是双方家长代表男女双方，而不是婚姻中的男女个人表达自己的主张。这种情况体现在封捧儿的案子中，不管是封捧儿还是张柏，在这个

[①] 《陕甘宁边区抗属离婚处理办法》，《陕甘宁边区妇女运动文献资料选编》，第155~156页。

第二章 捧儿上诉：妇女、爱情、婚姻与革命政权

婚姻纠纷案中都不能自己做主，甚至不能代表自己。在法庭档案中，封彦贵代表女方，而张金才代表男方。在这种情况下，妇女自己的意愿并不能被表达出来。

当一个男性家长，譬如父亲，代表了女方，作为一个家庭的主导者，他必须将家庭整体的生存策略放在女儿幸福的前头。这种情况好一点的是，女方家庭希望从女儿的彩礼中获得资源，改善生活或偿还债务。例如，1946年，徐生有将自己守寡的女儿、麻福贵的儿媳偷偷许配给别人，获得100万边币用来偿还家庭债务。[1] 还有一种非常糟糕的情况是，父亲或兄弟，或者第三方靠出卖妇女来满足自己的不良嗜好。从晚清到1950年代，中国乡村有一些男性沾染了抽鸦片或赌博的恶习，还有一些游手好闲的男人，无所事事，寻找机会弄几个钱花。例如在第一章中提到的陈鱼（驴）离婚案，就是因为陈鱼的父亲有抽鸦片的嗜好，刘振海给他一笔钱，让他把已经许配给李玉成孙子的女儿陈鱼转卖给刘振海的儿子为妻。[2] 另一例就是左润诉王银锁一案中，左润的父亲平日游手好闲，被当地人称为"流氓"，左润的离婚案也是他在背后操作。[3]（见下一节）

如果这类男性常常代表着"女方"，那么女方要求离婚或取消

---

[1] 《子长县麻福贵的儿媳被娘家徐生有偷卖不满上诉案》，全宗号15，案卷号1574。

[2] 《童养媳婿类·志丹县》，《判案实例括录》，全宗号15，案卷号27；《对刘振海等买卖婚姻处办理办法的批答》，全宗号15，案卷号842；《王明选与刘治邦婚约案》，《边区高等法院1946年刑民事判决书汇集》之一，全宗号15，案卷号29。

[3] 见丛小平《左润诉王银锁：20世纪40年代陕甘宁边区的妇女、婚姻与国家建设》，《开放时代》2009年第10期，第62~79页。

婚约就很难说成妇女解放的标志。在这种情况下，实际受惠者可能是当事妇女的家庭，或者其父兄以及第三者。婚姻自由并未改变这种家长制主导的结构，也不能让妇女获得婚姻自由。甚至更糟的是，这项政策强化了家长制对妇女的控制，鼓励她们与父母合作以获得物质利益，同时父亲或第三者用这种利益来操纵妇女，这样就给了当地家长制新的动力，从而导致了新的不公。

捧儿的案例就是一个有力的证据，类似案例在边区法院经常出现。政府反对包办婚姻、买卖婚姻，推行婚姻自由，这就为一些人以最小的代价取消婚约提供了方便。一般的情况是，一个姑娘/妇女由其父亲带领来到乡政府或区政府，以反对买卖婚姻、婚姻自由的名义要求取消婚约。由于在1940年代彩礼不断上涨，大多数有女儿的家庭有强烈动机取消原来的婚约，如第一章所述。当然，父亲需要女儿的配合，因为一般情况下乡区政府都要求女儿表态。由于家长制的权威依然存在，女儿也不能在政府干部面前公开违逆父亲的意思。1942年，当封彦贵带着女儿来到区政府，要求取消捧儿和张柏的婚约时即如此。2007年，我第二次采访封芝琴时，问她是否去了区政府要求取消婚约。过去几十年，封芝琴已经习惯了讲述自己故事的套路，对我的问题似乎有点意外，迟疑了一下，她回答说：那是我大叫去的。① 所以当时的情况很可能是，捧儿作为一个年轻羞涩的姑娘，在政府干部面前不敢反驳父亲，只能顺着父亲的话点头，表示自己"坚决不同意"，结果她的表态就被当成了自己的意志。

---

① 笔者对封芝琴的访谈，2007年7月5日。

第二章 捧儿上诉：妇女、爱情、婚姻与革命政权

值得注意的是，在边区高院与婚姻有关的档案中，有个词频繁出现，如"教唆""挑拨"，说明当时法院已经注意到了这种情况。这些词意味着婚姻纠纷中的第三方对婚姻当事人的影响，而第三方最有可能就是妇女的娘家人。这是可以理解的，因为在传统的中国乡村社会，一个新过门的年轻女人还未能在夫家站稳脚跟，也未能在村子建立自己的社交圈，娘家就是她唯一的依靠，就如美国社会学学者玛格丽·沃夫（Margery Wolf）在对"子宫家庭"（uterine family）的研究里所说的那样。① 提出离婚会使得妇女疏离夫家，只能依靠自己的娘家。但是，妇女的娘家往往就像捧儿的父亲那样有自己的盘算，于是一个妇女提出离婚或取消婚约就成了一场娘家和夫家的战争，如曹存成与傅进财两个父亲在一场儿女婚约纠纷的诉讼中那样。② 由于家庭的介入，当事妇女往往不能表达意见，更不能逃脱家长的权威。事情往往是一个妇女因各种原因起诉离婚，成功地离开了夫家，但是马上就被娘家或第三方嫁给了另一个她并不认识的男人。在这种情况下，离婚往往是家长获得物质利益的机会，而非妇女反对包办婚姻的胜利。我将在第四章讨论，当司法人员意识到这一复杂的情况以及婚姻纠纷背后的动机，他们便开始寻找更好的解决办法，做更多的调查研究。

这种情况并不意味着妇女完全没有意识到自己被利用了，相

---

① 参见 Margery Wolf, *Women and the Family in Rural Taiwan* (Stanford, CA: Stanford University Press, 1972), pp. 32–41。
② 《关于曹存成与傅进财为子女履行婚约诉讼案全案材料》，全宗号15，案卷号1334。

反，她们往往会乐于接受父母的教唆，要求离婚或取消婚约，原因非常复杂。在某些情况下，女儿为了帮助娘家摆脱经济困难而乐意与父亲合作再获得一份彩礼。有些妇女认为离婚再嫁时自己也可以从彩礼中获得更多的嫁妆，因为儿时订婚的彩礼早已被父亲用光，而二成礼或者新的彩礼包含了不少给新娘子的个人用品，如果自己不能从新的彩礼中获得一份嫁妆的话，那就意味着自己在未来的婆家一无所有。

在有的情况下，妇女本人并无意离婚或者取消婚约，但是却不能违背父母的教唆，或难以抵抗父母以利诱之。例如，在田翻身的例子中，姑娘的母亲教唆她取消原来的婚约，这样母亲就可以从另一家得到更多的彩礼，尽管田翻身并不乐意，但实在架不住母亲的压力。[①] 在李能和胡生清的案子中，这一对青年男女在司法体系的帮助下，不顾母亲的反对，成功地赢得了自主婚姻，但是他们新婚不久就提出离婚。马锡五同志专门下乡去做调查研究，发现是女儿李能受不了母亲不断的压力，不情愿地提出了离婚。[②] 类似的离婚案在第四章也会有所讨论。于是我们就比较容易理解边区法院在讨论离婚案或婚约纠纷案时所采取的谨慎态度，法庭因此将"娘家教唆"也设为婚姻案件的一个类别（见第一章的表1-1）。这类案例不仅说明1939年《婚姻条例》未能达成政策设定的目标，因为它将妇女视为受害者而剥夺了她们的主动性，而且也暴露了一种错误做法，即一部分男性农民利用

[①] 《靖边县婚姻纠纷材料》，全宗号15，案卷号294。
[②] 艾绍润编著《陕甘宁边区审判史》，陕西人民出版社，2007，第76~77页。

政府政策漏洞，迫使女儿取消婚约或离婚以利于娘家获取利益，在经济上剥夺另一批男性农民。因此婚约和离婚问题并不是简单地以性别为分界，如西方女性主义学者认为的那样，而是有着更为复杂的利益交织。在第四章中，我将讨论边区司法体系如何发展出新的原则，改进司法策略与技巧，使得法庭能够排除家长的影响，让妇女有机会申诉自己的要求。

四 王银锁左润离婚案

前面提到的不少案例都是妇女在婚姻上表现的自发散漫行为，这给边区政府带来挑战，其中一个比较典型的例子就是左润诉王银锁案。从1940年到1942年，延安市法庭和高院法庭一直在处理这个案子，即左润要和她的丈夫——八路军战士王银锁离婚。[①] 左润与王银锁在1938年订婚，1939秋正式成婚，当时左润只有15岁。1940年上半年，王银锁被征召入伍，加入中央警卫团保卫营，驻守延安。左润对此非常不高兴，先是要求王银锁的弟弟代其入伍，被拒后则威胁要和王离婚。在此期间，左润和当地一个小商人有染的事被发现，遂跑回延安娘家，于1940年下半年正式提出和王银锁离婚，理由是包办婚姻，感情不和。

左润诉王银锁的案子只是1939年《陕甘宁边区婚姻条例》颁布之后、《抗属婚姻处理办法》颁布之前，诸多抗属要求离婚

---

① 《王银锁与左润离婚案》，全宗号15，案卷号1336。下面如不做说明，信息均来自本案卷宗。

的案例之一。正是由于左润是抗日军人之妻，其离婚案相对复杂，先是在村子里进行调解，然后再上诉至延安市法院，后又上诉到边区高院，最后经由当时边区最高司法机构——边区政府审判委员会做出最终判决。在村庄内调解不成的情况下，延安市法院邀请警卫团保卫营一起试图再次调解。为了要和王银锁离婚，左润动用了一切听上去正当的理由，说自己婚前从未见过王，婚姻完全是父母包办的，并以如不判离婚就会自缢相威胁，吵闹着"死活也要离婚"，试图引起法庭同情。左润说："我想边区的婚姻是自主的，要（的）是感情好，（王银锁）如此压迫我，还能活下去吗？"但是王银锁也坚持死都不离婚。延安市法院的确给予王银锁的军人身份一定考虑，也许基于1934年苏区《婚姻法》的传统，但是王银锁的身份并非决定因素。由于左润强调自己是包办婚姻，1941年延安市法院将其作为婚约处置，基于左润只有17岁，未到法定结婚年龄，因此判决婚约无效。既然是包办婚姻，法院则分别判处左润父母6个月和3个月的苦役。法庭还颁布了禁止令，规定在左润18岁之前不得结婚。

王银锁极度不满这个判决，于1942年上诉到边区高院，但是高院支持延安地方法院的判决，驳回了王银锁的上诉请求。王银锁再次上诉到当时的最高司法机构——边区政府审判委员会。在上诉中，王银锁提出，左润说的包办婚姻不是事实，他们二人在订婚之前见过面，他给了左润几块大洋作为礼物，左润同意结婚。同时他也不同意延安法院将自己的婚姻作为婚约处理，并提出了一个婚礼客人名单，证明婚礼已经举行，并非只是婚约。王还声明他们婚后关系很好，直到自己参军以后才出了问题。关于

第二章 捧儿上诉：妇女、爱情、婚姻与革命政权

二人是否婚前见过面，王银锁的说法应该更为可信，因为在1938年底日本飞机轰炸延安时，左家逃离延安市，来到王银锁家所在的村子避难，并租住了王家的一口窑洞，在那里停留4个月。这正是二人订婚的时间，所以二人不可能婚前互不相识。

按1939年《婚姻条例》的规定，左润需要证明二人"感情完全不合，不能同居"。当高院法庭询问左润的证据，左润给出了几条理由——说王不给她吃穿；原来答应过的6套新衣服都没买；父母在一审中因为包办婚姻受到惩罚；王虐待过她，打伤了她的脚；她不喜欢乡下人；等等。左润还提到，她看到王银锁就生气因为他强迫她睡觉，左润提出"强迫睡觉"是因为这一点符合《婚姻条例》中"不能同居"的离婚条件。同时她还要求法庭取消禁止令，说"我到了18岁，应该给我的婚姻自由"。为了证明王银锁强迫自己睡觉，左润充分表现出自己的"年幼无知"，说"结婚的那天，我被用花轿把我糊里糊涂的抬去，然而抬去究竟要做什么事，我一点也不知道，只等到的那晚，在炕上睡觉以后，王银锁要我脱衣服，我才知道是要破坏我的身体"。左润坚持说因为自己的反抗，她和王银锁一直没有"发生肉体关系"。左润的说法，尤其是她所表现的"年幼无知"得到了延安法庭和高院法庭的同情，认为左润年幼，可能因为生理原因不堪同居，故"王银锁强行同居，致感情不好"的推论成为延安法院判定取消婚约和高等法院维持原判的主要依据之一。但是，如果我们考虑到左润在婚后不久就和一个小商人有染，并且在边区审判委员会调查审理过程中又试图与另一个商人在一起，左润在性关系上也许并非像她自己描述的那样"年幼无知"。

自主：中国革命中的婚姻、法律与女性身份（1940~1960）

对左润的说辞，王银锁用不少具体事例反驳说，他们的婚姻是双方同意的，不仅关系良好而且还有过性关系，是左润父母的教唆才导致他们的关系变糟。王描述了他们的新婚之夜，左润要王答应帮助她父母更多些钱粮，同意她以后不干活，并且两人以后搬到延安去住，不住在乡下等等。王银锁答应了一切要求之后二人同寝，证明二人同居过，并且左润完全自愿。王还说二人婚后关系尚好，只是他应征入伍后，左润听信其母挑唆，才拒绝和他睡觉。左润的母亲连晚上睡觉都和女儿在一起，他们夫妻二人根本没有机会单独相处，感情由此发生变化。王还说他知道左润的父母要她离婚，然后把她再卖给另一家。到此这个故事更像是一个男女各说各话的"罗生门"①，法庭难以仅仅根据双方说辞就做出判决。

边区审判委员会再次做了调查，推翻了原来延安市法院和高等法院的判决，认定王银锁和左润的婚姻有效，应履行各自的夫妻义务。审判委员会在解释判决时极为详细，其思路对1943年的《抗属离婚处理办法》和1944年的《修正婚姻条例》都有重要影响，同时对理解边区政府改变妇女婚姻观念颇有帮助。经过调查并审阅前两次庭审记录后，委员会发现左润在控诉王银锁虐待上说了谎，实际上是村干部在动员左润调解时，她不愿参加，逃走时自己弄伤了脚。审判委员会的调查还发现左润的两次婚外性关系都与商人有关，"起初想嫁商人张文卿，又查最近想嫁另

---

① 《罗生门》是日本导演黑泽明在1950年拍摄的一部电影，后"罗生门"通常用作指那种涉事各方为了自己的利益各说各话，使得整个事件扑朔迷离，难以发现真相的情况。

第二章 捧儿上诉：妇女、爱情、婚姻与革命政权

一商人，并受其勾引要离开边区"。而且左润在历次庭审中都不掩饰自己不愿参加劳动，不愿嫁战士，想要嫁给有钱人的想法。因此委员会认为，左润提出离婚并非因为"感情不合"，而是歧视战士和穷人，"嫌贫爱富"，想通过婚姻获取物质利益。在判词中，委员会认为物质利益、父母被罚、讨厌乡下人都不是离婚的正当理由，指出"这些都是落后思想，特别后一种（不愿嫁战士）更不应让在一般青年妇女中发展"。在进一步调查中，审判委员会发现左润的父亲是延安市的一个"流氓"，而且积极教唆女儿离婚，嫁给有钱人，方便他从中获利。所以在委员会成员看来，这个案件中的左润并非家长制和包办婚姻的无辜受害者，而是一个好逸恶劳、深受父亲影响、积极与父亲合作，从婚姻中图利的年轻妇女。委员会认为，"关于抗属离婚的条件，如果不是过了法定期限，或如果不是具备了一般离婚条件，是绝对不能准许的"。根据这些调查和讨论，委员会最后认定王银锁和左润婚姻关系成立，推翻以前的判决。

左润和王银锁的案子结束了，虽然他们离婚不成，我们却没有他们夫妻关系后续发展的信息，但推测下来，也无非两种可能：回家后左润和王银锁好好过日子；左润坚持上诉，最终离婚。无论如何，这个案子都说明了边区婚姻案件的复杂性，并非是单纯的妇女解放或男性压迫这样的二元对立，也包含着女性面对于社会规范的约束，寻求从中受益的企图，以及男性面对婚变，试图保护自己经济利润的努力。妇女的主体性是一种中性和本能的力量，因此共产党在动员妇女时，既认定妇女为改造社会的力量，也认定其为改造的对象。在后面的章节里，本书将论

述：不仅仅是司法的约束和社会的调解，文化的引导也成为一种改造妇女的因素，让妇女认识到什么才是真正对自己有利的长远利益，如何通过奋斗获取。

小　结

这一章的目的在于证明边区妇女是具有活动能力的主体，她们不仅能够通过各种形式来反抗家长制强加给她们的不幸婚姻，而且能够在旧的家长制下为自己追求性爱与感情开辟空间，在革命政权下，她们也同样知道怎样寻求自己的利益。在当地的传统文化中，妇女有一定程度地表达自己主见的自由。民歌小曲和戏剧塑造了妇女关于性、爱和婚姻以及对异性的美学感觉，还有择偶价值观。旧的家长制可以控制妇女在婚姻与家庭上的选择，但是却不得不容忍妇女在爱情和性行为上的自由。妇女的行为说明她们对自己的身体和感情有一定程度的自主性，并且知道怎样用传统的文化和现代革命的话语来为自己的行为寻求正当性。妇女为了寻求美好婚姻可以在家长制下逃跑，也可以利用革命政权的婚姻政策保护自己的利益。当然，不论在寻求自主或在不自主的婚姻中，都会有妇女对物质以及感情的考虑，也难免受到别人的诱惑与欺骗。捧儿要和张柏结婚的决定和她的上诉应该被放在这种社会和历史的语境中去理解。正是这种妇女在性与爱方面的自主性，以及她们对于爱情和自主婚姻的渴望，成为革命司法体系发展出婚姻自主原则的基础，一如第四章所要展示的那样。

第三章　二审判决：边区司法建设与婚姻改革

接受了捧儿的上诉后，马锡五专员走访了捧儿的村子。通过与当地村民以及村里的干部们谈话调查，马锡五了解了事情的基本情况并做出了新的判决。在新的二审判决书中，马锡五首先谴责了封彦贵的买卖婚姻："以女儿当牛马出售""多次当物买卖"，从中获利7000法币，并判决"此种买卖交易应予没收"，封彦贵因出卖女儿包办婚姻被判苦役3个月。① 其次，马锡五批评张金才等处理婚姻纠纷的方式，告诫说"不论封姓怎样不好，须得以理交涉，不得纠集许多群众黉夜中实行抢婚""使群众恐慌，与社会秩序形成紊乱现象"。于是马锡五对张金才以聚众胁迫他人罪名处以有期徒刑2年6个月，其弟张金贵以胁从参与罪名处以有期徒刑一年六个月，除了张柏，其他从犯都被判苦役3个月。② 值得指出的是，此案中所有刑事判决都是以民国政府

---

① 《封张案》。我曾问过封芝琴她父亲被判苦役具体是做什么，她说就是挖窑洞。
② 《封张案》。

《六法全书》中刑法和刑事诉讼法的条文作为判决的依据。[①] 在华池县司法处的初审中，张柏因参与抢婚也被判监禁，但在新的判决书中，张柏不仅免于处罚，而且还判决与捧儿的婚姻有效。判词中并未解释为什么张柏免于处罚，其原因应该从政府治理乡村这个大背景下来看，具体的分析将在第五章讨论。

在判词中，最值得注意的是马锡五判定封捧儿和张柏婚姻合法的理由，他解释说尽管"捧儿与张柏之婚约关系于民国十七年系父母之包办，但当地一般社会惯例均如此"。更重要的是，他强调这件婚事"捧儿与张柏本质上双方早已同意，在边区男女婚姻自主原则下，应予以成立"。[②] 最后，判词严厉地批评了华池县的初审判决，认为他们"极端看问题，只看现象，不看本质，对封姓过于放纵，对捧儿张柏自主婚姻尚未真正顾到，所以该判决应予撤消（销）。"（判决书复制件图片见图3-1）[③]

[①] 对封彦贵张金才等人的判决是"依刑法第一百五十条及刑法第二百九十八条第一款之规定宣判处罚，特据刑事诉讼法第三百六十一条第一款"。查《六法全书》刑法第一百五十条如下：公然聚众，施强暴、胁迫者，在场助势之人，处一年以下有期徒刑、拘役或三百元以下罚金；首谋及下手实施强暴胁迫者，处六月以上、五年以下有期徒刑。（见黄源盛，《晚清民国刑法史料辑注》，元照出版社，2010，第1215页）；第二百九十八条：意图使妇女与自己或他人结婚而略诱之者，处五年以下有期徒刑。意图营利，或意图使妇女为猥亵之行为或奸淫，而略诱之者，处一年以上、七年以下有期徒刑，得并科一千元以下罚金。前二项之未遂犯罚之（黄源盛，《晚清民国刑法史料辑注》，第1239页）；刑事诉讼法第三百六十一条：第二审法院认为上诉有理由者，应将原审判决经上诉之部分撤销，就该案件自为判决（上海法学编译社辑校《中华民国刑事诉讼法》，会文堂新记书局，1936，第78页）。即二审推翻原判，重新判决的法理基础就是刑事诉讼法。

[②] 《封张案》。

[③] 《封张案》。

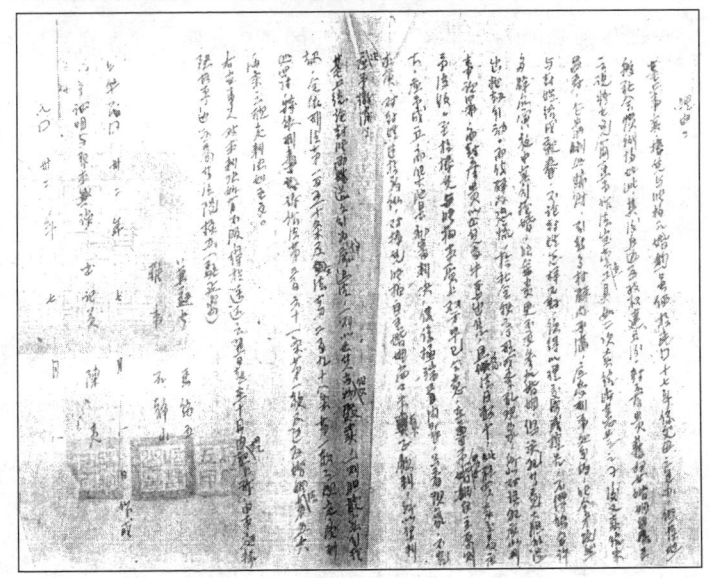

第三章 二审判决：边区司法建设与婚姻改革

图 3-1 二审判决书（原文复印件）
资料来源：陕档，全宗号 15，案卷号 842。

马锡五的判决强调了边区司法制度的重要原则，他的判决结论体现了边区司法制度建设的发展对于社会改革的重要保障作用，也反映了司法体系在婚姻改革中的关键角色。同样地，婚姻改革的实践也强化了司法制度的建设及其权威。首先，马锡五劝诫张金才对封彦贵应该"以理交涉或控告"，意味着传统的调解方式可能被用于解决一般民事纠纷，而且也提醒乡民们在解决不了的时候要向边区政府求助，利于建立边区司法的权威，而不是私下使用暴力手段（见第四章）。其次，马锡五的判决承认地方风俗的合理性，例如像订婚与包办婚姻中的彩礼，认为它们只要不与革命的"自主原则"相冲突，应予以接受。这意味着司法判决应该考虑具体情况并与地方习俗与文化有所协调。再次，马锡五批评华池县的判决带出一个重要的司法议题，即在司法实践中，司法人员不应该"只看现象，不看本质"，即只照法律的文字执法，而对"法的精神"——革命原则在理解上有欠缺，不能很好地遵循。

关于究竟是严格按形式化的方式执法，还是按案件本身性质来运用法律的问题，实际上反映了边区司法建设中的一个困境，这也是从19世纪以来中国近代司法体系的一个困境——是遵循"法律的文字"，还是遵循"法律的精神"，即是否考虑案件复杂的实际情况。这就是黄宗智所说，近代中国司法体系在司法形式主义和历史实践中徘徊。[①] 在20世纪中国革命中，"法律形式主义"除了与地方实践的冲突外，另一个问题更为关键：即当革命

---

① 黄宗智激烈地批判近代以来中国司法体系中的"法律形式主义"。见 Philip Huang, *Chinese Civil Justice*, pp. 1 – 11, 228。在黄的书中，他将"法律形式主义"定义为一种法律思想，即"认为应特别强调法律的普世性与科学性，以一种简约化的理论来达到绝对真理"。(p. 3)

第三章 二审判决：边区司法建设与婚姻改革

政党推行社会改革之际，法律是应该成为推行改革的保障和工具，还是成为超越社会各方力量的评判标准？这种评判的基础是什么？党的领导是否应该被置于法律之下，遵循"超越性"法律的形式和程序，还是应该给予党所制定的社会进步改革的目标以更高的位置？如果法律形式与革命目标相互冲突，像在封捧儿的婚姻案件中一样，革命司法应该如何？是像华池县一样，严格遵循法律文字，以包办婚姻、强迫婚姻的法律条款，判捧儿张柏婚姻无效；还是像马锡五一样重视婚姻纠纷中"男女婚姻自主"的本质及其所体现的革命原则？当边区的法律条文不足亦不能提供细节上的指南，用以处理具有广泛代表性的案件时，司法人员如何能做出公正的判决？华池县的判决提供了一个面对这样困境的样本，即判决并未考虑是封彦贵首先违反了婚姻改革的最高原则，但是由于他只提告了绑架案，华池县将自己囿于绑架案本身的司法处理，不做调查，听信一面之词，不去追究绑架事件的起因，竟对封彦贵的买卖婚姻违法行为不予追究。这种一叶障目、切割式的司法形式主义实质上侵害了婚姻改革的最高原则，也没有达到真正的社会正义。对于这种冲突，马锡五的二审判决对于革命司法制度的建设尤为重要，为1940年代至1949年以后中国司法制度创立了重要的先例。边区这一时期的司法实践对于稳定社会、推广革命化的婚姻观、改良当地的婚姻习俗都起到了重要作用。同时，这些婚姻纠纷以及它们所体现的地方习俗也同样对现代革命司法制度提出了挑战，使得司法工作者必须在司法建设过程中寻求合适的解决方法。

自主：中国革命中的婚姻、法律与女性身份（1940～1960）

一　建立行之有效的边区司法制度（1937～1946）

1937～1946 年是陕甘宁边区司法体系变革的关键时期，它意味着中共的司法体系从早期的简单框架，经历了曲折探索，最终转型成为形式上的二级法院，但事实上的三级法院体系；同时，司法体系的建设也从早期缺乏连贯一致的晚清帝制与苏俄风格混杂的司法模式，经过了以国民政府司法模式为参照物的司法改革阶段，最终得以形成具有较弱独立性、与行政体系相结合的司法体系。[①] 中共的陕甘宁边区政权的司法体系实际上包容了三种传统：即中共从江西带来的苏维埃时期的革命理想、源自晚清时期的地方司法实践与民间惯例，以及从西方移植过来的司法理念和体系，后者经由曾在国民政府司法体系工作过的司法专家介绍到边区。由于上述不同司法传统与观念之间的相互渗透、互相碰撞、相互作用，边区司法工作者最终创造出了一种混合型的司法体系，该体系不同于上述三个法律传统，但兼容并蓄，有所革新，有所创造。所以这种模式既有中国传统的因素，也有革命政权的需要和现代意识，还有历史生态环境的因素，最终也是各种司法理念之间相互折冲的结果。

转型中的陕甘宁边区司法体系：1937～1941

1920 年代后期至 1930 年代初，中国共产主义运动早期的革

[①] 汪世荣称之为"司法从属于行政"的体制。见汪世荣等著《新中国司法制度的基石：陕甘宁边区高等法院（1937－1949）》，第 71～79 页。

第三章 二审判决：边区司法建设与婚姻改革

命司法体系深受当时的苏俄司法模式及其政治行为的影响，具有浓郁的意识形态和政党政治特征。在江西革命根据地，中华苏维埃共和国中央政府的司法建设主要是为新生政权的合法化提供依据。譬如，制定确保一切权力归于革命政府的新宪法，颁布有助于重建乡村秩序的组织条例，制定旨在吸引农民参加革命的土地所有权章程等等。① 该时期的司法体系以及刑事法律法规均沿袭1920年代城市社会运动的经验，刑法常用以惩处诸如叛徒、反革命分子、贪腐官员以及恶霸地主等"阶级敌人"。② 直到陕甘宁边区建立根据地执政后，中共意识到司法体系除了应对上述关乎革命宏旨的大案件外，也要面对地方社会生活中的民间琐事。因此，与刑事法规相比，革命根据地的民事法规出现得较晚。

当时中华苏维埃共和国形成了一套纲要性的司法制度，根据条例规定，中央政府主管司法的人民委员以及最高法院享有最高司法权力；而在基层，司法委员会和法庭是基本的法律机关。在实践上，法庭可能也处理一些刑事案件或者家庭纠纷，但政治考

---

① 国外有关江西中华苏维埃共和国时期司法体系的早期研究，可参见 W. E. Butler, ed., *The Legal System of the Chinese Soviet Republic, 1931 – 1934*。该书的作者完全依赖对这一时期革命政权法律法规的解读，并没有具体案例的分析。近年来，一些中国学者致力于汇编中共早期法律史文献，如张希坡、韩延龙主编的《中国革命法制史》为我们研究中共早期法制建设提供了许多有用的材料。但是由于缺乏具体案例的资料，张希坡和韩延龙的法制史研究仍然基于对法律法规的解读。事实上，我们对中共早期法律的实施及司法体系的实际操作运行情况还是知之甚少。近年来有些学者开始着手这方面的研究，例如姜翰《民意与司法：苏维埃时期的刑事审判（1931 – 1934）》，《苏区研究》2019年第4期，第71~81页等。
② 张希坡、韩延龙主编《中国革命法制史》。近年来国内的研究显示，江西苏维埃时期的法律系统也处理过一些民事案件，遗憾的是该书未能涵盖。

虑权重较大，而且群众意见对案件的结果也影响较大。由于受到苏联模式的影响，司法常常用来处理政治案件。[1] 应该说，中共的法律体系在该时期仍处于初建阶段，更多的是革命政府的管理或者民意代替了司法过程。[2] 但由于史料有限，我们很难通过案例分析来评价其实际运行和操作的情况。而且，1934年共产党在离开南方革命根据地后开始长征，所有司法体系自然无法运作。然而，江西苏维埃政权中的司法理念和实践的某些方面被新建立的陕甘宁边区法律体系继承了下来。在1940年代，陕甘宁边区司法制度沿用了民国的司法形式，苏维埃体系和观念的影响有所减弱，但某些具体的实践，例如群众公审、开放审理等保存了下来。（见第五章）

在第二次国共合作建立起统一战线之后，边区政府对之前的司法体系做出重大修改，使之转变为一个相对正式的司法体系，并在名义上隶属于南京国民政府司法系统。1937年7月，边区高等法院成立，成为国家三级法院体系中的第二级法院。理论上，各县的司法处负责初审，边区高等法院只行使上诉审判权，并受

---

[1] 如写澎湃的那本书中关于妇女要求离婚，见 Galbiati, Fernando, *P'eng P'ai and the Hai-Lu-Feng Soviet* (Stanford CA: Stanford University Press, 1985); 姜翰:《民意与司法：苏维埃时期的刑事审判（1931~1934）》; Trygve Lötveit, *Chinese Communism 1931-1934: Experience in Civil Government*, pp. 106-144; Butler, *The Legal System of the Chinese Soviet Republic*, 此书中有大量相关例证。

[2] Trygve Lötveit, *Chinese Communism 1931-1934: Experience in Civil Government*; Butler, *The Legal System of the Chinese Soviet Republic*. 亦见姜翰《民意与司法：苏维埃时期的刑事审判（1931-1934）》，《苏区研究》2019年第4期，第71~81页。

第三章 二审判决：边区司法建设与婚姻改革

南京国民政府最高法院的监督。不过，在当时中国的政治现实下，边区政府具有相当大的独立性，所以边区高等法院实际上既是上诉庭，又有终审权。① 因此从一开始，边区的司法体系就受到政治现实的影响与界定，成为一个在司法上和政治上都有独立性的区域性机构。

为实现革命理想，边区高等法院试图突破晚清帝制传统、苏维埃时期经验以及南京国民政府司法体系，建立一套全新的体系。边区高院院长雷经天（1903～1959）在1940年就承诺：在新的司法体系中，司法程序要为人民群众打官司提供方便，法院接受任何形式的申诉，也接受诉讼当事人不拘形式（口头或者书面）的诉状。此外，法院对所有诉讼均不收取费用，从而保证目不识丁的村民和身无分文的穷人能够在司法体系中寻求正义。为了更好地服务人民，他强调新的司法体系必消除人们对国家政权的恐惧，因此，他要求法院改变旧式法庭恐吓、威胁、刑求的审判方式，代之以法官与诉讼各方当事人面对面谈话的方式进行法庭调查和审判。②

雷经天还建议使用"人民的公审"这种特别的司法程序，即为了教育民众，任何涉及公共利益的重大案件均应公开审判。在程序上，法庭一般先组成陪审团，并向陪审团成员出示证据，

---

① 《高等法院两年半来陕甘宁边区司法工作》，全宗号15，卷号156；《边区司法工作报告》（1941），全宗号15，卷号175；汪世荣等：《新中国司法制度的基石：陕甘宁边区高等法院（1937－1949）》，第40～41、48页。
② 《边区司法工作报告》（1941），全宗号15，卷号175。亦见雷经天《陕甘宁边区的司法制度》，张世斌等主编《陕甘宁边区高等法院史迹》，陕西人民出版社，2006，第73页。

但在公共场合进行审判时，则应邀请广大群众进行讨论。不过，雷经天认为最后的判决应由法官和陪审团共同做出，而非仅根据群众对案件的看法来裁决。① 事实上，这种"人民的公审"是从江西苏维埃政权的司法实践中继承而来的。而在边区的司法程序中，则逐渐转变为社区调解和公开庭审相结合，对建设司法体系有着重大影响。（见第五章）

从1937年至1941年间，新体系由于各种原因而未能正常运作。首先，在国民政府、地方军阀及土匪所造成的政治、军事和经济压力下，边区政府遭遇了一系列的军事冲突，丢失了部分控制区域，为此，边区政府不得不全力动员军事及民众力量以巩固边区，并重新规划其行政和司法管辖区域。② 其次，边区高等法院虽然在边区司法体系构架中处于最高地位，但在边区人力资源普遍缺乏的情况下，司法工作者更为紧缺，不得不将各县的法律问题交由当地行政干部处理，③ 因此，新司法体系无法正常运作，贯彻执行法令。再次，在此期间，边区高等法院的领导层也变换频繁：谢觉哉于1937年7月被任命为第一任院长，上任一个月后由董必武（1886~1975）接替；而董必武也仅在该任上三个月而已。直到1937年10月，在江西苏维埃时期工作过、并经历过长征的老革命雷经天接替了边区高等法院院长一职，并一直

---

① 《边区司法工作报告》（1941），全宗号15，卷号175；亦可参见汪世荣等《新中国司法制度的基石：陕甘宁边区高等法院（1937-1949）》，第1、40~41页。
② 任中和：《陕甘宁边区行政区划演变概述》，《历史档案》1988年第3期，第116~119、126页。
③ 《边区司法工作报告》（1941），全宗号15，卷号175。

第三章 二审判决：边区司法建设与婚姻改革

工作至1945年3月。在其任期内，雷经天也一度离任，由李木庵（1884~1959）担任代理院长。雷经天之后，王子宜（1908~1983）于1945年3月担任院长，任职一年；其后又由马锡五于1946年接替职位，直至1950年1月陕甘宁边区高等法院解散。①

地方司法机关工作人员由高等法院委派，这些法官被称为承审员、审判员、裁判员、推事等等，任职各县的司法处。② 尽管边区高等法院积极推行短期培训计划，但受训人员数量依然无法满足急剧发展的司法需求。因此，许多县长成为事实上的法官，而县保安科则负责关押、起诉、调查及审判案件的工作。③ 这种做法实际上源自晚清帝制时期及中华民国初期的司法实践，即县级长官在师爷以及胥吏衙役的帮助下负责司法审判。这也反映了陕甘宁边区当时的实际情况，即初创的司法体系缺人也缺钱，无法成为独立的审判机构。也许由于这种实际情况，政府行政机构代替司法机构解决问题被认为是一种俭省又有效率的方法。

革命司法体系的正规化：1941~1943

1941~1943年间，边区高等法院新到一批受过良好专业教育的法学专家，这些人都是共产党员，许多人在来边区之前从事

---

① 张世斌等主编《陕甘宁边区高等法院史迹》，第36~48页。1950年后，马锡五被提升为新中国最高法院副院长，直到1962年去世。亦见汪世荣等《新中国司法制度的基石》，第96~106页。
② 在早期，这些对司法工作者的称谓反映出陕甘宁司法工作受到苏联和江西苏维埃政权司法实践的影响。在1941年司法体系正规化后，即一定程度地模仿国民政府司法体系之后，法官被称为"推事"，这是从民国初年司法体系中继承而来，而之前的各种称谓则用来指初级法官。
③ 《边区司法工作报告》（1941），全宗号15，卷号175。

隐蔽战线的工作，而且都具有在国民政府司法部门的工作经验。他们参与了边区司法体系的建设，并致力于法律体系及其形式的正规化，以实现他们观念中的法律现代化。这些人中，李木庵、朱婴（1889～1970）、① 鲁佛民（1881～1944）、② 张曙时（1884～1971）③ 都是关键人物，而王怀安（1915～2015）、④ 任扶中（1908～1980）⑤ 同样在司法体系正规化过程中发挥了重要作用。但是，此次法律改革却引发了这批法学专家与边区其他法律工作者的尖锐矛盾。

李木庵是首批在中国早期的法学院受过教育的法学专家之

---

① 朱婴于1920年代毕业于北京著名的朝阳大学，1939年来到延安。1942年担任边区审判委员会秘书长。参见胡永恒《1943年陕甘宁边区停止援用六法全书之考察——整风、审干运动对边区司法的影响》，《抗日战争研究》2010年第4期，第90～102页。

② 鲁佛民是延安时期党内另一位资深法律专家。他于1915年毕业于山东政法学堂，并在加入共产党前曾当过律师。参见李娟《革命传统与西方现代司法理念的交锋及其深远影响——陕甘宁边区1943年的司法大检讨》，《法制与社会发展》2009年第4期，第38～49页。

③ 张曙时毕业于清末的两江政法学堂，并于1909年加入同盟会。在民国初年，他供职于政府部门，并于1932年加入共产党。参见侯欣一《法学的中国学派：原因、方法及后果——以延安新法学会为中心的考察》，《政法论坛》2006年第6期，第173～179页。

④ 王怀安于1936年在四川大学法学院学习，并于同时期加入中国共产党。他于1940年来到延安，1942年成为边区的一名法官。参见孙琦《王怀安先生访谈录》，《环球法律评论》2003年夏季刊，第173～179页。

⑤ 任扶中于1936年毕业于河南大学法律系，并被委任为国民政府河南省高院书记员。他于1937年来到延安并进入抗大，又由于其法学背景而于同年成为陕甘宁边区高等法院书记员。1942年，他成为了初级法官。参见胡永恒《1943年陕甘宁边区停止援用六法全书之考察——整风、审干运动对边区司法的影响》，《抗日战争研究》2010年第4期，第90～102页。

第三章 二审判决：边区司法建设与婚姻改革

一，是延安时期中共杰出的资深法学专家。① 他 1909 年毕业于晚清的京师政法专门学堂，民初担任过广东省检察长。之后，李木庵在北京、天津等地从事法律工作，并在 1920 年代出任福建省检察长。在此期间，他参加了一些社会活动，于 1925 年加入中国共产党。在第一次国共合作（1924~1927）期间，他参加过国民革命军的北伐，与国共双方均建立了广泛联系。② 1927 年第一次国共合作破裂后，李木庵一直在国统区为中共地下组织工作，直到 1941 年春到达陕甘宁边区。③

李木庵的到来有力地推动了陕甘宁边区的司法建设。他抵达边区后立即被任命为边区高等法院的检察长，任期从 1941 年 4 月到 1942 年 1 月。李木庵的法律思想与雷经天迥然相异，两人之间因此矛盾丛生。为避免更大冲突，陕甘宁边区政府领导让雷经天暂时离任，安排他去党校学习，由李木庵于 1942 年 4 月至 1943 年 12 月担任边区高等法院的代理院长。④ 由此开始，李木庵着力于将边区粗略的司法体系正规化、专业化，这一系列改革包括：增加检察官的独立性；建立独立的三级三审制度，在边区

---

① 在中共领导层中，恐怕只有第二任边区高等法院院长、后来的新中国副主席董必武能与李木庵的法学资历媲美。
② 对于李木庵的背景资历，目前流传有多种版本，但可以肯定的是他是中国近代以来最早的一批法律专家之一。参见胡永恒《1943 年陕甘宁边区停止援用六法全书之考察——整风、审干运动对边区司法的影响》，《抗日战争研究》2010 年第 4 期，第 90~102 页；侯欣一《法学的中国学派：原因、方法及后果——以延安新法学会为中心的考察》，《政法论坛》2006 年第 6 期，第 173~179 页；张世斌等主编《陕甘宁边区高等法院史迹》，第 43~44 页。
③ 汪世荣等：《新中国司法制度的基石》，第 27 页。
④ 汪世荣等：《新中国司法制度的基石》，第 50~51 页。

设立最高法院,以便对案件做出终审判决。李木庵的改革还包括采纳国民政府法典,改革监狱系统,培养专业法律人员等。①

1941年,李木庵、朱婴、鲁佛民以及一群为数不多的,曾在国民党政府的司法体制中接受过教育或有过工作经验的法学专家,在延安成立了一个司法专业社团——"中国新法学会",该学会成为这群人在边区推进其司法理念的有力工具。② 李木庵在1941年担任检察长期间,曾试图将附属于边区高等法院的检察处转变为一个独立的机构,从而扩大检察处的作用。同时,他也要求各级司法机关均设置检察官,并鼓励其独立运行。然而,当边区在1942年遭遇经济困难之时,这一计划变得不切实际。之后,边区高等法院的检察处随即解散,各级司法机关设置检察官的计划也无果而终。③ 实际上,撤销检察体系的真实原因并非仅因经济窘迫,也与下文将要讨论的不同法律理念之间的冲突有关。

李木庵最重要的改革内容是要将现有的两级法院体系转变为真正的三级法院体系,在之前的两级法院的基础上,建立最高法院作为终审法庭。最高法院从边区政府中独立出来,只对作为边区立法机构的边区参议会负责,以实现其司法独立的构想。同时,李木庵还希望在法院体系之外,建立起独立的检察体系。1941年10月至1942年4月间,李木庵发起了在中心县建立地方

---

① 汪世荣等:《新中国司法制度的基石》,第45~51页。
② 参见胡永恒《1943年陕甘宁边区停止援用六法全书之考察——整风、审干运动对边区司法的影响》,《抗日战争研究》2010年第4期,第90~102页。
③ 汪世荣等:《新中国司法制度的基石》,第50~51页。

第三章 二审判决：边区司法建设与婚姻改革

法院的活动，这种模式极有可能是模仿了南京国民政府的司法体系。它要求边区范围内的各个分区都设立一个具有现代形式的地方法院，院址就选在人口最多、且为分区行政中心所在地的县城，称为中心县。① 根据这一构想，一个更加正规化、现代化的地方法院将作为初审法院，由具有良好专业素养的法律工作人员接管早先由县政府司法处处理的所有法律纠纷。虽然在名义上地方法院需要服从分区的行政领导，但各级地方法院在业务上均直接接受边区高等法院的指导，独立地审理各县的所有法律案件。1943年在"司法工作检讨"会议（见下文）之后不久，这些地方法院被撤销，并代之以高院分庭。② 李木庵司法体系改革的初衷是让民众的诉讼能够得到有效处理，为此，他强调司法权的专业化、正规化，注重法院的权威以及专业司法人员依照司法程序处理案件。在李木庵看来，当时的边区高等法院只是上诉法院，终审法庭必须是另外的一个独立机构，即边区最高法院，才能保证程序的完整。然而，上述构想明显来自城市视角的法律概念，既无法与革命政权的政治治理模式相契合，也无法与边区的社会、经济状况相符合。

这次改革的计划在形式上整齐划一，也充满了理想色彩，其目的在于改变当时一团糟的司法体系状况。直到1941年，边区司法体系仍处于混乱阶段，比如各级法院处理案件的职权范围等基本议题尚未明晰，其他如司法管辖、诉讼时限、上诉程序及上

---

① 汪世荣等：《新中国司法制度的基石》，第45~47页。
② 汪世荣等：《新中国司法制度的基石》，第45~47页。

诉时限等问题均未明确界定，有的干脆属于法律空白。这种混乱造成了很多案件缺乏统一的判决：有些案件由于一审即终审而失去上诉可能，而另一些案件则会经历无穷尽的上诉。此外，由于对审级缺乏清晰的规范，边区高等法院会常常忙于处理本应由下级法院处理的一审案件。① 李木庵坚信，设立一个最高法院将结束这种混乱，其既可防止无休止的上诉，又能够保证人民上诉的权利。② 鉴于边区政府急于改进司法体系，林伯渠（1886～1960）③、李维汉（1896～1984）④ 等高级领导人对他的想法颇感兴趣。⑤ 于是，李木庵被任命为边区高院的代理院长。

"中国新法学会"在倡导建立边区最高法院的过程中发挥了关键作用，并规划了具体方案提交边区参议会审议，提议建立一个独立于边区政府之外、直接对边区最高立法机关——边区参议会负责的边区最高法院，这一提议实际上是将司法权与行政权分开。在边区参议会否定了设立最高法院的议案之后，"中国新法学会"又提出了一个折中的方案：在边区政府内设立最高司法机构。1942 年 8 月边区政府批准了该建议，成立了"边区审判委员会"。该委员会隶属于边区政府而不是边区参议会，发挥最高法院的功能，对民、刑事诉讼行使最终司法审查权。"边区审判委员会"由边区政府主席和副主席分别担任委员长和副委员长，

---

① 《边区司法工作报告》（1941），全宗号 15，卷号 175。
② 汪世荣等：《新中国司法制度的基石》，第 65～66 页。
③ 林伯渠当时是边区政府主席。
④ 李维汉当时任边区政府秘书长。
⑤ 汪世荣等：《新中国司法制度的基石》，第 65～66 页。

第三章 二审判决：边区司法建设与婚姻改革

而委员会的委员则由边区政府各个部门的负责人担任。但是，由于边区审判委员会的委员长、副委员长以及成员均忙于各自所属部门的日常工作，无暇顾及法律问题，委员会工作的重担便落在了秘书长朱婴的肩上。在绝大多数情况下，朱婴负责起草法案、写好判决书，并将文件送到委员会成员处让他们签字。朱婴正是利用了这一工作之便，按照自己的想法推进司法的正规化、独立化。①

李木庵等法律专家也在其他方面推进了边区司法实践的正规化，例如，采纳民国政府颁布的《六法全书》。当时边区政府对许多犯罪行为缺乏成文法规，李木庵认为，边区革命政权应当利用资本主义法典，因为这些法典代表了先进的观念，也为劳苦大众提供了一定的保护，特别是刑法为司法实践提供了非常详细的法条。② 李木庵、朱婴等"中国新法学会"的成员也提出了司法

---

① 参见侯欣一《法学的中国学派：原因、方法及后果——以延安新法学会为中心的考察》，《政法论坛》2006 年第 6 期，第 173～179 页；汪世荣等《新中国司法制度的基石》，第 65～67 页；李娟《革命传统与西方现代司法理念的交锋及其深远影响——陕甘宁边区 1943 年的司法大检讨》，《法制与社会发展》2009 年第 4 期，第 38～47 页。

② 《高等法院雷经天、李木庵院长关于司法工作检讨会议的发言记录》，全宗号 15，卷号 96。根据胡永恒的研究，1941 年至 1943 年间，《六法全书》在边区被广泛地应用于司法判决中。然而，这种适用在 1943 年后停止了。胡永恒认为，1943 年的政治运动和司法检察活动造成了这种中断（见胡永恒《1943 年陕甘宁边区停止援用六法全书之考察——整风、审干运动对边区司法的影响》，《抗日战争研究》2010 年第 4 期，第 90～102 页）。但这一结论可能并不准确，因为档案资料显示，1943 年以后，边区司法机构仍在部分案件中继续使用民国政府的法典。尤其在 1946 年边区司法会议上，王子宜院长在讲话中明确指出，在边区刑法条例不足且不违背边区政府的原则时，可以采用《六法全书》。见《王子宜院长在推事、审判员联席会议上总结报告》，全宗 15，卷号 70。

工作人员任职资格问题，朱婴、鲁佛民要求所有法律工作者须毕业于法律院校，并参加严格的司法考试，因此，那些仅在雷经天建立的短期培训班中获得有限培训的人员将被调离司法机关。"中国新法学会"还提议在1941年成立的延安大学设立法学院，以培养法律人才。同时，他们也建议从国统区招聘受过良好法学教育的人才，以缓解边区司法部门工作人员紧缺的问题。① 显而易见，李木庵等法学专家所推行的改革方案带有1930年代国民政府法律体系的印记，而民国政府的体系则是对欧美模式的大规模移植。民国政府所代表的西式司法的某些元素在之后边区所建立的混合型新司法体系中被保留了下来，但此次改革却引发了1943年的巨大冲突。

二 司法体系革命：混合型新模式的探索（1943～1946）

延安时期的司法体系及其实践作为与现代西方法律体系的对照，在当代司法史研究中往往被称为"革命的司法传统"。然而我认为，1940年代所形成的"革命的司法传统"实际上是包含了诸多因素的混合体。它有从江西带来的苏维埃时期的革命理想和司法实践的影响、有从西方移植过来的司法理念和体系，还有源自晚清时期的地方司法实践以及晚清和民初以来形成的民间惯

---

① 参见李娟《革命传统与西方现代司法理念的交锋及其深远影响——陕甘宁边区1943年的司法大检讨》，《法制与社会发展》2009年第4期，第38～47页。

例。正如我们看到的,这些因素在1940年代的婚姻改革和社会运动中,在革命的司法实践中,通过与地方社会的互动,形成了新的混合式的革命司法体系,这种革命司法传统为建国之后的司法体系所继承。

1943年司法工作检讨:独立的司法还是一元化体系?

1943年,李木庵等法律专家所进行的改革遭遇挫折。其时,雷经天返回原工作岗位,他意识到边区高等法院的目标、运行模式及人员状况已与其任职期间相去甚远。于是,雷经天与李木庵等法律专家之间爆发了冲突,由此引发了陕甘宁边区法制史上的一桩重大事件,即"司法工作检讨"会议的召开。边区高等法院的众多成员,以及边区政府主席林伯渠、副主席谢觉哉、秘书长李维汉等都参与了意见。

此次会议的核心议题集中体现了上述双方在法律架构与司法实践方面的不同认识,其中最重要的问题之一是法院体系究竟应为两级两审还是三级三审。在会上,雷经天主要批判了以朱婴、张曙时等为代表的边区"新法学会"派要求建立边区的三级三审体系和成立最高法院的主张。雷认为,目前边区的制度可以认为是三级三审,因为"第三审就是到国民政府去",所以边区的两级两审是战时国民政府司法体系下的特殊体现,是统一战线的安排。但边区高院在司法上有其独立性,在法理上边区内部也存在着三级三审的制度,即边区政府实际上担任着终审的职责,可以保障群众的司法权利。① 雷经天认为,边区的确在实际操作中是两级两审,但是两级两审有助于缩短并简化司法程序,迅速解决老百姓的问题,减少上诉案件数量。他说:"我们边区现在不是完全的和平环境,是战争环境,不过是战争的后方,替群众解决问题是需要的,为了慎重是需要两级两审,但不需要三级。"② 李木庵在会上做了检讨,也为自己做了各种辩护,他承认自己对边区的司法观念和实践都了解不够,有教条主义的倾向,受到国民政府司法体系的影响。但是在建立三级三审上,仍然坚持三审对边区是有好处的。实际上,为了完善边区的三审制度,正是李木庵在建立最高法院未获批准之后,提出了在边区的各分区建立高院分庭。③

此次争论的第二个重要议题是,司法体系是否应当独立于党和边区政府的领导。实际上,这个问题和设立最高法院的问题密切相关,因为最高法院将会独立于政府体系,分离边区既有的法、政体系。雷经天指责李木庵扩大了检察处的权力;他也抨击了朱婴以及张曙时等人的司法绝对独立的观点,认为朱婴所构想的独立是将司法体系脱离政府,置于边区参议会之下,并拥有独立财政、人事及其他资源。针对朱婴等人批评雷经天领导下的边

---

① 雷经天的发言中有比较个人化的表达,如认为朱婴等人要求三级三审是为了扩权。《边区高等法院雷经天、李木庵院长等关于司法工作检讨会议的发言记录》,全宗号15,卷号96。但关于审级的问题其实是一个更为深刻的政治问题,涉及统一战线中共与国民政府的关系。
② 《边区高等法院雷经天、李木庵院长等关于司法工作检讨会议的发言记录》,全宗号15,卷号96。
③ 《边区高等法院雷经天、李木庵院长等关于司法工作检讨会议的发言记录》,全宗号15,卷号96。

第三章 二审判决：边区司法建设与婚姻改革

区司法是"游击主义"，雷经天反驳道，检察独立和司法审查将导致司法偏离党的一元化领导，会与整体的革命目标相冲突。此外，独立的司法体系会分散已然很有限的人力、物力资源，并给普通民众带来诸多不便。他说：

> 司法规［归］政府领导，案件由政府审查，在政府一元化的领导下政府审查有什么不对，或重新审判都可以，总之我们是为给群众解决问题，这样比较好，审判委员会是不需要的，这次政务委员会可以讨论。在审级上高等分庭是需要的，这样可以便利于群众，他［它］不是单独一级，他［它］是高等法院的办公室。县是一级，高等法院是一级，边区政府是监督领导，司法做得不对政府可以干涉。①

对于检察制度，雷经天回顾了苏维埃时期的经验，觉得当时的检察制度经验比较失败（当时参与会议的南汉宸②也插话说："这种检查［察］制度是资产阶级的干涉制度。"），因此主张"检查［察］和司法应该是统一的"。雷经天认为设立检察是一种分权，

> 我主张检查［察］和司法要统一，李老（木庵）和朱英［婴］说司法只管审判，不能管检查［察］，他说这样更方便一些，这个问题没有解决。……现在我主张是不要这个

---

① 《边区高等法院雷经天、李木庵院长等关于司法工作检讨会议的发言记录》，全宗号15，卷号96。
② 1941~1943年南汉宸（1985~1967）在陕甘宁边区政府负责财经工作。

检查［察］（制）度，因为他一方面是干涉群众的诉讼，同时他又是法庭的圈子，怕司法制度提高了，这不是互相帮助的态度。所以外面的检查［察］庭和审判庭常常吵架，今天我们边区领导是一元化多方面，我们是调查研究，实事求是，真正为群众解决问题，法庭对审判检查［察］负完全责任，以前审判完全是高高在上，现在我们应深入群众，从群众中访问，因此检查［察］制度就没有继续存在的必要。①

很明显，在这里，雷经天反对建立检察制度是从功能上考虑问题，即检察的独立以及与法院的对立将造成调查与审判的分离。同时由于检察有独立立案权，也会造成妨碍群众诉讼的问题。当时边区的群众如果有纠纷，他们会找政府，找任何"公家人"来帮助他们解决纠纷，不理解法院和检察机关的区别。如果将立案权交由一个独立的检察机构，会造成与法庭审判的脱节，也对边区群众解决纠纷造成极大困难，导致群众抱怨。

雷经天与李木庵之间的争论也延伸到了任用法律人员的问题上。雷批评李木庵在任用司法干部时，不注意干部的政治立场、阶级意识、斗争经历，只注重文化程度，而且有宗派主义观点。雷经天认为，李木庵、朱婴所推行的改革试图将司法工作集中到一小部分法律精英手中，从而把拥有工农背景，但接受法学训练

---

① 《边区高等法院雷经天、李木庵院长等关于司法工作检讨会议的发言记录》，全宗号15，卷号96。

第三章 二审判决：边区司法建设与婚姻改革

较少的人员排除出司法体系。在边区整风运动的背景下，李木庵承认自己对受过教育的知识分子有偏好，但认为司法人员应该接受应有的专业训练。另外，雷经天还特别指责朱婴滥用其边区审判委员会秘书长的职权，将个人观点强加于司法体系建设之中，试图通过逐步进展的方式扩大边区审判委员会的职能，最终使其成为独立的最高法院，将党的领导排除出司法体系。另外，在司法程序上，雷经天提出要尽量简化，方便老百姓，不要成为旧式衙门。①

在1990年代，中国整个社会弥漫着告别革命的气氛，只有少数几位学者注意到了陕甘宁革命司法体系的历史并进行了研究。有的学者相信，对边区司法制度的改革，尤其是对朱婴的批评主要受到1942年的整风运动的影响，朱婴等人受到批评因为他们被怀疑对党是否忠诚。② 也有的学者认为雷经天与新法学会主要成员的冲突反映了革命传统与西方法学观念之间的冲突，雷经天代表着所谓的"工农干部"，而李木庵和朱婴则代表了具有

---

① 《边区高等法院雷经天、李木庵院长等关于司法工作检讨会议的发言记录》，全宗号15，卷号96。
② 胡永恒：《1943年陕甘宁边区停止援用六法全书之考察——整风、审干运动对边区司法的影响》，《抗日战争研究》2010年第4期，第90~102页。实际上，在司法工作检讨会上，对"新法学会"的批评中，雷经天也提到，幸亏是整风运动制止了"新法学会"的改革计划。但是此时林伯渠主席插话说："不整风也实现不了"（《边区高等法院雷经天、李木庵院长等关于司法工作检讨会议的发言记录》，全宗号15，卷号96）。这说明"新法学会"的想法实际上在整风前就遇到很大的阻力，不仅边区参议会不支持，边区政府高层也不支持，主要是他们所要求的司法独立容易使人怀疑他们是否要独立于党的领导。所以"新法学会"未能完全实行其主张和整风虽然有关，但整风并非关键因素。

法学素养的知识分子。① 这种观点是一种比较简单化的解释，因为起码雷经天本人是不能被视为"工农干部"的，他是延安时期高级干部中少有的上过现代大学的知识分子。另一方面，有的学者认为"新法学会"在为中国寻求新的司法模式的尝试中失败了，其原因在于边区地理上的封闭和经济上的压力。② 但是"新法学派"所做的名为探索，实际上却并无探索之实，只是希望将当时国民政府移植的西化司法模式落实在陕甘宁边区而已。陕甘宁边区司法研究中比较有洞察力的成果是汪世荣等人所著《新中国司法制度的基石》一书，此书认为李木庵、朱婴以及其他新法学会成员在1943年"司法工作检讨"会上所受到的批评，不仅因为这些司法专家们试图寻求西方式的司法独立，而且还因为他们的改革所推行的正规化恰恰将革命的司法实践带回了清代衙门的操作。③ 此书作者的观察实际上触及了中国司法现代化的一个重要议题，即司法改革的重点应该在形式上，还是让改革符合中国社会的现实、符合革命改革社会的目标？事实上，李、朱等人所推崇的改革方案与陕甘宁边区的实际情况确有很多不相符合之处，这才是他们未能达成目标的真正原因。

的确，1940年代李、朱等人推行的激进改革事实上并不适合当时陕甘宁边区的实际情况。第一，在边区设立最高法院会导

---

① 李娟：《革命传统与西方现代司法理念的交锋及其深远影响——陕甘宁边区1943年的司法大检讨》，《法制与社会发展》，2009年第4期，第38~49页。
② 侯欣一：《法学的中国学派：原因、方法及后果——以延安新法学会为中心的考察》，《政法论坛》2006年第6期，第173~179页。
③ 汪世荣等：《新中国司法制度的基石》，第67页。

第三章 二审判决：边区司法建设与婚姻改革

致某些政治后果。在统一战线中，中共承认国民政府为合法政府，因此在全国统一的司法制度下，陕甘宁边区的高等法院只是二级法院，名义上全国的最高司法机关是国民政府在南京的最高法院。但是陕甘宁边区形式上是国民政府领导下、统一中国的一个特别行政区域，有其政治和司法的独立性，国民政府对陕甘宁边区并无实际管辖权。所以从司法上，边区政府虽然是二级二审，但在实践上却可以视为终审。如果陕甘宁边区建立最高法院，则在政治上会给国民政府围剿边区以口实。朱婴等人从司法形式主义出发，忽略了建立最高法院的政治含义和后果。也许出于这个原因，边区参议会否决了朱婴等人提出的建立最高法院的要求。第二，在边区政府下设立的"审判委员会"作为三审机构是一个有缺陷的设计，因为从边区的制度设置来说，边区高级法院本身就是边区政府辖下的司法部门，如果在这个司法部门之上再设一个司法机构就显得重复。虽然在功能上，"审判委员会"可以视为代表边区政府来监督高等法院，但是从理论上，在"审判委员会"上诉失败的当事人仍有权上诉到边区政府，甚至上诉到作为最高立法机构的边区参议会。这种叠床架屋的设计，实际上大大地损害了"审判委员会"作为三审机构的权威，[①] 也可能导致不断上诉，长期不能结案的后果（见第五章的缠讼）。

第三，从当时边区的经济状况来说，维持独立的法庭、检察体系并不实际。1942年，由于国民政府取消了对边区的财政支

[①] 《边区司法工作报告》（1941），全宗号15，卷号175。亦见汪世荣等《新中国司法制度的基石》，第62~63页。

持并进行了封锁,边区的各级政府都处在巨大的财政经济压力之下。此时所有的政府干部和军队官兵都不得不参加生产劳动,开荒纺纱,以达到自给自足。① 一个独立存在的司法体系需要相应的物质资源与人力,这在当时边区是非常缺乏的。第一章中也讨论过,像在边区这样一个不发达地区,常常找不到受过教育的人进政府部门工作,许多干部要么是文盲,要么识字有限。在"司法工作检讨"会上,雷经天向边区政府的领导抱怨说,他们缺乏基本的人员来充实各级司法机构,而且边区高院的司法人员还常常被别的部门调走。这让雷经天感到非常不满,强烈要求边区政府在调走司法人员时须得到高院的同意。② 边区司法人员不足的情况到1946年都未能得到解决,让一众法官推事们在联席会议上大倒苦水。③ 从目前所存的司法档案来看,司法人员的记录往往有很多错别字,记录庭审时也很少使用法律名词,说明书记员的教育水平普遍不高,也缺乏法律训练。由于司法工作对文化程度要求更高,把一群受过良好教育的干部放到庭长、法官、检察官、法庭工作人员、书记员、典狱长等等位置上,而且独立于一般政府行政系统之外,在当时情况下,这是一件极不现实的事。

第四,关于司法体系程序化、专业化的要求,如建立地方法院体系的计划,听上去很像是晚清以来的一系列立意良好但却不

---

① 关于1940年代边区的经济状况,参见黄正林《陕甘宁边区社会经济史(1937-1945)》,人民出版社,2006。
② 《边区高等法院雷经天、李木庵院长等关于司法工作检讨会议的发言记录》,全宗号15,卷号96。
③ 《边区高等法院关于推事审判员联席会议讨论材料之四:对司法组织问题几点改进意见》,全宗号15,卷号72。

第三章 二审判决：边区司法建设与婚姻改革

成功的改革方案。这些中心法院位于各地区大县城内，这些大县城都是明清以来州府官衙所在地，统辖着好几个县。用这里作为初级法院，对于居住于梁峁沟壑之间的绝大多村民来说是遥不可及的。而且，司法人员一如明清时代的衙门官吏，只是被动地守候在法院里等待乡民们前来告状，而不是及时主动地下乡解决乡间民众的纠纷。从1941年开始，边区政府大力号召干部主动下乡，建设和谐平安的乡村（见第五章），而司法改革的方向却完全与此背道而驰。

第五，这种形式化的司法体系有着实践上的缺陷，那就是当所有司法权被集中在中心县法庭的专业司法人员手中时，就剥夺了处于边远县份的县长们对一些突发事件的处置权。如果县长们不能及时有效地解决当地的纠纷与犯罪，许多司法纠纷和小的犯罪往往会发展成为严重的冲突，这在婚姻纠纷中有所体现，因处理不及时而发展成为绑架与杀人的婚姻纠纷确有不少。

第六，法律程序化和专业化的改革要求详细的文件及记载，例如诉状、上诉状、书面的证言等等，这些对于人口中95%以上的文盲会成为不可逾越的障碍。① 司法人员如雷经天，将这种司法程序视为精英主导，剥夺了绝大多数农民的法律权利。因此，雷经天初掌高等法院就做出规定，为了保障穷人的法律权益，打官司不要钱、不用诉状，法院必须接受口头起诉与上诉。② 在1943年的"司法工作检讨"中，有人批评朱婴在写判

---

① 汪世荣等：《新中国司法制度的基石》，第107~108页。
② 《边区司法工作报告》（1941），全宗号15，卷号175。

决书和司法评语时,特别喜欢用明清时代的司法术语,往往让普通司法人员和民众完全看不懂。① 在这种司法体系下,一桩官司往往会消耗大量人力、物力和时间,而且由于文字障碍和程序的复杂,必定对文盲和普通村民不利,远离中心法院的村庄尤其不便。在这种情况下,司法制度往往会成为社会改革和婚姻改革的障碍而不是助力,因为乡村妇女想要离婚或因家庭暴力起诉对方,会遇到重重阻隔,处于更为不利的境地。所以,雷经天在"司法检讨会"批评"新法学会"的改革计划时,不断地强调这种改革不符合群众利益,不能为群众解决问题。

的确,李、朱及其新法学会的法律专家们所向往的司法体系更为西化,他们倾向于抽象的法律原则和形式而忽略具体的社会环境,这种司法体系在当时也同样不利于党的领导,不符合广大群众的利益。这种专业化的司法体系不利于实行社会改革,特别是不利于婚姻改革。因为法律专家们所推行的是一套源于西方的既有法律原则,而中共所从事的是一场本土的社会革命。前者要求法律体系在稳定的社会中"独立地"保持"中立原则",通过既定的程序维持社会各方利益的平衡,而后者则要颠覆既有的社会秩序,达成建立新的社会秩序的目标,并要求法律体系为此一目标服务,这正是边区政权革命性的体现。所以,即使法律体系是独立的、正规的,如果对普通人遥不可及,不能帮助革命政府进行社会改革,那么所谓"正义"就只能是一句空谈。当司法体系遥不可及,不能达成民众心中的"正义"时,一般民众往

---

① 汪世荣等:《新中国司法制度的基石》,第69页。

第三章 二审判决：边区司法建设与婚姻改革

往会行"私法"以求自己的"正义"，这就会导致无法无天、滥行暴力，像是绑架、强奸、禁锢、伤害甚至杀人等行为，如第一章中所提到的。而封彦贵诉张金才的案子，还有其他更多的案子就反映了这种现象。

创造"革命传统"：混合型的司法体系初成，1943~1949

最终，李木庵和雷经天在这场讨论中实际上各有胜负，没有哪方能说自己大获全胜，但是却各有所得。1943年"司法工作检讨"之后，边区审判委员会被撤销，但法院体系并未恢复到以前的两级模式，取而代之的却是一种混合模式，即形式上依旧是两级法院体系，实践中却是以三级三审的模式进行运作。① 首先，修正后的法院体系恢复了改革以前的县司法处，指定为初审法庭，并由县长兼任司法处处长（即初级庭庭长）。其次，虽然延安的边区高等法院恢复了其作为上诉庭和终审机构的双重身份，但也进行了一些重大组织机构上的调整，以方便各行政分区的上诉人，并有利于对初审法院和上诉法院进行监督。在此之前，边区高等法院已经决定撤销地方法院体系，并在各个行政分区设立高等法院分庭，在此次会议之后这个决定得以落实完成。

在新的司法体系下，在组织结构上，各分区的高院分庭作为高等法院的派出机构，具有高等法院的权威，并行使原来边区高等法院处理上诉案件的权力，但在实际运作中，经高院分庭审理

---

① 雷经天在司法工作检讨会上表示，他可以接受地区分庭的设想，但强调地区分庭只是高等法院的一个办公室。《边区高等法院雷经天、李木庵院长等关于司法工作检讨会议的发言记录》，全宗号15，卷号96。

的案件仍可上诉至位于延安的边区高等法院。各高院分庭服从高等法院的指导,高等法院总部有权推翻高院分庭的判决,① 正如雷经天期待的那样,分庭是高院的地方办公室。通过这种方式,边区高等法院保留了对上诉案件的终审权,从而有助于减少初审中可能存在的错误,并有权审查各分庭的上诉案件。同时,各分区高院分庭的审判也可以是终审判决,不得上诉,特别是那些轻微的刑事犯罪案件和民事细故纠纷。这样做可以减少延安的边区高等法院作为上诉法院的压力,并防止轻微案件无休止地上诉,还可以为边区高等法院节省出时间和精力来处理重大案件,对分庭的案件进行复查。在改造后的司法体系中,大多数案件可以就近在县司法处完成初审过程,位于本地区的上诉法庭也并非遥不可及;延安的边区高等法院则主要负责对复杂、重大案件进行最终审查和判决。

在1943年的这次机构重组过程中,边区高等法院设立了四个分庭,分别是绥德分庭、三边分庭、陇东分庭和关中分庭。此外,延安地方法院作为市级法院保留下来,同时又作为延属分区的高院分庭。② 各分庭庭长由各分区专员兼任,因此,各分庭的运行必然与分区的行政体系整合,形成一元化体制。各分庭与边区高等法院曾经尝试将民事庭与刑事庭分开设立,但由于人员缺乏而未能实现。因此,当边区高等法院处理刑事案件时,其为刑事法庭,当其处理民事案件时,又成为民事法庭。这种极具灵活

---

① 汪世荣等:《新中国司法制度的基石》,第60~63页。
② 汪世荣等:《新中国司法制度的基石》,第60~63页。

第三章　二审判决：边区司法建设与婚姻改革

性的组织结构需要放在特定的历史环境下予以理解：中共当时仅控制局部区域，属于局部执政，所以在应对复杂情况时需要充分的实用性和高度的灵活性。

从法律角度看，这种三级三审的实际运作模式能够保障人民起诉及上诉的权利，从而弥补之前体系的不足。从政治方面看，这种新设计的司法体系体现了中共和边区政府对边区的一元化领导，以便动员一切力量实现革命目标。因为这种改良的司法体系是一种政、法结合的模式，由县长及分区专员兼任法官，以便迅速回应当地乡村出现的问题与冲突，免其蔓延，同时县司法处或高院地区分庭又作为司法专业机构，接受县、分区行政首长的领导。从经济角度看，司法体系与行政体系相结合、相配合，节约了财力和人力，使得地方法官能够动员行政力量，及时处理案件，执行法院判决。从保护人民利益角度看，司法体系并非遥不可及，方便老百姓诉讼，同时司法可以和行政权力结合，让调解和司法判决都得以落实，真正为群众解决问题。如第五章所述，这一体系也实现了边区政府稳定社会、安抚地方社区的目的。就模式本身而言，它符合雷经天的设想，采取了党的一元化领导下的两级法院体系，以便快速回应基层社会所产生的问题，并为民众提供便利。但从功能上看，这种模式也符合李木庵所希望的三级法院体系的作用，实现了程序正当、司法审查及司法监督的目标。

在这个新型司法模式中，高等法院并未完全拒绝那些法学专家所提倡的司法观念，事实上，他们的部分观念被整合进了新的司法体系，因而被带入了1949年之后的全国性司法体系中。例如除了建立高等法院分庭，1946年边区不仅恢复了检察制度，建立了检察处,而且使检察处成为一个相对独立运作的机构。①此外,在1943年的司法工作检讨会上,也讨论了关于援引国民政府《六法全书》的问题。雷经天和李木庵均不反对援引《六法全书》,他们的分歧在于对《六法全书》的定性及其援引范围。雷经天认为,《六法全书》属于资产阶级的法律,有一定的阶级局限,所以在援引时必须注意为我所用,不失立场,反对教条主义式援引。而李木庵则认为资产阶级的法律有其进步性,《六法全书》代表着历史进步的趋势,因此完全可以借用。②1945年,时任高等法院院长的王子宜宣布,边区并不完全拒绝国民政府法条,但是他指出对《六法全书》的援引要有限度,边区法律过于模糊或过于抽象时,则可以援引《六法全书》,尤其是在刑法方面可将其作为判决依据。王子宜院长延续了雷经天的思想,强调对《六法全书》的借用不能违背边区的革命原则。③同时,边区参议会与高等法院也在努力制定并修改多项法律,力图细化法律法规以适合边区的社会状况。正是在这种状况下,边区婚姻条例修改了两次(见第四章)。高院现存档案也证明边区一直存在着援引借用《六法全书》的情况,例如马锡五在处理封张婚姻纠纷案时,在处理婚姻上援引的是"边区的自主原则",而在处理抢婚时就援引了《六法全书》中的刑法条款

---

① 汪世荣等:《新中国司法制度的基石》,第51页。
② 《边区高等法院雷经天、李木庵院长等关于司法工作检讨会议的发言记录》,全宗号15,卷号96。
③ 王子宜:《审判与调解》,《解放日报》1946年1月17日;亦见汪世荣等《新中国司法制度的基石》,第105页。

第三章 二审判决：边区司法建设与婚姻改革

（见本章引言部分）。在考察司法人员的资质方面，高等法院既延续了以往利用短期训练班的方式，也接受了司法专家们的建议，利用延安大学法律系培养更多的司法干部。①

正是经由1940年代这种充满活力的论辩与互动过程，边区司法体系逐渐发展成为一个较为完整的体系，它不仅包含了不同历史时期司法观念演变的历时性因素，还包括冲突、妥协、改革及重构过程中的各种共时性资源。正是这种混合模式奠定了1949年后新中国的司法体系的基础。当然，在新司法体系创建过程中，法律在某些地区的执行中也包含着冲突与妥协。如下文所示，革命原则、现代法律观念和地方传统、地方习俗相互交织，为这一混合体系增加了另一重要维度。这一颇具活力的动态过程所创造的新司法实践与司法观念，成为中共法律体系的革命传统。此外，延安时期的这些法律专家对1949年之后法律体系的深远影响也表明了这一混合法律传统的持久性。李木庵、朱婴、鲁佛民、张曙时等人虽然在1943年司法工作检讨中受到了批评，但他们仍旧在陕甘宁边区司法系统的各个重要部门任职，并成了1949年后新中国司法系统的"老前辈"。② 事实上，所谓的"革命传统"与"西方法律观念"的冲突并未以"东风压倒西风"或者"西风压倒东风"的形式告终。相反地，两种观点

---

① 李娟：《革命传统与西方现代司法理念的交锋及其深远影响——陕甘宁边区1943年的司法大检讨》，《法制与社会发展》，2009年第4期，第38~49页。

② 在1950年代，李木庵担任中央人民政府司法部副部长，朱婴担任最高法院西北分院秘书长。鲁佛民于1944年因病去世。新法学会中的其他成员在1950年代之后的新中国司法系统中仍担任重要职务。

早在1949年之前的司法实践中就被融合进了一个混合型的司法体系之中。由此我们可以看到,在1949年之前,中国司法体系的革命传统是处于不断发展、冲突、形成的过程,所以当我们讨论"中共司法的革命传统"时,需要厘清所讨论的是哪一个阶段、哪一种形式的革命传统。

当然,那些参与设计这个制度的人并未预见到这一制度可能随着时间的推移而产生缺陷。汪世荣颇有卓识地指出,边区的高院并不是一个简单地从事刑事与民事审讯与判决的机构,而是中共全面治理边区的一部分,而治理边区是一个综合性的工程,并非仅仅靠法律机构就可以完成的。① 强世功认为,在中共政权综合治理边区方面,法律体系只是边区政府的一个分支机构。② 以上观点在解释婚姻改革和其他社会改革的实践上尤其有说服力,司法体系确实对战时巩固边区大有益处。朱苏力认为,行政管理权与司法体系的结合为政治干预司法过程提供了方便,因而成为1949年之后的习惯性做法,但是这种司法体系也有理论基础并深植于中国的历史和传统之中。③ 另一方面,司法的不独立,受政治影响是当时国共两党政府所共有的历史现象。许小群的研究

---

① 汪世荣等:《新中国司法的基石》,第59页。
② 强世功:《权力组织网络与法律的治理化》,《北大法律评论》2000年第3卷第2辑,第1~61页。
③ 朱苏力认为,司法独立作为一个抽象的概念和一种实践在西方社会运转不错,但是在中国,党的系统对司法过程的干预有其历史传统与政治考虑,尤其是党必须回应人民的期待的情况下。见其"Political Parties in China's Judiciary," *Duke Journal of International and Comparative Law* 17 (2007):533 - 560。尽管朱的观点是对当代中国的观察,但是这种情况确实深深地扎根在1940年代的革命司法实践中。

第三章 二审判决：边区司法建设与婚姻改革

显示，国民党在其"黄金十年"（1927~1937）里强调"党化司法"，导致这一时期司法体系的独立性非常有限。① 在20世纪上半叶，国共两党都认定自己是革命政党，在国家建设和社会改造中都有责任以革命原则指导司法。正是这一时期的历史特点所创造的司法传统影响到后来的实践。时至今日在台湾，司法体系也并未从政党手下独立起来，反而往往成为党争的工具，被国民党和民进党利用。

三 司法实践：形式主义或革命原则下的地方灵活性？

马锡五在封张案中的判词中涉及了一个非常重要问题，即法律如何对待地方风俗习惯。法律形式主义往往强调"法的普遍性和科学性，使用非常简约的理论来达到绝对的真理"，而且认为法律体系"应该基于少数几个的不言自明的公理以及一些从中演义出的定理，然后将它们用于所有的实际状况"。② 依据普遍法以及几个公理所衍生出定理的司法体系如何应对边区千差万别的婚姻纠纷？实际上，在司法工作检讨会议期间以及之后，边区政府的高层领导开始思考如何使司法能够兼容地方的实际情况，以便其判决能够既满足人民的期待，也符合革命的原则。因此，1943年的司法工作检讨不应该被简单地视为一个政治事件，或是单纯的司法事件，这个会议触及了陕甘宁边区司法建设中更为

---

① Xiaoqun Xu, "The Fate of Judicial Independence in Republican China, 1912-37," *The China Quarterly* 149 (March 1997): 1-28.

② 参见 Huang, *Chinese Civil Justice*, pp. 2, 228。

复杂的议题，以至于触及整个中国近代司法体系的建设。

作为陕甘宁边区一个重要分区的负责人和陇东分庭的庭长，马锡五如何看待司法工作检讨会议中的议题？对于其后的司法体系重组，他的立场是什么？马锡五不是一个理论家，而是一个实践者，所以他对这些问题的反应就只能从他对案件的处理以及他的司法经历中去寻找。他对华池县司法处的批评表达了他的司法观念，即司法人员应该遵从法律的精神，法律不应该被教条地应用。革命的司法应该寻求和地方风俗习惯的协调以便达成的结果为当地百姓们接受。正是在封捧儿的案子以及司法会议之后，马锡五的审判方式（见第五章）开始成为一种政治治理和司法审判的模式。马锡五审判方式的精髓在于它是一个具有灵活的形式和坚定的革命原则的有机结合，是兼顾现代法律原则与地方习俗的具体实践。

现代化与本土化：法律形式主义与现实之间

在1940年代早期，地方民众对1939年《婚姻条例》的不适就纷纷表现出来了。边区的司法体系面临着一种悖论，因为当时存在着大量的包办买卖婚姻，但是这种包办也许是双方都同意的，而且总是伴随着彩礼的转移，正如封张案所显示的那样。这种婚姻一方面在双方意愿自由表达上与革命原则相一致，但其包办色彩和彩礼转移却违反了革命的婚姻条例。实际上，这种困境的核心在于法律的本质与形式如何相协调，同时可以在执行中使得地方风俗与改革原则达成和谐。在大多数案件中，包办婚姻的形式是沿袭当地的风俗，因此被革命政府认为是落后的，尽管某

第三章 二审判决：边区司法建设与婚姻改革

些婚姻的本质已经达成了当事人双方同意，符合革命婚姻的自主原则。在"封张案"中，马锡五就批评了华池县的判决，因为它维护了禁止包办婚姻与强迫婚姻的法条形式，但是却忽视了两个年轻人的自主意愿。而且华池县未能做充分的调查以了解捧儿与张柏对婚姻的态度，只是简单依靠封彦贵的说辞来做判决。马锡五的判词表达了他的思路：在形式上要有灵活性，但是要坚守婚姻改革的革命原则，做到让各方都能接受。从这个判决书中，我们可以了解马锡五关于法律现代化的观念，即法律实践必须沟通地方风俗与现代法律，而不是在二者中制造二元对立，这样可以减少革命政权与乡村社会的冲突，更好地解决民间纠纷。马锡五司法观念以及政治治理方法后面第五章中会有更多讨论。

当时，对司法干部来说，考虑革命法律如何能够与地方文化相协调是一项重要议题。早在1941年10月，雷经天院长就提出了法律应该适应"好的"当地文化风俗，因为"法律是人情与道理的结合，在立法时就要顾及双方，所以边区的法律是要合于边区的人情道理"。[①] 在谈到各县法院处理彩礼的风俗时，雷经天说：

> 各县常常错误的地方是不论双方对婚姻是否同意，是否合于婚龄，一有礼物送往，就认为是买卖婚姻而加以处罚，引起老百姓对政府不满，这是不对的。我们要尊重当事人的

---

① 《边区司法工作报告（1941）》，全宗号15，卷号175。

意见,合于人情世俗。①

从1942年起,高院的前院长、负责边区立法工作的谢觉哉,也开始思考法律与地方风俗的关系。他认为:

> 法律是本乎人情的。合乎人情的习惯,即是法,应尊重;且可采入到正规的法上来。不大合乎人情而以某些原因,未能即除去的习惯,应该用教育和政权的力量,使之渐变;至于一般人已甚不以为然的习惯,那就应用断然手段,把它割掉。
>
> 司法的人,要懂情理。要懂得不近情之理和不合理之情。然后断案就会合法,得到人民的拥护。②

1943年5月,大概在马锡五处理"封张案"的同时,谢觉哉在他的日记中写到他对好的法律的理解。他认为"合情合理即是好法"。③ 谢觉哉的观念和其他司法人员的判词显示,对于如何更好地将地方文化整合到法律程序中成为中共司法干部严肃考虑的问题。从这时起,关于情、理、法之间平衡的说法常常出现在边区司法判词中。

"情"是一个复杂的词汇,包含了相当广泛的含义,用于各种不同状况。"情"字的种种含义既包括主观方面,如感情、情

---

① 《边区司法工作报告(1941)》,全宗号15,卷号175。
② 焕南:《一得书·不近人情》,《解放日报》1942年8月4日。
③ 《谢觉哉日记》,第469页。

第三章 二审判决：边区司法建设与婚姻改革

感、情绪等等，也包括较为客观的事实，如情形、情况、实情等等。① 近些年来，美国学术界关于"情"的研究更为注重其主观方面，譬如讨论明清时代文学中的"情痴"现象，对其中的"情"的讨论主要集中于情绪和愿望的表达，② 以及民国时期大众情绪对社会舆论以及司法的影响。③ 实际上，"情"一词的内涵更有客观的方面，例如情况、事情、民情、实情等等。历史上关于"情"一词的出现最早可以追溯到《左传》时代，而且与断狱之事有关，其含义为要求判案人员注重案件的前因后果。例如，"大小之狱，虽不能察，必以情"。④ 另一方面，当"情"字用于为一桩案子喊冤时，可以涉及社会环境的情况如文化、宗教、习俗，常常表达为"人情"。在传统社会的国家统治与法律实践中，情、理、法常常用作司法案件判决中三个重要因素。⑤

---

① 《辞海》，上海辞书出版社，1980，第870页；《汉语大词典（普及本）》，汉语大词典出版社，2000，第1161页；《古代汉语词典》，商务印书馆，2006，第1263页。

② 参见 Anthony Yu, *Rereading the Stone: Desire and the Making of Fiction in Dream of the Red Chamber* (Princeton, NJ: Princeton University Press, 1997), pp. 56 – 66; Martin Huang, *Desire and Fictional Narrative in Late Imperial China* (Cambridge, MA: Harvard University Press, 2001), chapter 2; Martin Huang, "Sentiments of Desire: Thoughts on the Cult of Qingin Ming – Qing Literature," *Chinese Literature: Essays, Articles, Reviews* (December 20, 1998): 153 – 184。

③ 关于民国时期都市社会民众关于"情"的表达，见 Eugenia Lean, *Public Passions: the Trial of Shi Jianqiao and the Rise of Popular Sympathy in Republican China* (Berkeley: University of California Press, 2007), pp. 4 – 6, 13 – 16, chapter 3, and 217 – 18n。

④ 引自《辞海》，第870页"情"条。

⑤ Huang, *Chinese Civil Justice*, preface, iii；李启成：《晚清各级审判庭研究》，北京大学出版社，2004，第15~16页。

因此在中文中,"人情"也用于指称人的本性、感觉,或者人的情绪,称为"人之常情",表现了人的精神和思维、情感与愿望、对环境的反应,以及具体情况以及社会关系中的感情成分。① 同时,在社会人际关系方面,人情也并不一定是抽象的概念或不可捉摸的情感联系,正如阎云翔的研究显示,送礼作为人情的物质表现基于社会习俗,同时构成乡村社会的权力结构。② 在法律程序上,情也涉及感性与情绪方面,以及当事人所面临的具体环境、前因后果、事件状况,所以当犯法之人请求宽宥时常以"情非得已"作为依据。

中国确实有着在做出法律判决时寻求情、理、法三者平衡的历史传统。李启城与梁治平的研究都显示清代司法体系的运作是基于这三者之间的平衡。③ 有的学者认为,人情一方并不能形成对国家和法律权威的挑战。李启成将"人情"定义为"人对正义所保有的一种本能感觉,一方面是天理和国法的反映,但又常常与国法和天理产生冲突"。同时,他也承认人情并不确定,因为它基于个人的经历与地位的差异。他指出清代司法理念倾向于协调天理、人情与国法以达到真正的公正。④ 黄宗智认为,不论是大清律,还是近代以来介绍进中国的欧洲司法观念在处理乡村的民事纠纷时都遇到困境。大多数清末民初的法官都以真实生活

---

① 《辞海》,第303页;《汉语大词典(普及本)》,第190页。
② 参见 Yunxiang Yan, *The Flow of Gifts*: *Reciprocity and Social Networking* (Stanford, CA: Stanford University Press, 1996)。
③ 李启成:《晚清各级审判庭研究》,第15~16页;梁治平:《清代习惯法:社会与国家》,中国政法大学出版社,1996,第17~18页。
④ 李启成:《晚清各级审判庭研究》,第15~16页。

第三章 二审判决：边区司法建设与婚姻改革

情境作为判决案件的考虑基础。正是基于这种观察，黄宗智形成了对清代法律实践的看法，认为当时法律实践形成了一个三角结构：理论表达是一个方面，实践是另一个方面，而两方面一起就形成第三方面。[①] 这种三角形司法过程兼顾司法人员情、理、法三方面的考虑，以达成司法正义的本质。而且，情、理、法形成了案件中的三元结构，不同于西方法律体系中"法律"和"事实"二元对立的结构，司法人员因此能够给予案件的缘起更为多元的思考，更能够顾及案件过程中的复杂性。

由于"情"或说是"人情"往往是社会习俗的体现，涉及人的生活与行为，因此成为司法实践者不能忽视的一种社会现实。在司法上诉或申冤中，申诉人往往强调自己的行为情有可原，因社会环境（或人情）不得已而为之。为了强调各种客观情境和条件，申诉之人往往试图将其违法之行归因于客观情境，而非自己有意行不法之事：因为他/她并非有意违法来挑战法律的权威，仅仅是对既定习俗或某种不得已环境的被迫反应而已。例如，当边区司法工作者批评村民们搞买卖婚姻时，当事人常常为自己的行为辩护，说在当地的环境中，若不花钱肯定找不到媳妇。因此，申诉人往往会求诸一般人对其无奈环境的理解与同情，表达自己作为普通人对具体的（往往是不利的）处境的无奈，寻求司法人员的同理心，以此来试图逼近甚至撬动司法底线，求得对己有利的判决。面对此种情形，法官不仅需要了解案件的基本事实，而且要将客观可恕因素加以考虑，以便做出公正的判决。

---

① Huang, *Chinese Civil Justice*, pp. 5 – 10.

因此,"情"是一个体现地方文化环境的动态过程,而不是简单的情绪、人情、社会关系、社会礼仪。例如,1945年安塞县处理的一起案件:一位妇女在其夫当兵期间再嫁,当原夫返回家中后将其妻从后夫家中带回,但是她却被后夫绑架。安塞县司法处处长贺兴旺判决妇女应该返回原夫家。在判词中,贺兴旺写道:"高张保(原夫——引者注)前方抗战,为人民浴血奋斗,安全返回家庭,虽然女方不安守候,另嫁男人,按情追回,是合乎人情的。"① 根据法律,由于那位妇女并未离婚,故其第二次婚姻无效,尽管其做法符合地方风俗。同时,当地风俗也同样要求一旦原夫回家,妇女则应返回原夫家。在此案中,贺认为这样判决极为恰当,因为这样既符合革命原则,保护了战士的婚姻(这是理),在其妻的二次婚姻无效情况下(是为法),将其追回,又符合了地方习俗(是为人情)。

具体地域的司法实践:了解地方知识

法律是普世性的,还是一种地方性的观念?按照人类学家吉尔兹(Clifford Geertz)的想法,他反对将任何一种文化模式普世化或抽象化,并且他倾向于以本土的观念来理解文化体系中的分枝,诸如法律、常识、宗教、艺术之类。② 借用人类学的观点,

---

① 《高张保贺思温抗属婚姻案》,全宗号15,卷号946。
② Clifford Geertz, "Introduction," "From the Native's Point of View," "Common Sense as a Cultural System," and "Art as a Cultural System," in *Local Knowledge: Further Essays in Interpretive Anthropology* (New York: Basic Books, 1983), pp. 9 – 13, 55 – 120.

第三章 二审判决：边区司法建设与婚姻改革

吉尔兹认为法律需要"翻译"本地事实与概念，如此方可理解地方社会如何运作。他强调"地方知识"在法律中的重要性，因为地方知识包含了人民的智慧。① 很明显，法律必须是地方的，法律权威需要了解并尊重地方知识，以便对在特殊环境中如何做出恰当判决了然于胸。

为了更好地了解地方文化与风俗，从1943年到1944年，最高法院对地方风俗做了一系列的调查，都是由边区各县法院进行调查并回答问卷。高院要求各县回答：

> 你县市有些什么习惯风俗（不管哪一方面的摘录主要的一些，越具体越好，并说明那些足资法律运用，同时作为参考。）

对于高院关于"习惯风俗是什么"的问题，清涧县的答卷说：

> 每个地方有不同的习惯，都是从古代遗传下来的。……至于风俗行为普遍，它带着社会的意义，难改移，有些可以影响到法律去，这叫做风俗。

合水县司法人员回答说：

> 习惯是人的生活，风俗是人和人的关系，好似政治和经

---

① Clifford Geertz, "Local Knowledge: Fact and Law in Comparative Perspective," in *Local Knowledge: Further Essays in Interpretive Anthropology*, pp. 167–234.

济一样，也如同生产力和生产关系一样。

新宁县则回答说：

> 习惯风俗是一个地方上人民信仰的自愿去执行一种东西，而并没有任何强制性，这叫做习惯风俗……

吴堡县回答说：

> 风俗习惯就是人民中的一些遗留，人民自己拿来如法律运用，不论任何时期不变更的。

在回答"风俗习惯与法律运用的关系"，清涧县回答：

> 习惯风俗当然与法律有他密切关系，法律是根据社会一般人情定出来的，我们常说天理、国法、人情，并不是一个人想出来的，订出来的。所以我们每解决一件事是根据天理、国法、人情的原则来处理之。

合水县则回答说：

> 旧的习惯风俗与法律应用是有冲突的，因为法律是维持统治阶级统治的工具，习惯风俗是人民自己定出的法律（人与人的关系共同遵守的法律），是和生产力推翻的生产关系

第三章 二审判决：边区司法建设与婚姻改革

一样……

新宁县回答说：

> 善良风俗习惯我们应当采用，例如：人民衣食住行均以朴素老诚待人忠厚谦逊。坏的反动的不合乎革命的风俗习惯我们不但不采用，而要反对它、改良它、消灭它、制止它的发展，如缠足……①

从这些回答来看，司法人员相信地方社会的风俗习惯强烈地影响着法律的执行。很明显，这体现了"情"与"法"的紧张，因此这种"情"对边区高院来说，是制定法律不得不考虑的因素，当然这里的"理"不同于清代法律中的儒学伦理，而是革命政党社会改革工程所依据的革命原则。

不少县对高院的问卷都做出了回答，答案涉及本地的婚姻、地方宗族及其社会功能、土地所有权及其转移、契约的形成运作、葬礼习俗、继承、衣着习惯，以及土地租赁和典当、家庭结构、社会关系、家庭称呼、地方节日与庙会风俗等等。这些调查提供了非常丰富的地方知识，本书第一、二章中包含了这些内容，作为地方背景知识。有些县法庭也报告了当地的一些恶习如暴力、偷盗、赌博以及吸食鸦片。这些司法人员也同样相信他们

---

① 《各县风俗习惯》，全宗号：15，案卷号57。

能够利用地方风俗作为判案的参考。① 所以地方习俗在形成近代司法体系过程中有着重要的作用。②

另外，这个调查的重要意义在于它保存了相当多珍贵的地方风俗知识，同时也说明边区的司法实践转移到更为注重本土情况的方向上，与中国共产党从一个注重都市的知识分子组织，成为一个在1930～1940年代以农村为根据地的革命政党的过程有相当的一致性。同时，作为一个革命政党，中共建立了改造社会的目标，并且以建立现代司法制度来达到此一目标。在司法程序中接纳地方风俗为司法建设增加了更为丰富的一面，这样可以达到革命原则（理）、边区法律（法）、地方风俗（情）三者的协调，最终形成一个可以为当地百姓接受的法律结果。在此基础上，第五章将讨论中共如何试图通过振兴村庄的调解和自治功能来减少司法纠纷。

革命原则与社会环境：赵翻身的案例

在民国之前的中国社会，儒学思想和伦理是国家的"天

---

① 《各县风俗习惯》，全宗号：15，案卷号57。
② 梁治平关于清代习惯法的研究提供了一个好的案例，关于社会风俗与国法之间的关系。见其《清代习惯法》。另一方面，Jerome Bourgon 批评那种西方法律理论与中国习俗之间关系紧张的既有观点。他相信在建立民国法律的过程中，改革派的中国法律专家和政府官员们发明了一种叫作"中国风俗"的东西，作为一种法律的整体来对应西方法系。见其"Uncivil Dialogue: Law and Custom did not Merge with Civil Law under the Qing," *Late Imperial China* 23 (1) (June 2002): 50-90; "Rights, Freedoms, and Customs in the Making of Chinese Civil Law, 1900-1936," in William C. Kirby, ed., *Realms of Freedom in Modern China*, (Stanford, CA: Stanford University Press, 2004), pp. 84-112。但是这种说法有以抽象的法的概念否认中国社会具体风俗之嫌。

第三章 二审判决：边区司法建设与婚姻改革

理"，而法律体系并不独立于国家治理体系。当然，在延安时期，"革命原则"不同于儒学思想的天理，因此，边区法律体系中的"理"遵循中共社会改造的革命目标。因为革命政权试图改革"落后的"和"封建的"社会，如果无条件地遵循当地的风俗就会有损共产党的革命政党性质，不能达成其社会革命与社会改造的任务。同样地，一个完全独立的司法体系，如果仅仅致力于自身形式上的正确、逻辑上的周延、程序上的完美，也可能有损或牺牲国家的目标与原则。这样，情、理、法的三元关系中，国家会注重"理"或者称为"革命原则"，使其成为司法实践和法律体系的指导性因素。

边区高等法院同样将革命原则视为核心指南，在法的三元关系中，革命原则所要达成的革命目标就成为最优先的考虑，而不是司法的独立性，也不是当地的风俗习惯，这一点不仅体现在封张案中，还体现在下面赵翻身的案子中。在这个案子中，县司法处的判决完全符合法条与程序，却没有尊重当事人婚姻自主的选择。对革命政党来说，在一个改革时代，独立的司法体系并不一定能够实现革命目标，有时甚至有可能成为问题，正如马锡五在判词中对华池县的批评。

同时，陕甘宁边区高院的许多案例证明将"人情"单独作为一个因素包含在司法程序中会造成非常复杂的状况，甚至损害法律程序与革命原则，因此中共作为革命政党有必要监督司法体系，使其为革命任务和社会改造的目标服务。高院的案例显示在处理婚姻案件时，地方的干部或初级法院的司法人员往往会优先考虑当地风俗，以避免与乡民的直接冲突，从而将《婚姻条例》的原则放

自主：中国革命中的婚姻、法律与女性身份（1940～1960）

在了次要地位。而高一级法院虽然给地方风俗一定考虑，但却更为看重革命的原则性。赵翻身的例子正体现了这种动态过程。

赵翻身是子洲县的一位年轻姑娘，从小父死母嫁，由祖父和叔叔抚养长大。当她到了结婚年龄，其祖父和叔叔将她许配给一个叫贺胜得的男人，收了对方的彩礼。但是，赵翻身不同意这门亲事，自己做主另外嫁给一个叫李怀旺的人，并且在县司法处状告祖父和叔叔买卖婚姻。这个案子是目前笔者见到的边区少有的几个由姑娘本人出面代表女方的案例。县司法处按照当地习俗，认为既然赵家接受了彩礼，婚事则应该成立。赵翻身不服，上诉到绥德分区高院分庭，法官认为既然姑娘自己反对，则婚事应予撤销。但贺家不服，上诉到边区高院，高院支持绥德分庭的判决，认为女子的婚姻自主意愿不可违背。但是，在1944年《婚姻暂行条例》的原则下（见第四章），高院同时判决赵家应该退回彩礼并对贺家予以补偿。[①] 这一案例显示基层政府和法庭的判决有可能会违反政策原则以求得与当地风俗的一致，但是高层法庭则能够坚持革命原则。这种状况与戴蒙德（Diamant）对1950年代中国乡村地区贯彻《婚姻法》的研究是一致的，即高一级法庭与政府干部往往会支持乡村妇女的离婚要求，而村乡一级的干部则往往倾向于和稀泥。[②]

---

① 《赵翻身贺胜得婚姻案》，全宗号15，案卷号1497。文件中有的地方写为"贺盛德"。

② Neil Diamant, "Re-examining the Impact of the 1950 Marriage Law: State Improvisation, Local Initiative and Rural Family Change," *The China Quarterly* 161 (March 2000): 171–198.

第三章 二审判决：边区司法建设与婚姻改革

在马锡五看来，承认地方的"情"并不一定有损革命原则（理），只是地方政府和法官政策水平有问题，是他们机械地、教条地执行法律，对当事双方都造成了伤害。因此1944年《解放日报》发表的《马锡五同志的审判方式》代表着边区高层领导经过思考，对边区司法体系做出的原则性指导意见，指示着边区司法发展的方向。因此，文章称赞马锡五在"封张案"的判决中，并使用了谢觉哉关于情与理的观点，指出此一判决"入情入理，非常恰当"。① 同时这一思路也影响了1944年和1946年对《婚姻条例》的修改，这将在下一章讨论。

在建立新的司法体系时，边区的司法工作者试图将现代司法体系与地方习俗进行协调，这种努力理解地方习俗并与之协调的做法也许可以称之为理解"社会真实"，并将司法实践纳入情、理、法的框架中。在这种情形中，"情"可以看作一种客观的社会存在，或者称为"社会事实"，它包括了风俗、礼仪以及地方文化传统，而非如当代西方学者所认为的是主观的情绪或愿望。这种解释应该能够帮助我们理解边区司法人员在建设更为有效的司法体系中所做出的努力。但是另一方面，作为一个革命政党，中共的目标在于颠覆既有的社会秩序，建立一个新的社会秩序，因此司法体系应该为改造社会的目标服务，而不应该被既有的司法体系和固化的司法形式所束缚，这就是中国革命中司法与政治的关系。

---

① 《马锡五同志的审判方式》，《解放日报》1944年3月13日。

小 结

实际上,边区高院的司法干部早已经意识到了边区的司法实践是一种前无古人的探索,是一种新的司法本土化的过程。1944年高院在汇编其案例时就指出:

> 中国的法律,摸索了这么几十年了,但是搞出来的东西,多半不是洋教条便是老八股,能够真正适合于中国国情的东西,还是很少见的。这点,虽然边区在历年的努力中,获得了一些成就,创立了许多新的,适合中国国情,即符合新民主主义的政治(即革命的三民主义的政治)的东西,但我们并不满足,我们认识到我们的努力还不够,还没有把许多实际的经验,在理论上及在法令上树立成很完备的一套。现在我们的法令,距实际的需要还很远。……①

下一章我试图思考在这种现实性基础上的司法实践中会产生出什么样抽象的、具有创造性和中国特色的司法概念,这些概念又是如何深深地根植于中国历史和文化的土壤,随着社会变革的韵律自然地生长出来的。

---

① 陕甘宁边区高等法院编《陕甘宁边区判例汇编》(1944年7月),全宗号15,案卷号26。

第三章 二审判决：边区司法建设与婚姻改革

附录：陕甘宁边区高等法院陇东地区分庭判决书[①]

陕甘宁边区高等法院陇东地区分庭判决书

上诉人：封彦贵，（地址原文模糊不清）

被上诉人：张金才、张金贵（地址原文模糊不清）

被上诉人为聚众实行抢婚一案，构成犯罪事实。上诉人不服华池县司法处民国三十二年五月三日之所为第一审判决，提起上诉，本庭判决如左：

主文

1. 原判决撤销。
2. 张金才聚众抢婚罪判处有期徒刑二年〇六个月。
3. 张金贵实行抢婚罪判处有期徒刑一年〇六个月。
4. 张得赐附和抢婚罪判处苦役三个月。
5. 张仲 同。
6. 张老五 同。

---

① 判决书原件现藏陕档，全宗号15，案卷号842，文件名为"封张为儿女婚事案"。由于原件有几处模糊不清，本打印文件参考了艾绍润、高海深编《陕甘宁边区判例案例选》一书中所收录此案的文件，并对照原件修正了其书中文件的几处错误。见艾绍润、高海深编《陕甘宁边区判例案例选》，陕西人民出版社，2007，第80~83页。

7. 封彦贵实行出卖女儿包办婚姻判处苦役三个月。

封彦贵出卖女儿法币七千元没收。

8. 封捧儿与张柏婚姻自主有效。

事实

缘上诉人封彦贵之女（捧儿）小时于民国十七年经媒说合许与张金才之次子（张柏）为妻。后于卅一年五月该封彦贵见女儿长大，借口女儿婚姻自主为名，遂以法币二千四百元硬币四十八元将捧儿卖于城壕川南源张宪芝之子为妻，被张金才告发，经华池县府查明属实，即于撤消（销）。难料该封彦贵复于本年三月以法币八千元哗叽料布□四匹，硬币二十元，经张光荣做媒，又卖给新堡区朱寿昌为妻，于三月十日在封家订婚，当即交法币七千元，布两疋，棉花三斤。另外于本年古二月十三日适有新堡区赵家□子钟聚宝过事时，该封彦贵之女儿捧儿前赴该事，而张柏亦到，男女两人亲自会面谈话，捧儿愿与张柏结婚，就是被父母包办出不了恶劣家庭环境。而张柏亦非常爱慕捧儿，二人当时已商议决定将为夫妇关系。于是张柏就回家告诉他父张金才。其后张金才听到封彦贵将捧儿许与朱寿昌之消息，即请来张金贵及户族张得赐，张仲，张老五等连儿子张柏共二十人于三月十八日下午从家中出发，到当天二更后到封彦贵家，人已睡定，首由张柏进窑将捧儿拖出，时封姓家中人见来多人，遂让将捧儿由张姓抢劫前去，及天明由两小成了婚姻。当日封姓控至华池县府，经华池县司法处判决张金才徒刑六个月，捧儿与张柏婚姻无效。□□□上诉人不服，上诉本庭，经调查一般群众对华池县处

第三章　二审判决：边区司法建设与婚姻改革

理此案不满意,于是本庭判决本案。

理由

基上事实,捧儿与张柏之婚约虽系于民国十七年系父母之包办,但当地一般社会惯例均如此。其后边区政权建立后,封彦贵藉妇女婚姻自主□之说,将女儿简直当作法宝营业工具,如二次卖给张宪芝之子,后又卖给朱昌寿,企图到处骗财,引起乡村群众不满,应受刑事处分。张金才既然与封姓结成亲眷,不论封姓怎样不好,须得以理交涉或控告,不得聚合许多群众黄夜中实行抢婚。张金贵更不应参加婚姻,①但该犯等竟大胆制造出抢劫行动,而使群众恐慌,于社会秩序形成紊乱现象,所以对该犯应以刑事论罪。而封彦贵以女儿当牛马出售,且得法币数千,此类买卖交易应予没收。至于捧儿与张柏本质上双方早已同意,在尊重男女婚姻自主原则下,应予成立。而华池县初审判决系极端看问题,只看现象,不看本质,对封姓过于放纵,对捧儿张柏自主婚姻尚未真正顾到,所以该判决应予撤消(销)。

基上结论,封张两造之行为均属违法,一则以女儿当货物卖,一则胆敢实行抢劫,全依刑法第一百五十条及刑法第二百九十八条第一款之规定受到处罚,特据刑事诉讼法第三百六十一条第一款及边区婚姻法第五、六两条之规定判决如主文。

右当事人对本判决如有不服,得于送达之翌日起在十日内提起上诉,由本庭转陕甘宁边区高等法院核办(驻延安)。

---

① 原文如此,似应为"抢婚"—引者注。

兼庭长：马锡五

推事：石静山

中华民国卅二年七月一日做成

　　证明与原本无误书记员：陈夷

中华民国卅二年七月八日

第四章　建立新的判决原则：
从"婚姻自由"到"婚姻自主"

封彦贵诉张金才婚姻案虽然结案了，但是我们应该回头仔细重读马锡五庭长的判决书，因为其中的一个重要的词语作为法律判决的基础，值得我们深究。在判决书中，马锡五首先撤销了原华池县的判决，判处封彦贵3个月苦役，同时判处张金才及其从犯等人不同刑期。在判决书中，刑事判决援引的是民国政府《六法全书》中有关刑法和刑事诉讼法的条文作为判决的依据。①（见第三章"引言"部分）但是马锡五对张柏和封捧儿婚姻关系的判决则以边区《婚姻条例》为依据。而判词中最值得注意的是，马锡五并未援引"婚姻自由"的原则，而是宣布二人的婚姻"在边区男女婚姻自主原则下，应予以成立"。②

在1939年《陕甘宁边区婚姻条例》中，"自由"是婚姻的基本原则，即"本人之自由意志"。马锡五的判决书所说的"边区男女婚姻自主原则"似乎并无法律依据。这就产生了一个问题，为什么马锡五用"自主"而不是"自由"来申明边区《婚姻条例》的原则，并将其写入判决书？为什么会有这种词语改

---

① 《封张案》。
② 《封张案》。

变？这种改变只是"婚姻自由"的修辞变形，还是意味着在婚姻改革中某些原则或意义上的变化？"自主"一词由何而来？与"自由"一词有何不同？为什么会产生这种措辞上的变化？在1940年代的陕甘宁边区，这种变化的意义何在？在20世纪中国社会变革的范围内，这种变化的意义何在？在边区的社会和文化以及司法实践层面上，这种新词语的出现有什么样的重要性？更为特别的是，边区司法工作者为什么发明或者采用了"自主"一词，取代"自由"？以何为根据？他们是如何做到的？法律实践以及司法体系通过采用新词语是否使得婚姻改革更为有效？

本章意在从历史与文化的角度追溯"自由"和"自主"二词的发展过程，以及这两个词语如何在社会运动中，以及在司法实践中获得现代性和合法性。这个过程显示，基于乡村的司法实践与革命运动不得不采纳本土的语言，创造自己的语汇和原则来适应当地的社会状况并进行婚姻改革，而不是直接采用在沿海地区和城市受到西方影响所产生的词汇。通过司法实践采纳"自主"一词，革命政权在反对家长制的斗争中可以向妇女赋权。这一原则的产生以及相应的司法实践改变了原来源于都市的、视离婚为妇女解放唯一道路的倾向。同时，边区司法机构试图设计一个更好的方法来改进妇女的社会地位以及她们的婚姻状况，赋予她们独立人格与个人权利，而不是简单地批准她们离婚。

一 从"自由"到"自主"：词语与条例

从五四新文化运动起到1930年代，从沿海和城市开始的家庭

第四章 建立新的判决原则:从"婚姻自由"到"婚姻自主"

及婚姻改革受到了西方思想的影响,追求"婚姻自由",反对包办婚姻以及各种压迫妇女和青年的婚姻形式。在五四新文化思潮影响下,1930年代江西苏维埃根据地也以同样的原则颁布了《婚姻条例》和《婚姻法》,规定了"婚姻以自由为原则"。① 这一节将首先回顾"自由"这一词语在中国社会的演变,然后考察1935年之前的江西苏维埃时期各地政权如何将这一词语作为原则写进当地的婚姻条例之中。本节将同时考察"自主"新词语的起源、内涵与发展路径,以及这一过程与"自由"一词的内涵以及演进路径有何不同。只有了解了这种不同,我们才能理解"自由"一词在实践中所带来的混乱,以及1944年及1946年两次婚姻条例改革的重要性。

"自由"一词在20世纪中国的双重含义

在"婚姻自由"的口号里,重点在于"自由",相当于英语中的"freedom"或"liberty"。但是,中文词并不能准确表达这个西方概念,因为在现代汉语中,"自由"一词包含了双重含义并且有着双重起源。一种是在中国经典中的含义,这个词最早可以追溯到汉代乐府的《焦仲卿妻》中的句子,"行动无礼节,举动自专由,吾意久怀忿,汝岂得自由",② 在这里"自由"意指

---

① 《中华苏维埃共和国婚姻条例》(1931),《江西苏区妇女运动史料选编》,第33页。
② 《焦仲卿妻》,见林庚、冯沅君主编《中国历代诗歌选》上编(一),人民文学出版社,1964,第115~119页。亦见(晋)袁宏《后汉纪·灵帝纪中》:"今方权宦群居,同恶如市,上不自由,政出左右。"另有《北史·尒朱世隆传》:"既总朝政,生杀自由。"见罗竹风主编《汉语大词典》卷8,第1308页;还有"晏执金吾,兄弟权贵,威福自由",引自刘正埮等编《汉语外来词词典》,上海辞书出版社,1984,第410页。

"无拘无束"的意志,同时"自专由"的用法也证明了古典汉字的"自"和"由"是一字一词。① 自由的另一种含义则对应的是英语的名词 freedom/liberty,或形容词"free"(但不包括"免费"的意思)。② 从语言学上来说,自由一词的古典含义源自它的结构,它本身是一种"名词+动词"的短语,意味着"自己由着(自己的心意)"。③ 但是当这一词语对应了"freedom"/"liberty"后,它的词语结构发生了变化,成为了一个不可分割的名词。

根据当代学者的研究,英语的 freedom/liberty 最先是在晚清通过传教士翻译的西方文献传入中国,特别是从 19 世纪传教士编纂英中字典开始的。可以想见,那时传教士并未完全熟练掌握中文,因此在汉语对应词的取舍上常有反复。在这些字典中,英语词汇"freedom"/"liberty"先是被定义为"自主之理",但似乎感觉不甚妥当,又改用"自由"来指称。但是在早期,传教士们对"自主"与"自由"的使用有很大的随意性,因为在他们眼里,二者都表示某种自由意志。这表明当时编纂字典的传教士们

---

① 在《焦仲卿妻》中,"自专由"与"得自由"的用法表明"自"和"由"是一字一词,二字可以分开使用。正如梁启超指出,在大多数情况下古典汉语中,汉字是以单字为词,引自马西尼(Fedrico Masini)《现代汉语词汇的形成》,汉语大词典出版社,1997,黄河清译,第 94 页。
② 《汉语大词典》(普及本),第 1308 页。冯兆基(Edmund Fung)认为当代中国流行的"自由"一词包含六种概念,从个人自由、社会解放,到民主和人权多个方面。但是,除了"自由"的本土含义,其他六种均来自西方。见 Edmund S. K. Fung, "The Idea of Freedom in Modern China Revisited: Plural Conceptions and Dual Responsibilities," *Modern China* 32 (4) (October 2006): 453 - 482。
③ 罗竹风主编《汉语大词典》卷 8,第 1308 页。

第四章 建立新的判决原则：从"婚姻自由"到"婚姻自主"

并不能确定一个准确的中文词来对应"freedom"/"liberty"。①

从1850年代到1880年代，"自由"和"自主"比较随意地出现在一些传教士为清政府翻译的文件中，用来指称liberty/freedom，而清朝士大夫仍遵循自由一词的古典含义。② 在这一时期，也出现了传教士在为清政府翻译文件时偶尔用"自主"来指称英文中的"independence"（独立）或"sovereignty"（主权）。这恐怕是最早给"自主"赋予某种带有"主权"含义的尝试，从而为"自主"词义的现代转型创造了条件，但是这种使用仍然有着很大的随意性。胡其柱观察到在1890年以前传教士们使用"自由"或"自主"并没有清晰的定义，而且也只在他们之间使用，并未影响到中国士大夫。③ 大约在1870年代，日本学者将传教士们的字典传入日本，同时也将自由一词对应liberty的说法借用到了日本，④ 但这并未引起中国士大夫的注意。熊月之也认为，1890年代之前，中国士大夫对以自由一词指称

---

① 胡其柱：《晚清"自由"语词的生成考略》，郑大华、邹小站编《中国近代史上的自由主义》，社会科学文献出版社，2008，第127~45页；熊月之：《晚清几个政治词汇的翻译和使用》，《史林》1999年第1期，第57~62页。
② 胡其柱：《晚清"自由"语词的生成考略》，郑大华、邹小站编《中国近代史上的自由主义》，第127~45页；熊月之：《晚清几个政治词汇的翻译和使用》，《史林》1999年第1期，第57~62页；马西尼：《现代汉语词汇的形成》，第64页。
③ 胡其柱：《晚清"自由"语词的生成考略》，郑大华、邹小站编《中国近代史上的自由主义》，第127~45页。金观涛与刘青峰教授的研究也确认了这一点。见其《观念史的研究》，第525~526、611页。
④ 本人认为，日本学者之所以能够很容易地接受自由一词为liberty/freedom的对应词是因为对日语来说，汉英两词均为外来语，没有像中国士大夫那样受到其古典词义的羁绊，因此可以不为"自由"一词的古典词义所累。

liberty/freedom 有着很大的顾虑，因为他们清楚地知道自由一词既包含着"自由自在、无拘无束"的适意，也包含着"随心所欲，无法无天"的任性。[1] 黄遵宪（1848～1905）1880 年代出使日本时，记载了日本学者将"自由"直接对应 freedom/liberty。但要指出的是，黄遵宪的著作到了 1890 年代才在中国出版，几乎与严复的著作同时。因此可以说，在中国，自由一词确立其对应 liberty 的词义是在 1890 年代。[2] 正是从此时开始，自由一词对应 liberty/freedom 的词义才开始在接触西学的上层士大夫中小范围流传，而大多数文人仍然沿用古典意义上"自由"的含义。

自由指称 liberty 更广泛的流传是在中日甲午战争之后和戊戌变法时期，这要归功于严复和梁启超的大力推广，[3] 尤其是严复（1854～1921）对斯宾塞和米勒著作的译介。[4] 作为一个留学英国的"海归学者"，严复毫无疑问懂得米勒著作中的 liberty 的准确含义。虽然此时自由一词已由黄遵宪从日本带回中国，赋予与 liberty 对应的含义，但是，严复并未简单地将米勒 *On Liberty* 一书的书名直接翻译成《论自由》，而是译为《群己权界论》。不

---

[1] 见熊月之《晚清几个政治词汇的翻译和使用》，《史林》1999 年第 1 期，第 57～62 页；亦见胡其柱《晚清"自由"语词的生成考略》，郑大华、邹小站编《中国近代史上的自由主义》，第 127～45 页。

[2] 胡其柱：《晚清"自由"语词的生成考略》，郑大华、邹小站编《中国近代史上的自由主义》，第 127～45 页；金观涛、刘青峰：《观念史的研究》第 611～612 页。

[3] 胡其柱：《晚清"自由"语词的生成考略》，郑大华、邹小站编《中国近代史上的自由主义》，第 127～45 页。

[4] 虽然严复翻译米勒的书在 1903 年才正式出版，但是一些章节在 1900 年前后期广泛流传。

第四章 建立新的判决原则:从"婚姻自由"到"婚姻自主"

得不说,这个翻译非常准确地表达了米勒的意思。① 这说明,严复对以自由直接指称 liberty 是有所保留的。虽然在书内严复还是多次使用了自由一词,但这更多的是为了语言简洁,行文方便。②

19 世纪后期,自由一词对应 freedom/liberty 的语义变化,导致其在语法结构上发生了变化。在古典文献中,词语严格按照古汉语的规则,一字为一词,③ 所以"自由"是用"自"和"由"两个独立的词(字)组成的。尽管现代语法结构并不完全适用古代汉语,但是勉强可以套用"动宾结构"或"主谓结构"来说明古典的"自由"概念,是一个由两个词(字)组成的词组,表达了任由自己、不受束缚的意思。从明清以来的白话到 20 世纪的白话文运动,双(多)音节、双(多)字词成规模地进入了上层精英的书写。当传教士们用"自由"来指称 liberty 的时候,"自由"就从古典的、由一字一词原则组成的词组,变形成了一个不可分割的、具有双字双音节的独立单词。④ 从语言上来

---

① 严复译《群己权界论》,商务印书馆,1981。胡其柱认为严复不仅是第一个将"自由"定义为 liberty 的人,而且也第一个将"自由"定义为个人权利。胡其柱:《晚清"自由"语词的生成考略》,郑大华、邹小站编《中国近代史上的自由主义》,第 127~45 页。
② 在翻译斯宾塞的 A Study of Sociology 时,严复的确使用"自由"来指称 liberty,但是书名却用"群学",可见严复对自由的理解仍然是个人与社会之间关系的界定,准确地表达了著作者的原意。见严复译《群学肄言》,商务印书馆,1981,第 29~30 页。
③ 另一方面,民间白话则存在许多字词。自晚清起,甚至更早,文人士大夫开始将白话带入书写,新文化运动的白话文运动延续了这个趋势,最终主导了现代汉语。
④ 这种现象类似中国的许多外来词汇,使用多字组成单词的形式,例如"葡萄""沙发"。在这种形式中,双字或多字成一单词,不可分割。

说，这就改变了自由一词的古典语言结构。① 语言学上的变化导致了语义上的改变：它将原来带有强烈主体性的"自"与"由"黏合，使二者不可分割，于是"自由"成了一个"去主体化"的名词，即"自"所代表的行为主体消解在名词中。同时这个名词只代表着一种状态、一个抽象的概念，从而消解了词语中"由"所代表的行动含义。自由一词的这种语言学上的结构变化以及语义上的变化需要具有一定西学知识的人才能够理解其新含义，注意到与原来词语中的差别，并且非常精细地从思想史的角度去进行阐述。但是，严复的翻译是用文言文写成，读者均为沿海都市地区的上层知识界，而多数乡村社会对这种词语微妙变化所带来的意义尚无任何感知。

由于自由新词的含义源于西方，而且中国知识精英参与了它的转型与传播，于是在20世纪初期，自由新词便受到改革派和都市精英的欢迎。② 在新文化运动前后以及1920年代，都市知识群体和受过现代教育的女性群体尤其欢迎这个词，它频繁地出现在1910~1920年代各个报纸杂志上。③ 在社会领域中，五四新文

---

① 罗竹风主编《汉语大词典》卷8，第1308页。事实上，现代西方语法并不适合解释分析古文。但为了说明两个词语的不同含义，只能借用西方现代语法。

② Jerome B. Grieder, *Hu Shih and the Renaissance: Liberalism in the Chinese Revolution, 1917–1937* (Cambridge, MA: Harvard University Press, 1970); 黄克武：《近代中国的自由主义》，郑大华、邹小站编《中国近代史上的自由主义》，第27~43页。

③ 炳文：《婚姻自由》、陆秋心：《婚姻自由和德谟克拉西》，中华全国妇女联合会妇女运动史研究室：《五四时期妇女问题文选》，三联书店，1981，第233~235、242~245页。

第四章 建立新的判决原则：从"婚姻自由"到"婚姻自主"

化运动和现代都市的印刷文化创造了一系列以自由为前缀和后缀的词语，例如，恋爱自由、自由社交、自由交友、自由离婚，等等。① 早期共产主义者也是从这种社会环境和气氛中成长起来的，这些理念或多或少被带到了江西苏区以及后来的陕甘宁边区根据地。

"以自由为原则"：江西苏区的《婚姻条例》与《婚姻法》，1931~1934

1931年，新成立的苏维埃政府在江西革命根据地发布了《婚姻条例》，主张婚姻"以自由为原则"。《条例》废除了封建的强迫、买卖婚姻以及童养媳制，并规定了一夫一妻制，禁止一夫多妻，还规定了离婚自由，允许单方面提出离婚。② 虽然这个条例并未照抄1926年苏联的婚姻法，但是在精神上，两者却有着某种关联性。苏联的婚姻法强调在婚姻登记和离婚上男女"绝对平等"以及"双方自愿"，③ 但江西苏维埃颁布的婚姻条例重点则在于"自由原则"，或者个人的"自由意志"。可以说，1931年的婚姻条例更多地受到五四新文化的影响，继承了这一时期都

---

① 1930年代，这些新词被收入《新名词词典》。见邢墨卿编《新名词词典》，新生命书局，1934，第51页。亦见许慧琦《娜拉在中国：新女性形象的塑造及其演变》，台湾成功大学出版社，2003，第189~245页。

② 《中华苏维埃共和国婚姻条例》，《江西苏区妇女运动史料选编》，第33~37页。

③ 见 The Soviet Law on Marriage: Full Text of the Code of Laws on Marriage and Divorce, the Family, and Guardianship (Moscow: Co-Operative Publishing Society of Foreign Workers in the USSR, 1932), pp. 3-13。1926年苏维埃婚姻法赋予个人单方面离婚的权利。

市新文化的精神。在离婚条款上，江西苏维埃中央政府规定得非常简略，只有两条，即允许单方面离婚并需要离婚登记，这两条倒是显示着苏联婚姻法影响的存在，也是现代国家的要求。在1934年修改的《中华苏维埃共和国婚姻法》中，加上了一条对红军战士妻子单方面离婚的限制。① 从中央苏区到延安时期，革命根据地从来不是一个统一的整体，在革命的原则基础上，各个根据地都有自己的具体政策。② 在婚姻政策方面亦是如此，而苏联关于单方面离婚的法律规定当时仅影响了中央苏区。③ 1931年湘赣苏区颁布了比中央苏区更为详细的婚姻条例。除了申明结婚"自由"原则外，还规定了离婚的条件，禁止许多旧的婚姻习俗，如多妻制、买卖婚姻、纳婢蓄妾、童养媳以及守节等旧制度。④ 相反地，中央苏区婚姻条例所列入禁止的旧婚俗相对地要少。⑤

在离婚条件方面，湘赣苏区的条例也有一些和中央苏区不一样的地方。湘赣苏区设立了九个离婚条件，包括了双方同意离婚和单方面要求离婚的。有的条件类似1939年陕甘宁边区的规定。

---

① 《中华苏维埃共和国婚姻法》，《江西苏区妇女运动史料选编》，第176~178页。
② 参见 Saich and van de Ven, eds., *New Perspectives on the Chinese Communist Movement*，第五章，这一文集中许多文章都是关于各个根据地在社会改革以及群众动员中的不同政策。
③ 事实上，中国共产党在婚姻家庭方面单独立法，与一般民法分列就显示了苏联的影响。见王歌雅《域外法影响下的中国婚姻法改革》，《比较法研究》2007年第5期，第70~81页；李秀清：《新中国婚姻法的成长与苏联模式的影响》，《法律科学》2002年第4期，第76~89页。
④ 《湘赣苏区婚姻条例》，《江西苏区妇女运动史料选编》，第235~236页。
⑤ 《中华苏维埃共和国婚姻条例》，《江西苏区妇女运动史料选编》，第33~37页。

第四章 建立新的判决原则：从"婚姻自由"到"婚姻自主"

这些条件包括一方患有不治之疾、年龄相差太大、男方外出无信、男女双方政治意见不合或阶级地位不同等。此外，有妻妾者的妻妾均可要求离婚，童养媳可准离婚，离婚必须在政府登记，等等。另外，除双方均同意离婚外，当一方提出离婚而另一方不同意时，地方苏维埃政府规定要切实调查有离婚条件的方可准许离婚。同时这些离婚条件都对红军战士有所例外。例如，当一方患有不治之症时另一方可以离婚，但是如果是红军战士因枪伤致残疾者则不许；当男方外出两年无信者，女方可以要求离婚，但是对红军战士的妻子则延长到四年，而且湘赣苏区的离婚条例将政治因素也包括在内了。① 而这些离婚条件在中央苏区的条例中并不存在，中央苏区的婚姻条例只简单规定了"离婚自由"，"凡男女双方同意离婚的，即行离婚"，"男女一方坚决要求离婚的，亦即行离婚"，并要求离婚必须向苏维埃政府登记。②

一些西方女权主义学者认为共产党在江西苏维埃时期支持妇女单方面离婚，有着更为进步的婚姻政策，而这种进步政策却在延安时期修正过的婚姻条例中被排除了，因此共产党在延安时期从进步政策中退却了。这个观点并不全面，因为江西苏区时期并无统一的婚姻条例，各个苏区或自定条例，或照抄中央苏区的条例。③ 而且湘赣苏区的婚姻条例早在1931年就已经约束红军战士

---

① 《湘赣苏区婚姻条例》，《江西苏区妇女运动史料选编》，第235~236页。
② 《中华苏维埃共和国婚姻条例》，《江西苏区妇女运动史料选编》，第33~37页。
③ 如川陕省苏区则直接抄了中央苏区的条例。见《川陕省苏维埃政府婚姻条例》（1933年12月24日），陕档：《馆藏革命历史资料》，顺序号575。

妻子的单方面离婚要求，比1934年中央苏区的《婚姻法》的约束更早。从一开始，这种约束是一个现实问题，关乎生存。另外，闽浙赣根据地也制定了一些法律，旨在保护妇女并规范婚姻。例如赣东北特区苏维埃1931年制定刑律，其中包含对妇女的保护以及针对妇女犯罪的严重惩罚。[①] 赣东北特区苏维埃还制定了《婚姻法》，据说执行顺利。[②] 但是限于资料，我们对于不同苏区婚姻条例的执行情况了解不多，而且1934年中央苏区的《婚姻法》颁布不久，红军长征就开始了，所以该法具体实施的情况并不清楚。

当中共在陕甘宁边区建立起根据地后，于1939年制定了《陕甘宁边区婚姻条例》，边区同时也有足够的时间和能力执行其理想化的政策。1939年的婚姻条例宣告边区婚姻的原则是个人的"自由意志"，这个原则的通常说法就是"婚姻自由"。但是当这个口号脱离了它原来的都市背景和受过现代教育的人群时，在陕甘宁边区的人口中发生了相当大的曲解，尤其是曲解了"自由"一词的现代含义。在陕甘宁边区的语境之下，大众对于自由一词的理解仍然停留在其传统的词语结构与内涵上，于是"婚姻自由"就意味着对婚姻之事可以自己随意为之。然而在1939年，在陕甘宁这片土地上的婚姻依旧是以家长为主导的家庭事务，而非青年男女个人的事务。于是，婚姻的"自由"实际上成为家长的特权。正是这种对"自由"理解的扞格在法律

[①] 《赣东北特区苏维埃暂行刑律》（1931年5月19日），《江西苏区妇女运动史料选编》，第409～411页。
[②] 《赣东北省委妇女部关于妇女工作给中央妇委的报告》，《江西苏区妇女运动史料选编》，第426～429页。

第四章 建立新的判决原则：从"婚姻自由"到"婚姻自主"

实践上造成巨大的困难。女方的父母，尤其是父亲，常常找到地方干部和法庭，要求他们的"婚姻自由"。① 陕甘宁边区的法律文件显示，当地法院的法官不断地澄清"自由"不是无法无天，不受约束，他们告诫当事者："出乎法律之外之自由，不能认为真正之自由。"② 这种澄清恰恰证明了"自由"一词在当地的法律实践中出现了误解。

从"自由"到"自主"：在社会与法律实践中演进

实际上，由于自由一词有着古典性和外源性的双重内涵，使得它成了20世纪含义最为模糊的现代词语之一。③ 相应地，也影响到自由这一观念的理论形式——自由主义在中国政治和思想界的命运及其影响范围。自由主义在共产主义革命运动中有着无法无天、无政府主义等负面内涵，因为不仅普通农民、妇女，即使中共干部也不曾在学理上认真了解过源自西方的"liberty"概念。正因如此，1937年毛泽东写了一篇《反对自由主义》的文章，也是从"自由"的本土渊源中获取定义，将自由主义描绘成一系列不负责任、随心所欲的现象。④ 直到1990年代西方的自

---

① 丛小平：《左润诉王银锁：20世纪40年代陕甘宁边区的妇女、婚姻与国家建构》，《开放时代》2009年第10期，第62~79页。
② 《孙善文上诉王生贵案》，全宗号15，案卷号1495；《连生海贺相林上诉案》，全宗号15，案卷号1407。
③ 何晓明：《近代中国自由主义：不结果实的精神之花》，郑大华、邹小站编《中国近代史上的自由主义》，第14~26页；金观涛、刘青峰：《观念史的研究》，第403~420页；危兆盖、耿云志等：《历史为什么没有选择自由主义》，《中国近代史上的自由主义》，第1~10页。
④ 《反对自由主义》，《毛泽东选集》第2卷，人民出版社，1968，第330~332页。

由主义再次被介绍进中国之前,这种定义一直是自由和自由主义的正式内涵。① 因此西方的自由观念以及作为其理论形式的自由主义,不论是作为一种政治上的旗帜,还是仅仅作为一种纯粹的思想理论,在20世纪中国只吸引了一小部分精英知识分子。②

与此同时,"自主"一词在20世纪的发展则有不同的路径。相比古典文献中的"自由","自主"一词出现较晚但却同样在19世纪后半叶发生了些微变化。"自主"一词最早往往出现在与婚姻有关的场景,例如在明清之际的戏剧家李渔(1611~1680)的剧本中,男主人公说到自己的婚姻"不能自主"。③ 同样的情况,清代小说家蒲松龄(1640~1715)也在其作品中让一名女子说出自己的婚姻"不能自主"。④ 尽管前面的例子都是否定句式,但却表达了"自主"意味某事由自己做主、自己决定的意思。从语源学上来说,虽然自由与自主都表达了主体具有做出决定的主观能动性,但与自由/liberty相比,古典语义的"自主"与"自由"都强调主观能动性,其所指涉的主体也都具有行动能

---

① 甚至在1990年代,当朱学勤试图阐述重新进入中国的自由主义时,仍不得不先做"科普",讲明理论上的自由主义并如非当时人们所理解的自由主义。见其《1998:自由主义学理的言说》,《书斋里的革命》,长春出版社,1999,第380~399页。
② 见金观涛、刘青峰《观念史的研究》,第403~420页;危兆盖、耿云志等:《历史为什么没有选择自由主义》,第1~10页。冯兆基(Edmund Fung)的文章也显示,具有现代含义的自由一词仍然局限于知识精英圈内。见其 "The Idea of Freedom in Modern China Revisited: Plural Conceptions and Dual Responsibilities." *Modern China* 32 (4) (October 2006): 453–482.
③ 《风筝误·凯宴》中男主人公说:"学生因先君早丧,蒙戚辅臣抚养成人,如今婚姻一事,不能自主。"见罗竹风主编《汉语大词典》卷8,第1310页。
④ 见蒲松龄《聊斋志异·西湖主》,第255~258页。

第四章 建立新的判决原则：从"婚姻自由"到"婚姻自主"

力。但是从语义上说，两词有着些微的差别，"自由"允许主体无限制的随意性，而"自主"则强调在某种事情上做决定的主动性。这种细微之别却不容忽视，因为两个词并非同义词，在遣词造句时不可相互替代。也正是这一细微的差别，让这两个词在近代有着不同的演进道路。

"自主"一词的现代转型也可以追溯到传教士在19世纪的翻译，但其历程却不如"自由"一词那样连续、平顺。尽管1844年传教士在编纂辞典时，曾使用"自主之理"指称liberty，[①] 然而不久，又给了liberty的中文定义加上了"自由"和其他相似的含义，似乎在对选择对译liberty的中文词时举棋不定。1880年代传教士在翻译清廷文件时，有时又将"自主"用于指称与国家主权相关的independence，或用于指称个人权利。[②] 但同时，词语的转变在士大夫阶层仍然缓慢，这种情况持续到1890年代，至少此时在上层知识妇女中，"自主"仍然被用于描述与婚姻有关的事务。[③] 同时，士大夫则开始接受"自主"用于与国家主权有关的事务，例如严复就清晰地界定了"自由"与"自主"的适用范围，指出

[①] 熊月之：《晚清几个政治词汇的翻译和使用》，《史林》1999年第1期，第57~62页；胡其柱：《晚清"自由"语词的生成考略》，郑大华、邹小站编《中国近代史上的自由主义》，第127~145页。金观涛、刘青峰指出，此一词汇也许存在着其他含义，但是非常罕见。见其《观念史研究》，第525页。

[②] 金观涛、刘青峰：《观念史研究》，第525~526页。

[③] 《女学报》1898年8月第3B页，以及9月第2a–2b页。《女学报》的作者在介绍西方妇女时，也使用了自主一词描述婚姻，认为她们在婚姻上可以"自主"。在这里我十分感谢莱斯大学的钱南秀教授与我分享她所收集的《女学报》资料，并允许我使用这些史料。

"身贵自由,国贵自主",① 用以说明自由与个人权利有关,而自主与主权有关,两词的含义开始发生变化与分化。从1895年到1910年代,自主也常被用来指称与主权与国家独立有关的事务。② 所以在20世纪初,自主一词似乎仍游走在传统词义转型的边缘。自主一词在晚清政治运动中偶有出现,兼有传统与现代的含义。1903年在章炳麟(1869~1936)与康有为(1858~1927)的辩论中,章使用了"汉族自主"来说明自隋唐以来的汉族统治中原的情形。③ 章炳麟对"自主"的这种用法仍然维持了其古典词语的结构和含义,但是却延伸到了国家政治事务的层面,标志着这一词语开始转型。在20世纪初年,传教士与严复将自主一词对应 independence 的用法已经不复存在,而 independence 后来晚些时候则与"独立"一词形成固定的对应关系。④ 正因如此,使得"自主"一词在20世纪初仍未与特定西方词语建立固定的联系,不过,正是因为"自主"一词指称家庭事务的传统含义在20世纪初曾被移用于与国家主权有关的事务,它在1930年代才成为一个贯穿起家与国命运的政治词语。

---

① 引自胡其柱《晚清"自由"语词的生成考略》,郑大华、邹小站编《中国近代史上的自由主义》,第127~145页。
② 金观涛、刘青峰:《观念史研究》,第526~527页。
③ 章炳麟:《驳康有为论革命书》,《章太炎选集》,上海人民出版社,1981,第155~186页。
④ "独立"一词的古典含义形容一人独自站立的状态,也可以指一种孤立的状态,如屈原的"遗世独立"。根据金观涛、刘青峰的研究,认为"独立"一词作为政治词语出现在1900年前后,并常与"自主"连用甚至混用。但严复在《政治讲义》中试图厘清二者。见金观涛、刘青峰《观念史研究》,第614页。所以"独立"一词的广泛使用只是在20世纪才开始。

第四章 建立新的判决原则：从"婚姻自由"到"婚姻自主"

金观涛、刘青峰的研究显示，自主一词在晚清与20世纪头10年短暂出现之后，似乎就退出了政治场域和社会运动，此后很少出现在公开出版物上。① 甚至在1934年所编的《新名词辞典》也未收录，② 可见此一词语要么不流行，要么不被认为是新名词。这个短暂的沉潜使得"自主"得以保持其原有语法结构与语义。自主一词重新出现在政治语境中是毛泽东在谈论抗日战争时，主张中共在第二次国共合作中必须具有独立自主性。毛在《统一战线中的独立自主问题》一文中驳斥了革命队伍部分人关于完全服从国民政府在抗战中的领导地位的主张，认为中共应保持在统一阵线中的"独立自主"地位，才能赢得抗战的胜利。③ 同时，毛泽东也批评了在国际共产主义的反资本主义和反法西斯运动中，中共应完全服从苏共在共产国际中的领导的观点。④ 毛泽东阐述了中共在统一阵线与共产国际中的独立自主政策，即在抗日统一阵线中坚持中共的独立自主地位，抗击侵略者，争取国家独立，同时中共作为共产主义政党既是国际主义政党，又是民族主义政党，必须在国际共产主义运动中坚持其政党的自主性。这种对自主一词的使用承继了晚清以来把"自主"与国家主权事务相连接的思路。与此同时，1940年代中共在延安，面对国民党政府的围困和经济封锁，也创造了一系列意思相同的词汇和

---

① 见金观涛、刘青峰《观念史研究》，第526页。
② 邢墨卿：《新名词辞典》，新生命书局，1934。
③ 《统一战线中的独立自主问题》，《毛泽东选集》第2卷，人民出版社，1990，第502~505页。
④ 汪晖：《地方形式、方言、土语与抗日战争时期的"民族形式"的争论》，《亚洲视野：中国历史的叙述》，牛津大学出版社，2010，第237~281页。

口号，贯彻独立自主的精神。这些口号包括在大生产运动中，提出自力更生、自己动手、丰衣足食、发展生产、自给自足。① 于是，这种政治上的独立自主精神投射到社会改革领域，自主一词自然延伸到婚姻改革的司法实践中。当然，在司法实践中自主原则的确立还有赖于司法干部将自主原则与当地妇女在追求婚姻、爱情上自发散漫式的自主性相结合，同时规范其散漫性，使得自主原则从法律上得以确立。

二 自主：从法律实践中产生的新婚姻原则

直到1942年，中共官方关于妇女和婚姻的政策和文件的用语具有广阔的光谱，包括了从延安高层领导中散发着理想主义色彩的论述，到在基层实践中应对问题的现实主义灵活用词。1939年的婚姻条例，如第一章中所述，未能为基层法官提供解决婚姻纠纷以及相关财产纠纷的具体法律判决规范，而是把解决纠纷的裁量权下放给了基层法官和干部。在陕甘宁边区的法律文件中，"自主"一词大约是从1942年开始出现的，是为了弥补"婚姻自由"口号所造成的问题。尽管延安关于婚姻政策的正式用语来自五四时期的"自由"一词，而且一直在高层政策性文件中使用，但是在1942年前后的法律文件中，地方法庭和政府机关人员在解决法律纠纷时，开始使用"自主"一词。② 而且，由于当

---

① 黄正林：《陕甘宁边区社会经济史（1937–1945）》，第80~93页。
② 《高院：判决书集成》，全宗号15，案卷号29。

第四章 建立新的判决原则：从"婚姻自由"到"婚姻自主"

地乡村妇女的活动以及参与司法过程，司法人员也相应地采取了一定的法律程序与技巧来理解处于婚姻纠纷中的妇女，既坚持原则，也能尊重她们的意愿。

图 4－1 陕甘宁边区民政厅文件中写有"自主"字样

说明：这份文件的特殊处在于，它是陕甘宁边区民政厅的文件，也同样使用了"自主"一词。但是书写人在写第一句时，原来写的是"自由"，但是立即改为"自主"。很明显这两者之间有区别，而且在书写人脑海中做了一个概念的区别和转换，说明在此时"自主"的概念不仅在司法系统被普遍接受，而且延伸到政府其他基层相关部门。

图片来源：《陕甘宁边区婚姻问题材料汇集》（1943），全宗号 4，档案号 1，案卷号 65。

自主：中国革命中的婚姻、法律与女性身份（1940～1960）

关于乡村妇女的概念及其理解

当五四话语中关于妇女与婚姻的观念在陕甘宁这个特定的区域落实的时候，革命政权开始了解什么是真正的乡村妇女。从理想主义角度出发，政府干部和司法人员试图扮演"拯救者"的角色，引导妇女追求"理想婚姻"，即以爱情为基础，以自由为原则，物质与婚姻分离的模式。但是他们很快就发现，他们的努力以及好意，在一个家长制权威的环境中被扭曲了，年轻妇女有时甚至与父亲或家长合谋，从婚姻中获得物质利益。例如，在《左润诉王银锁》一案中，左润充分利用了父母包办婚姻、自己年幼无知的说辞，使得整个案件扑朔迷离（见第三章）。从革命理论出发，边区高院不仅将妇女视为革命的力量，而且也视为改革的对象，因此给下级法院的指示信中说：

> 各县处理离婚案件应特别慎重，不能机械的搬用婚姻自由原则，援引"感情不合"条文（第一届参议会颁布之边区婚姻条例第十一条第二款），良以陕北乃经济文化落后之区，落后之妇女常因爱富嫌贫每每借口感情不合（和）欲离穷汉另适高门，致令穷人有再娶之难，且减少其家庭劳动力，影响生产及生活之改善。亦有不走正道之妇女，滥用婚姻自由随便恋爱，乱打游击，朝婚暮离，视同家常便饭者。亦有离了婚，前妻不走，男人再娶，老百姓讥之为"大小老婆"者。亦有想离就离，不想离又不离者；亦有因女家父母图得聘金，挑拨女、婿感情，促女离婚另嫁者，此皆因对离

第四章 建立新的判决原则:从"婚姻自由"到"婚姻自主"

婚操绝对自由所致。①

在中共关于乡村妇女的论述中,从视妇女为封建主义和帝国主义的无辜牺牲品到"落后之区"的"落后妇女"反映在了对待法律案件的态度中。

尽管这封信里可能存在都市精英的道德评判和偏见,② 但却显示了革命理论的双重性,即将妇女视为革命力量,亦视为被拯救对象(见第二章)③,而且也显示了这些司法专家们开始认识到乡村妇女与五四文学作品以及革命话语所描述的乡村妇女作为受害者的形象不同。在法庭上,不少要离婚的妇女说她们与丈夫"感情不合""(关系)不好",但是当法庭问她们怎样不合、有何证据,这些妇女往往说丈夫"不给吃穿"。④ 有些抗属妇女则表示嫌丈夫不在家。对当地妇女来说,有吃穿、有丈夫陪伴是她们对婚姻的基本要求,决定着婚姻的质量。在 1930~1940 年代此地区经济困难、社会动乱的现实中,这种要求成了维系婚姻的基本要素。但是这种婚姻观念却与共产党从城市带来的、以五四

---

① 《高院指示信 3 号:处理离婚案应注意各节由》,全宗号 15,案卷号 33。
② 这封指示信应该出自李木庵之手,因为签字是"代院长"。正是李木庵在 1941 年到 1943 年为边区高院的代理院长。李木庵是来自都市的司法精英,对乡村妇女观点可能更倾向于五四话语。
③ Tina Mai Chen, "Peasant and Woman in Maoist Revolutionary Theory, 1920-1950s," in Catherine Lynch, Robert B. Marks, and Paul G. Pickowicz eds., *Radicalism, Revolution, and Reform in Modern China: Essays in Honor of Maurice Meisner*, pp. 55-77.
④ 《黄桂英诉高玉合》,《边区高等法院 1946 年刑民事判决书汇集》之一,全宗号 15,案卷号 29。

新文化话语为基础的、单纯强调感情的、以爱情为轴心将性、婚姻、家庭压缩为一个同心圆的观念大相径庭，也与将妇女看成革命力量，希望妇女为民族革命牺牲的期望不同。在法庭看来，没吃没穿当然不能构成离婚的要件，当丈夫为现役军人时就更不能。法庭指出，"在边区的男女，都应劳动，进行生产，决不能以此作为婚姻上诉之理由"。①

另一方面，这些司法干部又对乡村妇女充满同情，认为乡村妇女对婚姻的选择往往也是她们的一种生存策略，但是他们却否定了乡村妇女对感情的追求。在同一封信中，他们说：

> 我们处理婚姻问题，不能单从感情不合（和）的观点出发，因农村妇女结婚出嫁，原为此身有靠，倒不在乎恋爱；只要不愁穿吃，即可偕老百年。随便离婚影响社会，□□群众有不满之呼声，社会有不良之物议——"边区什么都好，就只离婚不好"；"穷人感到找不到老婆"；"边区婚姻法太自由了！"因此各县今后处理离婚案件，应予注意，如无充足理由，不得轻易判决离婚。②

这封信的观点实际上与本书第二章所描述的当地乡村男女的丰富感情生活状态不同，民歌小曲表达了他们之间的感情，这些表达都被延安鲁迅艺术学院（鲁艺）的艺术家们收录进了各种民歌

---

① 《黄桂英诉高玉合》，《边区高等法院1946年刑民事判决书汇集》之一，全宗号15，案卷号29。
② 《高院指示信3号：处理离婚案应注意各节由》，全宗号15，案卷号33。

第四章 建立新的判决原则：从"婚姻自由"到"婚姻自主"

集（见第二章）。在这封信中，我们也看到了革命者在共产主义运动初期受到五四话语所想象的乡村妇女形象与陕甘宁边区社会中真正妇女形象的差别。

到 1944 年，在司法工作检讨会议之后，高院意识到解决婚姻纠纷虽然可以有灵活性，但不应脱离革命的阶级原则。[①] 于是从视妇女为"落后封建主义"的一部分到以阶级观点同情妇女，高院开始承认妇女是有自主性的，宣称在新民主主义下的婚姻原则是"自主自愿"。[②] 高院认为，买卖婚姻的恶俗源于环境与经济状况而非个人的道德问题。[③] 基于婚姻纠纷往往发生在穷人之间，高院认为正是贫穷导致婚姻不稳定。[④] 这种对婚姻纠纷根源的诊断与 1942 年高院将婚姻纠纷视为妇女的问题不同，而是认为婚姻纠纷的根源是社会和经济环境的问题。

基于这种诊断，司法人员和地方干部开始认识到单方面离婚并不单纯是婚姻问题，假如简单判离婚的话，离婚妇女会马上被其父母或第三方安排另一桩婚姻，并且寻求更高的彩礼以便从中获利，使得买卖婚姻更加猖獗。也正是在这一时期，边区政府开始提倡进一步改造家庭的口号，像是"和谐家庭""民主家庭"等。只是这些口号并未出现在法律文件中，说明这些口号是一种政治政策，并未作为司法原则来处理婚姻案件。但是在处理离婚案件中，高等法院试图区分那些受家长操纵利用离婚获取物质利

[①] 应该指出的是，此时正是雷经天回到高院主持工作的时候。
[②] 《边区判例汇编，1944》，全宗号 15，案卷号 26。
[③] 《婚姻问题与婚姻条例》，全宗号 15，案卷号 72。
[④] 《郯县婚姻法令执行总结》，全宗号 15，案卷号 294。

益的案件，与那些真心想要离婚，并且有证据符合"不能同居"条件的案件，在二者之间划出一个界限。同时，高院也致力于改变旧的家庭习俗，并改善妇女的生活状况。

最终，高院相信乡村妇女不幸的婚姻遭遇深深地根植在当地低下的经济状况中，妇女在经济上，人格上完全不能独立。他们认为，要达到妇女真正的婚姻自由就要帮助妇女实现经济独立和人格独立，改善她们在家庭中的地位。这种认知也反映在中共的政策上，1943年2月，中共中央委员会指示妇女工作的重点必须转向组织妇女从事劳动生产。① 这一年的三八妇女节，延安的妇女领袖蔡畅（1900~1990）发表文章，强调妇女赢得经济独立的重要性，鼓励妇女从事手工业和农业生产劳动。② 妇女干部们相信，通过参加劳动生产，妇女能够赢得经济独立，不需要依靠男性来维持生活，最终可以改善她们在家庭中的地位。③ 也正是在这一时期，司法实践有了一些变化，对边区的司法体系有着重大影响，表现在尊重妇女在婚姻中的自主性，在婚姻纠纷中当事妇女的意愿应该得到尊重。

---

① 《中国共产党中央委员会关于抗日根据地目前妇女工作方针的决定》，《陕甘宁边区妇女运动文选资料选编》，第162~164页。
② 蔡畅:《迎接妇女工作的新方向》，《陕甘宁边区妇女运动文选资料选编》，第167~171页。
③ 由于有限的篇幅和题目的限制，本书并未对边区妇女如何通过参加生产劳动改变社会地位和家庭地位的问题展开论述。边区政府动员妇女参加生产劳动以及妇女在大生产运动中赢得经济独立的讨论，见 Stranahan, *Yan'an Women and the Communist Party*, pp. 58 - 86。以及王颖《走出家庭与巩固家庭：抗日战争时期陕甘宁边区的妇女解放（1937 - 1945）》，《开放时代》2018年第4期，第13~35页。

第四章 建立新的判决原则:从"婚姻自由"到"婚姻自主"

改进中的司法实践(一):定义与策略

早在1941年,高院已经意识到了1939年婚姻条例在执行中遇到的问题,并且试图给出一些有效的定义来解决条例所造成的混乱。1941年10月,高院院长雷经天在边区年度司法工作报告中承认司法实践中的一些问题源于缺乏清晰的法律定义,譬如对"买卖婚姻""强迫婚姻""包办婚姻"等内容的界定并不清晰,故在执行中遇到困难。他在报告中针对这些混乱提出一些试探性定义:

> 各县有的对买卖婚姻、强迫婚姻、包办婚姻的意义弄不清楚,以致在处理案件上出现互相紊乱,这是要改正的。所谓买卖婚姻是第三者收受了某一方之钱财,要男女双方结婚;所谓强迫婚姻是第三方收受了某一方之钱财,强迫男女双方结婚,而某一方不同意之婚姻;所谓包办婚姻是男女某一方根本不知道,而一任第三方摆布。①

在陕甘宁地区,婚姻是家庭事务,正如本书第二章所讨论的。根据当地风俗,男女只有结婚之后才视为成人,有了自己做决定的机会和权利。但是雷经天的这种定义试图将男女婚姻当事人从家庭事务中分离出去,将家长视为婚姻的"第三方",防止家长作为第三方介入儿女婚事。同时这个定义将婚姻视为男女双方个人

---

① 《边区司法工作报告》(1941),全宗号15,案卷号175。

的事务，承认男女双方的法律人格，赋予男女双方个人的权利。这是一个具有革命性的定义，也极其具有现代性。

在充分了解地方风俗，以及妇女实际上在家长制下有着一定程度的自主之后，司法人员意识到在婚姻改革中需要妇女的配合，及时调整了对待妇女的方法。于是，边区的婚姻改革实践逐渐从以前轻易地判决单方面离婚，转变到以"自主"为原则，在婚姻纠纷中赋予妇女权利。这个原则使得在"两夫争妻""一女多许"的纠纷中，妇女本人可以决定她选择嫁给哪一方。

界定当事人的法律人格，对青年男女双方赋权，特别是对当事妇女赋权，这个过程发生在对司法程序和法庭技巧的改革上，正如第三章所述。当时，司法审理与婚姻登记制度已设立了相关程序，要求妇女出庭接受询问或在婚姻登记机关确认其对婚姻状况是否知情，这是保障妇女权益的基础。但是，如前面章节显示，这个政策很大程度上被陪同而来的父亲或亲属扭曲利用了。甚至在自主原则下，在一些案件中，仍然出现下列情形，即：由妇女的家长而不是妇女本人来表达婚姻关系的确立或解除，很多情况下，这种表达并非出于当事妇女的个人意愿。① 因此，自主的原则必须有相应的法庭策略和司法技巧来实现。

1940 年代初，在雷经天的领导下，法院在庭审中开始尝试使用一系列与晚清帝制和现代（西方）司法体系截然不同的新方式。在帝制时期的法庭秩序中，法官高高在上，要求诉讼当事人（如果没有功名或特殊身份）在大多数情况下跪在庭下，从

---

① 例如第二章中提到的张腊娃和刘保清的案例，见全宗号 15，案卷号 891。

第四章 建立新的判决原则：从"婚姻自由"到"婚姻自主"

而确保法官的威严；同时，在许多刑事案件中，法官经常使用刑讯作为审问技术，迫使当事人承认其罪行。[①] 而国民政府法庭采用了现代（西式）法庭的方式，要求诉讼两造出席法庭对质，并由律师交叉质询以寻求事实真相，揭露谎言，提供证据以便法官做出判决。可以想象，无论是帝制的法庭模式还是国民政府的法庭模式都足以使一名农村妇女，尤其是一个年轻姑娘心生恐惧，无法开口清晰地说出自己诉求，特别是在父亲、丈夫或涉案第三方（如男性亲属，甚至母亲）在场的情况下。即使她非常勇敢，克服了自己的羞怯与恐惧，在法庭上公开表达了真实想法，她也需要面对回家后的难堪与责骂。再者，让女儿与父亲对质是十分困难的，因为这样会让父亲在公众场合丢面子，从而使女儿落下不孝的名声。这正是封捧儿案件最初有可能呈现的状况：捧儿被父亲带到了乡政府办公室，父亲代替她发言，要求取消和张家的婚约，说她"坚决不愿意"，捧儿当时能做的只是点头而已。于是在乡政府的官方文件中就留下了捧儿本人"坚决不愿意"，要求取消婚约的记录（见第一章）。

为避免上述问题，边区法院发展出了一套新的法庭调查和审问模式，即法官与诉讼当事人平起平坐，以表示地位平等，同时，禁止使用威吓手段。法庭调查通过面对面谈话的方式进行，让当事人能够轻松自然地与法官交谈，以便主动陈述所知的相关案情。法庭审问也采用了一种灵活的方式，即法官有时会将所有当事人传唤至同一房间内，有时则在不同的房间对当事人和证人

[①] Spence, *The Death of Woman Wang*, pp. 133-139.

进行逐个审问,从而保证法官能够从不同方面了解案件事实,并比较证词,然后进行推理判断。在陕甘宁边区司法档案的法庭调查记录中,常常可以看到案卷中清晰地记载法官问话时有法官、当事人和书记员。而且审讯笔录中也常常有这样的记载,每当法官和一个当事人谈话完毕,告诉他/她可以出去了,顺便把×××叫进来。或者法官叫其他人在外面等候,询问完毕后告诉当事人,让他/她把外面的人都叫进来,由此我们可以想象出法庭的调查方式。当然,法官不能仅仅依据庭审证词做出判决。如下文

图 4-2 古元《区政府的办公室》
资料来源:《解放日报》1942 年 11 月 14 日。

第四章 建立新的判决原则：从"婚姻自由"到"婚姻自主"

所示，法官还需要经过庭外全面的调查，有时甚至要在乡村举行公开庭审，从而使民众参与司法程序，如后面第五章所显示的。图4-3显示了当时陕甘宁边区典型的政府办公室构造，高等法院和各地法庭也都是在类似窑洞的房间里办公、开庭。

图4-3 陕甘宁边区高等法院原址

资料来源：笔者2017年5月23日拍摄。

在了解了家长制下妇女享有的特殊自主权，并理解妇女都有自己决定终身大事的渴望后（见第二章），边区法庭决心打破父女联盟，在婚姻纠纷中，改革法庭技术与策略，让法庭运作有利于妇女一方，取得妇女对于婚姻改革的支持。在处理那些妇女被许配给两三户人家或连续嫁给两个男人的案件时，当地司法人员会将妇女与她的父亲、丈夫或任何第三方分开，单独在一个房间内由办案人员询问其意愿。在这种情况下，妇女会更愿意向法官吐露实情，然后法庭会基于女方意愿做出判决。通过这种方式，法庭承认了妇女的法律人格，而不是将她看成是家长制家庭的附属品。判决后，父亲和其他人如不满意，妇女可将其归于法官的决定，仰仗法官的权威来保护自己，避免与父亲和第三方的直接冲突。陕甘宁边区高等法院的相关司法记录表明这种法庭策略得到了广泛运用，如前面章节中提到的"一女多许"案和"封张案"中，马锡五在村庄的调查中与不同的个人和群体进行谈话，并且通过和女方交好的妇女私下里询问了捧儿的意愿。①

安定县顾加优与白氏一案印证了这一司法实践。年幼的白氏于1931年与顾加优订婚，不久到顾家当童养媳。1935年顾加优15岁，为生计外出打工，久无音信。两年后顾加优的哥哥则以50个银圆的彩礼将白氏另外许配给蔡明琪为妻，并于1939年举办了婚礼。1941年1月的一天，白氏在定边县的街上碰到了顾加优，此时顾已成为一名八路军战士，部队驻扎在县城。白氏主动向顾打招呼，试探他是否还认得自己，是否仍想与自己结婚。顾加优毫不犹豫地给了白氏肯定回答，并带她去地方政府办公室登记结婚，但政府工作人员表示有疑问，并未予以登记。几天后，蔡家人闻讯赶来理论。白氏一案因而成了"两夫争妻"的法律纠纷。在主动试探顾加优之后，白氏又反悔了。当白氏被法庭单独置于一个房间，询问她愿意和哪个男人一起生活时，白氏说要回到蔡家。于是，法庭根据白氏的意愿做出判决。同时，顾加优所在部队的连队副指导员率领手下一群战士前往县政府请愿，要求做出对顾有利的判决。由于军队的卷入，当地驻军司令员朱子

---

① 《马锡五同志的审判方式》，《解放日报》1944年3月13日。

第四章 建立新的判决原则：从"婚姻自由"到"婚姻自主"

休不得不到场劝说良久，战士们才勉强同意回营。① 于是该案被县司法处处长兼县长强晓初上报至高等法院和三边分区书记白治民处，请求指示。白又向西北局书记高岗和边区高院报告此事，请求指示。报告说，一方面战士们坚决要求政府判决顾、白婚姻有效，另一方面，不明真相的群众却议论军队霸占女人，各方议论纷纷。但是，三边分区裁判委员会开会讨论的决议依然是，"多数人意见是政府只能根据该女人意见而判回顾家或蔡家"，并请高院做出指示。② 高等法院雷经天院长批示：原则是"将由女方自己提出意见去解决，顾姓不得对该女有任何强迫行动"。③ 面对如此压力巨大的情形，地方政府和司法机构的共识仍然是尊重女方回到蔡家的决定。另一个使用这一技巧的例子是前面提到的张腊娃刘保清案，在法庭调查问话过程中，法官和张腊娃单独在一个房间谈话，排除了她姐姐和丈夫的影响，最后按照腊娃的意愿做出判决（见第二章）。从以上案例可以看出，司法人员通过遵循"自主"原则并运用新的法庭技巧，希望逐渐排除家长或第三方对妇女婚姻自主权的影响，从而尊重妇女对婚姻的选择意愿。

---

① 《顾加优诉蔡明琪和白氏》，全宗号15，案卷号1293。
② 《白治民致高岗函》，全宗号4，目录号2，案卷号170。
③ 见《顾加优诉蔡明琪和白氏》，全宗号15，案卷号1293。至于白氏为何做出这样的决定，法律文件中并未记载，但是我们可以推测，当兵的顾加优不能为白氏提供安定的生活。我在另一篇文章中考察了当时边区妇女的心态，她们希望丈夫能够常在身边，不愿意自己在家守空房。见丛小平《左润诉王银锁：20世纪40年代陕甘宁边区的妇女、婚姻与国家建构》，《开放时代》2009年第10期，第62~79页。

改进中的司法实践（二）：考察离婚动机

在单方面提起离婚的案件中，边区高等法院认识到复杂案件背后的物质利益驱动和家长操控因素。① 因而，同样的法庭技巧也运用于这些离婚案件中。为了了解离婚的真实原因及婚姻中的真正问题所在，法官在法庭调查时与妇女面对面谈话，试图分析每个案件中夫妻关系不合的原因，以此处理离婚纠纷。通过这种方式，法官努力将家长或第三方的利益关系和影响排除出离婚案件。

1942年12月15日，边区高院给各区县下达了一封指示信，希望各县在处理离婚问题"不能单从感情不合的观点出发"，"应特别慎重"。② 1943年初，各县法院的法官们经过一轮讨论，向高院发出回复信函，报告本县政务会对高院指示信讨论的结果，表达他们对（单方面要求）离婚条件的理解，请求高院给予指示或纠正。文件显示，除了1939年婚姻条例所罗列的条件外，法官对认定离婚的标准已基本达成了一致意见。清涧县表示会依照1939年边区参议会所颁布的《婚姻条例》中有关离婚条款执行，不过表示离婚条款中第十一条第二款中"感情意志根本不合，无法继续同居"的规定容易成为一般妇女的借口，应不适用。③

绥德县司法处认为有下列情况者应不予判决离婚：

---

① 同时，双方协议离婚的案例并不受这些条件的限制，所以不在本章讨论范围之内。
② 《边区高院：指示信三号》，全宗号15，案卷号33。
③ 《清涧县政府报告：讨论处理离婚案件决定办法由》，全宗号15，案卷号43。

第四章 建立新的判决原则：从"婚姻自由"到"婚姻自主"

（1）有人从中挑拨或被父母之主持及教调者；（2）有见异思迁始爱终弃（如嫌贫爱富、嫌老爱小、嫌丑爱俏）；（3）预先看妥对象而后提出离婚（对前妻或前夫）证实有故意遗弃对方之情形者。

同时对于下列情况则应该准予离婚：

（1）一方受有不堪同居之虐待者（如受尊亲属虐待而夫妻感情尚好能分居生活者例外）；（2）一方不务正当职业常为不名誉之罪行者；（3）经证实确系买卖包办或强迫结婚而请求离异者；（4）患有恶疾不能同居生活者（有可恕之情事者例外）。①

靖边县也提出具体条件，认为：

男女一方提出离婚时必须要有以下情形政府即可判决离婚，亦不得有任何拒绝之现象。（1）对他方有不正之虐待者。（2）与他人通奸另有不正之事实，流氓习气，全不顾家庭生活者。（3）有其他恶疾实系不能人道者。（4）经政府查明有确实证明之根据夫妻感情根本不合者。

另外，对下列情况则不予批准离婚：

---

① 《讨论处理离婚案件》，全宗号15，案卷号43。

(1) 家庭生活不受任何困难（吃穿等）亦不受他方不正之虐待者。(2) 经政府查明实系嫌贫爱富者。(3) 他方生的人材（才）不漂亮再无他不正之事实，与他人通奸受其他人教唆者。(4) 女方娘家为了得聘礼，嫌他女婿家贫人生的不好，又老实，挑拨夫妇关系，教唆离婚另嫁他人者。①

对于1939年条例中颇具争议的"感情不合（和），不能同居"这一条款，法庭似乎逐渐达成下列共识，即鉴于现实中妇女的家庭及妇女本人经常以"感情不合"为由，想要获得满意的判决结果，所以，以此为依据的离婚案件需要更审慎地对待，不能单纯依赖单方面的陈述，政府要做出调查，并要有详细、具体的证据才能获得法庭批准。当然，各县在离婚或取消婚约的动机上做出了不同的分类，试图将婚姻与物质利益区分开来，同时阻止父母从儿女婚姻中获利，阻止其对儿女婚姻的控制。在第六章，我们会看到，在《刘巧儿告状》中，袁静充分领会了婚姻改革的这种原则，以"封张案"中的张柏为原型，创造了一个勤劳朴实的乡村青年"柱儿"的形象，试图引导妇女在婚姻中不仅看对方外表，更重要的是要注重对方的人品而不是物质条件。

改进中的司法实践（三）：关于"感情不合""虐待"与"不能同居"

对于1939年《婚姻条例》中"感情不合（和），不能同居"

---

① 《靖边县政府司法处：为呈请今后离婚研究提出意见请示办法》，全宗号15，案卷号43。

第四章 建立新的判决原则：从"婚姻自由"到"婚姻自主"

作为离婚条件，边区司法人员认为，以"感情不合"为由的离婚需要更多的细节和具体的证据，而且"感情不合"有很强的主观性。黄宗智指出，强调婚姻以"感情"为基础的确是共产党的发明，并未在国民政府的民事法条中出现过。[①] 甚至在江西苏区以及湘赣苏区的《婚姻条例》中以及《中华苏维埃共和国婚姻法》中，离婚条件中也未曾出现关于感情的说法。所以对于陕甘宁边区的司法人员来说，对"感情不合"的测量与评判完全没有先例可循。而且，如前所述，在法律实践中，"感情不合"完全可以被女方本人或是其父母用作单方面离婚的借口。黄宗智在讨论1949年之后的离婚案件时指出，夫妇常常用"感情破裂"的理由要求离婚，认为"感情破裂"应是一个出现较晚的说法。[②] 就目前所见，"感情"以及"破裂"说法最早出现在1932年闽浙赣苏区的一份文件中，[③] 后来在边区的法律档案中涉及离婚的文件中，关于"感情破裂"的说法亦不多见，目前仅见到在《赵怀珍与李莲离婚上诉案》判决中。[④] 更多的案件中，当事人和法庭常用"感情不合"，或"不好"来描述夫妇的婚姻

[①] Huang, *Chinese Civil Justice*, p. 116.

[②] Huang, *Chinese Civil Justice*, p. 12.

[③] 《赣东北省委妇女部关于妇女工作问题给中央妇委的报告》（1932年），《江西苏区妇女运动史料选编》，第426~429页。报告中回答中央妇委关于当地妇女离婚的原因时说："过去专制买卖婚姻，毫无半点感情，故多破裂，这是一般的离婚原因。"这里"感情"和"破裂"两词的出现比较偶然，故不多做讨论。

[④] 《赵怀珍与李莲离婚上诉案》判决书中写道，二人"结婚已十三年之久，双方感情尚称和好，及上诉人（赵怀珍）参加革命后被上诉人（李莲）远道来延寻找，亦非感情破裂"云云。见《陕甘宁边区判例汇编》，全宗号15，案卷号26。

关系。(1949年以后关于"破裂"的讨论,请见余论部分)

在实践中,陕甘宁边区的司法人员并不去深究"感情不合"这一模糊概念的界定问题,也不徒劳地探究其衡量标准,而是优先适用条文后半句"不能同居",以此作为认定离婚的具体标准。实际上,一个普遍的问题是,妇女不能与其丈夫同居很多情况下是由于丈夫/公婆对其虐待所致。各县法院在讨论中形成一致意见:对于法院而言,保护妇女免遭家庭暴力远比验证夫妻双方"感情不合"更为重要。由此,法律工作者们尝试探索相应的司法策略使妇女免遭家庭暴力。当妇女声称遭到丈夫/公婆的虐待并要求离婚时,法庭会进行调查并要求丈夫保证今后虐待不再发生。通常,丈夫需要从邻居、亲属中找出诚实可靠者,或恳求受人尊重的乡村公众人物、村长等作为保人,而对夫家来说,这无疑是很丢面子的事。在一些案件中,除了强制要求丈夫提供保人和保证书外,地方政府或法院还会把他监禁几天,给他一个教训,防止再次发生家庭暴力。[①] 如果只是丈夫的家人对妇女施虐,法庭会判令分家,以便妇女脱离夫家的暴力。若法庭发觉这种虐待并非偶尔为之,就会警告丈夫或者公婆:如家庭暴力再次发生,妻子的离婚请求将获得批准。这种威吓的效果是明显的,正如在第一、二章中所显示,离婚对夫家来说是相当巨大的经济损失。

在调查过程中,法庭也逐渐摸索出了一套策略来推广反对家庭暴力的话语,使丈夫或者夫家人知晓政府对此类行为绝不宽

[①] 《常保桂刘应兰案》,全宗号15,案卷号1480。

第四章　建立新的判决原则：从"婚姻自由"到"婚姻自主"

恕。在法庭上，法官经常以一种指责的口吻质疑丈夫或其父母是否存在殴打妻子的行为，并强调殴打妻子是一种犯罪行为，会成为批准妻子离婚请求的关键。相关记录显示，法庭经常就是否有虐待妻子的行为反复质问丈夫，迫使其步步后退，处于守势。在这种压力下，丈夫要么不断否认，要么对其过错轻描淡写，以图逃脱法官的指责。这种情形在高兰英被拐案、① 张英与梁成福离婚案，② 孙长增与李秀英案，③ 常芝兰与刘存如离婚案④等许多案件中均有所体现。法官们希望这些措施可以给夫家人传达明确信息，法庭在处理虐待妇女案件上是认真的，这样可以促使丈夫和夫家人在对待妻子的态度上有所收敛，形成善待妇女的观念，这样比简单地批准离婚更能够有效地帮助妇女改变婚姻状况。

另一方面，还有其他原因造成夫妻"不能同居"，例如，不治之恶疾或精神疾病。与此有关的解除婚约的案例中，就有"不能人道"和"精神病"作为判决缘由的例证（见第一章图表1-1）。在这些案例中，一旦有医学证明，离婚判决会很快做出。例如，在拓天源上诉案中，其子因患病瘫痪在床，亦不能生育，儿媳王治花提出离婚被批准，拓天源不服上诉被驳回。⑤ 在刘光汉和白玉兰一案中，丈夫刘光汉患有淋病；⑥ 在童宪能与常桂英一

---

① 《史玉德妻高兰英被拐卖案》，全宗号15，案卷号1576。
② 《张英梁成福离婚案》，全宗号15，案卷号1397。
③ 《孙长增与李秀英》，全宗号15，案卷号1397。
④ 《常芝兰与刘存如离婚案》，《高院卅五年度判决书存本》，全宗号15，案卷号29。
⑤ 《拓天源上诉案》，全宗号15，案卷号1396。
⑥ 《刘光汉与白玉兰上诉案》，全宗号15，案卷号1396。

案中,丈夫童宪能患有梅毒,① 两案中妻子都很快被准予离婚。在一个典型的案子中,侯丁卯的妻子侯张氏曾为侯家的童养媳,但是成年后以丈夫智力低下为由要求离婚。而侯丁卯的父亲作为丁卯的代理人坚决反对,说他儿子完全正常,是侯张氏有问题。法庭在传唤侯丁卯本人到庭后,对他进行了测试,发现丁卯本人已经27岁,却不能从1数到10,智力相当于一个5岁儿童,更不懂夫妻之道。基于这种事实,法庭立即判决离婚。② 上面提到的案件当事人都曾上诉到高等法院,但是各级法院的判决一致,驳回上诉,维持原判。

三 修改中的婚姻条例:1944年与1946年

为了处理1939年《婚姻条例》中与地方社会现实的不协调处,消弭乡村社会对婚姻条例普遍的不满,边区的立法机构在1944年对《婚姻条例》做出了修改。这次修改采纳了一些地方婚姻习俗以修补原来婚姻条例所造成的问题。实际上,1944年的条例只是试探性的,是对1939年条例的矫正,但有些矫枉过正,走向了另一个极端,导致在实践中过分妥协,在处理具体案件中失去了革命原则,造成了一部分反弹意见。于是在1946年《婚姻条例》再次修改,确定了"自愿"的原则,但是也留下了一些灵活运用的弹性空间。

---

① 《边区高等法院1946年刑民事判决书汇集之一》,全宗号15,案卷号30。
② 《侯丁卯上诉案》,全宗号15,案卷号1346。

第四章　建立新的判决原则：从"婚姻自由"到"婚姻自主"

1944年《修正陕甘宁边区婚姻暂行条例》

从1942年到1943年，边区政府从各种渠道收到了乡村基层的抱怨，不论是普通村民，还是乡村干部，甚至有基层司法人员都对婚姻条例的实施有所不满。1942年起，基层司法人员不断给高院写信，希望高院对婚姻纠纷案件中的各种难题进行指导。① 于是《修正陕甘宁边区婚姻暂行条例》②（以下简称《暂行条例》）1944年3月颁布，主要目的是修补法律上的漏洞和修改不适应现实之处，增加了一些对条文的定义。

1944年的《暂行条例》有几点值得注意。最重要的修改在于以"婚姻自愿"的原则取代了1939年《条例》中的"个人自由意志"的原则。这个"自愿"的说法在1939年的条文中处于比较次要的地位，从第二章"结婚"中第五条"男女结婚须双方自愿"这种条件性的规定，提升为一种原则。相较于"自由"原则，"自愿"是一种非正式的大众化的说法，表明行动者对某种特定行动的意愿，这样就限定了"自由"所包含的无约束性。另一方面，二者虽然都有针对特定行动的特点，但是"自主"是对此一行动有着做出决定的强烈主观意图，而"自愿"仍然保持着表达主观意愿的特点，在主观能动的力度上要比"自主"差一些。从语言学上来说，"自愿"与"自主"或"自由"并非同义词，因此在遣词造句上不可互换，但是在界定主体和针对特

---

① 《禁止买卖婚姻》，全宗号15，案卷号33。
② 《修正陕甘宁边区婚姻暂行条例》，《陕甘宁边区妇女运动文献资料选编》，第192~194页。

定目标的限定上,"自愿"更接近"自主"。然而,对于1944年的这一原则上的修改,边区参议会和高院似乎都没有做出解释,直到1946年的《陕甘宁边区婚姻条例》中,才给予清晰的说明。"自主"一词并未进入1944年的条例,这或是因为此时自主一词仍然停留在实践层面上,或是因为这个词可能在政府高层和司法圈中引起更大的争议。但在当时"自主"作为一个实践性的词语和"自由"和"自愿"的某种补充已经存在于总结性的司法文件中,例如在1944年的《边区判例汇编》和1945年的《婚姻问题与婚姻条例》均使用了"自由自主"。[1]

1944年条例的第二个重要修改是承认了订婚作为正式婚姻之前的状态,并与彩礼一起纳入了婚姻条例的规范之内。其第六条规定:"已订婚之男女,在结婚前如有一方不同意者,可向政府提出解除婚约,并双方退还互送之订婚的礼物。"这显示,边区高院开始正式承认当地的习俗,就为婚约提供了法律基础,使得订婚以及因此涉及的财产纠纷有了监管的法律依据。

第三个重要的修改在于整理关于离婚的条款,这是中共在婚姻政策上遭受到西方学者批评最多的一条。1944年的《暂行条例》调整了1939年条例中单方面离婚条件的次序,给出离婚条件的先后顺序是:"(1)重婚者;(2)与他人通奸者;(3)图谋陷害他方者;(4)患不治之恶疾或不能人道,经医生证明者;(5)以恶意遗弃他方者;(6)虐待他方者;(7)感情意志根本

---

[1] 《边区判例汇编》(1944),全宗号15,案卷号26;《婚姻问题与婚姻条例》,全宗号15,案卷号72。

不合，无法继续同居者；(8)生死不明已过三年者；男女一方不务正业，经劝解无效，影响他方生活者；(10)有其他重大事由者。"而"感情意志根本不合，无法继续同居"从原来在1939年条例中离婚条件的第二位，移到了1944年条例相关条件的第七位，似乎使得这一条在单方面离婚中不像原来那么重要了。

第四个重要的修改是增加了第十条，关于抗日军人配偶单方面要求离婚或解除婚约的规定，这一条是从1942年《边区抗属离婚处理办法》中几乎原封不动地抄过来的，关于这个《处理办法》本人在第二章中有所讨论。《暂行条例》第十条虽然规定"抗日军人之配偶，在抗战期间原则上不准离婚"，但是却给出一些准许离婚或解除婚约的条件。这些条件规定如下：

> （抗日军人配偶）至少亦须五年以上不得其夫音讯，始能向当地政府提出离婚之请求。当地政府接到此项请求时，须调查所述情况确实，始得准其离婚。但抗属之丈夫如确已死亡、逃跑、投敌或另外结婚者，不受此限制。抗日军人与女方订立婚约，如男方三年无音信或虽有音讯而女方已超过结婚年龄五年仍不能结婚者，女方得申请当地政府解除婚约。

在1944年的条例中，普通平民配偶若三年无音讯亦可要求离婚。理论上，1939年条例似乎显得激进，因为它将抗日军人的离婚条件与平民等同；但实际上却造成了当地政府无法执行抗属的离婚，抗属须无条件无期限等待（见第二章）。而1944年的条例则规定了清晰的抗属等待年限,这样抗属就有了盼头,区乡政府就不能仅仅要求抗属等待与奉献,也为他们处理抗属婚姻提供了基本政策法律根据,这样的规定显得更为人道、更为合理。

1944 年《暂行条例》的执行以及问题

1940 年代早期,边区政府/法院根据 1939 年条例的内容,对"买卖婚姻"的定义比较狭窄,导致一种状况,即只要是告到政府/法院的婚姻纠纷,涉及彩礼争执的一律没收。这种做法引起群众更多的不满。[①] 面对当地普遍的彩礼风俗,高院意识到这种激进的做法只会激起更大的不满,导致政府对婚姻问题管理失控。为了回应各县司法处询问如何区分买卖婚姻与彩礼的问题,高院在 1942 年在回应赤水县的询问时提出了原则性指导意见:

> 婚姻制度的改善是要随一般的教育文化生活的提高,方能得到实际的效果,如果文化教育生活尚未达到某一阶段,而骤然绳之以严峻的法律,就会发生以下的事态:(1)公布的法律与隐蔽的事实有完全处于相反的趋势,结果不合法的事实,并不能减少,而法律徒成为扰民之具。

基于这种考虑,高院对于这类案件,建议采取以下的相应办法做出判断,并决定取消对彩礼的没收:

---

① 《婚姻问题与婚姻条例》,全宗号 15,案卷号 72;《雷经天:边区司法报告》,全宗号 15,案卷号 175。

第四章　建立新的判决原则：从"婚姻自由"到"婚姻自主"

> （1）是以不告不理为原则。（2）如果发生纠纷，成为诉讼，法院只审查他们的婚姻本质上有无瑕疵。如男女婚姻资格，是否重婚，年龄是否相当，女方是否合意，手续是否合理，是否威胁抢夺诱骗。如婚姻本质上无瑕疵，聘礼数目虽多亦是有效。如有瑕疵，即应宣告婚姻无效，聘礼返还，不与没收。①

根据以上意见，经由边区第二十九次政务会议讨论，形成文件，由边区政府主席林伯渠发出命令：

> 在边区婚姻法尚未颁布以前，对于婚姻习惯上由男方出备财礼于女方，外表近似买卖婚姻者，应采取以下办法：（一）非经当事人亲告，法院不得受理。（二）即经亲告而成为诉讼，法院只审查婚姻本质上有无瑕疵。有瑕疵至不能为婚姻者应认为无效。否则，所□财礼虽多，仍无碍于婚姻……财礼不能予以没收。②

实际上，对于一种普遍存在、难以立刻用法律手段禁止的当地习俗，高院的意见和政府的命令显示了相对被动的态度，直到1944年的条例中才承认了订婚时彩礼的存在，并增加了要求在解除婚约时退还彩礼的条款。但1944年条例仍然存在着某些问题，首先，它并未提出一个解决彩礼的办法，只是为了回

---

① 《高等法院对于赤水县询问买卖婚姻价款应否没收问题的意见》，全宗号15，案卷号33。
② 《关于买卖婚姻问题给高等法院的命令》，全宗号15，案卷号33。

应群众的抱怨，取消了政府没收彩礼的极端做法，要求取消婚约时退还彩礼。其次，这在某种程度上承认了地方习俗的合法性，承认了在婚姻中男女双方家庭财产转移的合理性，有可能对禁止买卖婚姻造成负面影响。

果然，1944年条例关于退还彩礼的规定却让彩礼问题摆荡到了另一极。基于条例的原则，许多县政府和司法处开始要求女方赔米，即以实物的方式归还彩礼，弥补因通货膨胀造成男方的损失。这一方式引起了多方面的问题，文件显示，有的县政府，如吴堡县对所有的离婚案件或废除婚约案，不管什么原因，一律要求女方赔米。[1] 对那些本来可以不用赔偿就应判离婚的女方——例如被虐待的妇女、男方有不治之恶疾的、男方游手好闲不赡养家庭等的案件，这种方法实际上是对正当要求离婚的一种惩罚，而且这种做法侵犯了妇女的正当权益，违反了婚姻改革的原则。更为糟糕的是，这种做法实际上鼓励了买卖婚姻，因为一旦女方不得不对未婚夫做出赔偿，女方的父亲就更有理由对下一个求婚者索要更高的彩礼，或者让下一个求婚者直接赔偿前一个婚姻/婚约的男方。高等法院发现了问题，在给吴堡县的信中，批评了他们，要求停止这种一律要求女方赔米的做法。[2]

实际上，要求对彩礼进行赔偿不仅没有解决问题，而且造成了更多的问题，因为这种操作对婚姻改革和政府的权威都是一种挑战。首先，由于通货膨胀率各地不同，婚姻纠纷的双方会就赔

---

[1] 《吴堡县司法判决书》，全宗号15，案卷号365。
[2] 《王子宜：便函（1946.4.2）》，全宗号15，案卷号365。

第四章 建立新的判决原则：从"婚姻自由"到"婚姻自主"

偿发生争执。当双方诉诸法庭，司法人员或政府干部就被迫成为仲裁者，并将仲裁结果写入法律判决。其次，判决之后，当女方家庭拒绝赔偿，政府干部要么去执行判决，而执行过程费事费力，常常打断政府的正常工作；要么就忽视判决，这样男方家庭又会无休止地上诉。而且，不论是政府居中调解还是执行判决，帮男方追回彩礼和赔偿，都会让政府和法庭处于非常尴尬的地位。因为在这个过程中，乡村群众就会相信政府是允许买卖婚姻的，于是买卖婚姻就永远不能禁止。① 另一方面，如果政府不允许赔偿，又会导致更多有女儿的家庭废除原有婚约，不须做出赔偿，将女儿另许他人，以获取更多的物质利益，一如封芝琴的父亲那样。为了摆脱这种理论上和实践上的困境，1946年高院叫停了"赔米"的操作。② 在现实中，高院仍然继续要求取消婚约一方退回原有的彩礼，同时试图对彩礼的问题做出清晰的定义。尽管到1949年，边区的彩礼问题依然存在，但是在政府的压力之下，随着新的婚姻法的颁布，各个地区逐渐发展出一套补偿的办法。

1946年《婚姻条例》：寻找行之有效的方法

1945年12月到1946年1月，来自边区各区县的数百名庭长、推事、审判员齐聚延安，举行了"边区推事审判员联席会议"，讨论司法工作中的问题与困难，总结过去司法工作的经验教训。联席会议的一个重要任务就是讨论高院新修改的《婚姻条

---

① 《为处理婚姻案件中不得在由女方赔米》，全宗号15，案卷号365；《婚姻问题与婚姻条例》，全宗号15，案卷号72。
② 《为处理婚姻案件中不得在由女方赔米》，全宗号15，案卷号365。

例》草案。高院为会议提供的文件指出修改《婚姻条例》的重要性，指出婚姻改革中感到问题最多的是买卖婚姻、离婚（包括解除婚约）、抗属婚姻。从统计来看，各县贫苦阶层离婚占多数，女方离婚占多数，因买卖婚姻而引起的纠纷占多数，离婚后女方给男方赔米的占多数。① 高院做出了分析，认为离婚有两种情况，一种是因家庭贫困，女方要求离婚的，一种是青年知识分子中女性要求自由的。这就造成高院的两难：如果随意批准离婚，会造成穷苦家庭吃亏，而赔米又会导致彩礼高涨，穷人更娶不到老婆，造成农村家庭生产单位难以维持；另一方面，知识青年群体强烈反对包办买卖婚姻，反对婚姻不自由，如果限制离婚的自由，这部分人，尤其是知识女性会痛苦万分，为了争取婚姻自由不惜自杀和他杀。在过去几年的实践中，"由于以上两部分人的不同认识，一说条例过高，一说条例太低，一在天上，一在地下，距离很远，这就给我们制定和执行条例以很大困难，对处理婚姻案件感到头手分离，结点正在这里"。②

从总结经验教训的角度，高院认为：

> 从我们走过的历史道路看，头前一时期，发现买卖就没收，结婚不合法定年龄让退婚，离婚条件很少限制。结果怎样呢？有些乱，妨害农村秩序，人民不满。但近两年对买卖不限制，结婚年龄不限制，离婚尽量不让离，离的女方要赔

---

① 《婚姻问题与婚姻条例》（1945），全宗号15，案卷号72。
② 《婚姻问题与婚姻条例》（1945），全宗号15，案卷号72。

第四章 建立新的判决原则:从"婚姻自由"到"婚姻自主"

米,结果怎样呢?不少旧东西复活,女子叫苦,婚姻纠纷增多,奸杀案增多,人民还是不满。

如果我们检讨的话,是否前者可能简单,后者又过于迁就。简单不能解决复杂问题,迁就会使问题愈演愈多(迁就的本意是以为会减少纠纷,相反的纠纷□增多了),这个道理,如果属于事实,可当做(作)历史教训。①

这正是在这种思路之下,经过1945年12月推事审判员联席会议的充分讨论,采纳各方意见,高等法院在1946年初颁布了最新修改的《婚姻条例》。相较于1939年和1944年的条例,它显示出在激进主义和现实主义,或者说是教条主义和实用主义之间的一种调和。条例继续使用"自愿"作为婚姻原则,同时恢复了"感情意志根本不合,不能同居"在离婚条款中的优先地位,而且更进一步地列为离婚条件中的首条。② 高院维持了1944年暂行条例中以"自愿"作为婚姻原则,并且出台了一个篇幅相当长的"司法解释",其中对以"自愿"取代"自由"为原则做出了解释,并强调其作为婚姻原则的重要。

> 所谓"自愿"为原则者,是强调婚姻之订结,必须出于男女双方本人自愿。这是个原则问题,毫无例外可言。
> "自愿"二字精神,即自由之实质,因避免人们误解,

---

① 《婚姻问题与婚姻条例》(1945),全宗号15,案卷号72。
② 《陕甘宁边区婚姻条例》(1946),《陕甘宁边区妇女运动文献资料·续集》,第422~424页。

故采用自愿二字较为妥当。①

这个解释显示高院已经充分意识到"自由"一词所包含的任意性，用在婚姻原则上会造成实践层面上的困境，同时也表明高院认为有必要用"自愿"——一个更有限定性的词语来代替它。高院将"自愿"解释为"自由之实质"的说法，似乎在针对那些坚持"自由"原则的人群，即上面提到的那些以都市青年知识分子为主的人群。而正是这群人所坚持的都市激进主义思想，1950年的《婚姻法》中又重新使用了"自由"一词（见第七章）。

首先，1946年《婚姻条例》颁布以后，边区高院司法干部兰作馨进一步就条例做出了解释。除了重申高院条例中的"自愿原则"外，兰作馨指出，"男女婚姻，不论订婚结婚，均须处于本人自愿。自愿的意思，是指婚姻之成立与否，由本人决定，第三者不得违反其自由意志"。② 在这里，兰作馨更为强调是当事者"本人"的意志，表示要坚决杜绝第三方，在当时的情况下，主要是父母家庭成员等的干涉。这就为禁止包办、买卖、强迫婚姻提供了坚实的法律基础，而且与边区高院一直以来试图将妇女从家长的控制、影响下剥离出来，给予妇女在处理婚姻问题上以独立法律人格的实践是一致的。另一方面，兰作馨在定义了买卖婚姻与包办婚姻之后，指出要坚决禁止第三人干涉男女双方的婚姻。但《婚姻条例》也有灵活性，他认为，"买卖婚姻发生后，

---

① 《陕甘宁边区婚姻条例解释》，全宗号15，案卷号72。
② 兰作馨：《陕甘宁边区婚姻条例修正草案解释》(1946)，全宗号15，案卷号9。

第四章 建立新的判决原则:从"婚姻自由"到"婚姻自主"

只要男女双方本人自愿,应确认其婚姻为有效,不可判离。但对卖妇女者,可酌情予以罚金或劳役"。同样,童养媳、童养婿、站年汉要严加禁止,但是对于已经存在,并且当事人已满婚龄的情况,"仍应听其自愿"。一旦发生纠纷,童养媳、童养婿、站年汉的寄养家庭应给与补偿,任其脱离关系。[①] 这意味着,兰作馨认为婚姻的本质重于婚姻的形式,婚姻的本质是自愿,而形式则在其次,所以司法实践所要考察的重点不在于婚姻是否包办买卖,而在于双方个人是否自愿,至于买卖包办则可以通过其他方式进行惩罚。基于这种思路,高院对于某些地方习俗也表现出一定程度的宽容。1946年高院收到一封关中分庭的来信,询问根据新的《婚姻条例》,如何处理"招夫养夫"的案例时,高院在复函中说,"按婚姻条例第一条后半段实行一夫一妻制规定,则招夫养夫类似一妻多夫,应在禁止之列。惟念先夫实际无法生产,在未发生纠纷之前,可以不干涉。但逐渐要做到不准招夫养夫"。[②]

其次,高院特别对"禁止包办强迫买卖婚姻"中出现的各种状况做出了详细的定义,使其得以执行。高院定义"包办婚姻"为"第三者不管男女双方本人对婚姻同意与否而竟以自己意思决定其婚姻者皆是";定义"强迫婚姻"为"不论男女双方本人对婚姻意见表示如何竟漠视置之,而以自己意思强迫为之者皆是"。高院对于买卖婚姻的定义最为详细,主要是制定了较为具体可行的标准:

[①] 兰作馨:《陕甘宁边区婚姻条例修正草案解释》(1946),全宗号15,案卷号9。

[②] 《函复婚姻条例解答(1946.10)》,全宗号15,案卷号40。

自主：中国革命中的婚姻、法律与女性身份（1940～1960）

> 买卖婚姻指第三者以图利为目的，不经男女双方自愿而以财物或实力之多寡决定其婚姻成立者皆是，其回馈送财物致家庭经济发生重大影响者，亦以买卖婚姻论。故互馈财物作聘礼者应以不妨害家庭经济生活为原则。对于买卖者□□酌情予以罚金或苦役。①

在这里，高院对困扰司法体系和普通群众多年的关于聘礼与买卖婚姻之区别做出了回答，说明区分的关键在于是否"馈送财物致家庭经济发生重大影响"，同时标明了彩礼的程度应以"不妨害家庭经济生活为原则"，兼顾了法律原则与地方习俗，却又限定在一个范围之内。对于已经发生的买卖婚姻，高院指示："买卖婚姻之财物没收其百分之六十，余数归还出财物之本人。没收的财物充作当地公益事业用。若系他人告发，则归告发人所在地办理公益事业。"但是具体到婚姻本身，还应看当事男女双方本人的意愿，只要符合自愿原则，则司法不应判其离婚。②

同时，高院还对"挑拨离婚"的行为做出定义，指出"挑拨婚姻，专指意图营利或与自己或与第三者结婚或通奸，破坏他人良好夫妇关系者而言"。高院认为，要对此类行为按刑事处理，但在刑期过后，如二人自愿结婚，则应予准许。但一些特殊情况则应限制与挑拨人结婚。③

高院对1946年婚姻条例中的"强迫婚姻"也提供了解释，

---

① 《陕甘宁边区婚姻条例解释》，全宗号15，案卷号72。
② 《陕甘宁边区婚姻条例解释》，全宗号15，案卷号72。
③ 《陕甘宁边区婚姻条例解释》，全宗号15，案卷号72。

第四章 建立新的判决原则：从"婚姻自由"到"婚姻自主"

即"指不论男女双方本人对婚姻意见表示如何竟漠视置之，而以自己意思强迫为之者皆是"。① 对于当地婚姻中的其他习俗，如童养媳、站年汉，高院要求这类习俗符合两个基本条件：（1）达到政府规定的婚龄；（2）双方本人自愿。如果这两条做不到，则婚姻可判无效。② 结合前面提到的政府司法机关在审理案件过程中遵循"自主"原则，这些条例从根本上是对妇女赋予权利。而且这些司法解释都有着与条例本文同样的法律效力，对干涉儿女婚姻的父母或第三方会做出惩罚，同时又尊重妇女本人的选择。很明显，这个条例及其解释与马锡五在1943年对"封张案"的判决有相当的一致性，说明1946年的条例是高院在积累多年的实践基础上做出的修正，有着坚实的社会基础。这个条例不同于早期的规定，1939年条例中并无对买卖婚姻的定义，但是一旦发现婚姻中有物质交换就认为是买卖婚姻，认定其婚姻无效，完全忽视了当事男女双方的意愿，就如同华池县在"封张案"中做出的一审判决那样。然而，1946年的条例则赋权于婚姻当事人，特别是年轻妇女，这样就会逐渐形成一个代际差异，让传统的买卖包办婚姻随同家长制一起逐渐走入历史。结合法庭审理的策略，将第三方对妇女的影响排除在外，这个条例有助于年轻妇女从家长制家庭的羁绊中走出来，逐渐形成她们自己的独立人格，能够行使个人的法律权利。因此1946年的条例应该说是比1939年的条例更为激进，也更有实践性。

---

① 《陕甘宁边区婚姻条例解释》，全宗号15，案卷号72。
② 《陕甘宁边区婚姻条例解释》，全宗号15，案卷号72。

1946年条例在某些方面与1944年条例有相似之处，即都涉及了订婚，但是却以不同的方式规范这一行为。高院从过去两年的实践中得到了教训，于1946年的条例中关于订婚的条文正文中并未提到归还彩礼的问题，但是将彩礼问题列入司法解释中，规定"在男女解除婚约时，原则上应须退还礼物，其实际不能退还者，可酌情处理，或予以教育处分"。①兰作馨的解释进一步提出若"对方遭受损害，可为赔偿请求"。② 这可能给予当地政府和法庭以灵活处理的余地，而不是像1944年《暂行条例》执行中的"一刀切"，但另一方面也可能造成新的婚姻纠纷。直到1946年似乎边区政府和高院尚未找到完全根绝彩礼的方法，只能在实践中不断更改，力求确保婚姻的根本原则和妇女的权利。

1946年条例将"感情意志根本不合，不能同居"一条列为离婚条件之首，而不是1944年条例的第七条，说明是对现代婚姻原则的回归与调整，同时也是对具有自由追求的知识青年群体的回应。同时，高院的司法解释又指出这一条款"着重男女双方无法维系其婚约，且无继续同居希望，只存名义，徒增苦痛，甚至有演成事变可能。在这样情况下，准予离婚，实较妥当"，③说明在执行过程中，法院需要对判决离婚持慎重态度。这与边区

---

① 《陕甘宁边区婚姻条例》（1946）；《陕甘宁边区婚姻条例解释》，全宗号15，案卷号72。
② 兰作馨：《陕甘宁边区婚姻条例修正草案解释》（1946），全宗号15，案卷号9。
③ 《陕甘宁边区婚姻条例解释》，全宗号15，案卷号72。

第四章　建立新的判决原则：从"婚姻自由"到"婚姻自主"

司法系统过去几年所执行的、注重婚姻中的"不能同居"又有了一致性，说明在1946年，司法人员终于在"感情不合"的条款上基本达成了某种共识。

小　结

通过分析马锡五判词中的用词，我们可以理解中共婚姻改革条文背后深刻的冲突。从早期江西根据地时期起，中共领导的婚姻改革都在强调"自由"原则，而这个自由原则是在受到西方影响的大城市的环境中形成的。这种带有外来色彩的理想和概念与北方乡村中的环境格格不入，互相冲突却又互相影响。从有强烈理想色彩的"自由"，到更为有本土实践色彩的"自主"，尽管在中间过渡使用了"自愿"，标志着中国20世纪社会改革的曲折历程。婚姻改革原则在司法用词上的改变具有极大的意义，不仅涉及在语言上的转型，而且是在司法实践基础上，伴随不断改革的司法技巧而做出的深思熟虑的选择。在司法实践中，妇女个人的法律人格和社会人格被承认了，可以在不受父母和其他人操纵影响下，基于自己的意愿做出婚姻选择。1944年暂行条例和1946年条例表现了革命的司法人员在推行改革中逐渐地理解了地方社会现实与习俗，理解了当地文化。这是一个承前启后的实践，正是在这种实践中落实了自主婚姻的原则，同时也在司法上铺就了通向1950年婚姻改革的道路。

第五章 新闻报道：建设新民主主义的乡村法治秩序

从 1944 年起，由于一系列的新闻报道，封张案开始受到更多的关注。陕甘宁边区最大的报纸《解放日报》在 1944 年 3 月 13 日刊发了一篇题为《马锡五同志的审判方式》的文章。《解放日报》是中共中央机关报，这篇无署名的头版文章明显地代表着党中央的意见。这篇文章引用了三个案例来说明马锡五的审判方式，封彦贵－张金才案代表的是婚姻纠纷，王治宽－王统一案及丑怀荣－丁万福案属于土地所有权的争端。文章发表之后，边区其他报纸，像《陇东报》《边区群众报》纷纷跟进，以《解放日报》的文章为蓝本，相继报道了封张案。①

1944 年 10 月 9 日，《解放日报》发表了一幅题为《马锡五同志调解诉讼》的木刻画，作者古元（1919～1996）是延安时期有名的革命艺术家之一。这幅木刻画以《解放日报》的前期报道为原型，再现了马锡五在调解封张案时公开审理中的一个场

---

① 《边区群众报》在延安出版，以识字不多的读者为对象。《陇东报》是陇东边区政府的机关报纸。见陕西地方志编撰委员会编《陕西省志·报刊志》，陕西人民出版社，2000，第 241～248 页。

第五章　新闻报道：建设新民主主义的乡村法治秩序

景。① 紧接着在 1944 年 10 月 22 日，位于国民政府战时首都重庆的《新华日报》也报道了这个故事，题为《边区调解婚姻的一个实例》。它从《解放日报》所报道的三个案例中单独挑选了"封张案"。② 六个月之后，1945 年 4 月 11 日，该故事又重新以《一件抢婚案》为题出现在《新华日报》上，它是由《新华日报》记者李普（1918~2010）根据《解放日报》和《新华日报》之前的报道，辅以更多的细节重述而成的。③

随着这一系列文章的发表，封张案从陇东地区的一个小村庄走向革命中心延安，甚至越过了革命根据地的地理空间，传播到了国统区市民读者中间。不过，在这些文章和报道中，故事的主题已经从边区某一村庄中两个家庭间的婚姻纠纷，转向呈现边区政府的治理方式和工作作风，"封张案"因此从法律领域进入了政治领域。从一方面来看，《解放日报》文章中所选取的三个案例证实了边区政府最重要的社会改革集中在婚姻和土地问题（即家庭与财产）上；同时，这些案件也折射出了社会不满的主要根源。《新华日报》后来的报道选取了婚姻纠纷案例，试图展现边区民主政府的形象，显示边区妇女享有婚姻自由，当她们反抗家长制的压迫时能够获得边区政府的支持。

然而，正如本书前面章节所显示，1940 年代中国共产党在陕甘宁边区的社会改革政策，主要是婚姻改革政策曾引起村民各种抵制与不满，由此引发了不少争端。《解放日报》的文章实际

---

① 古元：《马锡五同志调解诉讼》，《解放日报》1944 年 10 月 9 日。
② 《边区调解婚姻的一个实例》，《新华日报》1944 年 10 月 22 日。
③ 李普：《一件抢婚案》，《新华日报》1945 年 4 月 11 日。

上反映了共产党高层领导在面对乡村不满问题时的忧虑与担心。① 因此,马锡五的工作方式被看作共产党努力安定乡村社会的一种方式。为此政府不仅号召干部改进处理乡村事务的方式方法,在一定程度上承认地方自治传统,在乡村推动在司法制度层面运用调解方法,并在组织与重塑乡村社会时,形成与地方乡村群众的对话空间。《解放日报》上的文章还揭示了一个值得注意的现象:革命政府在向村民推行改革和意识形态的过程中,其本身也为地方文化所渗透,甚至接受了"青天"这样的观念。在相互影响、相互作用、协商和彼此渗透的过程中,共产党执行了群众路线政策并重塑了与当地社会的关系。在这一过程中,共产党以它在推行政策时的灵活性来赢取群众的支持。

一 马锡五的审判方式:安定地方乡村社会

在《看起来像个国家:某些旨在改善人类状况的方案是如何失败的》一书中,詹姆斯·斯科特(James Scott)表达了他对近代国家建设和现代威权主义根源的思考,认为近代国家在政权建设中,在实行对社会秩序进行控制以及实行现代主义的改造工程

---

① 事实上,许多争端也发生在土地所有权问题上,这种纠纷在陇东分区更为常见。如第一章所说,这个地区拥有广袤的土地和稀少的人口并且已经完成了土地改革,出现了大量拥有土地的小农。另一方面,由于统一阵线的建立,延属和其他地区并未进行土改,土地所有权没有发生变化,更多的冲突体现在地主和农民的"减租减息"上。在1940年代初的大生产运动中,政府鼓励村民开荒种地,并在无人地带安置新难民和新移民,任其开垦荒地。随着开荒种地,扩大耕地面积,在1930年代后期和1940年代,不少土地争端发生在新难民、移民和原有乡民之间。

第五章 新闻报道:建设新民主主义的乡村法治秩序

时,往往会采用"帝国主义式"(imperialistic)的手段或者霸权式的规划心态,将本来应该发挥重大作用的地方性知识和专门技能排斥在外。这种帝国主义式的手段和霸权方式往往会导致社会改革工程失败。斯科特认为造成这些失败的原因之一在于威权国家(authoritarian state)存在着顺从的公民社会(civil society),缺乏抵制国家强制推行现代主义改造社会工程的能力。① 斯科特的思考提供了一种观察的视角,可以帮助我们审视边区革命政府政策的实践以及和当地社会之间的冲突是否有同样的性质。在前面的章节中,我曾指出司法系统是如何学习、采纳地方性知识,在某种程度上接受地方习俗,在司法判决中考虑这些因素,甚至将某些部分体现在它的婚姻条例中。在回应由婚姻改革引起的地方反对声音时,边区政府并没有表现出"帝国主义式"的做法;而是积极地与当地社会沟通交流,在调解中进行对话,有时甚至通过恢复某些地方传统,改变干部工作方式等方式,逐渐重塑了当地社会。

"延安道路":威权主义的还是新民主主义的政权?

从政治意义上说,共产党将它在动员群众和重组当地社会方面的成功归于它的群众路线,而群众路线被看作中国共产党新民主主义的本质。马克·塞尔登1971年的著名著作《延安道路》基本认同这些观点。在书中,他全面地展现了共产党从早期的江西苏维埃根据地向第二次统一战线时期建立新民主主义政府的转

---

① Scott, *Seeing Like a State*, pp. 6 – 10.

变。塞尔登认为，在统一战线中，共产党的平等主义理想、土地革命政策、民主政府和大生产运动有效地动员了农民去支持共产党及其抗日运动。在1942年统一战线分裂后，共产党推行了一系列基于群众路线的政策，正是这种群众路线构成了"延安道路"的本质。在马克·赛尔登看来，群众路线是共产党动员农民支持其抗日战争和1949年夺取国家政权的有力武器，也是延安政权具有民主性质的证明。①

然而在过去几十年间，随着国际政治和美国国内学术气氛的变化，新自由主义思潮盛行，西方学术界对于中国革命的整体看法、对于中国共产党及其群众路线的民主性，以及在延安时期的共产主义革命性质与实践的评价也发生了变化。自1990年代中国对外开放档案以来，西方学者可以获得更多的研究资料，以往建立在政策分析基础上的共产党积极正面的形象似乎受到了挑战。一些研究表明共产党的革命政策并非统一的，而是具有很强的区域多样性。另一些研究则认为这些政策的贯彻揭示了共产党在1940年代的威权主义文化和压迫性统治，这些都与赛尔登所描绘的群众路线的民主性是相抵触的。② 这一波的批评使得塞尔

---

① Selden, *The Yenan Way in Revolutionary China*, pp. 177 – 278.
② 例如像 Stephen Averill, "The Origin of the Futian Incident," in Tony Saich and Hans van de Ven, eds., *New Perspectives on the Chinese Communist Revolution*, pp. 79 – 115; Gregor Benton, "Under Arms and Umbrellas: Perspectives on Chinese Communism in Defeat," in Tony Saich and Hans van de Ven; eds., *New Perspectives on the Chinese Communist Revolution*, pp. 116 – 143; Kathleen Hartford, "Fits and Starts: The Chinese Communist Party in Rural Hebei, 1921 – 1936," in Tony Saich and Hans van de Ven, eds., *New Perspectives on the Chinese Communist Revolution*, pp. 144 – 174; Timothy Cheek, "The Honorable

第五章 新闻报道：建设新民主主义的乡村法治秩序

登不得不做出回应。1995年，塞尔登出版了《重新审视中国革命中的延安道路》一书，他承认自己也许低估了延安时期政治动员的另一面以及群众路线政策的局限性。不过他还是为自己早期的观点进行了辩护，认为即使如此，"不民主"的问题在1940年代尚处于萌芽阶段。① 然而，澳大利亚学者纪保宁（Pauline Keating）则认为，那些对塞尔登的批评是有局限性的，它们虽然扩展了我们对于根据地革命实践的了解，但不能令人信服地、完整地解释共产党在国家政权建设方面取得的成就，而且对于共产党和农民的关系没有给予充分的关注，更不能解释为什么1949年共产党能够取得内战的胜利，夺取全国政权。② 1997年纪保宁出版了一本书，以更加深入的研究来回应对塞尔登的批评。她从乡村建设的角度研究了陕甘宁边区的两个分区——绥德和延属，纪保宁的研究再次确认了赛尔登关于群众路线是一种民主实践的基本观点。同时，她的研究也指出，由于这两个地区的生态环境和社会状况存在着差异，共产党在执行政策中的"一刀切"带来的效果也会大不相同，这有可能是造成问题的原因。③ 因此，重新审视延

Vocation: Intellectual Service in CCP Propaganda Institutions in Jin – Cha – Ji, 1937 – 1945," in Tony Saich and Hans van de Ven, eds., *New Perspectives on the Chinese Communist Revolution*, pp. 235 – 262. 亦可参见 Benton 在 *New Fourth Army* 中关于中国共产党在贯彻其政策过程中对地方文化的适应的描述。

① Selden, *China in Revolution*, pp. 222 – 252.
② 参见纪保宁（Pauline Keating）对 *China in Revolution* 以及 *New Perspectives on the Chinese Communist Revolution* 两部书的书评，见 *The China Journal* 37 (January 1997): 219 – 223。
③ 参见 Keating, *Two Revolutions*. 以及 Pauline Keating, "The Ecological Origins of the Yan'an Way," *The Australian Journal of Chinese Affairs* 32 (July 1994): 123 – 153.

自主：中国革命中的婚姻、法律与女性身份（1940～1960）

安时期的革命实践，特别是在婚姻和法律方面，有助于我们理解边区政府到底是一个将政策强加于当地村民的威权政府，还是一个运用灵活策略去赢得群众支持的政府。

马锡五的审判方式：回应乡村的不满

共产党干部的强迫行为和"命令主义"在陕甘宁边区的确存在，并且成为社会不满的主因，特别是在婚姻改革方面，正如本书前面章节所提及的华池县对封张案的处理，还有其他县份在不少案件的裁决上，以及粗暴没收彩礼等行为上所显示的那样。面对乡村群众的不满，为什么共产党政府没有采取"帝国主义式"的专制，而是不断壮大，走向了全国的胜利？詹姆斯·斯科特关于人类社会试图建立理想社会，但却往往导致失败的理论也许可以给我们提供一些思考，他认为，四个因素的汇集才会导致政府改造社会的计划沦为悲剧，即：政府不切实际的改造计划、精英现代主义的意识形态、威权主义的政府，以及顺从的市民社会。① 就陕甘宁边区而言，革命政府力量远未足够强大，它也无意成为威权主义政府，而来自乡村的强烈抗议和不满则成为一种制衡力量，使得政府施行变革计划时必须有所顾忌，努力改进工作方法，避免使用极端手段。

的确，婚姻纠纷在民事纠纷中的高比例折射出革命政府与基层村民之间的紧张，档案资料证实了这一点。在现存的陕甘宁边区高等法院全部1112件档案中，有731件刑事案件，381件民事

---

① Scott, *Seeing Like a State*, pp. 1–6.

案件。在民事案件中，有关婚姻纠纷的145件，有关土地纠纷的85件，债务纠纷的61件，房屋纠纷的21件，其他的是一些如继承、财产、租赁等类型的民事案件。① 同时，根据另一资料显示，在1938年至1943年间，边区各法院共处理了864件婚姻纠纷，其中有84件案件上诉至边区高等法院。② 可见婚姻纠纷案在比例上显著大于现存档案中其他类型案件的比例。还需指出的是，这些文件中所包含的案件种类并不能准确反映出各个案件的性质，因为有些刑事案件最初只是民事纠纷，而一些民事纠纷则涉及了刑事情节。不少婚姻纠纷最终发展成为绑架、诱拐、伤人，甚至谋杀等刑事案件。③ 此外，关于中共在边区进行司法治理12年（1937～1949年）间的乡村纠纷案件，现存的文件只能为我们提供有限参照，并不能反映全貌，因为有大量的资料在1947年胡宗南率领国民党军队占领延安时被销毁，④ 最终只剩下了上诉至边区高等法院的部分案件资料，而在县、分区处理的大量案件档案，尤其是早期处理的一些案件并不知是否保存了下来。

除了各种民事纠纷，乡村民众还通过"缠讼"这种自帝制

---

① 刑事案件包括叛国、士兵临阵脱逃、官员腐败、走私鸦片、谋杀、人身侵犯、盗窃和经济犯罪。参见王世荣《新中国司法制度的基石》，第32～36页。
② 张世斌等主编《陕甘宁边区高等法院史迹》，第76页。
③ 如张桂英一案中，张女被前未婚夫严重殴伤（全宗号15，案卷号294）；又如著名的黄克功案中，红军干部黄克功因逼婚未成而枪杀女青年刘茜（全宗号15，案卷号543），其也是由于恋爱婚姻纠纷而引发的命案。虽然陕甘宁边区并不将通奸作为刑事案件，但在此期间，经常出现因通奸而引发的其他刑事犯罪行为。
④ 刘全娥、李娟：《陕甘宁边区高等法院档案及其学术价值》，《法律科学》2006年第1期，第156～162页。

时代就存在的行为来表达不满。"缠讼"指的是诉讼一方或双方不接受调解或判决结果,为获得更有利的结果而持续向上级机关申诉,以实现其所希望的判决。在这样的过程中,双方当事人不惜调动一切手段,常常使诉讼拖延几年甚至几十年,直到一方耗尽所有资源而被迫屈服。《解放日报》关于马锡五的审判方式那篇文章中所引用的一个案例——丑丁案,就提供了这样一个不屈不挠的缠讼例子(见下文)。这场官司差不多持续了10年,直到1943年,才在审判员石静山的调解下得以解决。谢觉哉对这种现象十分关注,并于1942年在《解放日报》"一得书"专栏中进行了讨论。他从阶级压迫的角度出发,断言缠讼是诉讼中强大/富有一方的一种法律策略,以图阻止弱小/贫穷的一方上诉。这使得在寻求公正的过程中有钱人可以威胁穷人。他相信革命政府可以采取三个重要措施来根除这个问题:败诉方给胜诉方赔偿;建立好的初级审判机构;制造出反对这种腐败行为、旨在保护穷人的社会压力。只要建立起好的初级审判机构,利用社会制裁力量,形成"强不凌弱,众不暴寡,富不压贫"的社会氛围,就可以保护穷人不受欺凌。[①] 在谢觉哉看来,在革命的司法体系下,仗势欺人的有钱人必定会败给受压迫的穷人,因此需要赔偿穷人,这就会阻止他们继续上诉。然而在现实中,似乎普通村民比富人更常运用缠讼策略。

边区高等法院的文件显示,一直到1945年,边区司法机关仍无法完全解决缠讼问题。尤其是在婚姻案件中,许多纠纷先在

---

① 焕南:《一得书:缠讼》,《解放日报》1942年11月19日。

第五章 新闻报道：建设新民主主义的乡村法治秩序

乡政府进行处理，之后移送县司法处。在大多数案件中，一方（通常是不愿意离婚的男方）会向高院分庭上诉，并最终上诉至边区高等法院。边区审判委员会存在时，有时还上诉到该部门。譬如第二章中提到的左润诉王银锁离婚案和张腊娃、刘保清案就是两个典型案例，其纠纷经历了村组织、乡政府的调解，以及县法院的判决，之后上诉直至延安市法院，再至边区高等法院，最后至边区审判委员会，整个审判和上诉过程持续两三年。据不完全统计，在1945年至1949年间在上诉至边区高等法院并已审结的133起离婚案件中，女方上诉为32件，而男方上诉为101件。① 在上诉过程中，为了打赢官司，他们在路上花费时间和盘缠，住在靠近法庭的地方等待开庭及判决结果，甚至整个家庭成员都卷入其中。在许多离婚案件中，在双方等待判决期间，政府不得不安排女方的食宿，因为丈夫经常断绝妻子的经济来源，将这一经济负担转嫁给政府和法庭。

中共高层领导人充分意识到了这一普遍的不满情绪以及政府与民众间的紧张关系。政府对缠讼现象最大的担忧是，在审判与上诉期间，诉讼双方不能从事生产劳动，无法改善家庭生活水平，也失去了交纳赋税的能力。② 因此，这些缠讼案件严重地干扰了革命政权的日常工作，而对于边区政府而言，稳定社会、改善人民生活、保证生产和税收来源是最紧要的问题，特别是在国民党军队全面封锁陕甘宁边区的时候。此外，如第三、四章所

---

① 张世斌等主编《陕甘宁高等法院史迹》，第76页。
② 《边区政府关于普及调解、总结判例、清理监所秩序信》，延安陕甘宁边区政府办公厅编《调解为主，审判为辅》，1944，第10~16页。

述，由于边区司法体系本身就缺乏人力资源，不论是处理无休止的缠讼，还是加大执行司法判决的力度都会使得司法人员和政府工作人员疲于奔命，穷于应付。

官方文件显示，边区政府意识到这些问题关乎革命政权的巩固与发展。在1944年初，林伯渠主席发布了边区委员会的年度报告，在司法部分，就司法体系如何有助于抗日战争、保证边区的民主和人民权利提出一系列建议。他号召推广民间调解，乡镇政府应当鼓励民间有威望的人物，如劳动模范、开明士绅积极参与调解纠纷，从而实现息讼止讼。他也谈到了司法机关的工作，敦促司法工作者在做出处罚判决时，要审慎考虑犯人及家属的具体生活状况。法庭在民事以及轻微刑事案件中不应对任何一方判处监禁，应优先适用缓刑而非直接判处监禁，以便保留更多劳动力参与农业生产。他要求司法程序应该像马锡五的审判方式一样，简单、快速、便利，要让司法实践成为教育群众的手段，而非简单惩罚他们。① 所有这些建议的目的都意在减少诉讼。作为对林伯渠报告的回应，边区参议会也通过了三项议案。这些提议号召所有政府学习马锡五的方式，通过调查研究和民主的方法解决社会争端，克服工作人员的主观主义和草率的工作作风，减少以及消除诉讼，提高生产力。②

政府年度报告还指出了政府存在一些问题，像是强制执行党

---

① 林伯渠：《关于改善司法工作》，延安陕甘宁边区政府办公厅编《调解为主，审判为辅》，第1~4页。
② 高等法院：《提示信：执行本年七月边参常驻会、政府委员会联席会议通过的司法提案》，全宗号15，案卷号13。

第五章 新闻报道：建设新民主主义的乡村法治秩序

的政策，政府干部有渎职行为等，从1942年开始，这些问题在《解放日报》上被频频曝光。1944年12月，《解放日报》报道了一些官员被免职的消息，包括一个贪污公款的村长、一个随意对村民处以罚款的区长、一个自大傲慢、胡作非为的区委书记。① 至于婚姻改革，最常见的抱怨是"共产党什么都好，就是离婚（政策）不好"。② 日益增长的社会不满引起共产党高级领导人的重视，1945年，谢觉哉在一个小型整风会议上提到了人民对政府常见的不满，包括不公平的税收负担、滥用职权的政府干部、不堪重负的乡区工作人员，以及太多的会议。他承认在所有这些抱怨中，最常提到的是婚姻、土地和债务问题。③

所以，如果将边区政府视作专制政府的话，必须有一个前提，即革命政府是一个强有力的政权，具有全能的、无所不在的控制力。但事实上，边区政府并没有那么强大的控制能力，在面对社会不满时，革命政权往往是通过调解和使诉讼最小化去缓和人民的不满，寻求某种乡村自治的方式解决问题。譬如，婚姻改革的一个重要政策就是实施婚姻登记制度，但是政策的实施却显示了政府的控制是不充分的，这种不充分的控制也表现在订婚和彩礼上。直到1948年中共中央委员会离开陕甘宁边区时，婚姻登记仅仅覆盖了边区有限的区域，而订婚和彩礼习俗仍然延续下

---

① 《环县甜水区二乡罢免贪污的村主任》，《解放日报》1944年12月14日；《镇原干部进行学习后，处罚群众现象减少；孟坝区区长任意处罚群众，不虚心接受批评被革职》，《解放日报》1944年12月17日。
② 《婚姻问题与婚姻条例》，全宗号15，案卷号72。
③ 《谢觉哉日记》，第814~815页。

来。在大多数情况下,外来的政府干部在村庄里也只能做到积极宣传、推进这一政策,而不是挨家挨户地去检查或惩罚每一个婚姻行为。常见的情形是,当村民中发生纠纷并找到政府评理时,政府/法院方才被动地介入。不过,只要政府/法院介入,就一定会坚持贯彻政策和原则。没有纠纷时,政府并不主动出击、干涉,而是采取一种"不告不理,非亲告不理"的态度,如第四章所述。① 所以,对乡村社会来说,政府要么是老百姓寻求说法时诉诸的权威,要么是社会纠纷的仲裁者,而不是全面控制乡村的绝对权力。

二 马锡五的审判方式:改进政府与乡村社会的关系

1944年《解放日报》上的文章虽然是以匿名方式发表的,但是语气中透露着权威,明显是得到边区高层领导授意。文章指出,马锡五的审判方式是建立在走访乡里、全面调查、尊重群众意见的基础之上。在处理乡村纠纷时,马锡五运用调解和判决相

---

① 2006年,我采访了一位1940年代曾担任过军队连指导员的退休干部张宣,他在1948年曾经亲自拜访过捧儿(见第七章)。他告诉我,1946年前后,他的部队驻扎在延安附近的一个村子里,他所住的这户农民家有一个漂亮女儿,未婚夫是一名八路军战士。在他看来,这个小伙在各方面都配不上这个姑娘。他很为这个姑娘惋惜,疑惑她怎么不反抗。他觉得如果姑娘将她对这桩不般配婚约的不满说出来,结局就会大不一样。我认为,这恰恰证明了如果没有纠纷的话,革命政府就不会介入已经存在的婚姻/婚约。实际上,这也是自主原则的另一方面,即妇女对她们自己的婚姻和幸福负责,如果一个女人不反抗她的婚姻/婚约,政府就不会出面。

结合的有效方式，寻求双方都可接受的解决办法。文章认为马锡五的审判方式就是政府干部带法庭下乡、简化法律程序、为村民提供方便简捷高效的服务。文章指出，"群众观点"就是马锡五审判方式的核心，并赞扬这与党的群众路线的中心思想是一致的。因此，文章认为干部下乡，进行全面的调查研究，简化办事程序，设立有群众参加的公开法庭，运用灵活的方式（判决或调解或双管齐下）解决问题，才是实现乡村社会稳定的关键。这种政府与社会之间的动态关系正是在这一时期形成的。甚至更早一些时候，在1943年"司法工作检讨会"上，罗迈就提出了要推广马锡五的工作方法，推崇他的审判方式，主张要调查研究，要为群众解决问题。① 应该说，推广马锡五审判方式是边区高层领导的共识。

马锡五的审判方式在当地：以调解实现乡村社会的稳定

《解放日报》的文章重点强调了马锡五在处理社会纠纷时所用的策略之一——调解。文章遵循林伯渠主席的讲话精神，鼓励法官用调解的方式来解决地方纠纷；调解既应以革命原则和政府政策为指导，又要考虑到当地的风俗习惯。

然而，调解既不是马锡五的发明创造，也不是共产主义运动的产物。中国法制史的研究表明，早在共产主义革命之前，传统

---

① 《边区高等法院雷经天李木庵院长等关于司法工作检讨会议的发言》，全宗号15，案卷号96。

乡村社会就存在调解这种方式了。① 民间调解在帝制时代的乡村已存在数个世纪了。在明代（1368~1644）政府就有意识地通过支持乡村中的"老人制"习俗，解决乡里纠纷，鼓励地方自治。② 费孝通对1930年代中国乡村的研究表明，绝大部分乡村地方纠纷都是通过宗族长老或德高望重之人出面调解而解决的，这大大减少了诉讼的数量。③ 黄宗智认为，在帝制时代晚期，调解经常由宗族首领实施，旨在减少诉讼。④ 从清末到20世纪，随着西式法律体系的建立和社会革命，这种地方上民间调解方式经历了一个转变。在建立现代法律体系的过程中，民国政府并没有完全抛弃调解的观念，而是明确规定民事纠纷可以通过民间或法院的调解解决，⑤ 尽管调解使用的范围以及如何实施还不清楚。

通过行政和法律双重体系来进行调解在陕甘宁边区已经存在了若干年，甚至在1937年正式的司法体系建立之前、在推广马

---

① Jerome A. Cohen, "Chinese Mediation On the Eve of Modernization," *Journal of Asia and African Studies* 2 (1) (April 1967): 54 – 76; Franz Michael, "The Role of Law in Traditional, Nationalist and Communist China," *China Quarterly* 9 (1962): 124 – 148; Stanley Lubman, "Mao and Mediation: Politics and Dispute Resolution in Communist China," *California Law Review* 55 (1967): 1284 – 1359; Hsiao Kung – Chuan, *Compromise in Imperial China* (Seattle: School of International Studies, University of Washington, 1979); Philip Huang, "Court Mediation in China, Past and Present," *Modern China* 32 (3) (July 2006): 275 – 314.

② 〔日〕中岛乐章：《明代乡村纠纷与秩序》，郭万平、高飞译，江苏人民出版社，2010，第86~167页。

③ 费孝通：《乡土中国》，上海人民出版社，2006，第45~48页。

④ Huang, "Court Mediation in China," 亦见其 *Chinese Civil Justice*, pp. 14 – 17, 87 – 123。

⑤ 参见谢冬慧《南京国民政府民事调解制度考论》，《南京社会科学》2009年第10期，第86~93页。

第五章　新闻报道：建设新民主主义的乡村法治秩序

锡五的审判方式之前就存在了。根据高等法院 1941 年的报告，大多数的区、县级之下的行政层级都成立了"人民调解委员会"，处理大部分的民事纠纷。① 1942 年 12 月 19 日，在"封张案"发生之前，《解放日报》发表了一幅由古元创作的木刻画《调解》。② 画中，一个年轻女人正在向一位坐在桌后的、可能是村领导的男人诉说着什么，桌子的另一边站着一个男人和一个老年妇女，很可能是年轻女人的丈夫和婆婆。图画似乎描绘了一个正在由村领导进行调解的家庭纠纷，背景中还有一群人站在门口观望旁听。长期以来调解在乡村被广泛应用，边区革命政府继续实施并赞扬这种方式。

图 5-1　古元《调解》
资料来源：《解放日报》1942 年 12 月 19 日。

---

① 雷经天：《边区司法工作报告》（1941），全宗号 15，案卷号 175。
② 古元：《调解》，《解放日报》1942 年 12 月 19 日。这幅木刻画在 1950 年代重新发表时，可能是为了配合《婚姻法》的颁布，改名为《离婚诉》。见王琦编《古元的木刻》，朝花美术出版社，1957。

1943年6月，当马锡五正在处理封张案的过程中，边区政府颁布了一个新法令——《陕甘宁边区民刑事件调解条例》，列举了适用于调解的民事诉讼和轻微的刑事案件及其相关程序。①《条例》鼓励民事诉讼的调解，规定纠纷发生时，诉讼双方可以邀请邻居、亲属或民间组织来"从场评议曲直"并"劝导双方息争"，作为程序的第一步。② 这可以被视为鼓励乡村邻里参与的庭外调解。

乡间邻里参与到调解过程中对于所有形式的调解都十分重要，包括调解程序的第二步，即：如果乡间邻里调解失败，将由法庭或政府来主导调解。在此过程中政府/法院可以邀请基层干部、各群众团体的代表和处于中立立场的当地乡绅来协助调解。显然，在这个阶段，调解被视为一种有利于解决案件的司法技巧。调解对纠纷中的双方来讲都是自愿的，双方达成的协议，会被写进书面和解协议。③ 陕甘宁高等法院的档案材料也反映了这个时期的民事诉讼常常运用调解的方法。《解放日报》的文章中所提到的三个案例，其中两例都在马锡五及其助手介入之前就走过调解程序。这种状况会令人生出疑问：既然调解已经是处理民

---

① 《陕甘宁边区民刑事件调解条例》，甘肃省社会科学院历史研究所编《陕甘宁革命根据地史料选集》第1辑，甘肃人民出版社，1981，第317~320页。也有可能这个条例是在国民党法典的影响下颁布的，因为国民政府在1930年颁布了一部规范调解的条例，1935年颁布了一部民法修正案，旨在规范调解程序。南京政府在每一个辖区都设立了特别委员会来负责调解，尽管调解也可以通过法院系统完成。见谢冬慧《南京国民政府民事调解制度考论》，《南京社会科学》2009年第10期，第86~93页。
② 《陕甘宁边区民刑事件调解条例》，第317~320页。
③ 《陕甘宁边区民刑事件调解条例》，第317~320页。

间争端时广泛运用的手段,为什么边区政府(通过《解放日报》上的文章)还要煞费苦心地强调它是解决民事纠纷的一种方法?政府为何如此高调地推广马锡五的调解方式?马锡五审判方式所用的调解与此前的调解方法有不同吗?

当然,通过运用调解的方式来息讼止讼,从而赢得民众对政权的支持无疑是边区司法部门非常关注的问题。这个动机在1944年的一封由谢觉哉起草的,① 由边区政府发放到各地司法处、法院的公文中有充分地表达。该公文指出,推行调解以及马锡五审判方式有助于息讼。② 正如谢觉哉所说:"调解可使大事化小,小事化无;可使小事不闹成大事,无事不闹成有事。增加农村和睦,节省劳力以从事生产。"③ 从这一点可以看出,中共司法部门继承了清代息讼和民间自治的思路。④

实践中的马锡五审判方式:推动党和政府改进工作作风

一些当代学者往往以西方的法律体系为标准,从法律概念的视角来透视马锡五的审判方式。这些研究经常把马锡五的审判方式化约为调解,在他们的眼里,马锡五审判方式仅仅是一种非正

---

① 谢觉哉在此几天前的日记中出现了一篇草稿,因此可以假定这封信是由谢觉哉起草的。参见《谢觉哉日记》,第 620~630 页。
② 《边区政府关于普及调解、总结判例、清理监所指示信》,延安陕甘宁边区政府办公厅编《调解为主,审判为辅》,第 10~16 页。
③ 《谢觉哉日记》,第 621 页。
④ 参见黄宗智关于帝制时代司法极少化(legal minimalism)的论述。Huang, *Chinese Civil Justice*, pp. 17–19, 81–86.

式的法律方式、一种司法技巧,或者革命时期的一种即兴之作。① 事实上马锡五的方式包括很多其他重要内容,比如法官下乡、开展现场调查、听取群众对案件的看法、实施调解、简化法律程序,以及公开审理,达成最终判决,当事两造接受判决,其中包含了非常繁复和辛苦的工作。《解放日报》的文章将调解仅仅看作解决纠纷,达成更好结果的一个步骤,而具体是运用调解还是判决取决于法官的判断和智慧。

根据边区政府颁布的调解条例,调解需要争端双方都自愿到场。然而,根据《解放日报》的文章透露的信息,"封张案"并不能被视为单纯的调解,因为在前两步——调查和听取群众意见环节中,马锡五并没有让张金才和封彦贵参与进来。最后一步发生在法庭公开审理环节,封彦贵和张金才及其参与作案的族人作为最初的诉讼人被传唤到场,接受最终判决。在公开法庭上,马锡五宣讲了法律原则,宣读了新的判决,这个新判决显然是建立在一系列的调查研究和谈话之上的,但却并没有完全按照1943年条例所规定的调解程序走,说明了即使马锡五在处理案件时,其方法也是非

---

① 范愉:《简论马锡五审判方式》,《清华法律评论》第二辑,清华大学出版社,1999,第 221~231 页;Huang, "Court Mediation in China, Past and Present," 及其 *Chinese Civil Justice*;强世功:《权力的组织网络与法律的治理化》,《北大法律评论》第 3 卷第 2 辑,北京大学出版社,2000,第 1~61 页。强世功将马锡五审判方式简化为调解,并认为是一种单纯的司法技巧。不过他也指出,当马锡五的调解与地方社会的政治网络联为一体时,可以有力地提升共产党的治理能力。关于当代学术界对马锡五审判方式的评论,参见 Xiaoping Cong, "Ma Xiwu's Way of Judging: Villages, the Masses, and the Legal Construction in Revolutionary China of the 1940s," *The China Journal* 72 (July 2014): 29–52。

第五章　新闻报道：建设新民主主义的乡村法治秩序

常的灵活。

《解放日报》的文章中所讨论的第二个案件——王王案，是发生在陇东分区合水县的一桩土地纠纷。据文章所述，这起纠纷始于农民王治宽的贪婪，他要在邻居王统一（与王治宽没有亲属关系）的地界上挖一条沟。该纠纷起初在区干部的监督下通过民间调解得到了解决，但是调解之后，王治宽又上诉至县法院。县法院的法官没有下乡调查，仅仅采信了王治宽的说辞，做出了对他有利的判决。然后王统一上诉至高院陇东分庭，当时的庭长马锡五派他的助手石静山下乡做了全面的调查。在发现了争端的原因后，石静山法官在公共场所开庭办案，宣布了最终判决。考虑到事实真相已经调查清楚，王治宽迫于法官的权威和村里群众的压力，最终承认了他的错误行为并向王统一道歉。在这个案件中，虽然运用了调解，但并没有解决问题。是法庭的判决和强大的公众意见压力最终解决了纠纷，并使双方和解。

第三个案件——丑丁案也发生在合水县，也可以被看作一桩调解案。从1930年代中期开始垦荒，相邻的丑家和丁家在垦荒时就不断把地界向对方区域推进，最终酿成了土地纠纷。当时合水县仍在国民党政府治下，这个案子的初审是在国民政府的县法院，后上诉至国民政府的地区级上诉法院，但初审和上诉的审判结果截然不同。按照《解放日报》的说法，不管是县法院还是地区级上诉法院都没有做实地考察，仅仅根据诉讼当事人的行贿数额宣布谁胜诉。共产党接管县政权后，在地区级法院败诉的丑家上诉到陇东分庭。马锡五派石静山法官深入村庄，石法官通过同村民谈话、亲自实地考察，调查了案件的经过。经过认真考虑，他将双方邀请到一个乡间公共场所，开庭审判。在法庭上，他劝说双方各让一步以达成和解。案子以一个皆大欢喜的和平方式收尾。

在这些案例当中，马锡五有时采用调解，有时采用司法判决，二者并不互相排斥；相反，马锡五的方式是很具有包容性的。为做出判决，他做了彻底的调查；要调解，他就得深思熟虑并具有说服力。作为法官，马锡五需要遵循法律形式，也要符合革命原则；作为一个地方领导人，他得寻求让争端中的所有当事人满意的方法。因此，谢觉哉强调"审判与调解结合，即马锡五同志的审判方式"。[1] 这种审判方式既坚持了党的群众路线，又提供了一个大家都能接受的解决方案，以达到维护社会稳定的目的。这个方法看上去获得了相当的成功，1955年，当马锡五回顾陕甘宁边区司法实践的经验时，他坚信最重要的就是群众路线。[2]

1944年《解放日报》的文章把马锡五的审判方式作为给广大干部的一记警钟，促使他们改进工作方式，更好地为人民服务。对司法干部来说，基于教条主义和命令主义的简单粗暴判决会引发对立情绪。根据文章所述，在三个案例中，县级司法处工

---

[1] 《谢觉哉日记》，第621页。
[2] 参见《新民主主义革命阶段中陕甘宁边区人民司法工作》，张希坡：《马锡五审判方式》，法律出版社，1983，第80~100页。康生在1958年所做的一次演讲中，也赞扬了马锡五的法律实践帮助司法部门和群众间建立起密切联系。参见中央政府干校社会主义教育辅导组整理《康生同志报告记录摘要》，1958，第1~8页。在此我要特别感谢沈迈克（Michael Schoenhals）教授慷慨地与我分享他收集到的这份资料。

第五章 新闻报道：建设新民主主义的乡村法治秩序

作人员的不负责任或教条主义导致最初的纠纷恶化。例如，在"封张案"中，华池县司法处没有做任何调查就相信了封彦贵的说法并宣告捧儿和张柏的婚姻无效，却没有考虑封彦贵违背女儿意愿实施买卖婚姻的事实。相似的情况也出现在两桩土地纠纷案中，县法院没有经过任何调查就根据原告的证词做出判决。

显然，《解放日报》的文章在赞扬马锡五的同时，也回应了先前"司法工作检讨会"中提到的官僚化、专业化和形式化问题，这些问题在第三章中讨论过的1943年司法工作会议上有过激烈的争论。文章认为，减少政府的强制执法、安抚群众不满的一种方法，就是鼓励法官和政府干部亲自下乡，探访村民，进行全面深入地调查，以了解争端的经过和根源。文章认为，下乡调查能够让司法工作者对争端中涉及的所有因素有更加深入的了解，这非常有助于调解和运用法律的精神。正如在第三、四章中所讨论的，这比仅仅被动地守在法庭等待诉讼上门、以形式主义的方式使用法律术语进行判决更为可取。

《解放日报》的文章称赞了马锡五审判程序的便捷，以及有乡村群众参与的公开审理形式。文章将马锡五的审判方式与以法院为中心的司法体系做了对比，暗讽那种坐堂式的、偏重状词判决的方式和旧式衙门并无区别，所以马锡五的审判方式是"真正'民间的'，而不是'衙门'的"。文章着重指出，马锡五无论何时何地，不管白天黑夜，不管是在山坡还是在河边，只要诉讼当事人方便，他都乐意和他们见面，以至于任何人都能和他坐到一起，得到帮助。以"封张案"为例，文章提到捧儿在村子附近的一棵树下遇到马专员并申诉了她的案子。①

文章也高度赞扬了马锡五巡回辖区办理案件的方式。根据《解放日报》上的另一篇报道，马锡五一年到头很少待在办公室，而是频频巡访辖区内的县、村，以便及时发现地方司法干部可能犯的错误。在巡回期间，他总是格外关注监狱，亲自审查犯人，看看有没有可能对那些怀有悔过之心、愿意接受改造的犯人予以减刑。②《解放日报》的记者继续跟进，报道了马锡五在1944年8月和9月的巡查中，发现了不少案子单靠调解或判决的方法，却始终不能结案，导致当事人反复上诉。马锡五邀请了当地民间有威望的人物介入调解，随后再进行法庭判决。③几乎与此同时，《解放日报》发表了另外一篇关于陇东分庭工作的文章，该法院在审理大部分案件时都采用了调解的方式；曲子县和环县获得了很高的评价。同一篇报道中将镇原县法院列为反面教材，因为其司法干部未能做现场调查或采用调解的方式去解决案件，④正是马锡五的巡回检查让这个问题暴露出来。这样，马锡五的方式看上去非常类似于帝制时代中清明官员的做法，下面我将会加以讨论。

在1944年《解放日报》文章发表之后，边区政府开始鼓励

---

① 为了强调重点，文章似乎简略了一个事实，即田间的偶遇是捧儿第二次见到马锡五，因为此前捧儿曾去过庆阳行政中心马锡五的住所告状（见第二章）。
② 《马锡五同志的审判方式》，《解放日报》1944年3月13日。
③ 《马锡五同志出巡审案经验》，《解放日报》1944年12月20日。
④ 《陇东高等分庭处理案件多用调解方式，镇原处理案件多未下乡调查》，《解放日报》1944年12月19日。

各个区县运用马锡五的审判方式，对于民事诉讼和细小的刑事案件，提出了新的口号——"调解为主，审判为辅"。① 一时间，调解民间纠纷成了一场政治运动，许多人如法官、干部、劳动模范和开明士绅等都卷入调解纠纷之中。1944年3月之后，《解放日报》以相当多的篇幅报道调解类案件。6月14日，《解放日报》发表了边区政府的指导性文件，号召所有法院采用马锡五的审判方式。② 尽管在介绍马锡五的工作方式及其影响时，政府带有高调现代主义的意识形态，却显示了它急于改进强迫方式和命令主义作风的意图，以具体工作方式显示边区政府是一个并未滥用权力的民主政权，为此愿意寻求不同方法来达到群众满意的结果。正是回应乡村社会不满的压力和对自身存亡的考虑，使得政府在与乡村的关系中寻求和谐和平衡。

实践中的马锡五审判方式：政府通过协商的方式重塑乡村社会

斯科特关于避免威权政府出现的理论中有一个条件，即存在一个相对有力的市民社会，这种观点也存在于一些西方历史学家的研究中。在20世纪后期，哈贝马斯式的"公共空间"（public sphere）和"市民社会"（civil society）理论开始被美国和中国史学界接受。不少美国的中国史研究学者相信，在20世纪初，沿海和城市地区印刷出版业的兴起促使了"公共舆论"（public opinion）的产生，而在现代政治中"公共舆论"代表着城市平民

---

① 王子宜：《审判与调解》，《解放日报》1946年1月17日。
② 《边府指示各分区司法工作多多采用民间调解，审判要学习马锡五同志的方式》，《解放日报》1944年6月14日。

的觉醒意识。① 如果哈贝马斯所描述的、作为18世纪德国都市现象的公共领域的确在20世纪的中国出现了,那也只能建立在城市印刷文化的基础上,且只限于受现代教育的人群之中。活跃的印刷媒介和基础教育为平民参与公共事务创造了条件,这在理论上为政治民主铺平了道路。但随之而来的问题是:公共舆论或市民社会能否在文盲率高达95%以上的陕甘宁边区乡村社会中兴起?假如印刷文化在都市地区确实是公共舆论的媒介,那么这种舆论在像陕甘宁边区这样的乡村地区又以何种方式表达?在这样的社会里,群众参与公共事务如何成为可能?公共舆论是如何塑造的?再者,什么样的公共事务会涉及普通群众?革命政府在塑造公共舆论时扮演了什么样的角色?

在面对以城市为导向的现代化研究中,黄宗智敏锐地指出,假定哈贝马斯式的市民社会存在于中国社会是非常成问题的。通过提出"第三领域"(the third realm)的理论,黄宗智重新界定了国家权力和乡村社会之间动态的相互作用,他认为"第三领域"在帝制时代晚期,特别是在清朝的民事纠纷领域内就已经存在了。在黄宗智看来,国家和乡村社会各有其领域,只是在解决民事纠纷的协商中它们才会在第三领域中相遇。在第三领域中,帝制国家(以地方政府为代表)能够对民事纠纷中的双方施加

---

① Mary Backus Rankin, *Elite Activism and Political Transformation in China, Zhejiang Province, 1865 - 1911* (Stanford, CA: Stanford University Press, 1986); Joan Judge, *Print and Politics: "Shibao" and the Culture of Reform in Late Qing China* (Stanford, CA: Stanford University Press, 1996); David Strand, *Rickshaw Beijing: City, People and Politics in the 1920s* (Berkeley: University of California Press, 1989).

第五章 新闻报道：建设新民主主义的乡村法治秩序

非正式影响。国家极力主张通过社会调解解决民事纠纷，乡村社会为了自身的利益也可以与国家权力讨价还价。① 不过，在黄的笔下，"乡村社会"通常指的是以宗族为基础的乡村社区，由宗族精英主宰地方事务，并带头与国家进行协商。我们尚不清楚乡村底层群众参与社会事务是如何影响法律案件结果的，特别是在像陇东这样的地区，如第一章所述，那里宗族势力（如果还有的话）非常薄弱，只是勉强能够把社会黏合到一起而已。

1940 年代，共产党努力在陕甘宁边区建立一个以广大群众参与为基础的民主政体，② 但是，通过印刷媒介表达公众舆论肯定是不现实的。尽管延安有十几家报社，每个分区都有自己的出版物，③ 但它们很少被用来塑造公共舆论，进而影响人数众多的文盲农民。这些出版物只能传播到一小群受过教育的人群中，如政府干部、党的领导人和延安的一些文化机构中的知识分子、学生。很多报纸只是被边区各级政府用来作为政治动员、意识形态传播的工具，或者用于发布党的政策指令、引导地方政府工作、宣传政府的成就。

共产党也试图将新闻报纸作为政策反馈的工具，敦促各级干部和新闻记者把乡村基层群众的声音带到高层，以便及时发现可能会威胁社会稳定的因素。这种声音被赋予了一个特别的术

---

① Philip Huang, "Between Informal Mediation and Formal Adjudication: The Third Realm of Qing Civil Justice," *Modern China* 19 (3) (1993): 251-298.
② Selden, *China in Revolution*, pp. 99-143；荣敬本、罗燕明、叶道猛：《论延安的民主模式》，西北大学出版社，2004，第 288~296 页。
③ 王敬：《延安〈解放日报〉史》，新华出版社，1998，第 5~6 页。

语——"群众意见",它源于共产党的群众路线,也受到了党的支持。群众意见有别于公共舆论(public opinion),后者曾被冉玫烁(Mary Rankin)用来描述晚清政治运动中的一个现象,即知识精英表达对清廷统治的不满。在这里,公共舆论作为一种自我意识行为,代表了知识精英所构建的一个对立于国家权力的抽象社会空间。在这个空间中,知识精英对于公共事务的观点通过印刷品表达出来。① 冉玫烁的"公共"(the public)是由知识精英阶层界定出来的想象共同体,这些精英试图聚集一种改革或革命的力量。

群众路线可以说是共产党由上而下治理群众的方针,但是它也可以用自下而上的角度去看,因为对某些基层干部来说,它也可以被用作政治正当性的根源:尊重群众意见使得他们处理社会纠纷的办法变得正当,甚至将其对地方社会的妥协和让步合法化。此外,如档案文件所显示的,它也给普通农民或妇女提供了与政府讨价还价的机会,这一点本书的第一、二章已有过论述。在陕甘宁边区的环境下,说文盲群众/农民完全是被共产党的意识形态动员起来的肯定是一种误导,因为他们可能无法完全理解共产主义的政治词汇和那些输入到边区的新术语。美国学者查尔莫斯·约翰逊(Chalmers Johnson)在1970年代提出,中国的农民支持共产党是因为共产党以民族主义进行了战争动员。② 实际上,许多乡村群众/农民并不太关心民族主义意识形态,因为日

---

① Mary Backus Rankin, *Elite Activism and Political Transformation in China*.
② 参见 Chalmers Johnson, *Peasant Nationalism and Communist Power* (Stanford, CA: Stanford University Press, 1962)。

第五章 新闻报道：建设新民主主义的乡村法治秩序

本侵略的威胁还远离他们的家乡。但这并不意味着农民对公共事务漠不关心，或者对共产党的政策和治理没有意见。由此看来，法国学者毕昂高（Lucien Bianco）的说法还有些道理，他认为在很多情况下，大多数农民和革命政权的合作与其说是"支持"（support），不如说是"顺从"（comply），如果他们认为某项政策是可以接受的话。① 他们关心的是与他们的生活息息相关的事，比如婚姻和土地（包括所有权或地租），还有税负。当发生纠纷时，他们会寻求政府和司法部门的帮助，以获得公平与公正。法律案件也给共产党政府提供了与乡村社会进行协商和互动的机会：当政府仅仅试图稳定社会却不去倾听群众的要求时，乡村诉讼当事人的不满就会迫使政府对政策稍做调整，以维护当事人的利益和乡村社会的安定（见下文）。

然而，作为志在改革"落后的"地方习俗的革命政党，中国共产党给当地带来的外来观念旨在推翻当地社会的既有秩序。因此，在革命政权看来，群众意见需要由党的干部或党所培养的积极分子来引导，群众需要不断地接受革命观念的教育。这就是进行公开审理的目的之一。在公开法庭上，革命政权的法官会鼓励和引导参与者当中的正面意见，从而达成不违背革命目标的结果。这一点在马锡五处理"封张案"中可以看到。马锡五走访了许多附近村民，以确定本案的"一般舆论趋向"。通过与村民和当地干部讨论案情，马锡五发现"一般群众"并不满意先前

---

① Bianco, "Peasant Responses to CCP Mobilization Polices," in Tony Saich and Hans van de Ven, eds., *New Perspectives on the Chinese Communist Revolution*, pp. 175 – 191.

华池县司法处的判决,而是同情捧儿和张柏这"一对少年夫妇"。① 在有关土地纠纷的两个案件中,石法官严格遵照马锡五的方式,进行全面的现场调查,和不同的村民讨论案情,以了解群众意见。群众对于特定案件的经过有所了解,也知晓诉讼当事人的动机,他们基本的是非道德观念和他们对于公正的基本常识,都会让案件产生令人满意的结果。有时,共产党政府也利用群众意见造成的社会压力迫使某些理屈的诉讼当事人屈服并达成一致意见。因此,马锡五的审判方式成了群众路线的榜样,因为他在考虑群众意见的基础上做出新的判决,判决结果也为群众所接受。然而我们也应该看到,尽管这种群众意见有时会给予群众表达的机会,但政府对当地社会的组织渗透,以及在与当地社会互动过程中,也会对群众意见做某种选择性的改造。

马锡五审判方式的最后一步是通过公开审理的方式,邀请民众参与诉讼程序,从而在司法实践中达到教育民众的目的。开放的法庭成了革命政权与乡村民众直接交流的一种"空间",我称之为"民间公共场所"。它不同于充斥着城市资产阶级个人活动的"公共领域",也不同于由宗族精英主宰的"第三领域",更不同于清末民初时的改革派精英们以报纸杂志为中心所开创的抽象的"公共舆论"。这种民间公共场所不是抽象的想象空间,而是非常具体的,常常是一个当地的特别所在,如村里的庙宇、打谷场、村公所、宗族祠堂,或村头的大树下,是村民们常常聚集

---

① 《马锡五同志的审判方式》,《解放日报》1944 年 3 月 13 日。

第五章 新闻报道：建设新民主主义的乡村法治秩序

或娱乐的地方。① 这种民间公共场所除了用于排解纠纷外，也是革命政权召集当地村民参加政治会议的地方，政府常常在这里动员村民支持政府改革计划，宣布减租减息方案，公布税收政策和每户应负担的公粮数，征召村民参军入伍。村民也出于关心自身利益以及关注社区事务的考虑常常在这种公共场所聚集，在聚集过程中，一些村民就有机会表达自己的意见。对政府来说，它是一种政府与基层群众交流的机会和方式。当然，这种民间公共场所也存在一些局限：譬如，群众的意见仅限于口头表达，且仅在以村庄为中心的小范围内发生。由于该场所的会议常常由政府干部主导，有新的地方基层精英的协助，政府有将其意志强加于村民之嫌，但是这种主导是有某种考虑和策略的。

在与基层群众的互动过程中，特别是在推行马锡五审判方式时，边区政府通常会表示对当地风土人情、风俗习惯的尊重。推行民间调解、鼓励当地年长者在纠纷中发挥智慧，有助于将地方习俗融入法制建设，从而建立民众乐于接受的司法体系（见第三章）。但是对革命政权而言，放任乡村完全自主将不利于政府实现社会改革蓝图，也难以达到动员群众、教育群众的目的。同时，政府还需要培养一批符合革命理想的地方基层新精英分子，与民间年长者的保守力量相抗衡。在传统长者与新型革命精英之间，通过政府干部与基层群众在公开法庭上相见的形式，政府发

---

① 根据一项研究，在审理封张案时，马锡五就在曾被用作村办公室的一座庙宇中设立了公开法庭。参见陆地《中国现代版画史》，人民美术出版社，1987，第209页。另一方面，在不同的分区地点会有所变化。例如在绥德分区，由于宗族势力较大，所以这种类型的集会往往在宗族大厅前举行。

挥了调解者的角色，促使社会改革理想在既定轨道上向前推进。

正是革命政府在民间事务中的领导作用，以及它与乡村的直接互动，使得边区的民间调解不同于清朝时期。《解放日报》向我们初步展现了公开审理是如何运作的、群众意见是如何表达的。1944年10月9日，《解放日报》刊登了古元的木刻画《马锡五同志调解诉讼》，同时刊登了古元的文章，在讲述创作的缘起时，古元特别指出这幅画的灵感来自马锡五处理"封张案"。画作生动地描绘了公开审理的一个场景，马锡五站在中间引导讨论，诉讼当事人和当地群众要么做出反应，要么在倾听（见图5-2）。当代艺术史学者吴雪杉对这幅画进行了分析，他认为该画的构图明显将群众分成了两个阵营："胜利者"在左边，满脸

图5-2 古元木刻画《马锡五同志调解诉讼》
资料来源：《解放日报》1944年10月9日。

第五章 新闻报道：建设新民主主义的乡村法治秩序

欢欣，"受罚者"在右边，正在接受说教。① 然而，这种观点值得商榷，因为强调两个阵营，暗示共产党在村民中制造对立情绪。

如果我们把这幅画还原回到历史语境中，就会发现它绝不仅是胜利者和受罚者那样简单。木刻画的背景将公开法庭置于村中的一片开放场地中，背后是作为村公所的庙宇，既表示传统的权威，但也表示权力的转移（即庙宇用作村公所）。更重要的是，它显示法庭来到了村庄，而不是把乡村的纠纷带到都市中的审判庭。左边最显眼的位置站着一名年轻女子和一名年轻男子，应该是捧儿和张柏，他们身后的中年妇女也许是捧儿的母亲或其他人，② 我会在下一章中对此进行讨论。另一群人包括两位年长男子，应该是张金才和封彦贵，他们正在听马锡五讲话。这幅画的确营造了一种紧张气氛，但并非吴雪杉所说的"胜利者"和"被惩罚者"之间的紧张，而是政府和男性家长之间的紧张，展现了以马锡五为代表的革命政府直面以两位父亲为代表的家长制。马锡五背后是捧儿和张柏，显示革命政府保护要求婚姻自主的青年男女的姿态，阻止两个父亲干涉子女的婚姻。然而我们可以从面部表情及站姿看出，两个父亲并没有被马锡五吓住，相反，看上去他们正在双手抱胸，为自己辩护，并且以微笑掩饰自己在众目睽睽之下的尴尬。其他村民要么静静地观望，要么交头

---

① 吴雪杉：《从〈马锡五同志调解诉讼〉到〈刘巧儿〉：革命婚姻的话语建构》，《中国美术史研究文集》，中央民族大学出版社，2009，第135~172页。
② 《马锡五同志的审判方式》一文描述了一个细节，即马锡五考虑到姑娘家可能会羞于直言，于是托村中的一名中年妇女私下里向捧儿询问了她对婚姻的意愿，是否愿意嫁给张柏。所以也可能是这名妇女。

接耳议论案情，他们应该也可以发表意见。尽管这幅画的中心人物是政府代表，它却表现了一幅动态的画面，即革命政权在民间公共场所中，通过公开审理案件倾听地方的声音。

将群众意见纳入司法程序，并坚持公开审理的做法确实为民众参与民间事务和政权建设提供了机会。然而，在政府看来，如果将村民的意见不加批判、毫无原则地接受，也会弱化社会改革目标，并削弱革命政府执政的能力。因此，政府在公开审理时，需要引导民众表达意见，以便最终的判决不至于偏离革命原则。同时，听取群众意见并不单纯是为了安抚乡村，减少老百姓对政府的不满，更重要的是，这是一种群众参与司法的方式，它使得司法的群众路线得到贯彻。

由《解放日报》记者千峰所做的一则通讯报道——《旁听离婚案》，向我们生动地展示了讨论会式的公开审理模式以及在法庭上群众意见是如何形成的。① 据报道，公开审理的案件发生在庆阳，一个房间的过厅临时用作法庭，开庭时吸引了各方"好事的男女"关注并出席旁听，就座于法庭两侧的有边区参议会常驻议员、前省议会议员、庆阳参议会副议长以及陇东分区抗日救国联合会主任等地方贤达。提起离婚的诉讼当事人是一个名叫张秀儿的妇女。她首先陈述丈夫生病，已失去了生育能力。同时，她也声称丈夫和公公曾对其实施虐待。男方陈吉祥则进行了申辩：他们已结婚四年，夫妻感情尚好，且他的身体已恢复健康。

---

① 千峰：《旁听离婚案》，《解放日报》1946年3月5日。（以下故事均来自这篇报道）。

第五章 新闻报道：建设新民主主义的乡村法治秩序

几个月前，他的妻子从娘家回来后突然提出要求离婚。因此，他有理由认为离婚的背后是她父母捣的鬼。他承认曾有一次殴打过妻子，但声称事情起因是妻子的出言冒犯。他发誓这是结婚四年以来唯一的暴力。

法庭要求秀儿的父亲张志昌解释他在女儿离婚案中的角色。张父承认在过去的四年里，陈家对女儿很好，从未遇到什么麻烦，但提起离婚是由于女婿身患疾病。当法官问及若女婿身体康复，是否仍要女儿离婚时，他在众目睽睽之下闪烁其词，不过最终还是勉强表示，若女婿身体恢复，女儿应回到丈夫身边。他同时补充道，这应该由他女儿自己来决定。当旁听的人们将目光转向该妇女时，她依然坚持要离婚。在对这些问题进行概括之后，法官起立，宣读了两份文件。一份是来自医院的证明信，信中表示丈夫的病能够完全治愈，且已在逐渐康复。另一份是两封信，分别来自女方娘家的村庄和丈夫所在的村庄。一封信表明四年间夫妻关系很好，但由于张氏父亲想将女儿卖一个更高的价钱，于是教唆离婚。第二封信则表明该妇女的父亲在村里声名狼藉，陈家却是老实、勤奋的人家。

在介绍完案件与相关文件后，法官宣布进入当庭讨论程序。有趣的是，地方领袖们开始对张氏的父亲进行劝说。一些基层妇女干部，如村妇女委员会主任试图劝说张秀儿撤诉，说她丈夫人很不错。而另一方面，一些旁听者则指责陈家未及时给男方看病，需要承担一定的责任。法庭上各方意见不一，但支持离婚的声音似乎渐渐变得微弱。其后，法官起立，宣布判决结果：离婚条件尚不充分，丈夫殴打妻子存在过错，但由于只发生过一次，还不能认定为家庭暴力。法庭让张秀儿的父亲劝说女儿回到丈夫身边。通讯报道显示张父尴尬地接受了这一结果。报道篇末给出了丈夫靠近妻子并予以安慰,两人一同走出法庭的温馨结局。①

这种报道虽然可能有美化审理过程之嫌,但却描述了一个类似于封张案的公开审理过程,后者审理的细节在《解放日报》的文章中只有简略的报道。一方面,司法人员在开庭前要做好各种准备,深入调查,了解案情。另一方面,在公开审理中,需要精心选择的"群众意见",法官能够得到一个双方接受、群众支持,又符合革命原则的结论,判决也是基于这个意见。同时,公开法庭提供了一个公共的场所,在这里"错误意见"或行为被批评,"正确意见"得到鼓励,甚至可以纳入判决之中。共产党领导人也将这类场合视为教育和动员群众的绝好机会。② 在这样的法律和国家建构过程中,革命政府在乡村文盲农民中间积极地推进了"民间公共场所",这种民间公共场所绝非哈贝马斯式的,而是民间草根式的。虽然在这种空间/场所中,群众意见往往由政府培养的草根新精英分子主导,公共讨论所得的结果也有利于政府主导的改革计划,但仍然为群众意见的表达留下了充足的空间。这种特殊模式——政府为了领导社会改革而促进公共舆论,可以帮助我们理解陕甘宁边区的情况。

同时,这个过程也给政府与民间社会提供了一个和解妥协的

---

① 千峰:《旁听离婚案》,《解放日报》1946年3月5日。
② 在这个过程中,共产党培育了新的地方精英如村长、村妇女主任、当地民兵代表和积极分子,作为新一代的舆论引领者,平衡老一代人的保守意见。由于本书的主题所限,或者会在将来的著作中对此进行探讨。

机会。值得注意的是，虽然张柏在"封张案"的抢亲中扮演了重要角色，但政府并不想破坏群众对这对年轻夫妇幸福婚姻的想象，于是马锡五打破常规，法下留情，免于追究张柏的刑事责任。① 此外，这个案子还有一个未被披露的后续发展，可以视作政府向当地民间社会妥协，减少对抗的一个很好的范例。在公开审理结案后，马锡五将此案文件归档并附了一封信，于7月1日呈交边区高等法院。在此期间，张家一直请求轻判减刑。为跟进案件的发展，7月11日，马锡五又向高等法院递交了另一份报告，详细说明了他对处罚的考虑，还就没收朱寿昌7000元法币请示高院意见，询问对参与绑架的张金才和他的弟弟张金贵的判决是否适当，请求上级法院指示。②

高等法院迅速于7月16日给予回复，7月25日信函由陇东分区分庭办公室签收。高等法院认为对封彦贵处以三个月劳役是恰当的。高院认为，财产没收问题取决于朱寿昌是否是无辜的第三方。如果他对捧儿之前的订婚，以及张、封两家持续的纠纷毫不知情，他就是无辜的，钱财也应该如数退还。对于张氏兄弟的判决，高院的批复是：

> 张金才、张金贵等率众黑夜抢婚，固属扰乱社会秩序，

---

① "封张案"。其实，张柏已经接受了处罚。在5月3日华池县一审判决中，张柏被判处监禁（见第一章）。经捧儿上诉，到马锡五做出二审判决，张柏已经被监禁了一段时间。所以说张柏完全没有受到处罚似乎也不对，而是在已经受到处罚的情况下，马锡五顺应群众意见，结束了对张柏的惩罚。

② 《为澄清对封张婚姻案之处理批答》，全宗号15，案卷号842。

惟以乡民无知，出于一时情感冲动，婚姻既已承认有效，而对其犯罪行为亦可从宽处理，即应查明张金才等平日行为如何。如确属善良则当提前假释或宣告缓刑，以示宽大而资教育。①

这一结果可视为政府对村民的妥协。为维护社会稳定、缓和冲突，政府以"示宽大而资教育"来修饰这种妥协。另一方面，既然司法判决可以作为重塑民间社会的手段，革命政府期望用该案来教育群众，塑造自身作为教育者而非简单的惩罚者的形象。

三 马锡五的审判方式：地方/民间社会渗透、重塑国家话语

《解放日报》的文章最后重申了马锡五审判方式的重要性，强调它是属于"民间"的，明确指出马锡五是在民间的框架内处理纠纷，是通过基于地方传统的调解方式处理地方纠纷的。这个陈述也含蓄地承认了共产党将地方价值观中如"清官""青天""三个农民老，顶一个地方官"等概念、谚语引入革命话语，以促进良好的治理。因此，从另一方面看，是地方社会策略性的抵抗及其与政府间的互动避免了共产党政府走向绝对权力。

重建乡村社会秩序

就马锡五审判方式的根源和意义而言，张希坡将其视为革命

---

① 《陕甘宁高等法院批答：封彦贵与张金才为儿女婚姻一案可以从宽处理》，全宗号15，案卷号842。

第五章　新闻报道：建设新民主主义的乡村法治秩序

机构中必然和必要的功能和性质。它代表了共产党将法律体系普及到所有人的努力。① 黄宗智认为，作为调解，马锡五的审判方式是（帝制时代）乡村传统和共产党革命实践混合的产物。根据他对1949年之后法律体系中运用调解方式的调查，黄宗智指出，在1949年之后的民事诉讼体系中，这种混合式的法律实践构成了可以称之为"毛泽东的法律遗产"中最重要的部分。② 其他学者认为，马锡五审判方式源于1940年代边区所面临的经济状况和司法困境。③ 有些学者认为，在司法建设方面，马锡五的审判方式不同于国民党对西方司法体系的移植，它是共产党乡村治理方式的一个创新。④

马锡五审判方式诞生于陇东分区不是一个巧合，它是该地区历史与革命进程结合的产物，革命进程引领政府权力在社会民事诉讼中扮演重要角色。它是具体的社会和文化环境下的一个历史产物。在这种环境下，地方社会的瓦解、国家建设以及重塑社会的革命几乎同时发生。如第一章所述，在大致相同的地理环境中，每个分区都有自身的生态和社会状况。绥德和关中人口稠

---

① 张希坡：《马锡五审判方式》，第41~54页。
② Huang, "Court Mediation in China, Past and Present," 亦见 *Chinese Civil Justice*, pp. 113-116.
③ 李娟：《马锡五审判方式产生的背景分析》，《法律科学》2008年第2期，第163~169页。
④ 强世功：《权力的组织网络与法律的治理化》，《北大法律评论》2000年第3卷第2辑，第1~61页；侯欣一：《从司法为民到人民司法——陕甘宁边区大众司法制度研究》，第260页。当代学术界对马锡五审判方式的详细评论，见 Xiaoping Cong, "'Ma Xiwu's Way of Judging': Villages, Law, and Legal Modernity." *The China Journal* 72 (July 2014): 29-52.

密、富足，经济及文化较为发达，但延属、陇东和三边则地域广阔、多山、土地贫瘠、人口稀少。由于1937年国共第二次统一战线之前，陇东全区和延属的大部分地区的土地改革已经展开，伴随革命的发展，这些分区的社会状况也呈现出不同的面貌。①陇东分区在陕甘宁边区的革命地图上是一个特殊区域，自1930年起，这个地区的革命力量保持着强劲的势头。1930年代中期，陇东的土地改革赢得了当地农民对革命政府的忠诚，使得革命领导人在重建日趋瓦解的地方社会中起到了积极的作用。

相比于强大的革命力量，陇东地区历史上就处于持续的地方叛乱、自然灾害中，天灾人祸摧毁了绝大部分村庄，使其缺乏凝聚力和自治能力，这一点第一章曾讨论过。陇东的大部分地区和延属与三边一样，随着移民的持续涌入、人口增加，村庄逐渐充实，甚至在1930年代到1940年代，涌向此区域的移民依然不绝。正因如此，许多纠纷发生在早先居民和新来者之间，革命政府不得不处理。晚清和民国时期剧烈的社会变动和自然灾害，也破坏了这个地区基于道德、社会规范、沟通方式和建立在地方权威基础上的价值观念以及人际的互相信任。这种混合类型的社会不同于传统乡村，因为后者是建立在人们世代交往、共享道德和社会规范、互相信任的基础上的。

而且，传统社会村落自然地产生了有威望的人物，他们在乡村调解中起着关键的作用。黄宗智的研究表明，传统社会的调解经常集中在村庄或者是宗族内，需要一些地方有威望的人士去处

---

① Keating, *Two Revolutions*, pp. 35 – 64.

第五章 新闻报道：建设新民主主义的乡村法治秩序

理民事纠纷。① 由于陇东地区的特点是小家庭、宗族纽带薄弱、村庄原有秩序瓦解（见第一章），这一类有威望的人士几乎不可能存在。此外，原有的大地主基本上不在村，在陇东革命之后，小地主被赶出村庄，没有人能够成为有威望的调解人。如第一章所述，这个地区从清朝早期开始，长时间以来在国家政治版图上被边缘化，这导致了帝制国家权力的薄弱和后帝制时期的混乱。共产党在这块空白的土地上建立起来的政治和法律权力不得不直接应对各种民事纠纷，而不能像黄宗智所描写的清朝地方政府那样，居于社会纠纷和调解过程之外，成为一个高高在上却具有影响力的权力。这种环境使得马锡五或像马锡五那样的人，作为政府权力的代表不得不直接介入村民的纠纷之中，同时推进政府的社会改革计划。

纪保宁认为共产党在建设乡村社会中做出了积极贡献，特别是在紧挨着陇东、与陇东的自然和社会生态相似的延属地区。② 但是，由于她依赖约翰逊（Johnson）和其他一系列西方学者关于婚姻改革的著作，让自己陷入了一个矛盾的论断中，即把失败的婚姻改革置于成功的乡村建设之中。③ 这个论断无法解释如下的事实：当法院系统传达离婚判决时，村民如何运用新的婚姻观念做出应对，如何利用司法系统维护自己的权益。另一方面，乡村建设产生了一群新的基层社会精英，诸如村长、劳动模范、互助组组长、变工队队长、农民委员会的代表，还有乡村民兵连

---

① Huang, "Court Mediation in China," pp. 281–282.
② Keating, *Two Revolutions*, pp. 5–6.
③ Keating, *Two Revolutions*, p. 7.

自主：中国革命中的婚姻、法律与女性身份（1940~1960）

长、抗日救国会会长、妇女主任等，这些都是革命政府在当地存在的基石，是新政权下的新草根精英。在民事诉讼的民间调解中，这些草根精英传播政府的革命政策，支持新的婚姻观念，用这种新观念逐渐重塑了村民的婚姻观。2005年我采访封芝琴时，问她如何得知"婚姻自由"的观念，① 她说是村里的一个叫张振财的劳动模范告诉她的。张振财从延安的劳动模范大会上听到了各种新名词，记了下来并把它们带回了村子。② 而且，我在第一章中提到，封芝琴在采访中说，她父亲没有因她的案子对政府心怀不满，是因为他在之前的土地改革中分得了土地。因此，我们看到乡村建设、土地改革和婚姻改革是可以相互支持的。

革命政权下的民间自治与文化

在和地方的互动、特别是在推行马锡五审判方式的过程中，政府也表现出对地方上的知识、手段、人才和自治的尊重。《解放日报》的文章引用了马锡五的话："真正群众的意见比法律还厉害，所谓'三个农民老，顶一个地方官'。"③ 马锡五用这些话将地方知识、群众意见与法律权威放在同等重要的地位，将它们提升到了从法律形式主义角度所无法想象的位置。通过引用马锡五的话，这篇文章也表明了从地方长者的智慧和权威中寻求解决纠纷的愿望，显示了对地方自治传统的尊重。

---

① 在这个时间段，我还没有发现"自主"这个词被运用于法律文件，于是习惯性地假定为"婚姻自由"。
② 笔者2005年7月21日对封芝琴的采访。
③ 《马锡五同志的审判方式》，《解放日报》1944年3月13日。

第五章 新闻报道：建设新民主主义的乡村法治秩序

纪保宁认为共产党在乡村建设中允许一定程度上的地方自治，作为重新激励地方治理的一种方式。① 在遇到村民们对婚姻改革不满时，边区政府主动召开"非党人士座谈会"，既把这些非党人士们作为了解乡村群众意见的途径，也把他们作为传达新观念的渠道。② 在《解放日报》报道的许多调解案中，有威望的地方长者和开明乡绅被邀请参与讨论地方事务，鼓励地方长者为解决纠纷贡献智慧，推进社会调解，有助于将地方习俗和法律建设相结合，创建为大众所接受的司法体系。然而，对于一个革命政府来说，完全放手地方自治有可能有损政府所设计的社会改革计划和目标。因此，革命政府用新培养的基层精英来平衡地方长者的影响是必要的，在传统的长者和新的革命精英的平衡中，国家扮演了调停者、引导者的角色，将改革方案朝它预想的方向推动，如上面关于离婚案的报道。

回顾20世纪中国国家建设（state-building）的过程，有一个值得注意的现象，即地方精英往往会介入并参与国家推行的改革。这种情况也发生在1940年代革命根据地；许多区县乡干部都出身于地方精英，他们本身就在乡村有一定的影响力，马锡五就是其中之一。在地方事务上，马锡五能够起到至关重要的作用，不仅因为他是政府的干部，而且因为他来自当地，又在该地区长期活动，与当地社会有着密切的联系。这样的双重身份使他既享有某种权威，又赢得了地方上的尊重。马锡五出身于保安县

---

① Keating, *Two Revolutions*, p. 6.
② 《延属分区非党人士座谈会上对婚姻问题的意见》（1944年8月），全宗号4，档案号1，案卷号66。

自主：中国革命中的婚姻、法律与女性身份（1940～1960）

（今志丹县）的一个普通农民家庭，保安县与陇东地区毗邻，是刘志丹的家乡。他只在村子里的私塾中受了三年的教育，到30岁时还是个农民。① 如第一章所述，在陇东这样的地区，几个世纪以来，教育水平远远落后于全国平均水平，三年的教育已经使得马锡五在当地显得出类拔萃了。在1920年代的混乱时期，他参加了陇东一带哥老会的活动，也有可能他就是哥老会的成员。1930年，当刘志丹的活动范围扩展至陇东一带，马锡五加入了革命事业，1935年入了党。因为马锡五与地方秘密会社关系密切，1936年12月共产党派给他一项特殊任务，将陇东和陕北西北部的哥老会的"大爷们"召集起来开会。在这次会议上，马锡五以红帮大爷的身份，做了关于共产党抗日战争政策的演讲，并希望哥老会能够支持刚刚落脚在陕北一带的共产党和红军。② 1937年开始，马锡五成为陇东分区专员，后来又成为陇东分庭的庭长。1946年，他赴延安接任高等法院院长。马锡五早年在乡村的工作经历是一种宝贵经验，对他管理政府和形成司法判决方式有极大帮助。马锡五的个人经历以及革命前的影响力，有助于他建立革命权威，作为政府代表他强化了政府权力。从某种意义上说，马锡五的双重身份，代表了地方社会和国家的双重利

---

① 刘凤阁主编《庆阳地区中共党史人物》，中共庆阳地委党史办公室，1992，第65～73页。关于马锡五的出身背景，坊间也流传着不同的说法。我这里以当地官方说法为依据。

② 刘凤阁主编《庆阳地区中共党史人物》，第65～73页；《庆阳地区志》第1卷，第500～502页；《环县志》，甘肃人民出版社，1993，第54页。马锡五和哥老会的关系看起来是一个敏感话题，绝大多数马锡五的传记对此都是讳莫如深。

益,表明了革命政府和地方社会之间的一种新型动态关系。

当政府为了建立良好的治理方式而建构话语时,也从地方社会中吸纳了不少观念。《解放日报》的文章显示,地方价值观念渗入了政府的表述,并为政府所接受。文章用一句意味深长的评论作为结语:"这就是马锡五同志之所以被广大群众称为'马青天'的主要原因。"① 这里用"广大群众"一词说明"青天"的观念出自民间。把某些好的政府官员称作"青天"在中国文化中具有悠久的历史,"青天"一词常被用来指称那些在审判复杂案件时,通过彻底的调查、缜密的思考和公正的裁决来彰显才能的官员。他们睿智的判断驱散了暂时的阴云(如腐败、无能的法官造成冤案),将晴朗的天空(神圣的正义)带给人们,洗刷无辜者的冤屈。传统民间文化中最著名的青天形象是"包公"(包拯)和"狄公"(狄仁杰),他们至今仍广为人知,经常出现在当代电视剧、地方戏曲和电影中。② 马锡五的行为,如巡回视察、清理监狱、下乡调查、庭外会见诉讼人等,就有这种开明法官主持正义的影子。

可是,从革命信条来看,革命政府承认村民们对马锡五作为"青天"的赞誉是有点不伦不类。首先,共产党视自己为工人阶级的先锋队,号召受压迫的人起来斗争,而不是等待"青天"的拯救。其次,作为个人英雄的青天形象与共产党强调革命组织

---

① 《马锡五同志的审判方式》,《解放日报》1944年3月13日。
② Wilt L. Idema, *Judge Bao and the Rule of Law: Eight Ballad-Stories from the Period, 1250-1450* (Cambridge, MA: Harvard University Press, 2010);亦可参见《狄公案》,齐鲁书社,1993;还见于中国最近的电视剧《包青天》,孙树培导演,1993年;《神探狄仁杰》,钱雁秋导演,2004~2010年。

力量的观念也大相径庭。再次，青天的形象往往暗含着一种统治模式，即在一个高高在上的好皇帝和腐败的地方官员之间，青天把正义带给受害者，从而扫清了由贪官污吏造成的阴霾，这肯定不符合共产党理想的治理模式。

但是，深思之下，青天的概念也包含着更多的含义，因为人民的称赞同时也是要求。民间社会对青天的期盼实际上包含了两层意思：第一，作为对抗策略，村民们也许不会挑战国家政权的最高权威，但是却痛恨那些使他们遭受冤屈的地方官员，对青天的期盼就是对无能无德官员的谴责。第二，青天形象代表了地方上对于公平公正观念的追求，它要求法官必须在审理案件时做好细致调查，在判决时做到明智与公正。这不仅仅是从民间层面对政府提出一个很高的道德标准和治理标准，而且要求政府根据地方的信念来达到正义和公平。因此，接受将马锡五称颂为青天，《解放日报》传达了共产党对这种地方价值观的赞许，并鼓励政府各级干部以马锡五为榜样改变工作作风，以民间的方式来评价各地干部的工作。文章也显示了政府关心的是如何传达地方群众心目中的正义，同时又能建设革命的法律体系，这是一个互相交流的互动过程。通过与地方社会协商、满足他们的期待，政府扮演了教育者、引导者的角色，恢复了一个千年来的社会传统，以对群众尊重的方式，收编了青天这样的概念，作为稳定社会的方法。

马锡五的审判方式作为司法样本和政治标杆在陕甘宁边区的司法圈内并不是毫无争议的。1945年12月，陕甘宁边区召开了一个盛大的司法会议——"边区推事审判员联席会议"。会上有

第五章 新闻报道：建设新民主主义的乡村法治秩序

一些法官质疑了调解的定义及其实践的有效性，有些人完全否定，认为是"游击作风"。① 有的司法人员要求给出判决和调解之间的清晰界限，而另一些人则认为两者是互相支持、互相补充的，可以灵活运用。② 一些人觉得除了法院和政府调解之外，个人甚至民间团体和组织也应该可以从事民间调解，特别是像劳动模范和妇女救国会这样有影响的人物和团体。另外一些人则反对将调解扩大化，声称法庭调解才具有法律效力，不能将个人或团体调解的结果强加于诉讼当事人，否则会引起更多的问题。③ 一些法官认识到马锡五审判方式的复杂性，指出它在理论上听起来不错，现实执行起来很困难，另外一些人则坚信马锡五审判方式在消除社会冲突方面有很大作用。④ 很有可能是不同的理念以及地理上的差异造成了这种对马锡五审判方式的不同理解和判断。例如在宗族势力的影响较大、旧式乡村精英依然存在的地区，政府和法庭调解就不会像在陇东地区那样有效，这就使得这些分区的法官不得不探索其他可行的办法实施调解。当然，也有可能是因为司法理念的不同造成对马锡五审判方式的质疑。然而，由于在接下来的几年中，共产党在解放战争中迅速告捷，解放全国的任务更为迫切，而且面对更广阔的地理区域和更复杂的社会状况，许多在这个会议上提出来的重要问题以及如何推广马锡五审判方式的讨论都中断了。同时，对于如何实践马锡五的审判方

---

① 《边区推事、审判员联席会议发言记录》，全宗号 15，案卷号 73。
② 《边区推事、审判员联席会议发言记录》，全宗号 15，案卷号 73。
③ 《边区推事、审判员联席会议发言记录》，全宗号 15，案卷号 73。
④ 《边区推事、审判员联席会议发言记录之四》，全宗号 15，案卷号 79。

式，每个法官有不同的诠释和理解，而这种不同的理解都被带入了1949年后的司法体系中。

四 《新华日报》：展示边区民主、发掘新的女英雄形象

在发表《马锡五同志的审判方式》之后，当《解放日报》大力报道更多的良好治理、稳定边区社会的范例时，封张的故事又有了新的章节。1944年10月22日，位于国统区战时首都重庆的《新华日报》也对这个案件做了报道，题目是《边区调解婚姻的一个实例》。它将"封张案"从《解放日报》文章所报道的三个案件中挑选出来，在"妇女之路"的专栏中进行了重述。尽管《新华日报》几乎复述了《解放日报》的文章，但它强调的是马专员对妇女在婚姻选择权上的尊重。它并没有像后来艺术作品的主题那样，被展示为一个青年妇女抵抗家长制的案例。然而，这篇报道的基调表达了两层意思：一个姑娘坚持要嫁给她所选择的男人，而代表政府的马锡五尊重了姑娘的决定，帮助她解决了麻烦。[①] 显然，一个民主政府的形象在故事中呼之欲出。

在同一个专栏中刊登了另一篇文章，题为《边区的离婚问题》，为封张案的故事提供了背景。文章开宗明义地声称，"在民主政治下面，男女婚姻自由了"。[②] 同时还有一篇关于边区妇

[①] 《边区调解婚姻的一个实例》，《新华日报》1944年10月22日。
[②] 《边区的离婚问题》，《新华日报》1944年10月22日。

女的报道，涉及了妇女参加生产劳动，她们在合作社和社会进步方面扮演的角色。① 这一组文章将边区女性描绘成具有自主、自立、互助精神的鲜活生命形象，她们从包办婚姻的社会束缚中解脱出来，生活在延安的民主体政下。捧儿的案子被用来证明边区的妇女在民主政府的帮助下，能够抵抗包办婚姻，选择她们的伴侣。在同一时期的《新华日报》副刊中，还刊登了一篇题为《我又失业了——记一个女公务员的遭遇》的文章，将边区民主政体下的妇女生活和国民党黑暗专制统治下女性的遭遇做了对照。

据统计，在《新华日报》的读者群中，女性、工人和年轻人占了70%。② 所以这个案子进展中的微妙变化也可以放在另一个语境下去理解：延安被认为处于中国最贫困的、与世隔绝的地区，现在正和它的对手——重庆政府竞争，以赢取妇女的支持。《新华日报》作为延安的一个窗口，向外部世界展示共产党在陕甘宁边区的良好治理，及在政治上实行的民主。另一方面，共产党也宣称自己是新文化运动和五四精神的真正继承者，并展示了妇女解放的理想正在边区付诸实践。《新华日报》将边区妇女幸福生活的场景和国统区女性生活加以对照，显示出在国统区，女性状况悲惨，工作不保，还遭受着旧家庭的压迫。于是，在国共交手的政治文化战场上，这个案件延伸出更为广阔的政治意义。

半年之后，即1945年4月11日，《新华日报》记者李普发表了一篇关于捧儿婚事更为详细的报道。故事以《一件抢婚案》

---

① 鲁石：《刘能林怎样组织纺织》，《新华日报》1944年10月22日。
② 熊复：《关于〈新华日报〉的历史地位及其特点》，石西民、范剑涯编《〈新华日报〉的回忆（续集）》，四川人民出版社，1983，第61~74页。

为题，把关注的重点放在捧儿身上而不是两家父亲的争端。① 故事分为三个部分，第一部分是捧儿的上诉，第二部分是马锡五主持的公开法庭，第三部分讲边区司法的特点。第一部分以文学风格写成，小标题是《封捧儿路旁告状》，讲述马专员下乡巡视，捧儿路遇马专员，向他申诉了自己的案子。故事中添加了许多细节，称赞边区的司法"不一定要写状子，更不收取分文诉讼费用，这是边区的规矩。"文章还描绘了一幅人人平等的画面："边区没有'官'，只有'公家人'，而'公家人'是给大家做事的"。这就解释了为什么捧儿可以在路上毫无顾忌地拦住马专员，为什么马专员如此干脆地就接受了捧儿的告状，并答应认真处理。

第二部分的小标题是《老百姓大家审案》，介绍了马锡五的调查和审理过程，并且在了解群众意见和公开审理两个环节上，透露了以前没有公开的更多细节。在调查环节，马锡五询问了村干部、询问了普通的村民，大家有的说男家有错，有的说女家有错，但是"对于好好的一对小夫妻要给拆散掉，群众尤其不满"。在调查清楚事实，了解了群众意见之后，马锡五对案件进行了公开审理。李普写道，在开庭的时候来了很多人，有些人是为了看马专员审案子的，有一些则是想表达意见的。② 文章中描述的公开审理和《解放日报》上报道的庆阳《旁听离婚案》的过程十分相似。在法庭讨论环节中，不少人发了言，男女老少都有，开始的时候意见纷杂，但很快就达成了共识。最后，一位劳动模范讲了话，

---

① 李普：《一件抢婚案》，《新华日报》1945年4月11日。
② 李普：《一件抢婚案》，《新华日报》1945年4月11日。

第五章 新闻报道：建设新民主主义的乡村法治秩序

说封捧儿的父亲把女儿卖了多次，违反了边区政府的规定，应该受到惩罚。张家黑夜抢亲，扰乱了社会安宁，使邻里受惊，给他人树立了一个坏的榜样，因此也应受到惩罚。① 与前面提到的千峰所写《旁听离婚案》的报道一样，李普的文章表明，在民间公共场合，共产党培养出的草根新精英在传达政府观念上逐渐主导了群众意见。同时，李普的报道也指出，大部分群众关心捧儿和张柏的婚姻，反对拆散他们。文章说，马锡五正是在群众意见的基础上做出了判决，捧儿张柏婚姻有效，封张两家受到惩罚。报道强调，最重要的是这个过程解决了问题，并用与《解放日报》文章同样的口吻，评价这个解决方案"入情入理，非常恰当"。②

这个故事不仅对捧儿的上诉予以更多的关注，而且称颂了边区的司法体系。在文章的第三部分——《调解为主的方针》，李普介绍了边区司法制度的特点，即在民事案件中以座谈代替堂审，是民间的、不是衙门的，方便群众，过程简捷，公开审理，听取群众意见等，并称这就是在边区普遍实行的司法制度。文章赞美了公开审理中群众参与法律程序、能够表达意见的情形，指出这不仅与人民大众无权说话的国民党政治体系不同，也与律师、法律专家所把持的国民政府司法体系形成了鲜明的对比。③ 考虑到1945年正是抗日战争胜利的前夕，战后的中国出路何在，是每个人关心的问题。文章强调边区司法的民主性质正是对毛泽东提出的"新民主主义"中国的生动诠释，意在吸引国

---

① 李普：《一件抢婚案》，《新华日报》1945年4月11日。
② 李普：《一件抢婚案》，《新华日报》1945年4月11日。
③ 李普：《一件抢婚案》，《新华日报》1945年4月11日。

统区广大受过教育的群众,让他们在中国面对"两种前途,两种命运"的关键时刻,做出明智的抉择。

小　结

本章讨论的重点在于,由一桩婚姻纠纷所引出的"马锡五的审判方式",在边区的历史和社会条件下,不仅具有司法意义,而且更具有政治意义。因为马锡五的审判方式不仅是对历史的继承与改造,还是共产党革命政权所创造的新民主主义政治的体现。这种民主方式体现在群众路线,即革命政府创造了各种方式,实现了与普通村民的对话交流,其中包括干部下乡、调查研究、群众评论、公开审理等。本章展示了马锡五审判方式所代表的、在"民间公共场所"的公开审理,及其对群众意见的回应。在这种对话空间中,边区政府作为革命政权,可以引导意见,实现改造社会的目标,同时作为现代政府,又遵循了政治意义上的平衡机制,了解群众意见、尊重群众意见,保持了对"高层现代主义"强制性权力的警惕。在此后的实践中,这一婚姻纠纷及其解决方式进一步发展成为文化产品,反映了社会变革的另一条道路,即团结引导知识分子,以文化的方式改造社会。

第六章　秦腔剧本与说书：从反叛的女儿到"社会母亲"

1944年秋天，一位来自陇东中学的年轻女教师、曾为北京地下党成员的袁静，被传唤到延安作政治背景审查。在延安期间，她读到了《解放日报》上《马锡五同志的审判方式》一文，被其中的那个婚姻纠纷故事深深吸引。随后她以这篇文章中的报道为原型撰写了一个剧本——《刘巧儿告状》。① 这个剧本迅速被一伙热爱秦腔的年轻学生谱上了曲子，在1945年春节前后登上了延安的舞台。在随后的几年里，这出戏在延安和周边地区多次上演。② 演出后不久，大约在1945年年底，当地一位盲人说书匠韩起祥，在听了别人对这出戏的转述之后，将刘巧儿的故事以说书的形式创造出他自己的版本，在更为广阔的陕甘宁边区流传。韩不仅将故事的名字改成了《刘巧团圆》，更以自己的想象重新诠释、改编了故事。③ 这个说书词，连同袁的剧本一起，在

---

① 袁静：《刘巧儿告状》。这个剧本最早是1946年由延安新华书店出版发行的，但我尚未找到这个最早的版本。

② 郝在今：《评剧〈刘巧儿〉与三位女性的传奇经历》，《党史博览》2005年第2期，第25~27页。

③ 韩起祥：《刘巧团圆》，海洋书屋，1947。韩起祥的说书词被延安鲁艺的艺术家高敏夫和林山录写了下来，1946年首先在延安新华书店出版，1947在香港出版。但是目前我尚未找到1946年版的《刘巧团圆》。

自主：中国革命中的婚姻、法律与女性身份（1940～1960）

1950 年被改编为评剧《刘巧儿》，后评剧被改编为同名电影，这将在第七章加以阐述。

这些文化产品的出现表明，"封张案"不再以"纯粹"的法律问题的形式出现在司法领域，它延伸到了更广阔的社会政治领域和文化领域，产生了新的解读。袁静在 1940 年代陕甘宁边区的政治和文化环境中将捧儿的故事重新塑造成一个女性的文化榜样。袁和其他许多受过教育的年轻人在这一时期的活动，都是共产党"文化重置"（cultural positioning）的一部分，如裴宜理在《安源》一书中所说（见该书"绪论"），① 这些活动的目的在于帮助共产党推行婚姻自主的观念，动员乡村妇女参与社会改革。进一步来看，通过表现不同的文化形式，包括传统的民间艺术形式，共产党吸引了一大批青年才俊参与文化创作和生产。本章通过分析文化产品及其作者，探讨后五四一代知识青年对家庭和国家关系的思考，尤其是女性对自己在革命国家关系中位置的思考。

从 1930 年代后期到 1940 年代，成千上万来自都市的青年学生奔赴延安，我把这群在社会上立足未稳的年轻人称为"后五四一代知识青年"，以便与那些在新文化运动和五四运动中已经成名的知识分子相区分。这一代青年汲取了五四新文化的精神，在 1940 年代的社会和文学运动中成长，找寻他们的未来，和那些成名知识分子不同，这些后五四一代的知识青年是在共产党的指导下形成他们的政治观点和文化品位的，革命运动帮助他们成

---

① 见 Perry, *Anyuan: Mining China's Revolutionary Tradition*, p. 4.

第六章 秦腔剧本与说书:从反叛的女儿到"社会母亲"

长,他们也获得了成就感。他们逃离即将被日军占领的都市,逃避可能被侵略、被奴役的生活,自主地选择了延安,也选择了将自己的未来和中华民族解放运动紧紧地联系在一起。尽管在延安遭受了物质短缺和政治苦难,但是他们在国家危难之际,仍然支持中国共产党的社会改革和国家建设方案,对中国革命的成功持有坚定的信念。袁静就是"后五四时代"青年中的一员,从她的生活轨迹和文学道路中,我们可以了解更多有关"后五四一代"青年的情况。《刘巧儿告状》中所设定的人物表达了袁的家国观念,体现了这一代人独特的思考。

在剧本中,袁静创作的故事成功地转换了焦点,将涉及两个家庭就一纸婚约产生冲突的司法案件,及以马锡五的审判方式作为典范的新闻报道,变成了一出年轻妇女在政府的帮助下反抗包办婚姻,追求幸福的戏剧。最初作为婚姻纠纷的法律案件是以封张两位父亲为代表的两个家庭的冲突,而《解放日报》的文章称赞的是马锡五和他的工作作风。但是在《刘巧儿告状》中,袁静将故事的焦点从男性,即两位父亲和马锡五身上转换到了女性身上,创造出一位崭新的女主角,即以封捧儿为原型的刘巧儿。剧本的题名《刘巧儿告状》也展示了双重主题,即一位年轻妇女(刘巧儿)反对家长的包办买卖,要求自主婚姻,而"告状"则显示了女性的反抗需要革命政权的支持。袁静坚信革命政府能够并且将会战胜家长制,革除当地的陋习,解放妇女。而且,她认为革命政权不应是男性的专属场域,它也包含了母系的传承和女性的空间,这一点和朱迪思·丝黛西(Judith Stacey)

的观念完全相反。① 袁的作品看到了革命国家完全有包纳女性活动的空间,其中妇女领袖可以扮演"社会母亲"的角色去帮助年轻妇女,由此延续了历史上母女传承的谱系,并申张了女性在公共领域中活动的合法性。

相比之下,韩起祥版本的故事侧重于一位命运悲苦的年轻妇女,在一位好心的共产党干部(青天)的帮助下,幸运地获得幸福的结局(大团圆)。韩起祥的作品提供了一个对照性的视角,如果我们将袁静的作品看成是共产党将革命带到了乡村,要求乡村做出变化的话,那么韩起祥实际上在讲述革命是怎样被带进当地人的生活,置身于新政权之下的本土文化在多大程度上发生了变化。

一 "后五四一代"的都市青年在延安: 投身革命,寻找民族之根

袁静并不是1940年代延安女性知识分子的圈内人,丁玲(1904~1986)和陈学昭(1906~1991)两位才是备受瞩目的人物。丁玲在到延安之前,就已经是五四时期都市文学圈子中的知名女作家;而陈学昭有法国文学博士学位,早已在中国的新闻业中名声大噪,到延安后又在《解放日报》担任重要职务。袁静1914年出生,正是新文化运动初发之时。她随着五四新文化运

---

① 朱迪思·丝黛西认为共产党在1940~1950年代建设"民主家庭"的政策是父权制统治的重建,因此将中国社会主义命名为"父权制社会主义"。见其著作 *Patriarchy and Socialist Revolution in China*, pp. 108 – 157, 203 – 247。

第六章 秦腔剧本与说书：从反叛的女儿到"社会母亲"

动一路成长，对五四时期的女性作家充满景仰，并从她们的作品中获得滋养。和这个时期许多受过教育的城市青年一样，袁静之所以到延安，是抱着为民族救亡出一份力的愿望。正是《刘巧儿告状》剧本的写作，使她进入了延安的文化圈。研读这份剧本和它所创造的人物，能够使我们对"后五四一代"的知识青年、他们的道路、他们的观点有更好的理解。

延安：已成名的知识分子与未成名的知识青年

目前关于延安时期知识分子的研究没有在已成名的知识分子与未成名的知识青年之间做一个明确的区分。更确切地说，这些研究仅仅关注一小部分引人注目的作家或文化精英，比如丁玲、陈学昭、萧军、王实味（1906~1947）等，而且常常强调中国共产党与都市出身的文化人之间不可调和的矛盾。① 这种精英主义的观点忽视了成千上万的知识青年，正是他们在民族危难的时刻奔赴延安。实际上，1930年代末期和1940年代到达延安的知识人可以分为三类：第一类在到达延安之前就已经为党工作过，或从事过地下工作，经受了革命斗争的考验，已经在党内担任过不同职务。第二类多在延安的文化机构工作，如陈学昭、丁玲、萧

---

① 如 Merle Goldman, *Literary Dissent in Communist China* (Cambridge, MA: Harvard University Press, 1967), pp. 1 – 50; Dai Qing, *Wang Shiwei and "Wild Lilies": Rectification and Purges in Chinese Communist Party, 1942 – 1944* (New York: M. E. Sharpe, 1994); Charles J. Alber, *Enduring the Revolution: Ding Ling and the Politics of Literature in Guomindang China* (Westport, CT: Praeger, 2001); *Embracing the Lie: Ding Ling and the Politics of Literature in the People's Republic of China* (Westport, CT: Praeger, 2004)。

军等,之前就已是大城市中成名的职业作家和艺术家,或是在都市文化圈初露头角,如王实味。他们受1910年代到1920年代的新文化运动影响,在1930年代属于左翼文化圈内人,有文学作品发表,因此为人所知。第三类人主要是大中小城市的青年学生,受教育程度从小学到刚入大学不等,其中很多人仅仅有小学、初中文化水平,来到延安之后,接受了革命理论的培训,参加了建设边区的革命实践,在社会运动中成长起来,成了革命者。在这三类人中,前两类人数非常少,而第三类人才是延安知识人群的主体,他们常被冠以"青年学生"或"知识青年"的称呼,以区别于那群已成名的知识分子,如丁玲、陈学昭、萧军、王实味等人。

1938年到1947年间,成千上万的城市年轻学生来到延安。据不完全数据统计,仅1937年到1939年间,就有超过6000名年轻人通过不同的共产党组织,从三个城市:兰州、武汉和重庆抵达延安。1938年到1939年仅抗大的20124名学生中,就有超过60%是来自城市地区的知识青年。[1] 根据任弼时的说法,抗战后到延安的知识分子大约4万,就文化程度的构成而言,初中以上71%(高中以上19%,高中21%,初中31%),初中以下30%,这显示,初中和初中以下文化程度的青年学生占了60%以上。[2] 延安领导人将农村根据地打造成为一个吸引城市青年的抗日中心,并为学生奔赴延安建立了渠道。日本侵华粉碎了许多

---

[1] 王锋:《抗战时期"知识青年奔赴延安"现象》,《二十一世纪》(香港)114(8),2009年8月,第51~58页。

[2] 胡乔木:《回忆毛泽东》,人民出版社,1994,第277页。

第六章　秦腔剧本与说书：从反叛的女儿到"社会母亲"

年轻人完成中等和高等教育的梦想，边区政府便成立了许多学校和培训班来吸引他们。抗大、马列学院、鲁艺、陕北公学、延安大学，还有许多其他的短期青训班纷纷向这些年轻人敞开大门。其中还有为女学生开办的延安女子大学。在1941年与延安大学合并前的短暂时期，延安女子大学培养了超过1000名从城市来的女学生。①

从1941年5月到1942年6月，中国共产党中央委员会回顾历史、检讨在革命中失败的教训，下发了许多理论文件。1942年初，整风运动在陕甘宁边区展开，主要目标是党内和政府的各级干部。同时，整风也蔓延到知识分子集中的文化机构，像《解放日报》社与延安鲁艺。在这场运动中，干部和知识分子首当其冲，他们因"教条主义""宗派主义"和对待人民大众的精英主义态度而受到批评，他们对党的忠诚也遭受到质疑。②

在西方学术界对这一时期知识分子的研究中，丁玲和王实味备受关注，这主要是由于他们泼辣大胆，语带讽刺的文风。这种写作风格主要来自西方的影响，是当时中国都市精英文化表达对社会不满的一种方法。默尔·戈德曼（Merle Goldman）将丁、王二人看作中国的不同政见作家、知识分子与共产党对立的证明。③ 陈永发将研究的重点放在整风运动中毛泽东使用的策略和

---

① 《延安市妇女运动志》，陕西人民出版社，2001，第108页。
② 强晓初：《延安整风运动回忆录》，黑龙江人民出版社，1958；杨君臣编著《回忆延安整风运动》，湖南人民出版社，1957；《延安整风运动纪实》，求是出版社，1982；高新民、张树军：《延安整风实录》，浙江人民出版社，2000。
③ Goldman, *Literary Dissent in Communist China*, pp. 1-50.

方法上，认为这是毛通过改革夺取政党大权的手段，因此形成了延安时期的"阴影"。① 高华将整个整风运动简化为一场夺取最高领导地位的权力斗争。② 然而，上述共产党与知识分子的对抗模式不仅很难解释大量知识青年在中国革命中的经历与作用，更难解释丁玲在1940年代的生活和她的作品。因此，在某些美国学者的研究中，丁玲的一生分裂为两个互相矛盾时期：她在1930年代是对抗国民党政权的勇敢斗士，在1949年之后拥抱"谎言"，而将她1940年代的生活彻底留白。③ 他们不能也不愿意把丁玲写成一个可以自主表达、行为有一贯逻辑的人，因为这不符合他们关于"知识分子对抗中国共产党"的模式。因此这些研究将延安时期知识分子的生活从历史背景中剥离出去，也剥夺了他们的自主性，抹杀他们自主表达的真实性，实际上是将他们当作冷战意识形态的工具加以利用。

然而，作为延安最大的知识群体——青年学生，却在西方学者的研究中完全被忽视了。本章要指出的是，正是在延安时期，这些人数众多的青年学生成长为革命的中坚力量，在延安的各个政府部门和文化机构中发挥着重要作用。他们来到延安，在不同的学校和训练班完成了初步的培训，被派往党政军各个单位成为

---

① 陈永发：《延安的阴影》，台北，中研院近代史研究所，1990。
② 高华：《红太阳是怎样升起的？——延安整风运动的来龙去脉》，香港中文大学出版社，2000。
③ Charles Alber: *Enduring the Revolution: Ding Ling and the Politics of Literature in Guomindang China*, Westport, CT: Praeger Publishers, 2001; *Embracing the Lie: Ding Ling and the Politics of Literature in the People's Republic of China*, (Westport, CT: Praeger Publishers, 2004).

第六章 秦腔剧本与说书：从反叛的女儿到"社会母亲"

基层干部，一些人成为作家、记者和艺术工作者。他们吸取了民间文化的精髓，创造出了新的文艺形式和内容。他们的作品和报道反映了陕甘宁边区的生活以及乡村社会的变化，反映了他们对中国社会底层的理解，也表现了他们取得的成就，以及他们对于社会改造的方式、对中国未来的想象。他们在延安的生活有青春的激情、有爱情和婚姻，当然也有迷茫、挫折和苦痛。① 如果不将这些青年学生和他们在延安的生活经历包括进去，我们就无法获得中国革命和中国文艺变革的整体图景。

袁静就是这批知识青年中的一个。受到五四运动和激进社会理想的鼓舞，袁静很早就加入了共产党领导的学生运动，并于1935年成为一名共产党员。在参加这些社会运动期间，袁静与赵梅生（亦名赵作霖、赵长远）相恋并结婚。赵梅生毕业于北京大学，1930年代在北京某所大学里教书，他还是北平学生运动领袖和北平地下党的市委书记。由于他们活动积极，加上叛徒出卖，1934年，赵梅生与袁静双双被捕入狱，但因袁静家庭的

---

① 这批人的回忆录大多出版于1990年代。尽管自1950年代后期他们历经一系列的政治运动，但事隔40年，当他们下笔描述当年在延安的经历时，依然语气愉悦，饱含深情（见《延安鲁艺回忆录》，光明日报出版社，1992）。这种精神也让朱鸿召大为震动，他在1990年代对这批人的采访中也观察到，每每谈到延安的生活，这些往日的年轻学子的眼睛便熠熠闪光。见朱鸿召《延安：日常生活中的历史（1937–1947）》，第309～310页。还有一些同时代的作者在采访中也观察到了同样的现象。见黄仁柯《鲁艺人——红色艺术家们》，中共中央党校出版社，2001；王培元《延安鲁艺风云录》，广西师范大学出版社，2004。

疏通，二人被释放。① 他们二人无疑都是新文化和五四运动的产儿，是城市共产主义运动的积极分子。他们的婚姻完美地体现了"革命加爱情"的模式，对当时走出家庭、受过教育的都市激进女青年来说，这是理想的婚姻关系。② 1938年，袁静和丈夫离开日军占领的北平，他们东奔西走，先是在山西一带从事抗日活动，后于1940年到达延安。在辗转流离的过程中，他们遗失了党员证明，也失去了党的组织关系。一到延安，由于赵梅生的学历及其在城市学生运动中的名气，他被任命为新成立的陇东中学副校长。袁静则成为陇东中学的语文老师。③

在1942年到1943年间，袁静参加了驻守陇东地区著名的八路军第359旅的工作，协助他们的宣传队排演小秧歌剧。④ 在1940年代，秧歌被看作对本土文化的再塑造，作为一种民族艺术的形式，在陕甘宁边区是非常受欢迎的。秧歌的优势在于它由一个简单的场景和两三个角色构成，快速展示一个完整的小故

---

① 袁兆秀编《陇东中学校史》，甘肃文化出版社，2000，第180~181页；江长仁：《赵作霖（1909~1945）》，王孝挺编《北大英烈》第3辑，第183~194页；顾卓新、王新三、袁静、袁军时、赵作为：《怀念赵梅生同志》，《人民日报》1986年8月10日；散木：《北大学生赵梅生的传奇人生》，《党史博览》2006年第2期，第25~27页。
② 参见 Liu Jianmei, *Revolution Plus Love：Literary History，Women's Bodies，and Thematic Repetition in Twentieth-Century Chinese Fiction*（Honolulu：University of Hawai'i Press，2003）。
③ 马文瑞：《创办初期的陇东中学》，见《庆阳县文史资料》第1卷第1辑，出版社不详，1999，第153~157页；袁静：《在陇东中学的日子里》，《庆阳县文史资料》第1卷第1辑，第161~162页；袁兆秀：《陇东中学校史》，第154~155页。他们被安排在陇东中学也许有另一个原因，因为赵梅生患有严重的肺结核，陇东中学是一个很好的休养之处。
④ 袁兆秀：《陇东中学校史》，第180~181页。

第六章　秦腔剧本与说书：从反叛的女儿到"社会母亲"

事。① 看起来，袁静的文艺兴趣就是在那时被唤醒的。1944年秋天，袁静和赵梅生分别被带往延安接受边区保安处的政治背景审查。② 这次背景审查需要澄清的大概是他们在1930年代的入狱经历、在赵梅生领导的地下党内部的矛盾斗争，还有在抗战初期他们四处奔走时，曾在庐山滞留几个月的问题。③ 另外，还有袁静的家庭与国民党政府的关系问题，④ 以及他们无法证明共产党员身份的问题。⑤ 延安对袁静来说是个伤心地：1945年初隆冬时节，在政治审查期间，由于天气寒冷，生活条件恶劣，导致赵梅生结核病复发亡故。⑥ 但延安也是袁静新生活开始的地方。正是

---

① Hung Chang-tai, *War and Popular Culture: Resistance in Modern China*, 1937–1945 (Berkeley: University of California Press, 1994), pp. 230–231; Ellen R. Judd, "New Yangge: The Case of 'A Worthy Sister-in-Law'," *CHINOPERL Papers* 10 (1981): 167–186; David Holm, *Art and Ideology in Revolutionary China* (Oxford: Clarendon Press, 1991).
② 郝在今：《评剧"刘巧儿"与三位女性的传奇经历》，《党史博览》2005年第2期，第25~27页。此时延安的整风运动已经过了高峰，接近尾声。此时的政治审查更多的是为干部的启用做准备。
③ 大约在1937年底，赵的肺结核复发，赵与袁在庐山的一所疗养院住过几个月。见《北大英烈》第3辑，第183~194页。这大概是袁静利用了大姐袁晓园及其丈夫叶楠的关系。蒋介石于1930年代在庐山修建了避暑别墅，同时国民党不少特务训练班也开设于此地，这些训练班的特务有人可能打入到陕甘宁边区。这大概就是对袁和赵进行政治背景审查的主要原因。《北大英烈》中说赵去庐山得到了组织同意，但是当时的情况也许难以说清楚，更无证明。
④ 袁静的大姐袁晓园和她的丈夫叶楠与她的公公叶楚伧当时都在国民党政府任职。
⑤ 马文瑞：《创办初期的陇东中学》，甘肃省庆阳县政协：《庆阳县文史资料》第1辑，第153~157页。
⑥ 《北大英烈》记载赵梅生死于1945年初（第183~194页），但另外一些当代历史记叙认为是在1944年底。见散木《旧日子，旧人物》，花城出版社，2007，第28页。

在延安,袁静成了一名作家,她的文学生涯由此起航,并在此缔结了一段新的婚姻。《刘巧儿告状》剧本的发表和秦腔剧的演出使袁静在延安的文艺圈中声名鹊起。①

袁静的文学生涯和文学的民族形式:从《刘巧儿告状》到《新儿女英雄传》

1942年5月,毛泽东在延安文艺座谈会上做了一次重要讲话,这次讲话作为整风运动的纲领性文件之一,发表在1943年10月的《解放日报》上。该讲话号召文艺工作者走向民间,用他们的创造力为劳动阶级及革命服务。②毛泽东的讲话常被看作中国现代文艺史上的转折点。然而中国学者已经注意到在讲话前,实际上文艺圈中早已就文艺的民族形式、如何消除殖民主义影响、寻求中国民族文学的形式展开了争论。③ 所以说,毛泽东的讲话应该被看作对这场争论的总结,而不是一个新的开始。

汪晖认为,这场运动的政治意图在于强调文学形式的民族特征,强调在文艺工作中应使用当地语言,由此建立起文学和政治领域的中国主体性,反抗自20世纪早期以来统治中国文学体裁和美学概念的殖民主义都市风格。这当然也与毛泽东努力从被苏联和共产国际把持的国际共产主义运动中取得政党自主的决心有

---

① 高敏夫、袁静:《咱们随编随唱吧》,见陕甘宁协作区《延安地区革命文化史料集》,延安地区文化文物局出版,1991,第71~84页。
② 《在延安文艺座谈会上的讲话》,《毛泽东选集》第三卷,人民出版社,1963,第804~835页。
③ 汪晖:《地方形式,方言土语与抗日战争时期"民主形式"的争论》,《亚洲视野:中国历史的叙述》,香港:牛津大学出版社,2010,第273~281页。

第六章　秦腔剧本与说书：从反叛的女儿到"社会母亲"

关，毛试图使中国共产党成为一个更具有独立自主性的政党。①这场运动从质疑20世纪早期的都市文学开始，因为这种文学形式与半殖民地环境中知识分子的城市经验难分难解，他们对自身在半殖民地社会的低下地位深感屈辱与沮丧，这种感觉常常在他们的文字中表现出来。②毛泽东的《讲话》鼓励作家和艺术家们通过吸收大众文化、乡村文化和当地语言的活力，去寻求文艺的民族形式。通过这种方式，知识分子能够重新发现中国民族文化的根，并和人民紧密联系在一起。③延安的整风运动有助于知识分子从他们的都市品味中以及作为殖民主义牺牲品的心态中解脱出来，从民族文化的活力中获得力量。

如果我们考察一下袁静和她第二任丈夫孔厥的文学道路，可以看到他们在这一时期从城市青年学生到革命文艺新星的转变。④他们自觉地在作品中将革命的意识形态与民间的文化价值结合起来，寻求文艺的民族形式。在完成《刘巧儿告状》之后，袁静进入了延安文化圈子，结识了一批作家、艺术家和诗人，这些人都是她来延安之前就仰慕已久的人物，和他们一起工作让袁

---

① 汪晖：《地方形式，方言土语与抗日战争时期"民主形式"的争论》，见其著《亚洲视野：中国历史的叙述》，第273~281页。
② Gail Hershatter, "The Subaltern Talks Back: Reflections on Subaltern Theory and Chinese History," *Positions* 1 (1993) 103~130.
③ 汪晖：《亚洲视野：中国历史的叙述》，第273~281页。
④ 与此同时，在"后五四一代"的队伍中涌现出一群新锐作家，如赵树理、孙犁、刘白羽、李季、杨朔、周而复、马烽等。见刘增杰编《中国解放区文学史》，河南大学出版社，1988，第147~171页。

静兴奋不已。① 不久她就与孔厥相恋并于1946年秋天结婚。孔厥是当时延安文学圈的一颗新星。他出身于苏州城市的贫困家庭，由于经济原因无法完成中等教育，但他又执着于写作的梦想。抗战爆发后，他于1938年来到延安，进入了鲁艺。在此期间，他加入了共产党，并发表了一系列短篇小说；最著名的是《苦人儿》和《一个女人翻身的故事》。这些故事讲述的都是遭受封建家庭压迫的妇女在共产党的领导下生活发生了翻天覆地的变化。② 两篇小说都是先在《解放日报》发表，然后汇成小说集《受苦人》，由延安新华书店出版，对一名年轻作家来讲，这是莫大的荣耀。

袁静和孔厥开始了他们在文学创作上的合作，1946年，二人共同创作了一部音乐剧《兰花花》。③ 这似乎是给他们自己当年8月份婚礼的一份贺礼。④ 也许是《白毛女》在延安的成功激发了他们的灵感，他们想要将这个民间故事改编为现代音乐剧。《白毛女》源于真实故事，经革命作家创作后成为一部革命传奇。⑤ "兰花花"的故事则如第二章所述，源于一首民歌，在当地已经

---

① 见2012年6月26日对秦文虎的采访（秦从1970年代到1980年代曾是袁静的秘书）；高敏夫、袁静：《咱们随编随唱吧》，陕甘宁协作区：《延安地区革命文化史料集》，延安地区文化文物局出版，1991，第71~84页。
② 卢宗邻、王载珏：《孔厥史略》，《新文学史料》1985年第3期，第165~168页。
③ 《兰花花即将演奏》，《解放日报》1946年8月20日。
④ 见《谢觉哉日记》，第964页。
⑤ 见孟悦《"白毛女"演变的启示——简论延安文艺的历史多质性》，出自其著作《人、历史、家园：文化批评三调》，人民文学出版社，2006，第251~276页。

第六章 秦腔剧本与说书：从反叛的女儿到"社会母亲"

家喻户晓、传唱已久。改编后的音乐剧《兰花花》在1947年初公演，由新成立的延安中央管弦乐团演奏，有关它的评论发表于2月23日的《解放日报》上。① 这部音乐剧秉承了民间故事的基本结构，同时加入了政治因素，讲述了一个有钱有势的地主恶霸，逼迫佃农美丽的女儿——兰花花嫁与他年少且残疾的儿子为妻。兰花花在地主家中受尽折磨，在猪圈里生下的孩子惨遭夭折。不幸的遭遇使兰花花从一个美丽的姑娘变成一个又瞎又疯的女人。故事的结局是共产党的到来，让兰花花和她的父亲得到解放。② 在《兰花花》中，剧作者（主要是袁静）消解了原来在《刘巧儿告状》中的年轻姑娘与父系家长冲突的主题，让兰花花与父亲同属一个阶级，强调了地主与佃农的阶级冲突，以响应共产党抗战后阶级政策的转变。

音乐剧演出后，《解放日报》剧评对其进行了毫不留情的批评，似乎表明这出音乐剧并不成功。1947年已不再是统一战线时期，国共内战已经开始。虽然地主阶级在此前被宽大对待，但是1947年共产党已经发布了旨在消灭地主阶级的土地改革政策。剧评人提出，在这种背景下，尽管《兰花花》对地主阶级的批判符合土地改革的目的，但它却没能塑造父女二人的反抗精神。评论还从结构、人物及表演方面与《白毛女》进行了对比，指

---

① 《笔谈兰花花》，《解放日报》1947年2月23日。袁静和孔厥的《兰花花》音乐剧剧本似乎已经失传，从各种机构都未发现有保存，因此只能通过当时的剧评做出判论。

② 《笔谈兰花花》，《解放日报》1947年2月23日。

出了许多相似之处。① 袁静和孔厥改编《兰花花》更像是《白毛女》的复制品,缺乏独特性。

这场演出之后,袁静和孔厥一起转往冀中根据地协助土地改革,同时继续寻找文学创作的灵感和表达的民族形式。在这里他们的文学生涯达到一个新的高峰。1949 年,他们合作完成了一部小说——《新儿女英雄传》。② 小说基于当地一位乡村女干部的真实故事,地点就是他们下乡工作的地方。③ 这部小说讲述的是普通乡村男女青年在抗日战争中英勇顽强的斗争精神,以及男女主人公之间的浪漫故事。这部小说的成功不单在于它借用了"革命加爱情"的模式,还在于故事的主人公是普通人,场景从城市转换到乡村,以及小说所用的传统形式。小说书名效仿的是清代一部颇受欢迎的小说,即清代道光至光绪初年的文人文康的《儿女英雄传》,其中描绘了一群士大夫家庭的青年男女之间的爱情和传奇经历。④ 而《新儿女英雄传》的"新"在于,书中所描述的男女英雄不再是传统的精英士大夫家的儿女,而是一群作者认为值得大书特书的普通农民。在创作这样一部当代小说时,作者摈弃了从西方传入的、流行于都市的写作风格,而代之以传统"章回体小说"的形式。章回体是从乡村大众喜闻乐见的说书体演变而来,明清以来流行于下层市井坊间。在这部书中,袁

---

① 《笔谈兰花花》,《解放日报》1947 年 2 月 23 日。
② 袁静、孔厥:《新儿女英雄传》,人民文学出版社,2006,重印版。
③ 散木:《旧日子,旧人物》,第 32～33 页。
④ 刘增杰:《中国解放区文学史》,第 179～185 页;袁兴培主编《中国文学史》第 4 卷,高等教育出版社,1999,第 464～466 页。

静与孔厥写出了乡村青年男女之间革命与爱情的中国故事,内容可歌可泣,在形式上也做到了与本土传统的完美结合。

这部小说1949年首次于《人民日报》上以连载形式发表后广受好评。很快便于1949年9月由上海海燕书店印刷出版,其他几家出版社也紧随其后。中国顶尖的文学出版社——人民文学出版社也随后推出此书,印刷超过380万册。《新儿女英雄传》随后被翻译成十多种语言,并被改编为电影,在1950年代斩获许多国际和国内奖项。① 这是袁静文学生涯的巅峰时刻,她以后的作品都无法超越这部小说达到的成就。

二 革命政权下女性的新形象

袁静的剧本《刘巧儿告状》应该放在这样的历史背景以及她在革命根据地的经历下去理解。通过塑造一个没有母亲的女主人公形象(尽管这与事实相反,见下文),袁静不仅继承了五四的精神遗产,将女儿塑造为对抗家长制家庭的反叛者,而且还展示了她对乡村母亲的精英主义观点。和其他革命作家一样,袁静笔下的乡村母亲常常是落后愚昧的。鉴于她有关乡村生母的观点,袁静需要创造一位代表革命国家的"社会母亲"形象,像

---

① 袁兆秀:《陇东中学校史》,第180~181页;宋乃谦、吴修:《岁月无痕,生命不息——访问著名女作家袁静》,《华夏长寿》1999年第5期,第38~39页;散木:《旧日子,旧人物》,第32~33页;天津图书馆:"津门群星:袁静",http://dlibrary.tjl.tj.cn/jmqx/renwu/yj.htm(2012年5月12日)访问;"袁静和新儿女英雄传",http://news.enorth.com.cn/system/2005/09/06/001111863.shtml,2012年5月12日访问。

《刘巧儿告状》中的李婶那样,为女性参与国家政权和社会生活开拓空间。

妇女的新形象:反叛的女儿

袁静的作品之所以受到欢迎,不仅在于它符合革命的需要,还因为它在一定程度上迎合了当地人的口味,也符合了毛泽东在1942年延安文艺座谈会上的讲话精神。在《刘巧儿告状》中,她试图将有关婚姻的革命思想与来自大众文化的形式与价值相结合。[①] 加拿大学者孟悦对《白毛女》的研究显示《白》剧的再创造也包含了对当地文化的吸收,将革命的观念与当地价值相融合,才能够被村民所接受。[②]

剧本真正的女主角当然是刘巧儿。[③] 不同于苍白的城市小资产阶级女性迷失在对爱的追求里,[④] 也不同于都市"新女性"挣扎于生活的重重压力之下,[⑤] 巧儿是一个年轻的乡村姑娘,她美丽、健壮、聪明、勇敢、勤劳,并且渴望幸福的婚姻。她相信自主的革命精神,勇敢地反抗包办婚姻和当地政府的不公裁决。故事以巧儿为中心,展现了三重关系:一是巧儿和父亲刘彦贵,二是巧儿和地主老财王寿昌,三是巧儿和马专员。通过这些关系,

---

[①] 郝在今:《评剧〈刘巧儿〉与三位女性的传奇经历》,《党史博览》2005年第2期,第25~27页。
[②] 孟悦:《"白毛女"演变的启示——简论延安文艺的历史多质性》,出自其著作《人、历史、家园:文化批评三调》,第251~276页。
[③] 袁静:《刘巧儿告状》。除特殊说明外,以下所有的引用均来自此剧本。
[④] 如丁玲的《莎菲女士的日记》中的莎菲女士,见《丁玲文集》,吉林摄影出版社,2004,第44~84页。
[⑤] 见1930年代的左翼电影如《新女性》(由蔡楚生执导,1934年)。

第六章 秦腔剧本与说书：从反叛的女儿到"社会母亲"

剧作展现了反对家长制以及阶级（贫富）的双重冲突，尽管阶级的冲突在这里从属于反对家长制的斗争，但是最终这双重冲突的解决体现在了婚姻判决上，从而定义了女主角的革命政治特征。

故事一开始，巧儿的勤劳便体现在纺织活动中，这是她对边区政府号召自力更生开展大生产运动的响应。第二幕中，巧儿准备将纺成的棉纱交往政府办的合作社，在路途中，地主王寿昌拦住巧儿，企图动手动脚。王寿昌告知巧儿她父亲已经将她许配给了他，巧儿听到后如五雷轰顶，立刻跑去找邻居李婶诉苦求助。在李婶的安排下，以一种貌似偶然的形式，巧儿远远地看到了前未婚夫柱儿（根据张柏的原型）。原来巧儿的父亲说柱儿是个傻子，头脑有问题，因此骗得巧儿同意退婚。可是巧儿发现柱儿和父亲说的完全不一样，实际上他是变工队的队长，英姿勃勃，勤劳朴实，巧儿因此下决心嫁给柱儿。巧儿的选择既基于革命原则又符合当地传统：一边是丑陋的老地主，一边是年轻英俊又勤劳的柱儿。她更倾慕于后者的年轻与健壮、勤劳与正派，这种价值观与审美观常常出现于传统戏剧和民间故事当中，[①] 同时也受到革命政府的赞赏。

巧儿的鲜明性格和反叛形象是通过她与父亲刘彦贵的冲突建立起来的，后者是家长制的象征。在现实中，封彦贵从共产党的土地改革中获利，是当过村长的普通农民，如本书第一章所述。但在剧本中，刘彦贵被刻画为一个狡猾、精于算计的小商贩、无

---

① 如民间传说《天仙配》《牛郎织女的故事》《田螺姑娘》等。

赖、酒鬼。这个改变对大众文化和革命话语来说，都具有重大意义。在农业社会里，小商贩们往往被视为处于边缘的流动群体，靠占别人的便宜来生存，像刘彦贵这种嗜酒的无赖更是如此。他们同时也代表着1940年代边区大生产运动中的负面形象，因为在"自己动手丰衣足食"的图景中是没有小商贩的位置的。这个人物代表小商贩的传统形象，本质上是唯利是图，这从他把亲生女儿视作商品反复买卖上就可以看出。在媒婆上门的那幕伊始，刘彦贵喝得酩酊大醉，家里乱七八糟，到处都显露着拮据的经济状况。他用谎言和计谋骗得天真的巧儿和柱儿脾气暴躁的父亲同意解除婚约。随着刘彦贵的计划逐步展开，一个乡村小人的形象跃然于舞台上。这个父亲的负面形象也符合政府反对家长制家庭的目的，给女儿提供一个反叛的好理由。他追求更多彩礼显示着他的家长身份以及他与陈腐旧制度之间的联系。

巧儿的阶级意识集中在她憎恶寄生虫一般的丑陋地主，抗拒他的调戏，讨厌他沉溺于鸦片和赌博。王寿昌这个人物也是基于一个真实人物——朱寿昌，捧儿的父亲在1943年3月曾打算将女儿许配给此人。在现实中，无论在官方文件还是新闻报道中都没有提到朱寿昌的年龄，家庭背景，职业或外貌等。根据封芝琴1982年的回忆录，她听说朱寿昌比她要大十几岁，[1] 据此，朱寿昌年龄在四十岁左右，但这并没有文件证实。我们从法律文件中所能知道的唯一一点是，他（或他的家庭）有足够实力给捧儿的父亲一笔丰厚的彩礼。案件的卷宗显示，政府曾决定将这笔财

---

[1] 封芝琴：《回忆马锡五同志》，《甘肃文史资料选辑》第12辑，第145~153页。

第六章 秦腔剧本与说书：从反叛的女儿到"社会母亲"

产没收，作为对买卖婚姻的处罚，但也有可能之后又还给了他，如第五章所述。

然而，袁静的剧本将王寿昌描绘成一个地主老财，又老（48岁）又下流，还是个一脸麻子的跛子。他无视边区禁止买卖婚姻的政策，相信有钱能使鬼推磨，也能买到巧儿的青春和美貌，于是偷偷通过媒人买定了这桩婚姻。无论是从革命思想还是当地的民间文化来说，这个角色都让人厌恶：他吸鸦片成瘾，赌博成性，这会败坏边区的革命精神；他属于敌对阵营，仅在统一战线时期被革命政权暂时容忍。二人形成鲜明对比：一个又老又丑、下流好色，一个年轻貌美、纯洁勤劳，这在当地人的价值观和审美观上有天差地别，是不可接受的婚姻组合。在这样一桩错配的婚姻当中，人们往往同情美丽的姑娘，犹如同情可怜的"兰花花"一样。王寿昌对巧儿的骚扰、对财富的夸耀都暴露了他的邪恶本质，这和巧儿响应政府号召、努力生产的形象也形成鲜明的对照。考虑到袁静对这个形象的创造是在国共第二次统一战线时期，巧儿对王寿昌的厌恶更多地集中在他的外表、年龄和品行上，而不是他的阶级属性上，但是，在1947年之后，随着政治环境的变化，地主阶级成为主要的批判目标，这将在第七章加以讨论。

捧儿追随边区婚姻的自主原则表现在她对柱儿的选择上。柱儿在各方面都与王寿昌形成强烈对比，包括年龄、外貌、价值观，所有这一切都有基于民间文化的根源。在原始的法律文书和《解放日报》的文章中，张柏一直存在于他父亲的阴影之下。我们除了知道他比捧儿年长两岁，与捧儿在某次集会上邂逅过，参与了抢婚之外，对他别无所知。在袁静的剧本里，柱儿已经走出了他父亲的阴影，并在大生产运动中成为年轻的变工队队长。柱儿的新形象表现了这个角色在身体和精神上的双重优良品质，他反对父亲抢婚并拒绝参与；同时他力劝父亲诉诸法律，找政府来解决问题。虽然这与历史事实相去颇远，但这些细节的塑造不但使柱儿成为一个能干的年轻人，而且是一个守法的村民。他反对传统的抢婚恶习，代表着边区政府治下乡村男性年轻一代的精神风貌。正是这些品质吸引了巧儿。这种在情感和人品基础上形成的选择婚姻对象的新价值观，也符合政府提倡的婚姻观。同时，通过刘巧儿的形象，它敦促年轻姑娘在婚姻选择上要立足于这些价值观，自主选择，而不是与父亲合伙，追求高价彩礼。

中年妇女的新形象：社会母亲

袁静在剧本中还塑造了另一个人物——中年妇女李婶。她的角色是像母亲一样安慰、帮助巧儿，她不是母亲但却胜似母亲，因为她还代表了政府的权力。在剧中，李婶不仅是巧儿的邻居，还是村里的妇女主任。她平日里十分照顾巧儿，常常给这个"没娘的孩子"以温暖。[①] 剧本中，当巧儿从王寿昌那里得知父亲的欺瞒与背叛，震惊又伤心，立刻跑到李婶那里哭诉、求助。李婶的政治身份使她不仅能够像母亲那样安慰巧儿，还能给予巧儿帮助和指导，支持巧儿遵从政府的婚姻自主精神。李婶巧妙地安排

---

① 袁静：《刘巧儿告状》。

第六章 秦腔剧本与说书:从反叛的女儿到"社会母亲"

了一次让巧儿亲眼看见柱儿的机会,那是柱儿带着变工队在田间耕作,这一场景展示出柱儿所有的优良品质,它消除了巧儿的疑虑,坚定了她的决心。在这种情况下,李婶引导一位年轻姑娘找到正确的道路,得到了美满的婚姻——她扮演了社会母亲的角色。

袁静将巧儿设定为一个没娘的孩子,她的婚姻全由父亲做主,但她却从家庭以外,一位村妇女主任处得到了帮助、保护和引导。然而这个角色设定与历史事实截然不同,在1982年出版的回忆录中,封芝琴说是母亲将她带去邻村"过事",她才会"偶遇"张柏,二人也才有机会互诉衷肠。她母亲支持她与张柏的婚事,甚至还帮捧儿给张家通风报信。[1] 2005年,作者在对封芝琴的访谈中也证实了这一点。[2] 很明显,捧儿的母亲并不赞成丈夫在女儿婚事上不守承诺的做法,想帮助女儿逃避不幸婚姻。带女儿去邻村过事看上去更像是母亲的策划,甚至连抢婚都有可能是母女俩针对父亲的一场合谋。[3] 如此看来,袁静将巧儿写成一个"没娘的孩子"似乎不合事实。尽管《解放日报》的报道中并未提到捧儿的母亲,但是如果需要,袁静完全可以虚构巧儿母亲的角色,这在文学作品中是常见的做法。一些资料宣称袁静

---

[1] 封芝琴:《回忆马锡五同志》,《甘肃文史资料选辑》第12辑,第145~153页。如第一章提到,封张两家有某种亲戚关系。
[2] 笔者2005年7月21日对封芝琴的采访;郝在今:《评剧〈刘巧儿〉与三位女性的传奇经历》,《党史博览》2005年第2期,第25~27页。
[3] 如第一章提到,传统上当地人信守婚约,只是彩礼涨价以及婚姻改革打乱了原有婚姻市场的规则,造成大量悔婚毁约的现象。

在写作剧本时曾经采访过马锡五。① 如果真如此,她应该听说过捧儿的母亲。显然巧儿母亲这个人物的缺席是故意安排的。这带来了一个问题:为什么袁静要忽略捧儿母亲历史真实的存在,却再另外虚构一个类似母亲的社会角色来帮助指导巧儿反抗父亲的包办婚姻?

三 一场改变母女关系的革命

如果说巧儿作为一位反叛的女儿,是对五四话语中都市对应人物的延伸,李婶在五四时期的文学作品中却没有对等人物。对五四文学的传统研究常常追随西方女性主义的元理论(meta-theory),将性别放在两性权力关系中去定义。这种视角忽略了一个事实,即中国女性是在家庭多重网络的动态关系中,对地位和性别身份进行定义的。在这种多维关系中,女性的性别身份不仅是在与父亲和丈夫的关系中,而且也是在与母亲、兄弟、儿女的关系中形成并且定义的。从中国女性关系的视角来看,李婶这个人物代表了20世纪中国社会母女关系的一个重要转型,它是在家国存在同构性与相关性的基础上产生的,由此将家庭关系延展到国家和公共领域。通过将母女关系从家内到公共领域的转换,李婶这个人物也为那些在现代国家中寻求女性空间的中国女性政治领导者提供了依据。

---

① 见郝在今《评剧〈刘巧儿〉与三位女性的传奇经历》,《党史博览》2005年第2期,第25~27页。鉴于马锡五频繁往来于陇东和延安,袁静也在那里,这种情况是很有可能的。

第六章 秦腔剧本与说书：从反叛的女儿到"社会母亲"

五四的女儿们：背离母亲

20世纪家庭关系的变革是全方位的，不仅包括了青年男女对家长制家庭的反叛，而且包括了母亲地位以及母女关系的变化。五四新文化运动以来的文学作品中，青年男女对家长制家庭反叛的核心在于争取婚姻自由的权利，面对青年一代的反叛，传统家庭中母亲的地位变得尴尬。五四新文化运动的作家们产生了一大批理论和文学作品，批判家长制大家庭，作品往往集中描述思想守旧的父亲与接受了新思想和现代教育的儿女们之间的冲突，但母亲的形象则往往晦涩不明，母亲在社会变革中与儿女，尤其是与女儿的关系在历史研究被忽视了，而在文学表现中则往往有失偏颇。

在1910年代到1920年代的五四新文化运动中，母亲的形象在社会现实中以及文学表现中逐渐变得晦涩起来。美国学者萨莉·利伯曼（Sally Taylor Lieberman）指出在20世纪初以及五四时期的文学作品中，母亲的形象总是具有对孩子的精心照顾、温柔慈祥、勇于自我牺牲的特征，而且这种品质绝大多数表现为对儿子的爱。每当儿子在现代都市生活中感到失落时，回想母亲的慈爱呵护就成为一种巨大的心理安慰。利伯曼认为，此时的母亲形象代表着现代人对传统社会田园生活失落的惆怅。[1] 与男性作

---

[1] 但是利伯曼也注意到，随着"新女性"形象的崛起，这种对母亲的描绘在文学作品中失去了它的位置。见 Sally Taylor Lieberman, *The Mother and Narrative Politics in Modern China* (Charlottesville: University Press of Virginia, 1998): pp. 19, 104 – 133。

自主：中国革命中的婚姻、法律与女性身份（1940～1960）

家一样，五四时期的都市女作家们也抨击家长制家庭，但对母亲保持着情感上的依恋，在写作中表达了对母亲的美好回忆和赞美。例如冰心对母爱的描写，回忆母亲的温柔和对自己的呵护。对这种现象，孟悦和戴锦华认为，这些反叛的女儿们在五四时期仍未能形成独立的主体意识，因此将她们的感情需求投射到母亲的形象上，母爱成为她们未成熟主体的补充。① 美国学者王玲珍（Lingzhen Wang）和周蕾（Ray Chow）也认为五四女作家们将母亲描绘成温柔、体贴、慈爱的形象是为了确认她们与母亲之间的感情联系，让母爱成为她们力量的源泉。② 有的当代评论认为，正是女儿对母亲爱的表达成就了女儿的现代身份，维持了20世纪早期母女之间的纽带。③

但是，将五四女作家作品中描绘的母女关系视为现代性的表现，在历史现实和社会实践中有其局限性，并不能表现完整的现代女性观点。首先，对大多数女作家来说，母女之间的纽带只限于文学作品中的感情表达，它满足的是女儿的感情需要。其次，在这些文学作品中，总是母亲依然留守家中，受到家庭的限制。

---

① 孟悦、戴锦华：《浮出历史地表》，河南人民出版社，1989，第14～20页。
② Lingzhen Wang, *Personal Matters: Women's Autobiographical Practice in Twentieth-Century China* (Stanford: Stanford University Press, 2004), pp. 61 – 139; Ray Chow, *Women and Chinese Modernity: The Politics of Reading between West and East* (Minnesota: University of Minnesota Press, 1991), pp. 168 – 170.
③ 孟悦、戴锦华：《浮出历史地表》，第14～20页；Lingzhen Wang, *Personal Matters: Women's Autobiographical Practice in Twentieth-Century China* (Stanford, CA: Stanford University Press, 2004), pp. 61 – 139; Ray Chow, *Women and Chinese Modernity: The Politics of Reading between West and East* (Minneapolis: University of Minnesota Press, 1991), pp. 168 – 170.

第六章　秦腔剧本与说书：从反叛的女儿到"社会母亲"

相反，女儿倒是来到了城市，卷入了那里的社会运动。实际上，这只是受到新文化运动影响的女儿对旧式母亲的描写，恰恰表达了女儿们在感情需要和追寻现代性之间的分裂。在某些例子中，这些所谓的"慈母"仍然在强化传统的家长制权威，有时甚至不惜牺牲女儿的幸福与性命。例如，冯沅君的短篇小说《隔绝》中述女儿在城市的学校中有恋人，但却被母亲骗回家来强迫接受一桩包办婚姻，最后导致女儿在自己的爱情和对母亲的爱的两难中选择自杀来做出交代。[1] 王玲珍认为女儿所表达的对母亲的爱是一种现代现象，母女关系因此获得了现代性。[2] 这种解释也许过分解读了女儿所说的"爱"，这种"爱"只是表面上对现代词语的借用罢了，骨子里与五四文化所批评的"愚孝"并无本质区别。更重要的是，这些女作家们没有创造出现代母亲的形象，这种现代母亲不应该困守家中，而应该和女儿一起参与社会活动，拥有现代社会的身份，这样母亲和女儿才能在同样的社会空间中活动，才能有相互的交流与理解，才能有文化的和精神的传承。在这种基础上建立起来的母女关系才具有现代性，而不是母亲在乡村家中延续传统生活，牺牲自己成全儿女的那种传统模式。在这种模式中，女儿在城市中渴望母爱，不断用文学作品来

---

[1] 冯沅君：《隔绝》，《春痕：冯沅君小说》，上海古籍出版社，1997，第1~63页。

[2] 王玲珍的讨论见 *Personal Matters*, pp. 72-81。尽管王认为女儿对母亲爱的表达是一种现代现象，她却有可能夸大了这种爱的本质，因为很难说这是现代的"爱"还是借用新名词"爱"所表示的女儿的孝道。而且女儿们在接受现代都市"爱"的概念时，母亲的角色并没有发生变化，所以双方是不平衡的。

想象着母女之间的交流。

在急剧变化的20世纪,社会运动不仅改变了女儿,而且要求母亲改变,这样母女关系的纽带才能建于共同基础之上,才能够持续。事实上,那些五四女作家们所创造的母亲形象已经落后于社会实际,因为当时就有蔡畅和蔡和森的母亲葛健豪(1865~1943),她缠过小脚,在五十多岁有了六个孩子之后,又和儿女们一起留学法国,参加社会运动,经历了从传统母亲到现代母亲的转变。[①] 很明显,五四女作家表达对母爱的向往和同时代的男性作家一样,也是一种身处孤独的都市而向往田园的温馨,这种情感表达只是女儿单方面想象的"现代性",并没有将母亲带出家庭,带入急剧变化的社会。在这些文学作品中,女儿和母亲属于两个世界,所以女儿的情感表达恰恰是母女关系断裂后的呼喊。

在传统儒学中和在士大夫家庭生活中,母亲的形象是正面的,母亲享有较高的社会地位。孟母代表了儒学传统中母亲形象的最高境界,但是这种母亲形象的表现更为注重母子关系。熊秉真的研究显示,明清以来众多士大夫的回忆录中,母亲基本上有着同样的形象:仁爱慈祥、辛勤操劳、灯下课子,培养儿子为国效力、光宗耀祖。这种对母亲的描述在那种孤儿寡母的例子中最为常见:寡母含辛茹苦,将儿子培养成才,出人头地,母亲的辛苦与期待最终得到回报。在这种苦读与期盼中,母子之间形成了

---

① 罗绍志:《蔡母葛健豪》,《中共党史人物传》卷6,陕西人民出版社,1982,第47页;李伶伶:《葛健豪传》,中国妇女出版社,2005。

第六章　秦腔剧本与说书：从反叛的女儿到"社会母亲"

极其密切的、极其强烈的感情纽带和心理上的互相依赖。① 在这种模式中，母子关系既有家庭的和感情方面的因素，又有社会意义，因为在"母凭子贵"的时代，儿子的社会地位决定了母亲的社会地位。当然反过来也有子凭母贵，如正妻的儿子比庶出的儿子身份更要尊贵。所以母亲的形象并非完全属于家庭和私人场域，因为儿子的成就承载了母亲对社会的贡献，历代王朝的诰命制度正是对母亲（以及妻子）社会身份的承认。于是女性对家庭的责任成为国家政治秩序的一个必要环节，是儒学家国一体、家国同构化的重要构成。②

在明清时期科举竞争空前激烈的情况下，士大夫家庭中的母亲当然重视儿子前程，对儿子的期待肯定与对女儿不一样，但并不表示对女儿的疼爱会因此而减少。③ 早期中国历史上母女关系的表达则可从汉代班昭的《女诫》中看出，那种女儿临嫁之前母亲的牵挂之心，化作谆谆教导，表现出母女间密切的感情联

---

① 见熊秉真《建构的感情—明清家庭的母子关系》，岳心怡译，卢建荣主编《性别、政治与集体心态：中国新文化史》，麦田出版，2001，第 255～280 页；亦见其《明清家庭中的母子关系—性别、感情及其他》，见李小江主编《性别与中国》，三联书店，1994，第 514～544 页；亦可参见 Francesca Bray, *Technology and Gender: Fabrics of Power in Late Imperial China* (Berkeley: University of California Press, 1997)。
② 儒学的家国一体、家国同构模式基于"修身齐家治国平天下"的核心观念，表现了国家政治秩序是家庭秩序的延伸和体现这样一种观点。
③ Xiaoping Cong, *Teachers' Schools and the Making of the Modern Chinese Nation-State* (Toronto: University of British Columbia Press, 2007), pp. 32 - 33. 亦见 Susan Mann, "Grooming a Daughter for Marriage: Brides and Wives in the Mid-Ch'ing Period," in Rubie S. Watson and Patricia Ebrey, eds., *Marriage and Inequality in Chinese Society* (Berkeley: UC Press, 1991), pp. 204 - 230。

系。① 近年来众多研究明清女性历史的学者们则描绘出一幅更为温馨亲密的母女关系图景。高彦颐（Dorothy Ko）认为在前近代的中国社会，母女之间有着坚实的纽带，既有感情方面，也有社会实践和社会责任方面。母亲承担着家内儿女教化的职责，是女儿的道德楷模以及女性贞操的守护者。母女之间的感情和文学交流活动成了江南地区士大夫家庭中妇女文化和文学传承的关键。② 曼素恩（Susan Mann）描述了母亲的职责：她必须教授女儿识字和各种家务技能，需要在女儿出嫁前夕做性生活的指导，并传授育儿知识。许多妇女正是在母亲教育下学会读书识字、纺织刺绣、执掌家务，许多家内活动如祭祀嫘祖、七夕乞巧等女性专属的活动也加强了母女的感情纽带。③ 高彦颐认为，女儿出嫁离开娘家虽然看似隔断了母女的联系，但是母女定期交流书信诗作、送礼，以及女儿定期回门的习俗使她们仍然能保持亲密的关系。④

---

① 班昭：《女诫》，郭淑新编《女四书读本》，中国人民大学出版社，2016，第 3 - 31 页。
② Dorothy Ko, "Pursuing Talent and Virtue: Education and Women's Culture in Seventeenth - and Eighteenth - Century China," *Late Imperial China* 13, 1 (1992): 9 - 39. 亦见其 *Teachers of the Inner Chambers: Women and Culture in Seventeenth - Century China* (Stanford: Stanford University Press, 1994)。
③ Susan Mann, "The Education of Daughters in the Mid - Ch'ing Period" in Elman and Woodside, eds., *Education and Society in Late Imperial China*, pp. 19 - 49; 及其 *Precious Records: Women in China's Long Eighteenth Century* (Stanford University Press, 1997); Mann, "Learned Women in the Eighteenth Century" in Gilmartin, K. Christina, Gail Hershatter, Lisa Rofel, and Tyrene White, eds., *Engendering China: Women, Culture, and the State*, Harvard University Press, 1994, pp. 27 - 46.
④ Dorothy Ko, "Pursuing Talent and Virtue: Education and Women's Culture in Seventeenth-and Eighteenth-Century China," *Late Imperial China* 13, 1 (1992): 9 - 39.

第六章 秦腔剧本与说书:从反叛的女儿到"社会母亲"

20世纪急剧的社会变革对传统的母女关系具有相当大的颠覆性。原先那些将母女联系在一起的各种家内活动,像识字教育、道德教育、做家务活、织纺绣花、祭祀等,对新的一代受过现代教育、急于走上社会的年轻知识女性已经完全过时了。① 不仅如此,在五四时代家庭革命思潮的影响下,社会改革和革命创造了一种话语,将传统母亲的形象描绘得非常负面。母亲形象经常与家庭的阴暗面有关,譬如和父亲一起包办儿女婚姻,给女儿缠脚、游手好闲、迷信、吸食鸦片等。② 与此同时,当时的社会舆论倡导"小家庭"(core family)和"以夫妇为中心的家庭"(conjugal family)模式,主张男女平等、实行女子教育、流行科学育儿、推广优生理论等。随着科学育儿等知识传播,传统母亲关于女性身体、性知识、以及育儿知识变得陈腐落后、一无用处。③ 在五四话语下,新一代的知识女性变得叛逆,视母女之间的纽带为枷锁,急于摆脱。于是,正如利伯曼观察到的,1930年代当"新女性"的形象出现时,文学中对慈母的描述就消失了。④

---

① 关于原先连接母女纽带的家内活动,参见 Susan Mann, *Precious Records* and her "Grooming a Daughter for Marriage," in Rubie Watson and Patricia Buckley Ebrey, eds., *Marriage and Inequality in Chinese Society*, 203~230.
② 例如,巴金的《家》中的两个母亲。还有张爱玲的小说中常有这样的母亲,如《金锁记》中的七巧。
③ 参见 Francesca Bray (*Technology and Gender*) 以及 Susan Mann (*Precious Records*) 对传统母亲所具备的知识有所描述。又见白露(Toni Barlow)在 *The Question of Women in Chinese Feminism* (Durham, NC: Duke University Press, 2004) 中关于优生的讨论,以及 Susan Glosser 在 *Chinese Vision of Family and State, 1915-1953* (UC Press, 2003) 中关于小家庭的讨论。
④ Sally Taylor Lieberman, *The Mother and Narrative Politics in Modern China*, pp. 19, 104-133.

自主：中国革命中的婚姻、法律与女性身份（1940～1960）

　　袁静自己也出身于一个官僚世家的大家庭，袁家和巴金的《家》一样四世同堂。家族中的男性都出仕任职，所娶妻子也都门当户对。袁静曾祖袁绩懋1847年中了榜眼，1858年抵抗太平军，战死在福建任上。袁静的祖父袁学昌是1878年的进士，曾在多地任职。伯父1898年也中了进士，点入翰林院。袁静自己的父亲袁励衡据说是中国最早的银行——交通银行的创立人之一。① 这个家族的母系方面也同样声名显赫，而且富于文学传统，家中的女性善诗文、精医术、通艺术。袁静的曾祖母和祖母来自同一个家族，属于19世纪江南的才女群，现代学者对这群才女有很多的研究，譬如高彦颐（Dorothy Ko）、魏爱莲（Ellen Widmer）、曼素恩以及其他学者。② 袁静的曾祖母左锡璇以及妹妹左锡嘉都颇有文学才能，诗作传流至今。③ 袁静的祖母曾懿是左锡嘉的女儿，曾家也是诗书传家的名门望族。曾懿不仅以诗作闻名，而且还是颇有名望的女医生，其诗作和医书均有传世。④

---

① 见维基百科"袁晓园"条目：https：//zh.wikipedia.org/wiki/%E8%A2%81%E6%9B%89%E5%9C%92（2012年5月9日访问）。袁晓园是袁静的姐姐。
② Dorothy Ko, *Teachers of the Inner Chambers: Women and Culture in Seventeenth - Century China* (Stanford University Press, 1994); Susan Mann, *The Talented Women of the Zhang Family* (Berkeley: UC Press, 2007); Ellen Widmer and Kang - I Sun Chang, eds., *Writing Women in Late Imperial China* (Stanford University Press, 1997).
③ 林玫仪：《试论阳湖左氏二代才女之家族关系》，《中国文哲研究集刊》（台北）第30期，2007年3月，第179～222页。
④ 杨彬彬：《曾懿与晚清"疾病的隐喻"》，《中国社会科学院研究生院学报》2008年3月，第113～118页；胡昌健：《曾懿与左锡嘉》，《四川文物》1993年6期，第7页。

第六章 秦腔剧本与说书：从反叛的女儿到"社会母亲"

在晚清和 20 世纪社会变革中，士大夫家庭的女性也经历了转型，① 袁静家族的女性亦是如此。袁家的才女们，以袁静的大姐袁晓园（袁行洁，1901~2003）为首，投入了社会的变革。袁晓园先是逃出一场包办婚姻，于 1929 年去法国留学，后嫁给了国民党元老叶楚伧的儿子叶楠，归国后在国民党政府任职。② 江南的才女们在 20 世纪都以不同的方式经历了社会身份的转型，③ 袁静家庭的女性也是如此，如前面提到的袁静的大姐袁晓园（袁行洁）。

在如此荣耀的母系传统中，袁静创造一个"没娘的孩子"虽与自己的家族传统相悖，但却有着现实的和文学的双重基础。

---

① Xiaoping Cong, *Teachers' Schools*; Hu Ying, *Tales of Translation: Composing the New Woman in China*, 1898-1918 (Stanford University Press, 2000).
② 根据维基百科"袁晓园"的词条，袁晓园在很小时就显露文学和艺术才华，留法回国后，1936 年被任命为厦门税务局副局长，1945 年被任命为驻印度加尔各答的副领事，是我国的第一位女外交官。袁后来曾参与文字改革，发明了一种不同于拼音的汉字罗马化方案，有不少诗作和画作出版。袁家另一位继承家族传统，蜚声文坛的袁氏才女就是袁静堂妹的女儿琼瑶。见维基百科"袁晓园"条目：https://zh.wikipedia.org/wiki/%E8%A2%81%E6%9B%89%E5%9C%92（2012 年 5 月 9 日访问）。
③ 见 Hu Ying, "Tossing the Brush? Wu Zhiying (1868-1934) and the Uses of Calligraphy"; Grace Fong, "Reconfiguring Time, Space and Subjectivity: Lü Bicheng's Travel Writing on Mount Lu"; Xiaoping Cong, "From 'Cainü' to 'Nü Jiaoxi': Female Normal Schools and the Transformation of Women's Education in the Late QingPeriod, 1895-1911"; Nanxiu Qian, "The Mother Nü xuebao versus the Daughter Nüxuebao: Generational Differences between 1898 and 1902 Women Reformers"; Xia Xiaohong, "Tianyi bao and He Zhen's views on 'Women's Revolution'"。以上研究出自 Nanxiu Qian, Grace S. Fong, and Richard J. Smith, eds., *Different Worlds of Discourse: Transformations of Gender and Genre in Late Qing and Early Republican China* (Boston, MA: Brill, 2008), pp. 57-86, 87-114, 115-144, 257-292, 293-314。

自主：中国革命中的婚姻、法律与女性身份（1940～1960）

一方面，20世纪初的国家教育意识形态旨在培养"贤妻良母"，上承儒学孟母的传统，另一方面，进步学者，包括梁启超又主张女性接受教育，成为"国民之母"，因此试图将女性传统的家内角色伸展到社会场域。① 虽然"国民之母"的理想不排斥女性的母亲身份，但是从当时的社会环境来看，这种母亲形象仍然侧重于母子关系，即女性成就男性的社会身份。这种母子关系仍源于儒学传统中孟母的形象，显示了现代化过程中强烈的历史延续性。相比母子之间的联系，20世纪母女关系变动更为剧烈。新一代女性接受了现代教育，往往会视母女的家庭纽带和生育责任为枷锁，急于摆脱。同时，多数现代学校位于沿海地区，都市生活和印刷文化的繁荣都为这些青年一代的叛逆女性开放了空间。在1920～1930年代文学作品表现了一群"没娘的女儿"，最好的例子就是丁玲《苏菲日记》中的苏菲，主人公就是一个孤独自恋的青年女性，离开家庭，在都市中寻找自己的自由与爱。苏菲女士不仅是一个文学作品中的人物，她更是社会现实的体现。当时确实有一群离开了家庭，抛弃了与母亲的纽带，来到都市接受教育的叛逆女儿群，像庐隐（1898～1934）、萧红（1911～1942）、丁玲、石评梅（1902～1928）、冰心（1900～1999）等，且不说还有大量的普通女学生在城市里寻找她们的自由和爱情，以及新的身

---

① Xiaoping Cong, *Teachers' Schools and the Making of the Modern Chinese Nation-State, 1897-1937* (Toronto: UBC Press, 2007); Joan Judge, "Meng Mu Meets the Modern: Female Exemplars in Early-Twentieth-Century Textbooks for Girls and Women,"《近代中国妇女史研究》第8辑，台北：中研院近代史研究所，2000，第133～177页。

第六章 秦腔剧本与说书：从反叛的女儿到"社会母亲"

份和光明的前途。像这样的女作家、女学生群体，与母亲在地理上和社会上的距离使她们事实上成为"没娘的孩子"。在这种环境下，正如利伯曼指出的，在20世纪初期文学作品中出现的母亲温柔慈爱的形象不仅表达了青年男性在现代都市中孤苦的思乡病，[①]同样的，反叛的女儿们在都市生活中感到迷失与孤独时，也会充满怀旧思乡的情绪，渴望母亲往日的温柔。

社会母亲与生母（1）：乡村母亲作为"他者"

虽然"没娘的女儿群"代表着1920~1930年代都市知识妇女的真实情况，但是当这一批知识女性来到乡村，尤其是陕甘宁边区，情况则完全不同。一方面，在那里，她们观察到乡村中母女关系的亲密以及家庭纽带的强大，还有母亲在儿女婚事上的影响力，看到一些乡村母亲干涉，甚至是控制女儿的婚姻并企图从中获利的情况，这些知识女性感到有责任为年轻的乡村女性提供帮助并拯救她们。另一方面，乡村中年妇女的形象由于革命运动的现实而变得更为糟糕起来。乡村的家庭革命要求将妇女从家庭压迫中解放出来，革命政权发动妇女的活动常常遭到丈夫、母亲，还有婆婆的反对。在早期陕甘宁边区，为了动员妇女参加政治活动，地方妇女干部常常会回应那些童养媳或受虐待的媳妇的诉求，斗争婆婆和丈夫。

因此革命作家不论男女感到很难表现乡村中老年妇女或母亲的正面形象。乡村母亲的负面形象也反映在袁静和孔厥合作的小说中，不同于《刘巧儿告状》中母亲的缺位，袁静和孔厥在《新

[①] Lieberman: *The Mother and Narrative Politics in Modern China.*

儿女英雄传》中，塑造了一位封建落后的乡村母亲：女主人公小梅的母亲明知小梅和大牛互有好感，却为了钱财将女儿嫁给一个富裕人家，最后小梅的丈夫成了汉奸。男作家赵树理的《小二黑结婚》也是如此，女主人公小芹的母亲整日装神弄鬼又贪财，明知小芹喜欢小二黑，却要把女儿卖掉，获取钱财。① 这些中年的乡村妇女，尤其是那些亲生母亲，不惜以女儿一生的幸福为代价，追随旧制度，成了中共社会改革的对象。

既然进步的乡村母亲形象不存在，作家就感到有责任创造出新的母亲形象来拯救年轻的乡村女性，创造一个社会母亲的形象正是作家的一种认知，即国家应该通过某种方式介入家庭，将年轻的乡村妇女从落后家庭中拯救出来。这种对国家的想象，化作具体的社会母亲的形象。由于生母无法将社会改革与革命的思想传递给女儿，那么拯救年轻女性、发动家庭革命的任务就落在了既有社会地位又有革命精神的社会母亲身上。女性的生殖过程（青春期、月经、结婚、生育）必然需要母亲的教导，但传统的母亲在革命国家的眼里，缺乏对于女性身体的现代科学知识，无法胜任这项工作。② 这就需要一位由革命国家赋予新思想和新知

---

① 《小二黑结婚》，《赵树理作品新编》，人民文学出版社，2011，第6~21页。
② 见 Gail Hershatter 对1950年代改造产婆的研究：国家开设了培训新产婆，制订了改造旧产婆的计划。见 "Birthing Stories: Rural Midwives in 1950s China," in Jeremy Brown and Paul G. Pickowicz, eds., *Dilemma of Victory: The Early Years of the People's Republic of China*, (Cambridge, MA: Harvard University Press, 2007), pp. 337 - 358. 事实上，这个培训新产婆，改造旧产婆的项目作为一项改造社会的工程，始自1940年代的陕甘宁边区。见秦燕、岳珑《走出封闭》，第189~205页。

识，受现代教育和培养的社会母亲给予年轻的乡村女性关爱、保护和指导。在社会革命和家庭改革的过程中，年轻一代与父亲的冲突如果可以通过母亲在家庭内部化解，那么国家引导的社会革命，国家对家庭的干预就失去了基础。这就可以回答为什么袁静要忽视捧儿母亲存在的现实，而虚构出一个李婶来。有了社会母亲，那些反抗家长制家庭的女儿们就不会孤单，不会像《伤逝》中的子君一样孤立无援，[①] 或者像《家》中的梅一样凋零，像琴一样势单力薄地反抗家长制。在社会母亲的帮助下，巧儿们不需要像都市的女作家们一样逃离家庭，她们能在国家革命政策的指导下得到幸福婚姻与家庭。

社会母亲与生母（2）：性、生殖与阶级

袁静对李婶这一角色的创造对我们理解20世纪社会变革中，生母和社会母亲角色之间的紧张关系很有帮助。母女关系从血缘关系向社会关系的转变，反映了20世纪中国女性从家庭走向公共领域的变化，以及她们在两种身份之间的挣扎。孟悦认为革命话语、革命运动和共产主义国家的意识形态都压抑了女性在生理和心理上对爱、性甚至生育的欲望，[②] 使得女性的生物性低于其社会性。但是，既有的研究显示，生物母亲与社会母亲的身份差

[①] 鲁迅短篇小说《彷徨·伤逝》，《鲁迅全集》第2卷，人民文学出版社，2005，第113-134页。

[②] Meng Yue, "Female Image and National Myth," in Tani E. Barlow, ed., *Gender Politics in Modern China*, *Writing and Feminism* (Durham, NC: Duke University Press, 1993), pp. 118-136.

别，以及现代女性对生物母亲身份的拒绝并非完全是革命话语、革命运动和国家意识形态造成的，而是有着阶级和历史的渊源，因此造成生物母亲的地位要低于社会母亲。当代学者的研究显示，尽管中国传统家庭都有多子多福的观念，但由于生育的艰辛，从明清以来，许多士大夫家庭的妻子都试图回避生育的责任，在生完一两个孩子、确立了自己的家庭地位之后，往往将生育更多孩子的责任推到那些出身卑微又身体强壮的妾身上。① 根据熊秉真的研究，由于士大夫家庭出身的妇女有社会地位，有正妻的名分，这样的母亲是她丈夫名下所有孩子，包括丈夫的亡妻以及妾所生孩子的嫡母。嫡母的名分得到社会承认而且受到国家法律的保护，成为家国一体政治秩序的重要环节。嫡母对子女特别是儿子们的主要责任是监督他们的教育和道德品行，确保他们将来光宗耀祖，维持家族繁荣昌盛。② 通过确认嫡母的名分和社会地位，国家区别了生母的生物责任和嫡母的社会责任。这个分工产生于明清时代，当时是在士大夫家庭内部完成的。但是这种阶级和社会阶层的分野在20世纪的革命中被强化了。

从晚清开始，一个强大的改革话语推动女性走出家庭，改变她们的角色，对国家和民族负起更大责任。如梁启超将全体女性看成是依附于家庭的寄生群体，认为她们没有社会身份，不能为

---

① Hsiung Ping-chen, "Constructed Emotions"; Francesca Bray 的研究也显示了同样的现象，见 *Technology and Gender: Fabrics of Power in Late Imperial China* (Berkeley: University of California Press, 1997), pp. 351–368。

② Hsiung Ping-chen, "Constructed Emotions"; Bray, *Technology and Gender*.

第六章 秦腔剧本与说书：从反叛的女儿到"社会母亲"

社会创造财富,[①] 于是要求女性将原来纯粹的母亲、妻子的角色从家内转向社会，成为社会人。实际上，正如前面提到，在传统儒家意识形态和家国关系中，女性的两种身份是统一的，女性的家庭身份可以延伸到社会身份。而梁启超基于西方国家理论对中国传统社会家庭中女性角色的误读，将家庭和社会两个场域对立起来，将传统女性的家内角色与社会生产对立起来，这在当时整个社会都在急于建立现代民族国家的思潮中是可以理解的。在这种社会思潮下，受过教育的女性不断在社会上寻求她们的地位，成为教师、记者、作家、秘书、护士等等。[②] 在社会变革的浪潮中，在社会价值体系的转变中，逐渐地，受过教育的女性作为血缘母亲与她们光芒四射的公共身份和社会责任相比黯然失色，因为当家庭被视为一个无价值的场域，母亲角色仅仅意味着诸多的家庭责任和生理上的负担，生育就会将女性重新拽回到她曾试图离开的家庭。历史的断裂和社会变革、家庭与社会的分裂，也将女性的两种身份撕裂了：一种是她们作为女性本能的母亲身份，一种是她们作为社会的人，这两种身份分别代表着两个场域，家庭与社会。于是，这种撕裂从1930年起就开始给女性带来强烈的焦虑感与压迫感，1920年代后期到1930年代，报刊杂志上充满了都市中产女性和职业妇女重新进入家庭后的哀叹与不甘。因为对她们来说，家与国是两个场域，都市"新女性"想象不出

[①] 梁启超:《论女学》,《饮冰室合集:文集》,中华书局,1932,第37~38页。
[②] Xiaoping Cong, *Teachers' Schools*; 亦可参见 Qian Nanxiu, Grace Fong, and Rich Smith, eds., *Different Worlds of Discourse: Transformations of Gender and Genre in Late Qing and Early Republican China* (Boston: Brill, 2008)。

自己为家庭的操劳如何能与国家发展一致起来。在1940年代的陕甘宁边区,这些"后五四时代"的知识女性也面临一个严重的问题:这些反叛的女儿们已经进入了人生的下一个阶段,要为人妻为人母了。在时代与社会的分裂下,这些知识女性曾经见过她们旧式家庭的母亲,却不知道自己反叛了旧家庭之后如何为人母。面对这种撕裂,再加上边区的艰苦生活给女性带来很多生理问题,这些都市的知识女性难以应对家庭生活。

这种困境不仅源于女性的生理特征,也来自她们在婚姻和生育中的社会与政治身份。在20世纪的革命文化产品中,阶级压迫的主题渗透到母亲的形象当中。比如,前面提及的柔石的《为奴隶的母亲》就刻画了一位出身贫农家庭的母亲,为一户富裕的地主家庭出借自己的子宫,故事暗指母亲作为被压迫阶级的一员,被剥夺了控制自己身体和生育的权利。同样,在1950年代流行的小说《青春之歌》(作者杨沫)讲述了一位革命的女青年林道静,其生母秀妮来自佃农家庭,成为地主的小妾,在生育之后,孩子属于嫡母,秀妮被赶出了地主家,不许再见孩子。这些文学表达显示了她们受到阶级、性别,以及身体上的多重剥夺。

1940年代的革命文学和文艺作品所表达的革命话语也强化了知识女性对成为母亲的焦虑,尤其是当母亲身份和阶级关系交错的时候。这种焦虑表现在文艺作品中,即当遇到敌对阶级的时候,女性的母亲身份就被终结了。例如,在《白毛女》和《兰花花》中,喜儿和兰花花都是被地主阶级所占有,她们的孩子都是刚刚出生就夭折,因此她们未能真正地成为母亲。在袁静和孔厥的《新儿女英雄传》中,小梅和她的汉奸丈夫在一起,也没

第六章 秦腔剧本与说书：从反叛的女儿到"社会母亲"

有孩子。在这里，女性的身体和性成了女性的问题，因为她的孩子不仅暗示了两个互不相容的阶级之间不正确的性关系，[1] 而且混淆了私人领域的性关系与公共领域的革命。因此，生育一个跨越敌对阶级的孩子就将作为母亲的女主人公置入一种尴尬的境地。

颂扬社会母亲，谴责甚至牺牲生物母亲的话语始于明清时代，继而在革命话语下被加强，后又被知识女性所占据。母子/女在私人领域的关系与公共领域的革命间处于难以调和的困境，这从20世纪初期以来就困扰着年轻的知识女性。这种话语要求年轻女性全身心投入社会运动和革命的洪流中，同时贬损或置血缘母亲于次要地位。研究表明，在这段时期，由于环境的艰难和革命的话语，延安革命阵营中的年轻女性面临着推迟或避免成为母亲的压力。边区的艰苦生活难以保证母亲的健康，革命话语又让她们难以为母亲身份而骄傲。[2] 革命话语盛赞年轻女性的活力，环境和意识形态又不鼓励她们成为母亲。作为共产党的女性领导人之一，邓颖超（1904~1992）曾在延安演讲，号召尊重女性成为母亲的权利，并理解养育孩子的艰辛，[3] 但是她自己早年在新文化激进主义和革命意识形态的影响下，也曾拒绝成为母

---

[1] Meng Yue, "Female Image and National Myth," in Tani E. Barlow (ed.), *Gender Politics in Modern China, Writing and Feminism*, pp. 118–36.

[2] 秦燕、岳珑：《走出封闭》，第212~224页。又见秦燕《从社会性别视角对延安时期新女性的研究》，《妇女研究论丛》75（5），2006年9月，第38~42页。

[3] 金涛：《我们对于孩子和母亲的态度——记邓颖超同志的谈话》（1942），《陕甘宁边区妇女运动文献资料续集》，第322~326页。

亲。① 袁静自己就是这种双重身份压力下的典型例子。尽管结了三次婚，她却一直没有成为母亲。② 在赵梅生死后，1946年她与作家孔厥结婚。1950年代初，袁静与孔厥离婚，与当时的天津市委秘书长结婚。因丈夫有个年幼的女儿，她成了继母，此时才开始学习做母亲。但是她做母亲的方式也与众不同：她成了一个优秀的儿童文学作家，为继女所写的童话多次得奖。③ 可以想象，她以这种方式完成她作为社会母亲的责任。

需要指出的是，这种革命的意识形态仅仅影响到都市来的知识女性和参加革命的年轻女性，一般当地农村妇女仍然沿袭古老传统，照旧生儿育女，未受到革命话语的影响。因此，我们认为这种分工是一种精英传统在现代社会转化造成的困境，这种转型

---

① 由于想献身于革命工作，邓在第一次怀孕时便做了流产；她第二次怀孕时发生难产，直接导致了她以后的不孕。见尹家民《国共往事风云录1：从黄埔到北伐》，当代中国出版社，2012，第147页。
② 据笔者在2012年6月26日对秦文虎的访谈，在1970年代后期，袁静曾告诉她当时的秘书秦文虎，她没生孩子的原因是陕甘宁边区的艰苦生活，丈夫1945年去世后所遭受的精神痛苦，也造成她的不孕。但是这种解释值得分析：袁静与赵梅生在1935年结婚，10年后赵梅生去世，很难想象一对年轻夫妇结婚10年却没有孩子。我们可以理解从1935年到1938年，他们还年轻，忙于革命事业；从1938年到1940年，二人因救亡运动颠沛流离，没有条件生孩子。可是1940年到达延安后，二人被安排到了相对安全稳定的陇东地区，直到1944年秋才分别到延安接受审查，这中间有很长一段相对平稳的生活，但二人仍然没有孩子。其中原因可能非常复杂，有可能是袁静受到当时激进思想的影响而不愿意要孩子，也有可能是因为赵梅生长期罹患肺结核而影响了生育。但是到了1970年代，她可能将原因归于环境客观因素。
③ 袁兆秀：《陇东中学校史》，第180~181页；亦见笔者2012年6月26日对秦文虎的访谈。

第六章 秦腔剧本与说书：从反叛的女儿到"社会母亲"

保持了女性群体原有的阶级分工，[①] 有着历史的连续性，但是在遇到新的社会革命时，却未能提出解决问题的方案。而袁静则试图在这个夹缝中创造一个社会母亲的形象，将母亲的身份延伸到社会的公领域中。

国家体系中的女性空间：重铸家国关系

袁静的剧本中值得玩味的部分在结尾，在马专员的主持下，巧儿和柱儿喜结良缘。这场由国家认可的婚礼是在法庭公开宣判之后举行的，这个场景很像传统戏剧的大团圆结局。在《刘巧儿告状》中，政府权力由男性的马专员作为代表。然而，女性在革命中的作为，她们在革命政权内部对女性空间的开拓是不应该被忽视的。《刘巧儿告状》通过重新定义男性和女性在国家和社会中的重要性，在家国体系中重建了二者的关联性。这就向我们提出了一个问题，即革命政权是否取代了传统的父权家长制国家权力，以另一种父权家长制政权来推行现代化改革？换言之，革命运动与建立现代国家是否仍是一个男性主导的现代化过程？革命和国家政权是否在其内部为女性权利留出空间？现代国家在重建家庭与国家的关系时是否继承了传统的家国同构模式？[②] 女性能

[①] 女性群体内的阶级性在国内的研究中未能成为一个重要话题进入理论讨论，因为不论在现代性的话语中，还是革命话语中，女性往往被视为一个不可分割的受压迫群体。当西方女性主义将性别作为历史分析的工具时，却大大地忽视了阶级作为更为重要的分析工具。

[②] 这一看法延伸了 Susan Glosser 的观点，她认为，五四时期的反封建、反家庭的作者们并非要完全摧毁家庭，而是要转型为小家庭。在这种转型中，五四作者们并未完全照抄西方的小家庭模式，而是将作为中国政治基础的中国传统的家国关系做了某种延伸，见其 *Chinese Vision of Family and State*。

否在现代国家内找到自己的位置,延续女性的传承?

西方理论往往视现代化为一个理性、阳刚的过程,例如国家建设、社会发展、法治、战争、革命等,而非理性、情绪、感情被认为是属于女性气质,对现代性的公共领域不具有建设性。林郁沁(Eugenia Lean)挑战了这种观点,认为在现代化过程中,哈贝马斯的"公共空间"和"市民社会"往往被看成是理性的、男性个人主导的场域。而女性往往被视为非理性的、感情化的、家庭的。然而,她用中国的例子证明,20世纪中国都市的公共领域中有感情表达的空间,这些情感表达往往有助于形成对女性有利的公共舆论,因此情感亦可以存在于现代社会的空间,并且有助于国家社会的成长。① 同样的,对于中国革命,有美国学者认为中国革命只不过重建了"父权制社会主义"的国家。这种观点不仅忽视了革命对女性的意义,也忽视了女性力量在革命中的地位与成长。譬如,在《刘巧儿告状》中,虽然在最后是由(男性的)马专员代表国家政权来纠正错误、确认巧儿的婚事,但是,袁静所援引的国家拯救力量不仅有男性也有女性,如李婶。李婶在整个案件中不仅参与了事件的操作,而且还决定了事件的走向。马专员所代表的国家权力往往高高在上,而李婶作为国家权力的代表所提供的帮助更为具体、更为及时和灵活,而且带有感情关怀和实际效果。革命文学创造李婶的形象正是让女性的身份超越传统家内空间,延伸到社会空间,甚至到现代国家的权力体系中。相反,在下面所讨论的韩起祥版本中,没有李婶代

---

① Lean, *Public Passions*.

第六章 秦腔剧本与说书：从反叛的女儿到"社会母亲"

表的国家权力，就不得不完全依赖于"青天"个人的睿智与正义感。相比而言，袁静所表述的现代化过程并非纯粹的阳刚，这种表达一方面体现了社会的转型，另一方面则试图将女性的家内身份与社会身份统一起来，为母女传承的关系在公共领域的延续提供一种模式和社会实践，展示现代化阴柔的一面。

从表面上看，中国传统的家庭中父亲权力往往表现为绝对的主导，但是在具体操作中，母亲的实践权力在柔化和支持父权的刚性原则中往往扮演着重要角色。在某些情况下，像在封捧儿的例子中，母亲的操作性权力还可能对父权具有某种颠覆性。而且，社会母亲以及支持她的国家体系和社会组织表明，一个以女性为主体的、有组织的社会运动可以将女性连接起来，产生表达女性诉求的领袖。王政认为，以往对中共国家政权的研究往往忽视女性领导人在决策中以及执行中的角色，这些女性领导人大多属于全国妇联，如果男性领导人在制定国家方针政策时忽视了妇女的权益，她们就代表广大女性同胞为女性的权利而斗争。王政视这些全国妇联的女性领导人为"国家女性主义者"（state-feminism），她们代表妇联推动了中国的"国家女性主义"。[①] 王政关于妇联领导人在国家政权机构内部为女性权利奋斗的观点非常重要，在中国的革命政权中，妇联领导人扮演的社会母亲的角色能够柔化刚性的国家政策，并保护女性权益、为女性争取福

[①] Wang Zhen, "'State Feminism'? Gender and Socialist Formation in Maoist China," *Feminist Studies* 31, no. 3 (Fall 2005): 519–551; Wang Zheng, "Dilemmas of Inside Agitators: Chinese State Feminists in 1957," *The China Quarterly*, 188 (December 2006): 913–932.

利。在 1949 年以后，中国最大的、机构性的"社会母亲"就是全国妇联和它的隶属组织，从上至下覆盖了全国各级区划，它被称为妇女的"娘家"，在为妇女争取权益以及社会活动中取代了女性的血缘意义上的娘家。需要指出的是，通过革命建立的这种国家权力中的女性组织，完全不是丝黛西所说的国家权力的父权制化。因此，如果把革命完全看成是女性受害者如何被父权制国家所拯救，革命和现代化就变成一场男性主导的过程，这种思路并未考虑国家权力中也可以有女性的位置与角色，由某种具有母亲特质的女性领导人来代表女性权益。在这一过程中，母女的传承依然存在，但被从家内转移到了社会上，形成一种与家内母女关系的同构形式。[1]

从组织结构上讲，各级妇女主任正是国家范围内妇女组织的代表，展现了国家权力中女性的位置，在组织上为建立起同构性的家国关系奠定了坚实基础。基层妇女主任扮演了社会母亲的角色，将一个个的妇女组织起来，并通过妇联，将她们连接进革命国家的政权网络中。在执行国家改革政策的运动中，如改造乡村产婆，推广婚姻法等各种与妇女权益有关的社会活动中，我们都能见到妇女主任的身影。[2] 同时，许多革命文艺作品都表现了人到中年的妇女主任母亲般的形象，她们遵守国家政策，照顾保护

---

[1] 这里需要指出的是，1980 年代以后，妇联组织从乡村底层社会撤出，造成了很多社会问题。目前妇联仍未从那次撤退中恢复过来。
[2] 见 Hershatter, "Birthing Stories," in Jeremy Brown and Paul G. Pickowicz, eds., *Dilemmas of Victory: The Early Years of the People's Republic of China*, pp. 337 – 358.

年轻女性,① 意味着上一代取得社会地位的妇女将自己的关爱、智慧和生活经验传递给下一代年轻女性,并为她们提供生活和思想的指导。当文学作品中或社会现实中母亲角色缺位时,年轻女性就需独自面对父权家长制的刚性权威。然而,在妇女组织存在的情况下,当年轻女性与家长制家庭产生冲突时,尽管国家权力被规定为争端的最终裁决者,但妇联往往会提供组织上的帮助与支持。袁静呈现的正是这样一种作为组织起来的女性以国家权力为后盾,协助年轻一代女性对抗旧式家长制的情景。

四 韩起祥与说书《刘巧团圆》：体现地方价值观的故事

通过提升年轻女性的婚姻自主性、重塑乡村中女性在家国的同构关系中的位置,袁静的作品体现了"后五四一代人"的想象。然而,一位当地艺人却对这个故事做了不同的阐释。韩起祥是一位盲眼说书人,他受到袁静剧本的启发,将其改编成传统的说书形式,他更倾向于迎合当地民众的口味。② 袁静的《刘巧儿告状》秦腔戏剧主要在延安市和周围地区演出,但韩起祥说书的听众更为广泛,随着他到处传唱,刘巧儿的故事传扬到了陕北陇东的大部分地区。

---

① 例如,袁静、孔厥的小说《新儿女英雄传》,吕剧影片《李二嫂改嫁》(刘国权导演,长春电影制片厂,1957);力群1940年代的木刻连环画《小姑贤》,《解放区木刻连环画》第4册,黑龙江美术出版社,2001,第71~81页。

② 韩起祥：《刘巧团圆》。

自主：中国革命中的婚姻、法律与女性身份（1940～1960）

韩起祥与地方文化的转型

韩起祥出生于陕北横山县，是当地的一名盲艺人。根据《解放日报》的报道，当韩起祥贫病交加时，受到当地政府的关怀和帮助，于是他决定以说更多的"新书"来表达对政府的感激之情。他改编了一些歌颂共产党领导、支持政府反迷信运动的段子。① 1940年代，边区政府系统地组织了一场改造当地民间艺人的活动，要求他们停止宣传封建迷信，鼓励他们宣传边区的新气象。② 韩起祥带头拥护这项政策，获得了革命政权的称赞。③ 1945年7月他来到延安演出，为民众带来了许多由传统戏剧改编的说书故事，还有自1944年秋以来编的"新书"。（见图6-1，《陕北民间说书》）④ 在此次行程中，韩起祥遇到了一位中央党校的干部，他向韩转述了秦腔《刘巧儿告状》的故事。韩受到启发，决定将这个故事改编为说书，并于1945年秋季以后作

---

① 山：《延安县说书匠韩起祥转变说新书》，《解放日报》1945年7月23日。
② 林山：《说书训练班的收获》，《解放日报》1945年11月23日；林山：《改造说书》，《解放日报》1945年8月5日；周而复：《〈刘巧团圆〉后记》，韩起祥：《刘巧团圆》，第133～150页；Chang‐tai Hung, "Reeducating a Blind Storyteller: Han Qixiang and the Chinese Communist Storytelling Campaign," *Modern China* 19 (4) (October 1993): 395-426；《两个说书人，走的两条路》，《解放日报》1946年9月2日。
③ 周而复：《〈刘巧团圆〉后记》，韩起祥：《刘巧团圆》，第133～150页。
④ 《解放日报》一则通讯报道说韩于当年7月14日第二次来延安，曾到县政府、鲁艺、边区文协说书。文协又介绍他到西北局、边区政府、新市场说书。他的说书包括了一些去年以来新编的段子（新书）（山：《延安县说书匠韩起祥转变说新书》，《解放日报》1945年7月23日）。

第六章 秦腔剧本与说书：从反叛的女儿到"社会母亲"

为新书开始演出。① 1946年5月他到米脂县时，《刘巧团圆》已赫然列入他的节目单中，这表明此时他已经完成了整个故事的改编，并且已经演出。②

作为接受过再教育的说书人，韩起祥代表了革命政权在改造地方文化方面的成功。解清在《解放日报》的评论中指出，《刘巧团圆》的生动语言源于对地方文化、社会生活和故事中人物的深刻理解，因此广受观众的喜爱。韩的说书"不受旧形式的束缚"，"采用了很多说书里以前没有的民间曲调，增加了说书的音乐性和戏剧性"。其弹奏的音韵和节奏都非常自然又不拘一格，使得叙述非常流畅，即便只是阅读"也会感到其音调的铿锵"。同时，他的口语化表演也为革命作家和艺术家提供了一个绝佳的学习机会。例如，来自鲁艺的艺术家高敏夫征得韩起祥的同意，决定将他的说书记录下来。这位革命艺术家折服于韩富有魅力的

---

① 解清：《书报评介：〈刘巧团圆〉（韩起祥口编，高敏夫、林山记录，新华书店出版）》，《解放日报》1946年9月4日；周而复：《〈刘巧团圆〉后记》，韩起祥：《刘巧团圆》，第133~150页。
② 关于韩起祥什么时候完成改编，开始说唱《刘巧团圆》，可以从当时的报道和林山的文章中得到一些线索。1945年7月14日韩起祥来到延安说书时，报道中列举了韩的新书节目单，其中并无《刘巧团圆》（山：《延安县说书匠韩起祥转变说新书》，《解放日报》1945年7月23日）。正是在这次延安行中，韩才得知了"刘巧儿"的故事。而且林山在1945年8月5日的《解放日报》上刊登了《改造说书》一文，列举了韩起祥所有的新书，作为韩参加说书匠改造运动以来的成就，其中也没有《刘巧团圆》。这说明起码到1945年8月，韩起祥尚未完成《刘巧团圆》的改编。但是据《解放日报》1946年6月20日的报道，韩起祥于当年5月25日到米脂时，说书演出的节目单中就包括了《刘巧团圆》（见《韩起祥到米脂说书》，《解放日报》1946年6月20日）。

自主：中国革命中的婚姻、法律与女性身份（1940~1960）

图6-1 笑俗《陕北民间说书》
资料来源：《解放日报》1945年8月5日。

表演以及丰富生动的语言，也惊叹于他流畅的演奏。① 在记录的过程中，韩每次都即兴地改动说书用词和曲调，让记录者手忙脚乱。② 终于在1946年9月由韩起祥口编，高敏夫、林山记录的说书词在延安新华书店出版了。③ 韩的说书显示，当文化精英们试图将口头表演标准化并改革民间文化时，韩并未遵循某种固定的

---

① 解清：《书报评介：〈刘巧团圆〉》，《解放日报》1946年9月4日；周而复：《〈刘巧团圆〉后记》，韩起祥：《刘巧团圆》，第133~150页；付克：《记说书人韩起祥》，《解放日报》1945年8月5日；林山：《改造说书》，《解放日报》1945年8月5日。
② Chang-tai Hung, "Reeducating a Blind Storyteller: Han Qixiang and the Chinese Communist Storytelling Campaign," *Modern China* 19, no. 4 (October 1993): 395-426.
③ 解清：《书报评介：〈刘巧团圆〉》，《解放日报》1946年9月4日。

第六章 秦腔剧本与说书：从反叛的女儿到"社会母亲"

模式，而是展现了大众文化的自主性和根深蒂固的地方价值观。有趣的是，尽管韩十分乐意接受国家的改造，也称颂政府的英明，但为了满足农村妇女们的求子愿望，他一直没有停止常规性的"算命"服务，尽管这有悖于共产党反对封建迷信的政策。①

《刘巧团圆》：当地民间的品位

当韩起祥对袁静的剧本加以改编时，他无意识地对反抗家长制的主题进行了去政治化处理。尽管《刘巧团圆》基本上遵循了《刘巧儿告状》的叙述主线，但韩起祥说书的版本却把主题改为一位狠心的父亲，在女儿的生母去世后，因为贪财毁掉旧婚约，从卖女中获利。一位睿智且富有正义感的"青天"法官最终解决了问题，解救了可怜的姑娘。这样的主题在当地世代相传的民谣戏曲中比较常见，很容易引起听众同情。正如洪长泰（Chang-tai Hung）所指出的：这个故事通过制造善与恶之间的冲突，明显地遵循了当地的民间传统。② 在《刘巧团圆》中，父女的冲突并未成为故事的核心。在陕北陇东一带，如果女儿向父亲的权威发起直接挑战，会引起当地听众的反感。因此，袁静版本中女儿反抗父亲是通过起诉当地司法处的判决不公，巧借政府之力反抗包办婚姻。而在韩起祥说书中则转变为刘巧感叹自己生来薄命，博取观众同情。当刘巧发现父亲将她许配给

---

① 柯蓝:《热忱的盼望：边区农村妇婴卫生问题之一角》,《解放日报》1946年3月7日。
② Chang-tai Hung, "Reeducating a Blind Storyteller," *Modern China* 19, no.4 (October 1993): 395–426.

一个恶心的老男人时,她只能为自己不幸的命运暗自悲伤。在县司法处判决她的婚姻无效后,袁静版本中的刘巧儿积极上诉,而韩起祥的说书中刘巧却是被动的,她只是在路边的桑树下独自啜泣。是马专员在审阅案件时发现了问题,决定造访刘巧的村庄,以澄清事实。在村口的桑树下,他遇到正在哭泣的刘巧,并询问了她的案情。袁静版本表现的是一位敢于告状的勇敢女性,相反,韩的版本里刘巧则相当软弱,她只能向偶然遇到的政府干部哭诉不幸。

韩的版本中刘巧与李婶的关系也与袁静的版本不同。在袁的剧本里,母亲的缺失如何影响女儿的命运语焉不详,但社会母亲的角色填补了这一缺失。在韩的说书里,母亲去世是刘巧的噩梦,因为没有了母亲的保护,贪财的父亲可以独断地取消旧婚约,将她另卖他人。虽然韩起祥的说书也接受了李婶的替补,但好心肠的李婶仅仅是刘巧的邻居而已,同情刘巧是个没娘的孩子,"李婶与刘巧就好像亲娘亲女一般"。[1] 他的说书完全抹去了李婶作为妇女主任的政治身份,成为刘巧代理母亲。当延安受过教育的女性们试图在她们的文学作品中创造母亲的社会身份,以重铸家国关系,为妇女在国家主导下的家庭变革预留了位置。作为对比,韩起祥说书中的民间文化将母女关系描绘为一种凝固的家庭关系,它不曾被国家权力和政治因素渗透。这可能是因为韩起祥作为一个男性民间艺人,他难以想象妇女是如何参与到国家权力和事务中去。

---

[1] 韩起祥:《刘巧团圆》,第47页。

第六章　秦腔剧本与说书：从反叛的女儿到"社会母亲"

同一个故事的这两个版本在处理有关性方面的细节上也存在差异。在所有人物中，最邪恶的当属地主王寿昌。袁静的版本中，王在身体特征上令人反感，并且还养成了一身的坏毛病，他的年龄也是一大缺陷。虽然袁静称他为人下流，但却没有提供涉及王寿昌丑陋性行为的细节；王的邪恶在于他坚信用钱能够买到巧儿的年轻和美貌。袁静并没有解释为什么王在48岁时还要娶妻，似乎暗示一个48岁的男人想娶一位18岁的姑娘，这本身就象征着王的下流欲望。与此形成对比的是，韩将王的下流夸大到一定程度，使在座的每一位女性听众都会产生道德上与身体上的双重憎恶。在《刘巧团圆》中，韩细数王令人作呕的种种丑事，包括性骚扰儿媳，羞辱妻子，导致其上吊自杀。这种极端邪恶的本性在丑恶与美善之间创造了强烈的冲突，也设置了悬念，让听众为刘巧的命运担忧，生怕王寿昌的阴谋得逞。相比于袁静的版本，这种描述更符合村民的口味和期待，因为他们总是对美丽姑娘的不幸命运抱以同情。

在呈现政府形象方面，韩起祥也以地方和传统的视角来看待共产党和政府干部。张才千（1911~1994）在1940年代任驻陇东地区八路军司令，根据他的回忆录，韩起祥说书的最初版本是关于"马青天"如何发现了下级司法干部判决有问题，在私下寻访时对一名不幸的女子伸出援手，这的确非常符合传统"青天"办案故事的套路。但是当马锡五听人讲了韩起祥的说书内容后，他私下里约见韩，建议韩修改故事，要强调边区政府推行的新婚姻政策，不要赞扬他个人。韩接受了马锡五的建议，对故事做了相应的修改。① 但事实上,旧说书的痕迹依然存在,《刘巧团圆》中的"团圆"便隐含着女主角最终与丈夫柱儿重聚、苦尽甘来的结局,这是一位公正法官明断的结果。② 甚至在修改之后,韩的版本仍然在很多地方直称马锡五为"马青天"。韩起祥的说书在颂扬"青天"方面符合了当地广大听众的口味(见第五章),因为"青天"是人民对公正判决的期盼,这是民间关于司法和治理的永恒看法,它的理念也适合将秩序、繁荣与公正带给人民的任何体制。

小 结

本章重点叙述了"封张案"如何被演绎为文化产品,这个过程体现了共产党政府在进行"文化重置"(如何利用文化方式传播社会改革理念)方面的成功。在延安时期,文化产品的创作者,尤其是女性,在反叛家庭后,再一次反叛了西化的都市文化,在乡村的土壤中寻求民族精神和艺术形式,从而找到自己的回归之路,也创造出新的女性形象,为国家建设开拓出空间。下一章则注重于1950年《婚姻法》的形成,以及与陕甘宁边区《婚姻条例》和婚姻改革实践之间的延续与变化。同时讲述了以

---

① 张才千:《留守陇东》,甘肃人民出版社,1984,第200~201页。
② 这是产生于18世纪的冯梦龙短篇小说的典型模式,在乡村社会的大众文化中,这种模式一直存在。亦见 R. David Arkush, "Love and Marriage in North Chinese Peasant Operas," in Perry Link, Richard Madsen, and Paul G. Pickowicz eds., *Unofficial China: Popular Culture and Thought in the People's Republic*, pp. 72-87.

第六章　秦腔剧本与说书：从反叛的女儿到"社会母亲"

《刘巧儿告状》和《刘巧团圆》为基础改编的评剧《刘巧儿》如何为推动《婚姻法》做宣传，在重新创作《刘巧儿》中，知识分子如何接受新的政治理念，如何与民间艺人结合，如何又以自己的理解诠释了这一文学作品。

第七章　从评剧到电影:《刘巧儿》与全国性婚姻家庭改革

从 1949 年到 1956 年,刘巧儿的故事从它的出生地陕甘宁边区被带到了全国性的舞台,这个从延安到全国的行进路线,与共产党在全国战场上的军事和政治胜利是一致的:随着解放军控制了东北战场,使其成为解放全国的重要根据地,袁静的剧本《刘巧儿告状》1947 年在中共东北局宣传部管辖下的东北书局再次出版。① 同一年,作为民间艺术的样板,韩起祥的说书《刘巧团圆》由香港左翼书店出版。1948 年,在共产党已经可以预见到未来全国性胜利之际,中共中央领导在他们的建国蓝图中也做出了将婚姻改革和家庭改革推广到全国范围的规划。1949 年初,北平和平解放,韩起祥版的说书也由新华书店在北京再版,并通过全国新华书店渠道发行。1949 年底,北京市的妇女领导人引导评剧艺人们将韩版的说书故事改编为评剧《刘巧团圆》,讲述着解放区婚姻自主的故事。1950 年初,中华人民共和国成立之初,已经拟就的《婚姻法》草案等待新中国立法机构的批准。与此同时,全国妇女组织领导人也着手为即将公布的《婚姻法》

---

① 袁静:《刘巧儿告状》。说是再次,因为 1946 年时在延安已经出过一次。

第七章 从评剧到电影:《刘巧儿》与全国性婚姻家庭改革

做宣传工作。1950年初,为推广即将颁布的《婚姻法》,北京市文化局领导推动了由专业编剧与导演参与的评剧《刘巧儿》的改造和改编工作,袁静的剧本与韩起祥的说书被糅合在一起,推出了升华版的评剧《刘巧儿》,在广大的北方地区上演。

美国学者裴宜理在研究中国的共产主义运动时认为,共产党革命的早期动员过程采取了文化重置(cultural positioning)的策略,即运用重要文化资本和创新的方法,将一系列传统的符号策略性地运用于政治动员中,用以说服和吸引大众,扩散革命理想。在1949年取得政权以后,文化重置让位于另一种策略,她称为"文化扶持"(cultural patronage)。"文化扶持"是政府扶助下的重述革命历史的活动,意在重建革命传统,用于巩固政权的合法性。[1] 1949年之后,刘巧儿的故事呈现出这样的过程:当时国家政权一方面对各种民间文化进行改造,并利用这些文化形式宣传新观念,进行婚姻改革的动员。另一方面,国家也的确在改编、重塑源于延安时期的"刘巧儿"的故事,以进行革命历史的重建与叙述。重塑革命历史不仅仅是为了政权的合法性,更是一种在地理上和观念上深化社会改革的需要,而"刘巧儿"的形象也正是文化重塑的一部分,即在阐述既有的革命符号的同

---

[1] Elizabeth Perry, *Anyuan: Mining China's Revolutionary Tradition*, pp. 1 – 14. 裴宜理的cultural patronage概念是指国家支持对某些政治形象或概念进行文化的解释和重塑,用以强化政权的合法性。裴宜理在讨论安源故事在1949年后的发展时创造了这个概念。有人将cultural patronage翻译为"文化操控"(见闫小骏译《安源——发掘中国革命之传统》,香港大学出版社,2014,第10页),这个译法并不合适,因为patronage有"资助""赞助"之意,因此我将其译为"文化扶持"。

时,也在新的时代和新的环境中不断创新。

在重塑和创造"刘巧儿"形象的过程中,一个年轻的评剧演员——新凤霞从民间艺人中如新星般迅速升起,她的苦出身以及在扮演"刘巧儿"时的优秀表演,还有她追求的新式自主婚姻,都让她成了共产党推动妇女解放运动的成功榜样。[①]而且,随着专业文化人的加入,评剧《刘巧儿》得到了很大的改进,发展成为一部艺术精品,演绎着延安的革命经验和婚姻自主的故事。新改编的评剧《刘巧儿》从1950年到1958年频繁地在京、津、冀及其周边地区上演,它的音乐、唱段被录下来在全国广播电台播出,深受老百姓的喜爱。1958年,在西北地区,评剧《刘巧儿》被专业戏曲家重新改编为秦腔,在陕西、甘肃、宁夏一带演出。[②] 1956年,长春电影制片厂将评剧《刘巧儿》搬上银幕,从此这个故事传遍了中国大地的各个角落。

1949年,中国共产党在获得胜利后重返城市,执掌国家政权。在草拟新的《婚姻法》时,他们也重新回到了都市化的语境,使用了"婚姻自由"一词。随着土改运动的推进,在艺术家们的帮助下,婚姻、家庭改革被进一步政治化。同时,由于评剧和电影的影响,在地方基层青年中,"自主"一词仍然广受欢迎。在1950年代,刘巧儿的形象,还有其他许多女性模范成为对广大妇女很有影响的榜样。这些新型妇女的形象成为文化资

---

① Xin Fengxia, *The Memoirs of Xin Fengxia*, ed. & trans. by John Chinnery, (New York: Oxford University Press, 2001), pp. 117, 207.
② 王依群、陕西秦腔实验剧团改编《刘巧儿》(韩起祥、袁静原著,王雁改编,王依群修补秦腔曲谱),长安书店,1958,前言。

第七章 从评剧到电影:《刘巧儿》与全国性婚姻家庭改革

源,在广大妇女争取社会地位,争取自主婚姻中起到了重要作用。

一 1950年《婚姻法》:重回都市理想,面对实践的挑战

1950年《婚姻法》的颁布是20世纪具有重大意义的事件,它不应该仅仅被视为一群妇女领袖为妇女权利而战的结果,或者是"阳刚"国家的现代化工程。实际上,《婚姻法》的制定和执行都是个复杂的社会变革过程。革命政权的内部从来都不是铁板一块,而是有着各种不同意见人群的组合,一些人侧重于如何坚持妇女解放的激进立场,另一些则侧重于更为有效地在社会底层执行法律,尤其是让一个高度理想性的法律在全国范围内能够统一有效地执行。在1950年代,《婚姻法》的贯彻执行实际上可以分为两个部分:首先,作为一个在短时间内广泛展开的政治运动,《婚姻法》从上到下的推广,留给基层干部在执行中消化、调整、灵活实践的机会并不多。政治运动要达到的效果是造成足够的影响,改变人们的观念。其次,当政治运动热潮过后,《婚姻法》的具体执行和落实最终要落在法律和行政的层面上,在法律和行政的范围内进行适当的调适,使得《婚姻法》成为日常社会生活程序的一部分。这两个过程都是改革所必需的,政治动员产生社会效应,法律执行巩固改革成果,这也是政治和法律关系的一部分。

自主：中国革命中的婚姻、法律与女性身份（1940～1960）

回溯分歧：重返都市理想主义

1950年《婚姻法》虽说部分地继承了1944年和1946年陕甘宁边区的婚姻条例，但是整体上，更像是1931年、1934年和1939年婚姻条例/法的重新整合。在婚姻原则上，1950年《婚姻法》声明，"实行男女婚姻自由"，包括结婚自由和离婚自由，而"自愿"一词则退居到涉及男女结婚的具体条文中。同时，法律条文中找不到"自主"一词的踪迹。

这种情况的原因可以追溯到1940年代。在1946年条例的解释中，边区高等法院承认，对于婚姻自由的看法存在着分歧（见第四章）。1945年底，在为"边区推事审判员联席会议"所准备的法律文件中，高院承认激进的婚姻条例遭遇了地方强烈反对，造成了社会不稳。可是另一方面，青年知识分子以及部分政府干部，又强烈要求婚姻的绝对自由以及无条件地单方面离婚。面对这样两种极端想法，高院认为，司法实践在早期侧重理想条文，操作失之简单，而后纠正又失之迁就。"简单不能解决复杂问题，迁就就会使问题愈演愈多。"过去的经验可以作为教训。同时，高院相信新出台的1946年条例应该能够纠正上述两个极端想法。[①] 在都市理想主义和社会实践之间找到平衡，实现"自由自主的""新民主主义的婚姻制度"。[②]

1950年《婚姻法》回到"婚姻自由"的说法，与共产党成

---

① 《婚姻问题与婚姻条例》，全宗号15，档案号72。
② 《婚姻问题与婚姻条例》，全宗号15，档案号72。

第七章　从评剧到电影：《刘巧儿》与全国性婚姻家庭改革

为执政党，重新回到城市亦有关系。面对都市群体，共产党选择使用"婚姻自由"吸引都市受过教育的青年男女。这反映了共产党当时的心态，即返回城市以后的社会主义建设需要都市人口的支持。1949年，人民法院下发的一个文件就表达了这种想法。文件指出，"现在革命时期，已由乡村包围城市，转到城市领导乡村"，因此，婚姻条例应及时回应这一变化。① 早在1948年，刘少奇就指示妇女领导人，如邓颖超等，组织一个特别委员会来起草面向全国的新婚姻法，以便全国胜利后可以立即执行。② 刘少奇在指示中说，现在各根据地的婚姻条例并不统一，在摧毁封建势力上也不够有力。他认为1934年的苏维埃婚姻法代表了对封建主义不妥协的态度，并建议以此为基础来草拟新的婚姻法。③ 这样，婚姻原则的用词回到了"自由"，在政策上也较为激进。

对"自由"一词的使用也反映了《婚姻法》起草者的个人喜好，更为高层妇女领袖所接受。正如第四章所言，1940年代，自主一词作为法律词语一方面更多的在司法体系内使用，另一方面

---

① 《对西北男女婚姻意见》（1949年7月27日），全宗号15，档案号9。
② 葛雅波：《宣传第一部婚姻法》，全国妇联老干部局编《巾帼辉煌：纪念中华全国妇女联合会成立五十周年》，中国妇女出版社，1999，第60~67页。葛雅波本人从1951年开始就在全国妇联工作。
③ 葛雅波：《宣传第一部婚姻法》，全国妇联老干部局编《巾帼辉煌：纪念中华全国妇女联合会成立五十周年》，第60~67页。但是《天下婚姻》的作者黄传会却有不同说法，他曾经访谈过罗琼，罗琼是1931年中华苏维埃婚姻条例被用来做新婚姻法的蓝本的。黄传会：《天下婚姻：共和国三部婚姻法纪事》，文汇出版社，2004，第38~39页。不论怎样，1950年《婚姻法》的拟定都是基于江西苏区的文本，而不是陕甘宁边区的文本与经验。

作为政治词汇,它使共产党能够坚持原则,独立于共产国际,在统一阵线中保持独立自主地位。整个延安时期,高层政治领导人以及妇女运动领袖在谈论婚姻问题时,仍然沿用着自由一词,而且也被1948年的《婚姻法》起草委员会成员所接受。① 邓颖超为起草委员会主任,另外六位委员大多是中共高层领袖的夫人或遗孀。② 在这个委员会中,除了朱德的夫人康克清(1911~1992),③都曾在都市地区受过良好的西式现代教育,并受到五四新文化运动的影响,有些甚至自己就是五四运动的学生领袖,如邓颖超。1950年4月14日,陈绍禹(王明)作为中央人民政府法制委员会主任委员,代表法制委员向中央人民政府委员会第七次会议报告了《婚姻法》起草的经过和理由。④ 经人民政府第七次会议批准,《婚姻法》于1950年5月颁布。

实际上,在这部婚姻法的起草者中,有不少人是经历过社会运动的妇女领袖,在陕甘宁边区,她们也曾推动《边区婚姻条例》并为妇女权益工作,但却几乎不曾亲自参与婚姻条例实施的具体过程,因为民间的婚姻纠纷往往通过司法系统处理,她们没有参与婚姻纠纷的司法程序。这一时期,她们中还有些人在国统区从事城市地下活动;在延安的则领导妇女组织总部配合党的中

---

① 见黄传会《天下婚姻》,第33~49页。
② 委员会成员包括帅孟奇、杨之华、康克清、李培之、罗琼、王汝琪。见黄传会《天下婚姻》,第33~49页。
③ 朱德的夫人康克清来自乡村贫穷家庭,并未受到现代教育。
④ 陈绍禹(王明):《关于中华人民共和国婚姻法起草经过和起草理由的报告》,中央人民政府法制委员会编《婚姻法及其有关文件》,新华书店,1950,第33~97页。

第七章　从评剧到电影:《刘巧儿》与全国性婚姻家庭改革

心工作;① 有的则驻守重庆,例如邓颖超,在1940年代期间,很多时间在重庆协助周恩来做统战工作。1944年和1946年陕甘宁边区婚姻条例的修改则出自一批司法人员之手,他们本身在法律实践中有着丰富经验,并且意识到不同法律词汇的区别以及在实践中的意义。正是这些司法实践使得他们发展出更为可行的条例内容以及法律用词。当中央高级决策层要求短期内在全国范围推行《婚姻法》,司法人员就很难将过去十年中发展出来的法律策略和技巧用于政治运动。

规范婚姻改革

1950年,在土地改革中,妇女也获得了财产权,同时《婚姻法》成为一件扫除旧习俗,重新安排社会秩序的有力武器。婚姻改革不仅是一种革命理想,而且是理想与社会实际的相互兼容,其中包含有对具体事件的灵活处理。这使得理想的政策在地方上得到更为有效的执行。然而,婚姻改革快速推进成了一场带有理想主义的、从上而下的政治运动。考虑到在广大新解放的乡村地区和早期陕甘宁边区一样,婚姻仍是一种家庭事务,大多数妇女仍处于家长制家庭的罗网之中。陕甘宁边区司法系统曾经成功地通过灵活的策略激发妇女的自主性,赋予她们权利,将妇女从家长制家庭中分离出来,并改善其家庭环境和地位,而不是让妇女自己对抗家庭和整个村庄。而全国暴风骤雨般的政治运动难以实施精致灵

---

① 配合党的中心工作是指共产党在不同历史时期有不同的工作重点,例如延安时期有减租减息、整风、下乡、征粮、参军等,这些工作都需要妇女组织的配合,因此妇女工作的重点常常改变。

活的策略，容易导致青年男女直接面对保守势力的攻击。

历史不断在重复。推行《婚姻法》带来大量的离婚案件，也带来了乡村社会的不满与抗拒，情形与1939年《陕甘宁边区婚姻条例》颁布后的情况非常类似。在广大的乡村地区，《婚姻法》被视为离婚法，1950年，全国离婚案件186167件，1951年上升为409500件，1952年上半年为398243件，① 有些研究认为，在1953年全国法院受理的离婚案就高达117万件。② 根据中央贯彻婚姻法运动委员会副主任刘景范（1910~1990）的讲话，激进的运动在全国各地导致了非常极端的事件，发生了不少因婚姻纠纷杀人和被杀的案件。如中南区1951年9月份以前一年中，青年男女被害达10000人。华东地区从《婚姻法》颁布以来到1952年底的不完全统计，约有11500名青年男女因婚姻事件被害。③ 而另一方面，《婚姻法》也为一部分来自乡村的男性革命干部提供了一个与乡村妻子离婚的机会，离婚之后，他们会以追求"婚姻自由"为名，另娶城市中有文化的女性。④

在这种情况下，1953年，中央政府贯彻婚姻法的调子开始改变，不论是中共中央还是政务院，都发出特别指示来纠正发生

---

① 刘景范：《贯彻婚姻法是当前各级人民政府和全国人民重要的政治任务》，《贯彻婚姻法运动的重要文件》，人民出版社，1953，第23~34页。

② 黄传会：《天下婚姻》，第64-66、92页。但是作者并未给出这个数字的来源信息。

③ 刘景范：《贯彻婚姻法是当前各级人民政府和全国人民重要的政治任务》，《贯彻婚姻法运动的重要文件》，第23~34页。

④ 张志永：《1950年代初期中共干部婚姻问题初探：以1950-1956河北省干部群体为例》，《二十一世纪》（网络版）2007年3月号，总第60期，http://www.cuhk.edu.hk/ics/21c/index.html（2014年3月12日查询）。

第七章　从评剧到电影:《刘巧儿》与全国性婚姻家庭改革

的问题。在《中央人民政府政务院关于贯彻婚姻法的指示》中,周恩来总理承认:

> ……由于领导机关和干部对婚姻法缺乏正确全面的了解,因而也不能严肃地、正确地宣传婚姻法与处理婚姻纠纷,甚至有些干部对执行婚姻法采取抗拒的态度,支持旧的封建恶习,干涉婚姻自由。以致在这些地区包办买卖婚姻还很流行,妇女继续受压迫、受虐待、甚至因婚姻不自由而自杀或被杀的现象依然不断发生。

同时,周恩来总理进一步指出:

> 婚姻制度的改革,虽然是一种反封建的民主改革,但它不同于农村中的土地改革和其他社会改革。因为婚姻制度的改革是人民内部的思想斗争,是以先进的思想反对落后的思想——封建思想,从人们思想中清除旧社会遗留下来的关于婚姻问题方面的封建意识,这就需要有长期的、细致的、耐心的工作,而不能采取粗暴急躁的态度与阶级斗争的方法,想在一次运动中就完全解决问题。①

这个文件就是试图为激进的政治运动刹车,将改革婚姻视为"人

---

① 周恩来:《中央人民政府政务院关于贯彻婚姻法的指示》,《贯彻婚姻法运动的重要文件》,人民出版社,1953,第1~5页。

民内部矛盾",需要更长时间以及耐心来完成。通过一系列文件发布和领导人讲话,中央政府希望这样可以稳定乡村社会。刘景范的讲话同样也试图缓解乡村社会的冲突,重新设定《婚姻法》的目标,即通过大力宣传《婚姻法》,让群众充分了解《婚姻法》的好处,达到家庭团结和睦,促进生产的目标。同时在夫妻双方不能共同生活、调解失败、非离不可的情况下,仍然要尊重其离婚的权利。①

值得注意的是,在刘景范的讲话中,他同时使用了"婚姻自由"和"婚姻自主"两个词汇。一方面,他强调了《婚姻法》中的"婚姻自由"原则,另一方面,在涉及结婚离婚具体事务时,刘景范提出要"尊重他们的婚姻自主权利"。② 这种说法体现了即使在《婚姻法》回到了"婚姻自由"的说法,但是"婚姻自主"的说法依然存在,而且作为一种实践性权利,体现婚姻当事人的意愿。需要指出的是,刘景范曾担任陕甘宁边区司法工作研究委员会委员,对于边区司法实践中产生的"自主"观念有比较多的了解,使他自觉或不自觉地将根据地的革命经验带入对《婚姻法》的解释中。于是,在1950年代,婚姻自由和婚姻自主之间仍然存在着紧张却又相互依存的关系,这种关系的延续直到当代法律中,才得到清晰解释和定位(见余论部分)。

中央领导在1953年的讲话中对基层干部执行《婚姻法》过

---

① 刘景范:《贯彻婚姻法是当前各级人民政府和全国人民重要的政治任务》,《贯彻婚姻法运动的重要文件》,第23~34页。
② 刘景范:《贯彻婚姻法是当前各级人民政府和全国人民重要的政治任务》,《贯彻婚姻法运动的重要文件》,第23~34页。

第七章 从评剧到电影:《刘巧儿》与全国性婚姻家庭改革

程中的一些激进做法提出批评,并要求在执行婚姻自由原则时应慎重对待离婚案件,做到家庭团结和睦。一些西方学者认为这种语调温和的讲话实际上就是叫停执行《婚姻法》的信号,他们就此断言中国革命改变妇女社会和家庭地位的目标被推迟了。① 这种观点暗示着《婚姻法》只是通过政治运动被推动、被执行的,一旦政治运动停止,婚姻改革就停止了。然而,另一些研究却证明事情并非如此。因为社会政治运动的成果会转化为法律成果,而司法制度会将这些政治理念落实到日常生活中去,以确保达成社会变革的目标。美国学者郭贞娣指出,1930年代在国统区的许多法律实际上是落实了1920年代社会运动的成果。② 同样,在1950年代的政治运动过后,依然是司法体系将婚姻改革的成果落实下来,另一些西方学者的研究证明了这一点。③ 1990年代,美国学者戴孟德对1950年代《婚姻法》在城市和乡村实施的情况做了调查和访谈,他的研究结论与所谓的1953年叫停婚姻改革,伤害了妇女权益的说法完全相反。他的著作展示了国家权力在地方层面的运作,即村子的干部并不强力干涉,或者说没有兴趣阻止乡村妇女要求离婚的行动,而是将麻烦交到上一级机关去解决。上级机关往往会遵循革命原则,帮助那些坚决要求

---

① Johnson, *Women, the Family and Peasant Revolution in China*; Stacey, *Patriarchy and Socialist Revolution*; Andors, *The Unfinished Liberation of Chinese Women*.

② 参见 Kuo, *Intolerable Cruelty*, pp. 3 – 17.

③ 参见 Judd, "Reconsidering China's Marriage Law Campaign," *Asian Journal of Women's Studies*, vol. 4, no. 2 (1998): 8 – 26.

离婚的妇女逃离不幸的婚姻。① 黄宗智对 1950 年代到 1960 年代乡村和城市司法案件的研究也同样证明，1953 年之后一般是通过司法体系和行政系统来实施《婚姻法》，大部分案例是通过法庭或者是当事人工作单位处理的，而不是通过妇女组织进行的。在处理离婚案例中，司法人员或单位行政人员往往会做全面地调查，努力查出每桩离婚案件背后的动机。② 这与陕甘宁边区的司法体系的做法有更多的相似之处。实际的情况是，1950 年初，经过一段时间的政治运动之后，婚姻改革的具体操作便转移给司法系统和行政系统，而妇女组织则跟随党的中心政策的变化，转而从事其他的运动，如土改、抗美援朝、农业合作社运动、人民公社运动、"大跃进" 等。③

1950 年的《婚姻法》也包含了陕甘宁边区的实践经验，包括了关于 "自主" 和 "自愿" 的说法。尽管 "自主" 一词并没有出

---

① Diamant, "Re-examining the Impact of the 1950 Marriage Law," *The China Quarterly* 161 (Mar. 2000): 171–198. 亦见其 *Revolutionizing the Family*。同时，戴蒙德也指出了城市妇女由于对于名声的考虑，在离婚问题上的顾虑要多一些，而乡村妇女则完全不同，她们实际上更为勇敢。

② 黄宗智指出，司法机构和行政单位调查每桩离婚案，力图找到满意的解决方案，这是一个耗时、费力的过程。他认为，从 1980 年以来，司法人员更愿意通过判决来解决离婚案，因为这样更为省时省力。参见 Philip Huang, "Divorce Law Practices and the Origins, Myths, and Realities of Judicial 'Mediation' in China," *Modern China* 31 (2) (April 2005): 151–205. 这里需要指出的是，从 1950 年代到 1980 年代，除了司法系统以外，国家干部、国营单位职工的婚姻纠纷常常是由单位的行政系统来处理的，在处理过程中，工会、妇联组织都会参与调解。

③ Wang Zheng, "State Feminism? Gender and Socialist Formation in Maoist China," *Feminist Studies* 31, no. 3 (Fall 2005): 519–551; and "Dilemmas of Inside Agitators: Chinese State Feminists in 1957," *The China Quarterly* 188 (December 2006): 913–932.

第七章 从评剧到电影:《刘巧儿》与全国性婚姻家庭改革

现在《婚姻法》的文本中,却存在于地方实践用语以及对正式文件的解释中。除了在刘景范的讲话中,《婚姻法》宣传纲要的解释中也用了同样的语言,指出婚姻自由意味着实行青年男女在婚姻中"自己做主","婚姻由子女自主决定",① 这就表现出对过往革命司法经验的认可与沿袭。地方政府在解释《婚姻法》的文件中,也出现了"男女在婚姻问题上,都应该是自主自愿"的说法来解释"婚姻自由",而且强调,"因为过去婚姻不自主",才造成家庭不和睦和众多离婚案件。② 在《婚姻法》中,"自愿"仅仅用于对结婚的要求,而"自由"则用于结婚与离婚。在这里"自主"一词实际上超越了"自愿",成为介于"自由"原则与"自愿"条件之间的一种形态,它可以适用于结婚与离婚。

我们也可以从当年的报刊以及其他印刷品中找到"自主"一词的踪迹。例如发表在1957年《中国妇女》杂志上的一组有关婚姻问题的通讯报道中,作者认为当时存在的婚姻问题,除了包办买卖、纳妾重婚的封建婚姻制度残余,以及资产阶级爱慕虚荣的随意婚姻外,另外两种就是基于男女双方选择的自主自愿婚姻,以及父母提亲安排并获得男女同意的半自主婚姻。③ 与此同时,源于陕甘宁边区的文学艺术作品,包括《刘巧儿》也继续传递着号召妇女婚姻自主的信息。尽管在《婚姻法》的正式文

---

① 中央贯彻婚姻法运动委员会:《贯彻婚姻法宣传提纲》,《贯彻婚姻法运动的重要文件》,第12~22页。
② 王乃聪编《新婚姻法问题解答汇编》,联营书店,1950,第22页。
③ 熊先觉:《略谈当前离婚的原因问题》,《中国妇女》1957年第8期,第16~17页。

本中,"自由"一词的光芒遮掩了"自主"的说法,但实际上,这产生了双层效应,显示了1950年代对于婚姻改革的理想表达与现实表达的区别。① 在政治词语上,正式文本保持着带有城市色彩的"婚姻自由"的表达,但在边区司法实践中形成的"自主"一词仍然在"非正式"的文件中、在民间说法中广泛存在。② 如果说,自由的表达具有从上而下的性质,那么"自主"就具有从下而上的特征。

二 评剧《刘巧儿》:创造新妇女的形象

从1948年到1950年也是中国人民解放军从东北到占领京津冀地区,最后和平解放北平的过程,在这个过程中,"刘巧儿"的故事到达了新的地域,找到了新的形式——评剧。这不是一个巧合,因为评剧流传于京津冀一带,是观众甚广的一种地方剧种。评剧不似京剧那样被认为是一种高雅的艺术,因为京剧的观众包括普通市民和文化精英。而评剧被认为是一种下层百姓的戏剧,评剧艺人辗转于底层社会,为了生存需要适应各种环境,回应观众的不同需求,表现社会变化,因此具有灵活机动的特征。

---

① 这里我借用了黄宗智教授的关于中国法律问题的理想形式与现实形式的说法。
② 另外一个具体例子是我校现代文学语言系的教授温晓红告诉我的。温教授生于山西太原,她父母在1951年结婚时,收到一件结婚礼物——一面镜子,上面用红漆写着"婚姻自主"。镜子在她家里挂了几十年,伴随她成长,所以她记忆深刻。据笔者2013年4月20日对休斯敦大学温晓红教授的访问。

第七章　从评剧到电影：《刘巧儿》与全国性婚姻家庭改革

正是评剧的这种特点，使得它更适合用于向广大群众推广宣传《婚姻法》。宣传婚姻法的运动创造了评剧的新星——新凤霞，在剧中，她扮演追求婚姻自主的刘巧儿，在生活中，她自己也成为婚姻自主的榜样。

改编评剧《刘巧儿》：1949~1955

新凤霞于1927年生于天津，父亲是街上的小贩，母亲来自乡村贫困家庭，曾是童养媳。尽管居住在大城市，这家人却身处底层社会。新凤霞并没有机会接受任何正式教育，从童年开始她就入班学戏，并跟随戏班子游走于河北与天津一带。在学戏的过程中，她靠背戏文认得了一些字。在她母亲的保护和帮助下，加上她的聪慧，新凤霞躲过了不少危险，成长为一名评剧新秀。[①]新凤霞的家庭出身让她有着成为妇女解放榜样的潜质。

新凤霞的新篇章始于北京。1947年，新凤霞在天津评剧圈里唱红，成了戏班头牌以后，想要为戏班找一个新的环境，得到更好的发展，于是来到北平。1949年北平和平解放后，新凤霞热情地拥抱新生活，结识的新朋友中有不少共产党的女干部。而新凤霞改编"刘巧儿"的故事就来自北京妇联主任张晓梅（1911~1968）的请求。张晓梅了解到新凤霞的名气，希望她帮助革命新政权。新凤霞当时已经被一些新的革命艺术形式，尤其

[①] 新凤霞：《新凤霞的回忆》，北京出版社，1982，第3~128页；新凤霞：《我叫新凤霞》，北京出版社，1998，第200页。

是秧歌剧所吸引，于是改编了几部新剧，像是《刘巧团圆》① 和《小二黑结婚》等，并于1949年底在北京天桥剧场演出，这两部剧都是为了宣传即将颁布的新《婚姻法》而改编的。②

根据新凤霞的回忆，最早的评剧名为《刘巧团圆》，完全是根据韩起祥的说书《刘巧团圆》改编的，而说书本子也是张晓梅送给她的。③ 新凤霞和戏班里的琴师共同将说书的故事改成适合演出的评剧。新凤霞承认这个故事非常符合评剧的性质，因为评剧本身是以女角为主的地方戏，这个故事简直就是为她量身打造的。1950年初，在北京市文化局文艺处处长张梦庚的帮助下，戏班请到了著名的京剧剧作家王雁和著名话剧导演夏淳，帮助戏班重写剧本，编排表演。王雁和夏淳建议改剧名为《刘巧儿》（见下文）。④

新改编的《刘巧儿》取得了巨大的成功，许多著名的中共妇女领袖像邓颖超、蔡畅、康克清等，都闻名到天桥剧场观看演出。1950年春，新凤霞和她的剧组被邀请进中南海，为毛泽东、朱德、周恩来、刘少奇等国家领导人演出《刘巧儿》。⑤ 得到这种荣誉后，新凤霞继续在北京以及天津、河北一带的剧场演出。一次演出后，有人介绍她认识了马锡五和谢觉哉，他们二人也是

---

① 新凤霞最早改编韩起祥的《刘巧团圆》，演出时也用了《刘巧团圆》作为剧名。1950年此剧得到专业编剧和导演的帮助，做了全面改编，并且改名为《刘巧儿》。见《新凤霞回忆录》，百花文艺出版社，1980，第186页。为了与后来的剧名有所区别，这里用其原来的剧名。
② 《新凤霞回忆录》，第117页；新凤霞：《我叫新凤霞》，第200~201页。
③ 新凤霞：《我叫新凤霞》，第200~201页；《新凤霞回忆录》，第183~186页。
④ 《新凤霞回忆录》，第185~191页。
⑤ 《新凤霞回忆录》，第185~191页；新凤霞：《我叫新凤霞》，第201页。

第七章 从评剧到电影：《刘巧儿》与全国性婚姻家庭改革

慕名而来观看演出的。① 新凤霞的成功带动了其他评剧演员，他们也在自己的剧场演出《刘巧儿》，并主动将其他革命故事改编为评剧。② 1953 年，新凤霞被选为艺术家代表，奔赴朝鲜前线慰问志愿军战士。③《刘巧儿》的广泛影响使其成为宣传《婚姻法》重要的代表作之一。

现实生活中新的女英雄：新凤霞的婚姻

1950 年代，新凤霞成为妇女的榜样和代表，尤其是那些通过共产党革命和婚姻改革获得翻身的妇女。因为她的婚姻本身就受到刘巧儿自主精神的激励，是刘巧儿榜样的体现。在演出《刘巧儿》之后，新凤霞在一群革命文化人和文艺工作者圈子里受到欢迎，邓颖超、张晓梅等中央和北京市的妇女领导对她特别关怀，著名作家和剧作家如赵树理、老舍（1899~1966）、欧阳予倩（1889~1962）也都非常喜欢她。④ 进入到北京文艺界的圈子后，她被介绍给一位左翼作家和剧作家吴祖光（1917~2003），吴后来成了新凤霞的丈夫。这二人不论从文化背景还是家庭背景上来说都截然不同，但却能互相欣赏。吴祖光来自传统的精英家庭，其祖父于 1920 年代曾任北京故宫博物院院长，吴从小就接受了良好的教育，大学毕业后，二十来岁就已经发表了好几部剧

---

① 《新凤霞回忆录》，第 190~192 页。
② 新凤霞：《新凤霞的回忆》，北京出版社，1982，第 146 页；《新凤霞回忆录》，第 133 页。
③ 新凤霞：《我叫新凤霞》，第 31 页。
④ 新凤霞：《我叫新凤霞》，第 5~17 页。

本。新凤霞回忆她在天津时曾经看过好几出吴祖光创作的剧目，非常崇拜吴的文化修养与才华。吴祖光也非常欣赏新凤霞杰出的表演才能，以及她率直、单纯的性格。① 他们二人关系的发展并不平顺，但是，正是新凤霞从她所演过的角色中汲取力量，克服困难与障碍，才成就了二人的爱情与婚姻。据新凤霞说，吴祖光是位谦谦君子，为人和善，非常有耐心，有着各种优点，但是在表达爱情上却又极为含蓄、谨慎。当他们二人的关系陷入胶着状态时，新凤霞决定直接向吴表白，这在当时算是惊世骇俗的事，需要极大的勇气。为了控制自己的紧张心情，在表白前新凤霞不断地哼唱着《刘巧儿》剧中的两句唱词："我爱上了他"，"这一回我要自己找婆家"。② 他们于1951年结婚，在吴祖光的帮助下，新凤霞开始识字读书，提高文化修养。吴还帮助她提高艺术素养，创作适合她的剧本。③

对他们婚姻更大的考验还在后面，伴随着政治风向的变化，1957年，吴祖光被定为右派，从政府岗位上撤职，送往北大荒劳动，接受三年再教育。在此期间，新凤霞顶住了压力，拒绝了所谓好心人的劝说，不顾对自己政治前途的影响，不肯和吴离婚。她的勇气很大程度上来自她演过的戏剧角色——王宝钏。④ 有意思的是这种自相矛盾，尽管新凤霞成了妇女解放榜样、宣传

---

① 新凤霞：《我叫新凤霞》，第3~16页。
② 新凤霞：《以苦为乐：新凤霞艺术生活》，中国戏剧出版社，1983，第418-419页；新凤霞：《我叫新凤霞》，第10~20页。
③ 新凤霞：《以苦为乐：新凤霞艺术生活》，第421~425页；新凤霞：《我叫新凤霞》，第24~27页。
④ 新凤霞：《我叫新凤霞》，第30~46页。

第七章　从评剧到电影：《刘巧儿》与全国性婚姻家庭改革

婚姻法的模范，她同样需要从王宝钏这样传统女性的例子中吸取勇气、坚守婚姻。

三　从评剧到电影：民间艺术的改造与提升

从1950年到1960年代，刘巧儿的形象不断地被塑造，重新解读，重新表达，以适应政治气氛，服务于国家的政治目标。为了同样的目的，国家也推行了一系列政策，在改造民间文化的同时，大大提高民间艺术与民间艺人的社会地位，将一些地方剧种提升到与精英剧种——京剧、话剧的同等地位。刘巧儿形象的改变与重塑也是一个知识分子拥抱新的政治意识形态的过程，是文化精英与民间艺人相结合，重新定义民间文化的过程。而这些政治化的知识分子也将他们自己对革命观念的理解注入了新的文化产品。

改造戏剧曲艺等民间艺术的运动

1950年代一项重要的文化工程就是改造民间艺术，主要是那些以底层民众为对象的文艺形式。新凤霞成为明星不仅大大地提高了她所属戏班子的名声，也提高了评剧的社会地位，这当然与她利用评剧宣传新婚姻法、服务于政治运动有关。从1950年代初，一些被认为是下层阶级的艺术形式，例如相声、曲艺、评剧、快板、评书等，以及各种地方剧种接受了新政府的资助和改造。在对相声的研究中，美国学者林培瑞（Perry Link）认为，由于相声的讽刺性不被政府接受，所以在1957年之前就被一系列政治运动摧毁了。① 然而,与林培瑞的结论相反,新凤霞地位的提升和评剧艺术的繁荣,都证明了民间艺术在宣传新观念方面非常有效,它们不但没有被政治运动摧毁,而且继续在舞台上演出,直到"文革"时期。

在1949年以前,大部分评剧艺人来自社会的最底层,戏班没有固定的舞台剧场,不得不流浪于各地形形色色的市场,在非常简陋的舞台上演出。很多地方剧种和相声、曲艺等的情况亦是如此。新凤霞和戏班子的演员常常因为身为评剧艺人而饱受歧视,并经常遭到地痞恶霸的欺凌,他们为此感到愤懑不平,因此对共产党的革命抱有很大的期待。新凤霞感觉自己受到了双重的压迫,即作为民间艺人,也作为妇女,所以她对共产党的解放感激在心,并且在回复观众的信中,用浪漫美好的辞藻来形容自己的感受。② 新凤霞帮助新政权宣传《婚姻法》也得到了回报:政府将评剧认定为正式剧种,同时新凤霞进入了文化艺术圈,结识了不少文化名人,并且和吴祖光结婚。而且她们原来的私人戏班现在成为国营剧团,改名为"首都实验评剧团",北京市政府为他们安排了永久性剧场,结束了戏班的流浪生活。③ 新凤霞在回忆录中提到,天津有一个著名的大剧院——天津中国大剧院,这

---

① Perry Link, "The Crocodile Bird: *Xiangsheng* in the Early 1950s," in Jeremy Brown and Paul G. Pickowicz, eds., *Dilemmas of Victory: The Early Years of the People's Republic of China* (Cambridge, MA: Harvard University Press, 2007), pp. 207 – 231.
② 新凤霞:《答谢热爱"刘巧儿"的观众们》,《中国青年报》1957年2月16日。
③ 新凤霞:《我叫新凤霞》,第24~25页。

第七章 从评剧到电影:《刘巧儿》与全国性婚姻家庭改革

种地方只接受京剧、话剧等高等艺术登台演出,而评剧这种民间戏剧是没有资格登台的。新凤霞的一位英年早逝的前辈——著名评剧艺人白玉霜,一直有一个梦想,就是能够在天津中国大剧院的舞台上演出,她临终前希望新凤霞能够替她完成这个梦想。1952年,当新凤霞带着《刘巧儿》登上了天津中国大剧院的舞台,并在第一届全国戏曲观摩演出大会上荣获演员一等奖时,她感觉自己的翻身代表了整个评剧界。评剧能够和京剧话剧平起平坐,在同样的舞台上演出,[①]这让她对共产党感激不尽。这种感情正是新凤霞对新政权支持的根源。

与京剧相比,各种地方剧和曲艺有着很大的灵活性,可以帮助它们及时地应对社会变化,回应变化中的社会议题,迎合观众的口味。一方面,在过去几百年的发展中,京剧和宫廷文化以及上层社会有着紧密的关系,经常表演一些以男性为主的剧目,表演的场景也以宫廷、法庭、战场、文人家园为中心,离普通平民生活相距甚远;另一方面,地方剧与京剧有很大的不同,根据新凤霞的说法,评剧是以女角为主的剧种,很多剧目都以表现底层社会普通妇女的生活为主,演家庭悲剧、妇女受到的压迫,也有儿女情长、因果报应,但很少有宫廷袍带戏。[②] 她指出京剧当时已经有了较为固定的观众群,而且发展出了固定的套路、角色、唱腔、唱段、招式、身段来迎合观众,所以就比较难以从别的艺术形式中接受新观念,表现当代的社会议题和事件。相反的,评

[①] 《新凤霞的回忆》,第144~147页。
[②] 《新凤霞回忆录》,第290、183页。

剧和各种其他地方戏一样，非常有弹性，角色灵活，可以做即兴的表演，也有意愿接受反映社会变化的新议题。从1949年后半年到1950年，新凤霞迅速地接受了从革命根据地带来的秧歌剧，显示出民间艺术在反映社会变迁以及迎合观众上的灵活性。除了前面提到的《刘巧团圆》和《小二黑结婚》，新凤霞的戏班还改编了《白毛女》《兄妹开荒》《血泪仇》《祥林嫂》等现代新剧目。[①]

对于革命新政权来说，像评剧、地方戏和曲艺这样的民间艺术在宣传共产党政策方面有着极大的方便。这些艺术形式在社会的底层有着广大的观众和听众，这些人正是共产党社会运动需要动员的人群。民间艺术有着强烈的动机来接受社会改革的新议题，因为这样不仅可以吸引观众，而且也受到新政权的肯定。同时，在文化精英和新政权来看，像相声、曲艺、地方戏剧这样的民间艺术仍然有着缺陷，因为他们的演员和琴师大多数都像新凤霞一样，是文盲或半文盲，在理解政治议题或社会改革的精神方面有一定的困难，因此并不能在表演中有深度地表现政治议题。他们对新政权也往往是以旧观念来看待，因此限制了他们以开放的态度对待革命政权带来的新议题。而且，民间艺术剧目作品中的粗俗语言和不雅内容妨碍其成为高雅的艺术，也不能真正为政治议程和社会改革所用。正是知识分子和文化精英的加入，使得《刘巧儿》成为一件艺术精品，适应了革命政府改革社会的目的。

[①]《新凤霞的回忆》，第159~161页。

第七章 从评剧到电影:《刘巧儿》与全国性婚姻家庭改革

改造民间艺术:知识分子和新的革命观念

革命叙事需要通过精致的表达和艺术细节被重新讲述,使得革命本身和革命原则进一步合法化。这个新叙事的产生,就像在延安时代一样,也是一个知识分子走向民间,和群众结合的结果,这就体现在把《刘巧团圆》改编为《刘巧儿》的过程中。1949年底新凤霞上演的《刘巧团圆》是根据韩起祥的说书改编的,并没有剧本,也没有一个很好的表演架构和剧目规划。新凤霞回忆说:

> 那时没有专门作家给我们写剧本,也没有导演为我们排戏,都是习惯演"提纲戏"也叫"幕表戏"。就是每个演员根据提纲的分场内容,上场后自己编台词编唱段。……最早排《刘巧儿》就是根据说书本子,写出一个提纲来,也就是一个幕表,没有编剧、导演,就由老演员杨星星负责提纲的分场和分配角色。唱词都是各人自编自唱,我演的刘巧儿的唱都是自己编的。①

这种没有规划的即兴表演内容不能表现出革命性和思想性,并不适合宣传婚姻法,因此需要动大手术。

《刘巧儿》的第一次改编是在1950年初,在王雁和夏淳协助下发展出剧本,并在1952年出版。王雁是著名的传统京剧编剧,

---

① 《新凤霞回忆录》,第184~185页。

常常会将历史的片段加以改编写成剧本,夏淳是北京话剧团的导演。也就是此时,新导演和新编剧将袁静的剧本带入改编新剧,重新规划、重新编排内容。① 将袁静的剧本与韩起祥的说书融合,再加上王雁和夏淳的编导,一起重新创作了剧本。这个剧本恰恰体现了一个重要的政治现象,即知识分子与人民群众的结合,既是精神性的,也是现实性的,甚至可以用新凤霞的婚姻来做比喻。这个剧本在1954年再次改编,成了1956年电影改编的基础。

新凤霞回忆说,1950年王雁和夏淳参与改编,他们和群众演员合作得非常好。在他们的指导下,整个剧团都参与了分析讨论剧情,修改时每个人都能表达自己的观点,直到每个演员都完全理解剧情和细节,以及要达到的社会效果。② 很明显,新凤霞最初的表演是根据韩起祥的说书,也沿用了《刘巧团圆》作为戏名。在新凤霞的改编中,刘巧人物性格并不鲜明也不坚强,而且常常表现出自怨自艾的情绪,剧中有很长的唱段表现刘巧抱怨自己的命苦,有个狠心的父亲。这明显带有韩起祥说书叙事的痕迹,主题也是刘巧希望她与柱儿婚事得以团圆,并不包括反对家长制的思想内容。于是王雁建议剧名改为《刘巧儿》,这样就可以排除袁静原有的"告状"主题和韩起祥的"团圆"主题,直接地将一个勇敢的妇女放在舞台中心,完成婚姻自主的主题。③

---

① 韩起祥、袁静(原作者):《刘巧儿》(首都实验评剧团集体改编,王雁执笔),宝文堂书店,1952。这是经过改编后的剧本。
② 《新凤霞回忆录》,第186页。
③ 《新凤霞回忆录》,第184~190页。

第七章 从评剧到电影:《刘巧儿》与全国性婚姻家庭改革

在剧本改编上,夏淳和王雁帮助剧团改变了原来《刘巧团圆》简单直接的叙事,增加了故事的背景,让故事具有了革命的内涵。根据新凤霞的说法,在她所改编的《刘巧团圆》中,仅仅只有两个大场景,故事经历了巧儿抱怨父亲的重新安排婚姻,路上与王寿昌的冲突,然后遇到马专员诉苦,到最后匆匆大团圆这样的简单叙事。剧中说,刘巧在路上被王寿昌羞辱后,直接跑到柱儿家中,与柱儿生活在一起了。最后就是遇到马专员的大团圆结局。① 这里完全没有涉及抢婚或司法过程,说明此时新凤霞及其戏班对边区的情况和革命的宗旨完全不了解,只是以自己对一般下层妇女逃婚的想法来诠释这一故事。因此刘巧对马专员的要求只是希望自己的婚姻得到承认而已,与革命政府批判旧式婚姻制度关系不大。戏的结尾处,代表政府的马专员来拯救她,但马专员的出现完全没有上下文,他只是用来作为大团圆结局的一个工具而已,并没有突出边区革命政府的治理理念,没有批判买卖包办婚姻制度,更没有涉及中国革命给妇女带来翻天覆地的变化这样深层的含义。在夏淳、王雁修改后的剧本中,不仅增加了不少叙事场景,而且强调了故事的革命背景。例如,开场从原来的巧儿抱怨父亲改为巧儿坐在炕上纺线,背后是有着陕北特色的窑洞窗户,体现出女主人公的年轻聪明、朴实勤快,也显示出这一故事有陕甘宁边区革命根据地的背景。新凤霞回忆说,

解放初期人民都很向往延安的生活,因此在舞台上看见

---

① 《新凤霞回忆录》,第 184~190 页。

自主：中国革命中的婚姻、法律与女性身份（1940～1960）

> 延安的姑娘坐在窑洞炕上纺线，都非常兴奋，每次幕一拉开，灯光一亮，就是满场彩声。①

这个修改与设计就把巧儿的故事嵌入了清晰的语境，她追求婚姻自主的行动就成为革命叙事的一部分。

同时，新编的剧本加入了对巧儿在婚姻选择上所体现的价值和观念的解释。在早期改编的《刘巧团圆》中，刘巧并没有解释为什么她非要嫁给柱儿，这就极大地削弱了《婚姻法》所要推广的婚姻以爱情为基础的这一理念。根据夏淳导演的建议，新剧本增加了一场戏，描述巧儿如何在区上开会时爱上了劳动模范赵振华，后来才知道赵振华的小名叫"柱儿"，就是她原来定亲的对象。增加柱儿是劳动模范的这个主意完全是夏淳和王雁的创造，男女劳动模范是陕甘宁边区时代的创造，在剧中植入赵柱儿作为劳动模范就把革命政权治理之下新一代男青年的形象表现了出来，这个形象不仅体现了柱儿个人优良的品质，而且劳模作为一种革命符号，通过艺术家的编辑就被编织进《刘巧儿》的叙事，将劳动与革命联系了起来，给了巧儿爱情以理由。据新凤霞的回忆，夏淳导演要求她理解爱情是建立在劳动基础上的。为此编剧创造了一个很长的唱段，表达巧儿对赵振华作为劳模的仰慕与爱慕，渴望和他在一起的心情。②

在人物设置上，新编的剧本把李婶这个人物又重新介绍了进

---

① 《新凤霞回忆录》，第186页。
② 见韩起祥、袁静（原作者）《刘巧儿》；亦见新凤霞《新凤霞回忆录》，第186～188页。

第七章 从评剧到电影:《刘巧儿》与全国性婚姻家庭改革

来,也包括她村妇女主任的政治身份,① 这实际上是又回到了袁静的剧本。在韩起祥的说书中,李婶只是一个好心的中年妇女,作为邻居却像母亲一样关心巧儿。韩起祥作为一个流浪的说书人未必懂得村妇女主任代表着怎样的社会组织,1949 年的新凤霞也同样不了解边区的社会组织形式以及李婶所代表的革命政权,以至于在《刘巧团圆》中,完全抹去了李婶这个角色。② 抹去了李婶等于抹去了刘巧故事中革命政权的痕迹,将李婶这个人物重新加入剧中意味着巧儿们的斗争不是孤单的个人的抗争,她们的背后站着革命政权的组织系统,支持妇女反抗包办婚姻,为遭遇不幸的妇女提供帮助,这就将巧儿的故事置入了革命政权改造社会改造婚姻的重大叙事中去。

在王雁和夏淳新改编的剧本中,还有一个重大改变,就是故事的结局。在新凤霞自己改编的剧中,最后一场非常简短,就是马专员出场做出判决。这种结局方式既不同于韩起祥的说书,也不同于袁静的原始剧本。不论袁静还是韩起祥都曾在边区生活过,对边区政府的管理方式有一定的了解。但是新凤霞则不同,1949 年的她对边区基本没有了解,她所能做的就是借鉴传统剧目中的桥段,让一个有权威的官方代表来结束故事,给一个大团圆结局。于是马专员的出场也就是为了完成这个桥段而已,完全没有体现革命政权与旧政权不同的治理方式,以及新政权在改造社会方面的理念。而且,在《刘巧团圆》的剧情中,没有抢亲,

---

① 韩起祥、袁静等:《刘巧儿》。
② 《新凤霞回忆录》,第 185 页。

也没有相关的法律程序，故事简单、直接，完全不像袁静和韩起祥的叙述那样，巧儿是在抢亲之后，又被县司法处判决婚姻无效的情况下遇到马专员的。在《刘巧团圆》的表演中，巧儿路遇王寿昌，受到羞辱，一气之下直接跑到柱儿家，和柱儿住在了一起。事过几年之后，巧儿已经生了儿子，才偶遇马专员，向他哭诉了自己的委屈。就像旧戏文中的青天，马专员听到巧儿抱怨父亲，还有要求她和柱儿的婚事得到承认后，出面给了巧儿一个满意的，但却简单突兀的大结局。在新改编的《刘巧儿》中，结局成为一场重头戏，导演给巧儿设计了一个长唱段，让她控诉狠心贪财的父亲、黑心图利的媒人，还有恶毒无耻的地主老财，同时表达她要嫁给柱儿的决心。① 这种控诉是重要的，因为巧儿批判的是这些人所代表的旧制度，这样方能让巧儿的婚姻在革命的语境中得到正当性。为了显示马专员是如何做出判决，如何执行群众路线的，新的剧本增加了马专员调查案件的情节，有了听取乡村群众意见的场面，然后才出现公开法庭审理此案，并当堂做出了判决的场景。② 所有这些细节都体现了更为复杂的革命叙事，更加吸引观众对革命政权改造婚姻的认同。

关于婚姻改革的用词问题，在新凤霞自己编的剧中，因为没有剧本，无法考察。但在1950年新改编的剧本中，通篇都使用的是"自主"一词，主要角色如巧儿的父亲、李婶、马专员都明确地说明了婚姻的原则是自主，这也是袁静剧本中使用的词语。③ 使

---

① 《新凤霞回忆录》，第183~185，189~191页。
② 见韩起祥、袁静等《刘巧儿》。
③ 见韩起祥、袁静等《刘巧儿》。

第七章 从评剧到电影：《刘巧儿》与全国性婚姻家庭改革

用这个词汇不仅是对陕甘宁边区司法实践的继承，而且也用民间文化所理解的词语很好地解释了《婚姻法》的精神（见第四章中解释此一词语的民间文化基础）。此后所有关于刘巧儿改编都是基于这个剧本，因此"自主"一词也在这些地方剧中、在电影中继续存在。

民间文化的政治化与知识分子的政治化

新改编的《刘巧儿》作为集体改编的产品，在1950年初开始在舞台上演出，王雁继续修改剧本，做了一些小的改动之后，整个剧本在1952年出版，又在1954年和1958年出版。1954年的剧本由王雁个人做出了一些相关的修改，最终成为1956年电影《刘巧儿》改编的底本。在这一版《刘巧儿》的"绪言"中，王雁解释了再次修改的原因，他觉得《刘巧儿》对于宣传《婚姻法》是最合适的一部剧，他认为目前需要更多更适合的剧目宣传婚姻法，因为

> 反对封建思想是一个长期的思想斗争，如果想使婚姻法的宣传工作在戏剧界能够长期地深入下去，目前就需要用新的剧本，来充实这个宣传力量。因此，就想把它改编出来，先使演出能配合上当前的宣传任务。①

为了配合新的政治形势，王雁认为1952年的剧本还需要修改。

---

① 王雁：《关于〈刘巧儿〉的改编》，见王雁改编《刘巧儿》（韩起祥、袁静原著），宝文堂书店，1954，第1~3页。

主要是当时的剧本依靠的是韩起祥的说书和袁静的剧本，在这两个本子中，巧儿坚持要嫁给柱儿的一个重要原因是因为他们早有婚约。而且当巧儿听李婶说柱儿并不是个傻子，她表达了后悔之意，后悔当初听信了父亲的谎言，同意取消婚约。王雁认为如果这样处理的话，一定会有人认为"巧儿和柱儿是父母给订的亲，如果后来不是刘彦贵贪财退了婚，他们俩不是就可以结婚，而且婚后的生活不是也很美满么？那为什么要反对父母包办儿女的亲事呢？"① 王雁认为，如果是这样的话，就违反了婚姻法的精神，反倒替父母包办婚姻做了辩护。所以在改编中强调巧儿和柱儿的退亲，主要是因为那是父母包办的。因为包办婚姻不论结果好坏都不是男女双方个人的意愿，这样就彻底否定了包办婚姻。王雁说：

> 只有经过自由恋爱，双方都有了认识，彼此都乐意，而后再结婚，两个人的婚后生活才会美满。……所以除了在戏中，着重地批判了父母包办婚姻的不合理；删掉了巧儿自己惋惜当初不该跟柱儿退亲的说唱；明确巧儿自己要找对象的主动性外，还增添了巧儿和柱儿在麦田见面，经李大婶介绍，自己定亲一场，……加强了巧儿争取婚姻自由的斗争性和群众及李大婶对买卖包办婚姻的批判。并且，在最后宣判时，明确地指出：买卖包办婚姻是违法的。以免引起反效果。②

---

① 王雁：《关于〈刘巧儿〉的改编》，见王雁改编《刘巧儿》（韩起祥、袁静原著），第 1~3 页。
② 王雁：《关于〈刘巧儿〉的改编》，见王雁改编《刘巧儿》（韩起祥、袁静原著），第 1~3 页。

第七章　从评剧到电影：《刘巧儿》与全国性婚姻家庭改革

这种想法实际上是一种更为激进的观点，强化了新式婚姻理念的纯粹性，排斥了在实践上接受地方习俗的任何可能性，而1940年代的司法条例和实践是具有和地方习俗调和的可能性的，这一点在马锡五的判决书中和1946年的《婚姻条例》的司法解释中都有所体现（见本书第三、第四章）。王雁的新改编本中给巧儿设计了一个很长的唱段，讲述巧儿如何坚决拒绝旧婚约，如何对新的爱情欢喜异常，唱段中关键的一句就是"我和柱儿不认识怎能嫁他？"这句后来成为《刘巧儿》经典唱段的核心，因为它从根本上否定了包办婚姻，不论以什么方式。为了强化这一点，让男女双方的婚姻完全建立在爱情之上，王雁重写了巧儿看见柱儿的一幕。在袁静的剧本中，李婶只是制造机会，让巧儿远远地看见柱儿在田野上劳动，知道了他是变工队长，不是个傻子。但是王雁的改编就是要让巧儿有机会和柱儿见面说话，当巧儿从李婶处得知柱儿正是她喜欢的那个劳动模范，又看到他在田间熟练地耕作，在李婶的安排下，就有了巧儿和柱儿面对面相互表达爱慕之情，重订婚约的一幕。此时巧儿决定嫁给柱儿就跟他们以前的婚约无关，而是由她自己决定嫁给真心喜欢的男人。正是这种改编夯实了巧儿婚姻的爱情基础，王雁相信这才是《婚姻法》的真正精神所在。①

王雁还认为，过去袁静的老剧本和韩起祥的说书都有着以事件原型作为司法案件的痕迹，并没有把故事完全集中在婚姻问题

---

① 王雁：《关于〈刘巧儿〉的改编》，见王雁改编《刘巧儿》（韩起祥、袁静原著），第1~3页。

上，其中很大篇幅侧重于马专员公正的办案方法和他深入群众、调查研究的工作作风。而且马专员在判决此案的时候，虽然批评了刘彦贵卖女儿的事，但是却承认了巧儿和柱儿已有的婚约，这对根除包办婚姻的旧观念是不利的。在王雁的改编剧本中，刘巧儿是一个性格坚强的角色，尽管马专员的帮助是必要的，但是主要是巧儿自己追求真正爱情的勇气才带来了最后的幸福结局。所以王雁认为婚姻自由的最后保障虽然来自人民政府，但还是要靠青年男女自己勇敢斗争来获得婚姻幸福。王雁认为他这样写刘巧儿是希望鼓励更多的妇女遵循婚姻自由的精神，勇敢地去追求真正的爱情。新改编的剧本保留了终场的群众集会，并非为了展示司法公正，而是为了让群众受到教育。正如王雁解释的那样，保留这一场是有利于在群众中传播婚姻自由的观念，鼓励大家批判包办买卖婚姻。① 这种改编完全抹去了袁静剧本中"告状"的司法主题，即青年妇女的婚姻自主需要公正的司法体系的支持，以及韩起祥说书中对"青天"的称颂，即民间文化中对政府公正性的期盼和要求（见本书第五章），从而把婚姻自由的观念纯粹化、抽象化了，变成了青年男女个人的意志以及不容妥协的观念的结果，这就又回到了"婚姻自由"当初出发的地方，回到了都市文化环境中对婚姻自由的理解。

与此同时，王寿昌的形象也变得更为邪恶，因为当时处于土改的高潮中。首先，王寿昌的地主身份成为他做一切坏事的根

---

① 王雁：《关于〈刘巧儿〉的改编》，见王雁改编《刘巧儿》（韩起祥、袁静原著），第1~3页。

第七章　从评剧到电影:《刘巧儿》与全国性婚姻家庭改革

源。在袁静的剧本中或在韩起祥的说书中,尽管王寿昌富有且邪恶,但是他对巧儿的垂涎和骚扰只是源于他的钱财,并未过分强调他的阶级属性。然而,王雁指出,以前的剧本产生于陕甘宁边区的统一阵线时期,边区政府并未进行土改。但是在当前宣传《婚姻法》的情况下,要让观众了解到:"旧式婚姻的老根是封建统治阶级,和他们所留下的封建残余思想,要肃清旧婚姻制度,就必须拔掉这个封建老根。"① 在袁静的剧本中,取消婚约的是巧儿那反复无常狠心又贪财的父亲,听信了媒婆的花言巧语。在韩起祥的说书中,巧儿把自己的不幸婚姻归咎于贪财的媒婆,这种想法在陕甘宁地区妇女中很普遍,在当地民歌中常有传唱。原来的这个段落既反映了当时彩礼暴涨的事实,又结合当地妇女对婚姻不幸的认知。但是在王雁的剧本中,他安排了这样一幕,即要买巧儿完全是王寿昌的阴谋,是这个恶毒、好色的地主想要巧儿的年轻与美貌,于是就找到图利的无良媒婆,合谋来诱惑贪财的刘彦贵。② 王雁这样改编就暗示包办婚姻代表的不仅是旧风俗的残余,而且表现了垂死阶级占有朝气蓬勃的劳动阶级妇女的企图。

1954年长春电影制片厂便以这个剧本为底本开始拍摄《刘巧儿》。③ 从1956年年底到1957年,电影陆续在全国各地电影院上演,并在各种杂志报纸上刊登广告,如《大众电影》(1956年

---

① 王雁:《关于〈刘巧儿〉的改编》,见王雁改编《刘巧儿》(韩起祥、袁静原著),第1~3页。
② 王雁改编《刘巧儿》(韩起祥、袁静原著)。
③ 伊琳导演《刘巧儿》,1956年长春电影制片厂。

第18期),《中国青年报》(1957年2月5日),《连环画报》(1957年第3期),不少都使用刘巧儿的形象作为杂志封面。电影把刘巧儿的形象推向全国,成了全国妇女追求幸福婚姻的楷模。由此,新凤霞也从一个地方剧的优秀艺人成了全国著名演员,有着众多影迷的明星。面对此项殊荣,1957年新凤霞在《中国青年报》上发表了一封公开信,表达她对热情的观众们的感谢,感谢他们欣赏她演出的《刘巧儿》。①

剧照、广告,还有地方剧种的舞台表演也逐渐显现出和王雁观点一致的政治化趋势,将女主人公反抗地主的主题注入了改编之中。在巧儿路遇王寿昌一场,袁静的剧本和韩起祥的说书都有同样的处理,即听到父亲已经将自己许配给了王,巧儿震惊,躲过王的调戏,立即奔向李婶处寻求安慰,二人并无身体拉扯触碰。在新凤霞《刘巧团圆》最初的表演中,巧儿和王寿昌有一个厮打的场景,因为王寿昌想要调戏侮辱巧儿,巧儿奋力抵抗但却被王寿昌踢倒在地,羞愤难当,于是就奔向柱儿家。但是在王雁改编的剧本中,这个场景完全改变了:当王寿昌试图调戏巧儿,巧儿打了王寿昌一耳光,显示的是愤怒而不是羞辱,于是巧儿就成了这场冲突的赢家,这是一场有着象征意义的双重胜利——女性在抵抗包办婚姻,在反抗家长制与阶级斗争中取得胜利。② 电影也采取了这种处理方式。但是,1958年当王雁的剧本被改编成秦腔时,这种冲突的胜利更加向前推进了一步:巧儿不仅打了

---

① 新凤霞:《答谢热爱"刘巧儿"的观众们》,《中国青年报》1957年2月16日。
② 新凤霞:《新凤霞回忆录》,第186页。

第七章 从评剧到电影:《刘巧儿》与全国性婚姻家庭改革

王寿昌一耳光,而且还把他踢倒在地。秦腔剧本的剧照显示巧儿怒视王寿昌,后者倒在地上,惊恐地看着巧儿(见图7-1)①。从1949年《刘巧团圆》的表演中,巧儿被踢倒在地到1958年地主王寿昌被踢倒在地,这是一个具有极强象征意义的变化,即地主阶级,还有他们奴役妇女的婚姻制度,被彻底打翻在地,妇女获得了翻身。

图7-1 1958年秦腔《刘巧儿》的剧照

根据王雁的看法,推行婚姻法是对旧的统治阶级思想的清算,这一观点也反应在电影的广告上。《中国青年报》的一则广告上有一段对仗工整的广告词:"狗地主,仗臭钱,妄摘天上月;好闺女,凭机智,配得意中人。"(见图7-2)

---

① 王依群、陕西秦腔实验剧团改编《刘巧儿》(韩起祥、袁静原著,王雁改编,王依群修补秦腔曲谱),长安书店,1958。

图 7-2 《刘巧儿》电影广告
资料来源:《中国青年报》1957 年 2 月 5 日。

根据广告,电影的主题沿用了王雁的剧本,但是实际上消解了女儿与家长制的斗争,突出了巧儿和地主的斗争,最终达成"配得意中人"的结局。电影广告还传达了一个政治信息,即包办买卖婚姻作为一种旧的习俗,被"狗地主"及其阶级用来损害劳动人民的幸福生活。

刘巧儿的形象作为婚姻变革的文化符号也被运用到了社会事务其他方面,以配合当时的政治运动。为了配合公社化运动,1958 年中国人民广播电台戏曲组编了一段评剧演唱,名为《刘巧儿参加人民公社》。在评剧演唱中,刘巧儿讲述自己和柱儿结婚后受到家事务的羁绊,阻碍了她的积极进步,但是人民公社的托儿所、食堂帮助她解决了困难,让她理解到了人民公社对自己的家庭和婚姻都有所帮助,也让她摆脱了家务负担,投身于生产劳动和社会事务,所以刘巧儿要积极参加人民公社,并且号召大家也积极参加。① 在这里，巧儿的形象已经具有了"品牌效应"，使得模范的影响力更大，以实现在其他社会事务领域里的动员。

四 封芝琴与"刘巧儿"：妇女的新榜样

这些戏剧和电影创造了一个强大的妇女形象，一个政治上的妇女模范。在中国，国家扶持道德上和政治上的男女模范有着悠久的历史传统。自从汉代开始，官方即批准《列女传》为教育妇女服务，而且历朝历代，从中央到地方，政府都在寻找出色妇女，将她们树立为典范，作为道德教育和维护公序良俗的榜样，塑造人们的道德观。晚清以来到民国，上层社会和知识精英也一直在推广妇女榜样的形象，用以传达他们关于新型女性社会角色的观念。② 在五四时期，传统妇女的形象，如花木兰也成为不少女性的榜样，鼓励她们走出家庭，接受教育，为妇女的权益斗争。③

中国革命政权在延安时期也承袭了这种传统，发挥妇女模范在乡村建设以及在 1940 年代大生产运动中的作用，当时也出现了不少女劳模。④ 在 1950 年代，出现过著名的女拖拉机手，⑤ 在

---

① 王樵词，杨素娟唱《刘巧儿参加人民公社》（评剧），中央人民广播电台戏曲组编《刘巧儿参加人民公社》，宝文堂书店，1958，第 1~3 页。
② Judge, *The Precious Raft of History*.
③ Wang Zheng, *Women in the Chinese Enlightenment*, pp. 119-356.
④ Patricia Stranahan, "Labor Heroines of Yan'an," *Modern China* 9 (2) (April 1983): 228-252.
⑤ 余敏玲：《女人扶犁？——女拖拉机手在中国》，余敏玲编《两岸分途：冷战初期的政经发展》，台北：中研院近代史所，2006，第 1~29 页。

自主：中国革命中的婚姻、法律与女性身份（1940~1960）

1970年代，"铁姑娘"在农村和工厂出现，受到政府的广泛宣传。① 有些美国学者认为中国政府推行的女性主义是一种单向度的运动，服务于党的目标，却不考虑妇女的社会境况。对此观点，美国学者陈庭梅（Tina Mai Chen）在研究了1950年代的妇女形象后，对这种说法进行了批评，她认为，国家推广的妇女模范实际上是在妇女和代表她们的政府之间一种多方面、多层次经验的互相推助。妇女模范本身作为个人虽然与国家所宣扬的妇女形象处在不同层面上，但是仍然能够保留自己的主体性。② 封捧儿亦如此，在家庭和公共事务两方面都享有自己不同寻常的体验，保持着自己的本色。同时以她的故事为原型的刘巧儿的形象，又激励着她的追随者，在行动中体现了她们的主体性。

从封捧儿到封芝琴：公共事务中的乡村妇女

"封张两姓为儿女婚姻事"的案件经历了从偏远村落到革命中心延安，从真实事件到戏剧，然后走向北京，乃至全国的过程，成为国家轰轰烈烈改革运动的助力。在这一系列的变化中，这一事件的主角——封捧儿仍然平静地生活在她的小山村里。捧儿感激共产党和革命政府给她带来的幸福婚姻，这是一种发自肺

---

① Naihua Zhang, "In a World Together Yet Apart: Urban and Rural Women Coming of Age in the Seventies," in Xueping Zhong, Wang Zheng, Bai Di, eds., *Some of Us: Chinese Women Growing Up in the Mao Era* (New Brunswick, NJ: Rutgers University Press, 2001), pp. 1-26.
② Tina Mai Chen, "Female Icons, Feminist Iconography? Socialist Rhetoric and Women's Agency in 1950s China," *Gender & History* 15 (2) (August 2003): 268-295.

第七章　从评剧到电影：《刘巧儿》与全国性婚姻家庭改革

腑的情感。解放战争时期当解放军向全国进军时，边区政府号召更多的老解放区男子参军，支援全国的解放，捧儿也积极响应党的号召，动员丈夫张柏参军。在2005年的访谈中，封芝琴告诉我，当时村长要动员张柏的弟弟从军，她主动要求张柏代替弟弟去参军。一年之后张柏因负伤光荣复员。① 在张柏服役期间，捧儿同样表达了她对人民军队的热爱，把一种特殊荣誉给予了一位解放军连指导员——张宣。在我对张宣的访谈中，这位老干部告诉我，1948年的一天，他们连队去执行任务，途中在一个小村庄过夜，村长来找到他，说有位妇女想要找一位八路军（解放军）当她儿子的"干大"，保佑她一岁的儿子。② 连指导员张宣答应前往，因为村长曾听说过"刘巧儿"的故事在延安演出，就告诉张宣说，这位妇女就是《刘巧儿告状》里说的那个妇女。张宣1946年曾经在延安看过秦腔《刘巧儿告状》，听说要见到刘巧儿的原型，非常兴奋。按照当地习俗，干大需要给干儿子一个小小的见面礼，他找到一截红绒线，带给干儿子，拴在他的手腕上，完成了仪式。③

新中国的成立也给捧儿带来了新身份和新生活。首先，在填写户籍登记表时，她不再使用小名"捧儿"了，而是和男人一

---

① 见笔者2005年7月21日对封芝琴的访谈。
② 根据当地的习俗，当孩子一岁左右时，父母需要找一个"干大"或"干妈"，保佑孩子健康成长。这是孩子父母给予"干大"和"干妈"的一种荣誉。一般来说，这种荣誉会给予父母相熟的人。但是在陇东等地人烟稀少之处，有时也会找不相识的路人。
③ 见笔者2006年6月25日对张宣的访谈。不幸的是，这个孩子一年后夭折。捧儿后来生了两个女儿，再未生男孩。见笔者对封芝琴的访谈，2005年7月21日。

样,有了"官名"——封芝琴。她特别告诉我,她的名字封芝琴中的"芝"表示辈分,是和她的堂姐妹连在一起的,①而这种命名方式在过去只有男人才能使用,女人只有小名,而且不参与家族的排辈。有了"官名"不仅有了个人身份,也有了公共的身份,封芝琴就不再局限于她的家庭之内,而是能够名正言顺地参与公共事务。在1950年初,她成了村妇女主任,作为国家权力在乡村代表、妇女的"娘家人"为大家服务。②1956年她加入了中国共产党。③尽管如此,她仍保持着本地的信念和价值观:在她的亲生儿子夭折后,1950年代初,她从丈夫张氏家族中收养了一个儿子。这是封芝琴作为个人的观念与要求,并不因成为国家模范而改变。

尽管电影《刘巧儿》从1956年到1957年在全国各大中小城市上演,但是封芝琴所在的村庄远离城市,她看到这部电影的时间有可能在1957年到1960年之间,或者更晚。④ 在看到电影之前,封芝琴只听到一些消息说,她的故事被改编成了电影,成了妇女解放的代表。那是1955年,当时的全国最高法院院长马锡五回到陕甘宁老区,看望家乡的父老乡亲,封芝琴有机会再次见

---

① 见笔者2005年7月21日对封芝琴的访谈。
② 杨正发:《封芝琴、刘巧儿》,第119页。
③ 见王憨群为封芝琴新居展览馆撰写的《前言》(1994年9月12日撰)。
④ 当地的地方志说封芝琴在1956年看到电影《刘巧儿》(《华池县志》,第1250页)。这个记载可能有误,因为电影《刘巧儿》是1956年12月首映,起码要有一年半载才能在华池县上演。杨正发认为是在1960年以后,电影在封芝琴村子所在的悦乐镇上放映的(杨正发:《封芝琴、刘巧儿》,第86页)。在访谈中,封芝琴本人记得不太清楚,但是可以肯定在1957年以后(据笔者2005年7月21日对封芝琴的访谈)。

第七章 从评剧到电影:《刘巧儿》与全国性婚姻家庭改革

到"马专员"。马锡五告诉封芝琴,她的故事被编成了评剧,到处演出,而且还即将改编成电影。封芝琴告诉马锡五她家已经加入了村里的农业合作社,她也被选为农业委员会的委员。[①] 通过马锡五的介绍,封芝琴和新凤霞互相认识并相互通了信。

由于她过去在婚姻改革中的勇敢行为以及她积极参与公共事务,封芝琴得到了不少荣誉。从1956年起,封芝琴成为第四届、第五届、第六届华池县悦乐镇(公社、乡)的人大代表,第七届华池县的人大代表,政协华池县委员会第一、二、三、四届委员,华池县第五、六、七次妇代会委员,第八、九次妇代会特邀代表。1963年,她当选为甘肃省第四届人大代表,1983年以特邀代表身份出席了省劳模大会。从1950年代直到1965年,封芝琴一直是村里和悦乐乡人民公社的妇女主任。[②]

"刘巧儿"作为乡村妇女的榜样

1950年代中国出品了一系列类似《刘巧儿》的文化艺术作品,宣传推广《婚姻法》。除了《小二黑结婚》,还有《小女婿》《李二嫂改嫁》《柳树井》《罗汉钱》等,许多地方剧都做了改编,在当地上演,对批判传统的买卖包办婚姻做出了贡献,而且

[①] 杨正发:《封芝琴、刘巧儿》,第101页。
[②] 当地的地方志认为是在放映了电影《刘巧儿》之后,封芝琴获得了各种荣誉(见《华池县志》,第1250页)。但是根据我上述的讨论,电影是在1957年之后放映,在华池县悦乐乡这种地方,很可能放映得更晚。但是封芝琴从1950年代初以来就积极参加各种公共事务和社会活动,参与地方建设,不仅入了党,还长期担任妇女主任、农业委员会委员。当然不可否认,电影放映以后,地方政府有可能给予了她更多的荣誉,但是封芝琴自己的贡献是不应该被忽略。

自主：中国革命中的婚姻、法律与女性身份（1940~1960）

其中不少优秀作品被改编成了电影，在全国放映，鼓励青年男女婚姻自主。① 在所有这些文艺作品中，《刘巧儿》的影响最为广泛，刘巧儿也因此成为一个可以效仿的模范，刘巧儿不仅激励新凤霞，而且激励了中国乡村更多的妇女。

1951年，河北省满城县的一位年轻妇女——李志茹，走上了与巧儿相似的道路。在土改和推行婚姻法的运动，李志茹成为一名积极分子，并且参加了识字班，学到很多新观念，包括婚姻自主，她可能听到过刘巧儿的故事。② 在这些活动中，她认识了一个男青年——贾进才，并爱上了他。但是李志茹的父亲和哥哥坚决反对她自己找对象，立刻给她另外安排了一桩婚事，而且把她锁在家里，不许她见贾进才。通过一位朋友的帮助，她给县妇联和法庭写了一封求助信。县法院的法官和妇联的主任立刻来到村子，救她出来。由于政府的介入和干预，避免了一场婚姻悲剧，李志茹得偿所愿，嫁了心上人贾进才。在1950年代，她的故事被写进了宣传婚姻法的材料，广为传播，被称为"河北的刘巧"。当代的一位作家访谈了她，李志茹依然记得自己生命中的这个关键时刻，表示从未后悔过为美好婚姻做的斗争。③ 在这个事件中，婚姻自主作为一种观念激励着妇女们，而刘巧儿则成为她们的榜样。同样的，能够帮助李志茹的人主要是上级法官和妇联主任，李志茹的故事显示了和封捧儿/刘巧儿故事同样的模式。

---

① 见《中国戏曲曲艺词典》，上海辞书出版社，1981，第614~615页。
② 这时候评剧《刘巧儿》在河北广大地区上演，即使李志茹没有看过戏，也有可能听过别人复述《刘巧儿》的故事。
③ 黄传会：《天下婚姻》，第68~73页。

第七章　从评剧到电影：《刘巧儿》与全国性婚姻家庭改革

小　结

刘巧儿的形象作为一种文化符号经历了一个演化过程，延安时期的故事作为婚姻改革和改进政府工作作风的样板，代表着边区政府在司法实践、社会改革和乡村治理方面的经验。在1950年代，当共产党取得全国政权以后，开始在全国范围内推行社会改革，在革命根据地的经验通过文化重塑使得革命政权及其社会改革获得广泛支持，通过对《刘巧儿》故事的改编、修改、强化，塑造了刘巧儿这样的新妇女形象作为革命符号，作为推动婚姻改革的助力。与此同时，这个符号的原型封芝琴、原创者袁静、表演者新凤霞，她们的生活在1960年之后继续着按照各自的轨迹行进。

余论　当代历史与革命传统："刘巧儿"、法律、"自主"

20世纪中国的婚姻与家庭改革是一项巨大的社会改造工程，涉及各种社会势力和多层次、多方面的变革。革命力量将从都市带来的理念在乡村付诸实践，由此形成了互相改造的过程，于是革命的形象、符号和新词语就在这实践的过程中产生了。一旦产生，这些形象、符号、新词语又重新建构革命的理论，并指导革命实践更为有效的推行。

封捧儿/刘巧儿的故事从一件村庄里的婚姻纠纷案到"刘巧儿"作为全国婚姻自主的形象，从法律案件到文化符号，体现了20世纪中国妇女与家庭和国家关系的改变。如果说当时封捧儿的行为是当地妇女本能地表现自己的主体能动性——就像许多当地妇女之前曾经做过的，来抗拒家长对婚姻的主导，这个事情的结局则成为一个革命政权与妇女合作，为妇女权利和幸福奋斗的故事。在创造刘巧儿的形象时，国家为妇女树立了政治、道德的模范，鼓励她们去实现自己的婚姻自主。在动员妇女参加社会改革时，革命政权重塑了家庭和国家关系以及个人与社会的关系。所以，刘巧儿也象征着革命政权在社会改造中整合了女性的力

余论　当代历史与革命传统："刘巧儿"、法律、"自主"

量，并赋予妇女以个人人格和个人权利。正是在这一过程中，像"自主"这样的新词语开始出现，体现出革命政权从社会实践的经验中形成结晶，提取成为概念，并且通过这一过程重塑了家国关系。正是因为妇女在婚姻上的自主和国家在国际社会反抗殖民主义和帝国主义霸权的斗争是同步的，所以妇女的自主和国家的自主形成了一种同构的关系，带动了妇女、家庭、国家的联动性变革，让"自主"这个词具有了更为深刻的意义，也具有了强大的生命力。当社会和故事原型继续前进，刘巧儿和新词语在1960年之后继续扮演着新的角色，随着历史的发展而一再翻新革命传统。

刘巧儿故事在继续：封芝琴、袁静、新凤霞

从1950年代往后，三位和刘巧儿形象关系最密切的女性经历了不同的人生道路。在1960年代，封芝琴继续努力为家乡服务，为社会主义建设服务，并且继续获得刘巧儿形象为她所带来的荣誉，在1966年"文革"开始之前，她一直是当地的人民代表和妇女主任。在"文革"中，作为国家认定的模范，她被指为旧体系的支持者，如同其他国家认定的模范一样。[①]从1960年代后期到1980年代早期，封芝琴的名字，同"刘巧儿"的形象一样，消失在公众的视野中。

1980年代初期，在"文革"中和其他艺术名人一样受到批判的新凤霞返回了舞台，被称为"评剧皇后"，重现往日的艺

---

① 杨正发：《封芝琴、刘巧儿》，第209~226页。

风采。① 报刊和娱乐圈开始介绍她扮演过的角色，包括刘巧儿。于是新凤霞的名声给封芝琴带来了关注，在重新发现刘巧儿形象的一波报道中，封芝琴也受到了关注，地方政府授予她新的荣誉。1983年，她成为省劳动模范并到兰州开会。封芝琴和新凤霞重新建立了联系，曾经在1983年和1986年两次见面，第一次是新凤霞等率领艺术团访问老区，第二次是封芝琴跟老伴张柏访问北京。② 张柏于1991年因旧疾复发而过世，享年68岁。③

封芝琴和新凤霞在"文革"后，随着电影和戏剧重新演出重回公众视野，但最早创造刘巧儿这一形象的作家袁静却完全和这些社会新闻无缘。在1950年代，她并未参与刘巧儿形象的再创造和宣传婚姻法的政治运动。出版《新儿女英雄传》使她名噪一时，成为当时著名革命作家之一。④ 正是这部作品成了她的代表作，却掩盖了她对创作刘巧儿的贡献。1950年代初，她继续在北京从事写作，但是由于孔厥的生活作风问题，袁静个人生活和写作遭遇重大挫折，她和孔厥的婚姻走到了尽头，文学创作的合作关系也因此中断。⑤ 不久袁静和第三任丈夫结婚，婚后搬

---

① 戏剧网：《评剧皇后新凤霞戏剧人生留佳话》，http：//www.xijucn.com/html/pingju/20120418/35454.html（2021年2月15日浏览）。
② 见封芝琴新居前石碑上的文字。
③ 杨正发：《封芝琴、刘巧儿》，第133页。
④ 《新订新名词辞典》，上海春明出版社，1952，第9056页。
⑤ 见卢宗邻、王载珏《孔厥事略》，《新文学史料》1985年第3期，第165~168页。根据这个简短的介绍，除了《新儿女英雄传》外，从1946年到1952年，袁静和孔厥共同创作过的作品有唱本《吴满有大合唱》、歌剧《兰花花》、电影剧本《淮上人家》、小说《中朝儿女》（原名《生死缘》）、报告文学《中原突围》等，可见这个时期是二人合作创作的多产时期。

余论　当代历史与革命传统："刘巧儿"、法律、"自主"

到了天津，转型成为儿童文学家，为她的继女撰写童话故事，并多次获奖。从1960年代到1970年代，袁静写过几部小说，题目从1949年之前地下党在隐蔽战线的斗争到1949年之后天津改造海河的历程，但这些小说都没有什么影响。①

作为整个故事及其戏剧的中心人物，封芝琴和新凤霞享有盛名，并在改革开放时代继续着她们的人生。经济改革的浪潮以及国家权力在乡村的撤退削弱了基层权力结构，给旧习俗的复活留下了空间。② 1983年7月13日，《人民日报》发表了一篇读者来信，该读者愤愤不平地抱怨在他的家乡甘肃省华池县，刘巧儿形象诞生的地方，一些旧习俗像是早婚、彩礼、买卖婚姻又死灰复燃。他借用《刘巧儿》的例子问："马专员在哪里？"并要求政府尽快应对这些落后风俗的复燃。③ 这种呼声是借呼唤"马专员"来要求国家权力介入，扫除地方的旧风俗。1990年代经济发展却造成了对革命原则，尤其是婚姻自主原则的侵蚀，这些旧风俗依然存在于乡村地区，也影响到了革命政权树立的模范。尽管她的故事被用来创造了一个反对包办婚姻的妇女模范形象，但是封芝琴自己却没有逃脱旧观念复活的影响。2000年，一名记者试图报道"刘巧儿"故事的后续，采访了封芝琴，在采访中，记者发现封芝琴正在为一件家庭事儿烦恼，即她外孙女离家出

---

① 据2012年6月28日对秦虎的访谈。
② 1949年之后，一直到改革开放的1990年代，某些旧婚俗一直存在，尤其是在偏远贫困的乡村地区。但是从1950年代到1970年代，政府一直密切关注这些旧风俗，不少地区的旧婚俗保持了低调的存在。在1980年代国家权力从乡村基层撤退后，这些旧习俗又复活了。
③ 杨子林：《"马专员"，你在哪里？》，《人民日报》1983年7月13日。

走,因为封芝琴全家都不同意外孙女选择的婚姻对象。①

这件事见报以后,2004年中国评剧团(前身正是新凤霞的戏班子)以此为原型,创造了一个关于刘巧儿的新故事:《刘巧儿新传》,以国家的文化影响力来回应旧习俗的回潮。这个"新"故事讲述柱儿参军后在抗美援朝战争中牺牲,巧儿受到邻居于老栓的关心照顾。但是她既珍惜自己和柱儿的那段爱情佳话,又惧怕村中人的闲话,不敢和于老栓结婚。为了感谢于老栓长久以来的照顾,1990年代,巧儿安排了自己的孙女嫁给于老栓的孙子,但是两位小青年却坚决反对。巧儿还极力阻止自己丧偶的儿子娶邻村的寡妇,因为这位寡妇是她讨厌的王寿昌的孙女。最终,在青年一代的帮助下,巧儿终于找回了自主婚姻的意义,同意让自己的孙女和儿子自己做主。同时,她也克服了心理障碍,大胆地接受了于老栓的求婚。② 在这个剧里,编剧导演承认当下社会存在着婚姻不自主的现象,但却归咎于老一代人的旧思想回潮,于是把希望寄托在年轻一代身上,认为他们更能够体现婚姻自主的原则。有意或无意,编导将故事的背景放在1990年代初期,显示旧的婚姻陋习回潮,侵蚀着革命的传统。而且在故事发生时,当地没有政府干预,没有妇女组织的领导阻止旧观念、旧习俗回潮,也无人帮助那些婚姻不能自主的人。反而是年

---

① 滕玉虹:《三个女人的故事》,《中国电视报》第10期,2000年3月9日。
② 周桓:《"刘巧儿"又有动人新传》,《人民日报》(海外版)2004年9月27日;《"刘巧儿"有新传,亮相北京大舞台》,http://culture.qianlong.com/6931/2004/05/11/1340@2047123.htm(2005年1月24日浏览);豆瓣音乐:《评剧:刘巧儿新传》,https://music.douban.com/subject/2169116/(2021年2月19日浏览)。

余论　当代历史与革命传统："刘巧儿"、法律、"自主"

轻人通过与外界的交流，获得了婚姻自主的观念，反过来教育了老一代。这显示当时乡村社会权力真空的情形，于是编导寄希望于年轻一代领受革命给他们带来的权利，也相信革命的精神遗产会被青年一代传下去。

自 1990 年以来，由于经济的发展，人们的婚姻观念及其实践发生了转变。正如阎云翔在研究中显示的，自 1949 年以来，中国乡村的家庭关系观念、私人生活观念、爱情观念都经历了一场急速转型，年轻一代在他们的个人生活中享受更多的自由。[①] 由于经济改革的深入以及自 1990 年以来全国性九年义务教育的普及，大量的青年男女脱离他们的村庄和父母的控制，来到沿海一带和大城市打工，这就极大地改变了他们的爱情与婚姻观念。[②]

进入 21 世纪，封芝琴和"刘巧儿"都为当地的经济发展做出了贡献。在全国范围内重新发现革命传统刺激了旅游，也带动了地方经济发展，华池县及时地发掘封芝琴的故事和"刘巧儿"

[①] Yunxiang Yan, *Private Life under Socialism: Love, Intimacy, and Family Change in a Chinese Village, 1949–1999* (Stanford, CA: Stanford University Press, 2003).

[②] 参见《庆阳地区志》第 1 卷，第 919~924 页；《华池县志》，第 881~882 页。但是近年有关庆阳地区婚姻市场的报道显示了不少问题。年轻女性的短缺导致彩礼迅速增加，使得青年男性及其家庭陷入了财务危机。这种男女的不平衡部分是在一孩政策下，乡村地区偏好男婴造成的，另一部分原因是城市的发展带动了相当数量的青年女性进城务工，而很多男性青年根据习俗留在乡村照顾父母。见 CCTV《新闻调查：陇东婚事》，2015 年 2 月 7 日，http://tv.cntv.cn/vodplay/603a16aff11b480192d5b8ab4d519edc/860010-1102010100（2015 年 5 月 12 日浏览）。过去 10 年来，中国各地高彩礼之风愈演愈烈，除了中央电视台的调查报告所提到的原因之外，应该还有更为深层的社会和经济问题反映在彩礼上。这有待于更进一步的研究。

自主：中国革命中的婚姻、法律与女性身份（1940~1960）

的形象，并将封芝琴的新居指定为"红色旅游点"。在我2005年第一次访问封芝琴时，看到当地政府在封芝琴的旧居旁建起了新居，新居前竖起了石碑，院内建起了展览馆，展出了各种展品，包括图片、报刊、书籍、剧本、书法、政治人物和名人的签名，都与封芝琴以及新凤霞扮演的刘巧儿的故事有关。为了吸引游客，县政府在县城内建起了浮雕纪念墙，展示从古到今当地各种重要人物和发生在当地的重要事件。浮雕墙画卷的一个小章节属于封芝琴和丈夫张柏，他们被塑造成婚姻革命的标志性人物。县里修了一条公路通向封芝琴的新居，并在靠近新居一里路之内，竖起三个巨大的标语牌，导向新居。标语牌由远到近分别写着"反对封建包办婚姻的先锋刘巧儿家乡""这里是新中国妇女解放的典范——刘巧儿的家乡""巧儿精神，妇女之光"（见图8-1、图8-2、图8-3）。一个标记牌矗立在新居的马路对面，写着"巧儿新居"，还有两块较小的牌子立在新居前，分别标记

图8-1　封芝琴家附近的标语牌之一

余论　当代历史与革命传统："刘巧儿"、法律、"自主"

图 8-2　封芝琴家附近的标语牌之二

图 8-3　封芝琴家附近的标语牌之三

"巧儿新居""巧儿旧居"。县政府在新居前竖起的石碑上，讲述了封芝琴的故事并说明为她建新居的原因。所有的标语牌上都是封芝琴带着微笑的形象，但她的名字却变成了刘巧儿。作为国家性象征，刘巧儿的光环似乎遮盖了她的原型——封捧儿（封芝琴)。尽管在官方的话语和体系中,封捧儿/封芝琴存在于刘巧儿的阴影里,但是她仍然保持了她的地方身份,并在经济发展的大潮中为地方政府提供助力。

《婚姻法》：1960年之后的发展与实践

1950年《婚姻法》颁布之后,婚姻改革在司法和行政体系中继续进行并且实现了新婚姻法的原则。如前所述,从那以后,法律、司法实践以及行政干预渐渐地改变着地方的婚姻习俗和个人行为。1980年新的《婚姻法》颁布,对1950年《婚姻法》做出修改。主要的修改放在了离婚方面,对单方面离婚增加了一个条件。1950年《婚姻法》规定"男女一方坚决要求离婚的,经区人民政府和司法机关调解无效时,亦准予离婚"。在这里,调解是一个程序。但是1980年《婚姻法》则规定,在单方面离婚上,"人民法院审理离婚案件,应当进行调解；如感情确已破裂,调解无效,应准予离婚"。① 在这里,调解属于"应当"而不是必需的程序。在1939年的边区婚姻条例中,单方面离婚的条件中有"感情不合,无法同居",但是1950年的《婚姻法》在论及离婚条件时,并无任何关于"感情"的条文或言辞,而1980年的《婚姻法》中增加了"感情确已破裂,调解无效,应准予离婚"一句。增加的这一句可能基于一个假定,即在1950年《婚姻法》颁布时,立法者假定绝大部分婚姻均属买卖包办,夫妻并无感情基础,

---

① 《中华人民共和国婚姻法》(1980年),《婚姻法宣传手册》,法律出版社,1980,第6页。

余论　当代历史与革命传统："刘巧儿"、法律、"自主"

所以单方面要求离婚就已自证婚姻关系不可维系，不需要强调感情破裂与否。而1980年的《婚姻法》使用"感情破裂"则暗示了立法者相信，1950年代的婚姻改革已经基本扫荡了无感情的婚姻，在第一个婚姻法颁布30年之后，所有要求离婚者在结婚时都是有一定感情基础的，要求离婚意味着这种感情走向破裂。

实际上，"感情破裂"的说法早已存在（见第四章），但真正开始流行则是在1980年《婚姻法》颁布之后，所以1980年《婚姻法》的说法并非创新，而是随着婚姻改革变化的重点转移。除了在第四章中所提到的闽浙赣苏区文件中和陕甘宁边区法律文件中偶然出现外，从1950年开始，关于"感情破裂"的说法也开始零星出现，因为这体现了在《婚姻法》实施之后，人们开始注意到在禁止买卖包办婚姻之后，以爱情为基础的婚姻也会出现问题。1957年的《中国妇女》刊登了一篇文章，讨论爱情的变化和破裂。作者石磊是一位司法工作者，他参与了杂志关于婚姻问题的通信讨论，以自己的工作经验来回应另一位作者的观点。石磊观点的前提是，夫妻的结合是基于感情，但是感情是可以变化的，可能会破裂。作者先讨论了导致感情变化的原因，然后讨论感情变化直至破裂以后怎么办。对方的文章认为"如果夫妻感情完全破裂，就该判决离婚"，但是石磊问：怎样来衡量"夫妻感情已经完全破裂"而且已经破裂到"不堪同居"？文章接着说，因为要求离婚的当事人，大都是采取"我们没有感情了、坚决离婚"的态度来打官司的，他们不是冷静、客观地把情况告诉法院，甚至把过去两人感情很好时的表现和写的情书也一口否定了。法院能不能以当事人所反映的情况，就认为他们感情已经完全破裂，一律准许离婚呢？当然不能，我们应该采取细致的调查和慎重的态度来处理。①

一方面，这篇文章证实了作者的假设，即法院认为1950年《婚姻法》颁布后的婚姻基本属于因有感情而结合，然后从有感情发展到破裂，最终要求离婚。另一方面，1980年《婚姻法》规定了由法官来认定夫妻的感情是否破裂，这几乎是不可能的任务，如同上述信中司法工作者所说。这种规定实际上是把1980年代的法官又置于1940年代陕甘宁边区司法人员同样的境地（见第二章），让他们判定感情是否不合。1940年代到1980年代，法庭会采取细致调查和慎重态度来处理这种离婚要求，在调解过程中也会有当事人单位参与。但是，1980年以后，行政系统不再参与婚姻纠纷的处理，司法人员也没有时间、耐心和精力来做细致调查了解，所以法庭调解在1980年以后很有可能会被省略。在这里我们看到在实践中，政策的变化再一次荡回激进一端，单方面离婚的程序变得简化、容易了，但却又留下许多问题，留待下一次的政策修正。

在1978年的《宪法》中，"自主"一词首次进入最高等级的法律文件。新中国成立以来共有四部宪法，最早的一部——1954年《宪法》强调男女平等，而把婚姻和家庭问题的法律规范留给了《婚姻法》。1975年的《宪法》在婚姻方面遵循1954年的《宪法》。但是三年之后的1978年，《宪法》则为婚姻订出

---

① 石磊：《怎样看爱情的"变化"和"破裂"》，《中国妇女》1957年第8期，第17页。

余论　当代历史与革命传统:"刘巧儿"、法律、"自主"

原则性条款——第53款,阐述婚姻的原则是"男女婚姻自主"(见导论)。现行宪法于1982年颁布,于1988年、1993年、1999年做出修正。尽管仍然强调两性的平等权利,但是1982年的《宪法》第49条在婚姻、家庭、母亲和儿童方面,并未如1954年《宪法》一样强调男女平等,又去掉了"自主"一词,主要强调家庭责任,对于婚姻只提到了"禁止破坏婚姻自由"。① 另一方面,在1986年,中国制定了《民法通则》,准备将婚姻家庭有关事务归于民法。在《民法通则》中又一次使用了"自主"一词,将其规定为个人婚姻自主权,② 婚姻自由作为婚姻的普遍性价值导向,而自主则是个人可以实践的权利。③ 经历了半个多世纪的社会实践,源于西方、流行于都市的"婚姻自由"的观念,与基于本土、从法律实践中产生的"婚姻自主"观念终于形成了一个互相协调互相包容的态势,从而极大地改变了中国20世纪的婚姻观念和社会习俗。在2001年,中国再次修改了《婚姻法》,加入了新的条款,即如果夫妻双方分居两年以上,可作为感情破裂的证据,允许单方面离婚。这个条款与陕甘宁边区的司法实践中,法官在判决离婚时把重点放在"不可同居"上实属异曲同工。这更反映了当代司法实践与革命时代的连续性,反映出中国社会变革的连续性。同时也显示出,在婚姻改革的实践过程中,如同其他社会改革实践,都须经历某种激进理想与

---

① 《中华人民共和国宪法》(1982年),第49条。
② 《中华人民共和国民法通则》,1986年4月12日颁布。
③ 《婚姻自由与婚姻自主权的区别》,婚姻法律网,www.lihun99.com/jh/hyzzq/1007011263.html (2011年8月8日浏览)。

社会现实之间的修正性震荡,这就体现在政策和用词的摇摆上。

在此之后,2001年的《婚姻法》修改和2003年以及2011年的两个司法解释不再纠结于结婚、离婚问题,而是更多地放在婚姻过程中的财产问题,以及离婚后家庭关系的处理上,这说明婚姻自主、基于感情、不和则离的观念已经深入人心,不需要最高法院再多做引导。《婚姻法》在2001年再次做出修改后,2003年,最高法院颁布了《婚姻法司法解释(2)》,对于彩礼的处理做出了详细规定。这个规定的精神比较接近1930年代国民政府的《民法典》以及1946年陕甘宁边区高院的司法解释,即将彩礼视为以结婚为前提的订婚礼物。司法解释要求彩礼不应给支付者造成重大经济负担,而且当订婚/婚姻取消时,女方应当归还彩礼,① 与边区高院1946年的解释高度相似。在2011年,最高法院颁布了《婚姻司法解释(3)》,规范了男女双方婚前财产及其婚内财产的问题。② 不过这个规定引起了广泛的争议,人们对于最新司法解释中关于不同性别的财产权问题发出质疑。③ 但

---

① 最高人民法院:《婚姻司法解释(2)》,离婚法网,www. lihunfa. org/59w9. html(2014年1月15日浏览)。
② 最高人民法院:《婚姻法司法解释(3)》(2011年8月9日),新华报业网,http://news. xhby. net/system/2011/08/12/011448797. shtml(2014年12月20日浏览)。
③ 在这个解释中最有争议性的条款是关于婚前财产的规定。根据司法解释,一方名下的婚前财产本身及其在婚姻存续期间的增值在离婚时都不属于可分割的财产。2014年当我在国内和不少人讨论这个问题时,某些人坚决反对,认为这个条款保护了有钱人的财产,使得在离婚时他们的财产不被分割。另一些人则支持,因为这样可以鼓励女性的独立性,警告女性在结婚时要时刻警惕保护自己的利益,并且自己一定要有独立的经济来源,而不是依靠男人。争论还在持续,这个解释所产生的社会效果还需要一定时间方才能够看清楚。

余论　当代历史与革命传统:"刘巧儿"、法律、"自主"

是,随着经济的发展以及人们生活水平的提高、教育程度的提高,以及年轻一代离开村庄、离开父母,彩礼的重要性在某些地区逐渐降低,在另一些地区逐渐转型为一种给小两口开始新生活的启动资金,因为大部分的彩礼被新娘家庭当作嫁妆返还给小夫妻。① 但是最近 10 年以来,本来已经走弱的彩礼习俗在不少地区又渐渐走强,这种形势所包含的文化学、社会学,以及经济学上的意义使得彩礼的问题变得更为复杂,需要更多的后续研究。②

笔者在翻译此书之际,正值 2020 年中国人大通过并颁布了《民法典》,从 2021 年 1 月 1 日开始执行,与此同时,原有的《婚姻法》被废止。应该说,《婚姻法》的产生是中国革命在特定历史阶段针对特定历史任务所形成的重要法律文件,通过立法推动了社会变革,并在司法实践中保障了社会变革的目标。所以

---

① 似乎自 2010 年以来,彩礼的范围以及流行彩礼的地区在不断增加,但是据我的观察,不少新娘的父母将彩礼的大部分作为女儿的嫁妆,返还小夫妻,这既符合传统风俗,也正是法律定义所期待的。关于彩礼的传统以及彩礼的钱财走向与分配,见毛立平《清代嫁妆研究》,中国人民大学出版社,2007。
② 腾讯新闻谷雨:《2020 国人彩礼地图:哪个省的彩礼最贵?》,https://user.guancha.cn/main/content?id=397006(2020 年 10 月 19 日浏览)。这里需要有一些说明,本书的英文书稿在 2015 年定稿,但是随着过去若干年国内婚姻问题的发展,这里对于彩礼问题发展趋势的预测似乎不太准确。但是从作者的感觉上来讲,过去 10 年来,彩礼问题与此前 1940 年代到 1980 年代彩礼的情况既有相似性,又有很大不同。因为这不仅仅是个传统文化的问题,有少部分是贫穷问题。但是很有可能这一次彩礼之风的回潮更多的是社会学和经济学的问题,尤其是考虑到 2010 年以后全球性通货膨胀以及国内房地产业的急速扩展,也许彩礼这个微观经济学的问题和国际国内的宏观经济环境也有着紧密的联系。但由于这次翻译比较匆忙,加上疫情的阻隔,本人无法在短期内对这一问题做出有深度的研究与合理的解释,深感抱歉。希望将来有机会可以对这个题目进行更加深入的探讨。

自主：中国革命中的婚姻、法律与女性身份（1940~1960）

《婚姻法》既是法律文件，也是政治文件，是以法律形式规范了革命所要达成的任务。而将婚姻与家庭问题汇入《民法典》可以视为《婚姻法》所承担的历史和政治任务——帮助妇女从家长制家庭中，从无感情的婚姻中解放出来，将家庭关系改造为更加适应现代生活，适应社会主义社会——已经完成。这是 20 世纪革命的一个巨大成功，我相信《民法典》将会保障中国妇女在 20 世纪革命中所获得的权利，并在 21 世纪进一步保护妇女在社会和家庭中享有应得的权利和地位。

自主：从婚姻家庭到国家社会

在 20 世纪中国革命的社会改造工程中，共产党通过 1940 年代的政治和司法实践创造了一系列的新词语和文化符号，强烈地影响着 1949 年之后的中国社会。在创造"自主"一词时，革命的司法实践赋予了妇女独立的法律人格和社会人格，并且在婚姻改革中重塑了家国关系，但是从历史上沿袭的家国同构性和关联性仍然在产生影响，体现了中国社会的变革与延续。革命政权通过刘巧儿的形象来吸引妇女参加社会改革，动员妇女和改造妇女，让妇女成为建设强大国家的一支力量。

在国家层面上，"自主"一词有着更为深刻的含义。在冷战时代，刘巧儿所代表的的文化符号被赋予了更多的政治含义。但"自主"一词更多的时候仍然囿于婚姻家庭领域，在政治和外交领域中的表现不太突出，因为在 1950 年代初，新政权试图将发展的重点放在城市，并在对外关系中实行了对苏"一边倒"的政策。但是自 1950 年代中后期中苏分裂之后，到 1960~1970 年代,"自主"一词明显地有利于强化中国主权和经济独立意识。①
1980年代,中国实行的改革开放政策受到大多数西方国家的欢迎,即使如此,中国当时的最高领导人邓小平仍不断地提醒全国人民,中国在国际关系中仍应该坚持独立自主的政策,中国的工业化和经济发展要走"有中国特色的社会主义"的道路。② 在1989年的政治风波之后,西方世界对中国实行了经济制裁,造成中国经济发展的困难。也正是在这个时期,"自主"一词的应用迅速扩展,首先体现在科学技术领域里。从1990年代至今,国家的独立自主政策引导着中国经济和科技的发展。在这种氛围中,"自主"一词开始迅速进入更为广阔的社会领域,成为政治词汇和社会用语,从国家主权和经济领域扩展到专业领域,如法律、教育(如自主招生、自主办学)、外交(自主外交)、科技(自主研发、自主生产)等。最明显的例子就是西方的经济制裁在高科技和高端武器上刺激了中国科研人员自主的研发,发展出一系列高科技产品并取得重大先进武器的突破,这种情况极大地激发了年轻一代的自豪与自信。同时,"自主"一词的延伸使用也带来了语言学上的变化,例如,"自主"一词从双字词组提升为新的抽象名词,如自主性;或与法律词汇结合形成新概念,如自主权。这些变化反映了不论是个人还是社会组织在国内事务上越来越强化的自主意识。

---

① 毛泽东主席在1959年的谈话中指出,中国在和苏联决裂后,在国际关系中要坚持自主独立的原则。见中共中央文献研究室编《毛泽东年谱(1949-1976)》第4卷,中央文献出版社,2013,第238页。
② 《邓小平文选》第3卷,人民出版社,1993,第191、131、382、223、254页。

自主：中国革命中的婚姻、法律与女性身份（1940~1960）

"自主"一词的转型与升华发生在中国革命的实践中，中国革命的发生也正是处于西方列强对亚洲的殖民时代。中国共产党兴起于民族危亡之际，这就使得中国的共产主义运动成为世界民族解放运动、抵抗外国侵略、反对法西斯主义运动的一部分，具有鲜明的反对帝国主义和殖民主义的性质。这场革命也同时与亚洲各国寻求民族独立和民族解放，建设现代国家的国际潮流融合一起。在这种历史语境中，"自主"一词的重要性就在于，当殖民主义和帝国主义剥夺被殖民地民族、国家、社会和人民的主体性时，中国人民通过革命实践实现了独立自主的民族解放。"自主"一词经由革命实践，从本土文化脱颖而出，有机会为遭受殖民主义和帝国主义剥夺的人民和民族重新建设自己的主体性提供理论重建的依据，同时也显示出中国道路与其他仍受后殖民主义文化影响的国家有所不同。所以"自主"一词的浮现，联结了近代以来社会革命和国家建设的需要，联结了中国共产党的两大重要任务，即反帝（反侵略与维护主权）和反封建（家庭革命）。在世纪之交，"自主"一词被广泛接受正说明了这两大任务的完成。这就是中国革命从实践中所创造的"自主"一词的重要历史意义。

在当代，欧洲中心论在后殖民国家和欠发达社会中仍然有着强大的历史叙事能力。在中国，当共产主义革命的高潮渐渐地融入历史，我们在后革命时代如何看待并使用革命的遗产/传统？在当代社会仍然使用自主一词时，我们如何理解这个词产生的历史的语境？更为重要的是，我们如何讲述这部分历史，以它自身的逻辑，尊重历史人物本身的主体性，克服后殖民主义的话语以及西方中心主义对当代世界历史的主导？这些问题将在21世纪仍然存在，"自主"一词源于20世纪的革命，在社会革命、改变婚姻制度、改变妇女的社会和家庭地位上，留下了极其深刻的历史印记，并将继续发挥作用。这就是封芝琴（封捧儿）故事向我们昭示的历史意义。

参考文献

一 陕西省档案馆藏资料

《馆藏革命历史资料》
全宗号 4《陕甘宁边区民政厅档案》
全宗号 15《陕甘宁边区高等法院档案》
全宗号 46《陕甘宁边区妇联会档案》

二 已刊文献

艾绍润编著《陕甘宁边区审判史》,陕西人民出版社,2007。
艾绍润、高海深编《陕甘宁边区判例案例选》,陕西人民出版社,2007。
北京大学党史校史研究室编《北大英烈》第3辑,北京大学出版社,1997。
《辞海》,上海辞书出版社,1980。
《重修镇原志》,成文出版有限公司,1935。
党音之编《信天游五百首》,陕西人民出版社,1993。
《邓小平文选》第3卷,人民出版社,1993。
《狄公案》,齐鲁书社,1993。

丁玲：《丁玲文集》，吉林摄影出版社，2004。

丁世良、赵放编《中国地方志民俗资料汇编·西北卷》，北京图书馆出版社，1989。

冯沅君：《春痕：冯沅君小说》，上海古籍出版社，1997。

（明）傅学礼、（清）杨凤藻撰《庆阳府志》（合印本），甘肃人民出版社，2001。

高文、巩世锋、高寒编《陇东革命歌谣》，甘肃人民出版社，1982。

甘肃省妇女联合会庆阳地区办事处：《陇东妇女运动史资料汇编》，甘肃省妇女联合会庆阳地区办事处妇运史小组印，1982。

甘肃省庆阳县政协：《庆阳文史资料》第1辑，庆阳县政协等印刷，1999。

甘肃省社会科学院历史研究所编《陕甘宁革命根据地史料选集》，甘肃人民出版社，1981。

甘肃省政协编《甘肃文史资料选辑》第12辑，甘肃省政协，1981。

《古代汉语词典》编写组编《古代汉语词典》，商务印书馆，2006。

国民政府司法行政部编《民事习惯调查报告》，中国政法大学出版社，2005年重印。

韩起祥口述，高敏夫、林山记录《刘巧团圆》，香港海洋书屋，1947。

韩起祥、袁静（原作者）：《刘巧儿》（首都实验评剧团集体改编，王雁执笔），北京宝文堂书店，1952。

韩起祥、袁静（原著），王雁改编《刘巧儿》，北京宝文堂书店，1954。

《汉语大辞典》编辑委员会编《汉语大词典（普及本）》，汉语大词典出版社，2000。

胡乔木：《回忆毛泽东》，人民出版社，1994。

《华池县志》，甘肃人民出版社，2004。

《华夏长寿》，1999。

《环球法律评论》，2003年夏季刊。

《环县志》，甘肃人民出版社，1993。

黄源盛：《晚清民国刑法史料辑注》，元照出版社，2010。

江西省妇女联合会、江西省档案馆：《江西苏区妇女运动史料选编》，江西人民出版社，1982。

《解放日报》，1942 – 1947 年。

《康生同志报告记录摘要》，中央政府干校社会主义教育辅导组整理，1958。

力群、彦涵、娄霜、安明阳等：《解放区木刻连环画》（全5卷），黑龙江美术出版社，2001。

李伶伶：《葛健豪传》，中国妇女出版社，2005。

李伟主编《最新实用万年历》，中医古籍出版社，2008。

梁启超：《饮冰室合集·文集》卷1，中华书局，1932。

林庚、冯沅君主编《中国历代诗歌选》上编（一），人民文学出版社，1964。

刘凤阁主编《陇东的土地革命运动》，中共庆阳地委党史办公室，1992。

刘凤阁主编《庆阳地区中共党史人物》，中共庆阳地委党史办公室，1992。

刘凤阁主编《陕甘宁边区陇东的军事斗争》，中共庆阳地委党史资料征集办公室，1992。

（汉）刘向：《列女传》，哈尔滨出版社，2009。

刘正埮、高名凯、麦永乾、史有为编《汉语外来词词典》，上海辞书出版社，1984。

陆地：《中国现代版画史》，人民美术出版社，1987。

罗竹风主编《汉语大词典》，上海辞书出版社，2001。

《毛泽东选集》，人民出版社，1968。

《女学报》，1898年8－9月。

蒲松龄：《聊斋志异》，光明日报出版社，2009。

强晓初：《延安整风运动回忆录》，黑龙江人民出版社，1958。

庆阳地区志编撰委员会编《庆阳地区志》，兰州大学出版社，1993。

庆阳县志编纂委员会：《庆阳县志》，甘肃人民出版社，1993。

全国妇联老干部局编《巾帼辉煌：纪念中华全国妇女联合会成立五十周年》，中国妇女出版社，1999。

《人民日报》，1954－1986。

《人民日报》（海外版），2004。

柔石：《为奴隶的母亲》，上海世界英语编译社，1947。

陕甘宁协作区：《延安地区革命文化史料集》，延安地区文化文物局出版，1991。

陕西地方志编撰委员会编《陕西省志·报刊志》，陕西人民出版社，2000。

陕西省妇女联合会编《陕甘宁边区妇女运动文献资料选编（1937－1945）》，编者印，1982。

陕西省妇女联合会编《陕甘宁边区妇女运动文献资料选编续集》，编者印，1985。

上海法学编译社辑校《中华民国刑事诉讼法》，上海会文堂新记书局，1936。

王憨群：封芝琴新居展览馆《前言》（1994年9月12日撰）。

王乃聪编《新婚姻法问题解答汇编》，联营书店，1950。

王琦编《古元的木刻》，朝花美术出版社，1957。

王依群、陕西秦腔实验剧团改编《刘巧儿》（韩起祥、袁静原著，王雁改编，王依群修补秦腔曲谱），长安书店，1958。

文化部党史资料征集工作委员会、《延安鲁艺回忆录》编辑委员会：《延安鲁艺回忆录》，光明日报出版社，1992。

《习仲勋在陕甘宁边区》编委会编《习仲勋在陕甘宁边区》，中国文史出版社，2009。

谢觉哉：《谢觉哉日记》，人民出版社，1984。

《新订新名词词典》，上海春明出版社，1952。

新凤霞：《新凤霞回忆录》，百花文艺出版社，1980。

新凤霞：《新凤霞的回忆》，北京出版社，1982。

新凤霞：《以苦为乐：新凤霞艺术生活》，中国戏剧出版社，1983。

新凤霞：《我叫新凤霞》，北京出版社，1998。

《新华日报》，1944～1945年。

《新文学史料》，1985。

邢墨卿编《新名词辞典》，新生命书局，1934。

延安鲁迅艺术学院整理编纂《陕北民歌选》，新华书店，1949。

延安陕甘宁边区政府办公厅编《调解为主，审判为辅》，边区政府办公厅印，1944。

《延安市妇女运动志》编纂委员会：《延安市妇女运动志》，陕西人民出版社，2001。

延安整风运动编写组：《延安整风运动纪事》，求是出版社，1982。

严复译《群己权界论》，商务印书馆，1981。

严复译《群学肄言》，商务印书馆，1981。

杨君臣编著《回忆延安整风运动》，湖南人民出版社，1957。

袁静：《刘巧儿告状》，东北书局，1947。

袁静、孔厥：《新儿女英雄传》，人民文学出版社，2006。

袁兆秀主编《陇东中学校史》，甘肃文化出版社，2000。

赵树理：《赵树理作品新编》，人民文学出版社，2011。

章炳麟：《章太炎选集》，上海人民出版社，1981。

张才千：《留守陇东》，甘肃人民出版社，1984。

张世斌主编，冯迎春、惠兴文副主编《陕甘宁边区高等法院史迹》，陕西人民出版社，2006。

中共党史人物研究会编，胡华主编《中共党史人物传》卷6，陕西人民出版社，1982。

中共中央文献研究室编《毛泽东年谱（1949—1976）》卷4，中央文献出版社，2013。

中共中央文献研究室与湖南省委《毛泽东早期文稿》编辑组编

《毛泽东早期文稿》，湖南出版社，1990。

《中国电视报》第10期，2000年3月9日。

《中国妇女》，1957。

《中国青年报》，1957。

《中国戏曲曲艺词典》，上海辞书出版社，1981。

中华全国妇女联合会编《婚姻法宣传手册》，法律出版社，1980。

中华全国妇女联合会妇女运动史研究室：《五四时期妇女问题文选》，三联书店，1981。

中央贯彻婚姻法运动委员会：《贯彻婚姻法运动的重要文件》，人民出版社，1953。

中央人民广播电台戏曲组编《刘巧儿参加人民公社》，宝文堂书店，1958。

中央人民政府法制委员会编《婚姻法及其有关文件》，新华书店，1950。

三 访谈

采访封芝琴（原名封捧儿）（2005年7月21日，2007年7月5日）。

采访秦文虎（70年代到80年代曾是袁静的秘书）（2012年6月26日）。

采访折兴发（前华池县文化发展办公室主任）（2005年7月21日）。

采访温晓红（休斯敦大学教授）（2013年4月20日）。

采访张宣（原解放军连指导员，1948年时曾见过封芝琴）（2006年6月23日）。

四　影视、网络资料

蔡楚生导演《新女性》，1934。

CCTV：《新闻调查：陇东婚事》，2015 年 2 月 7 日，http://tv.cntv.cn/vodplay/603a16aff11b480192d5b8ab4d519edc/860010-1102010100（2015 年 5 月 12 日浏览）。

豆瓣音乐：《评剧：刘巧儿新传》，https://music.douban.com/subject/2169116/（2021 年 2 月 19 日浏览）。

〔日〕黑泽明导演《罗生门》，1950。

"婚姻法律网"：《婚姻自由与婚姻自主权的区别》，www.lihun99.com/jh/hyzzq/1007011263.html（2011 年 8 月 8 日浏览）。

刘国权导演《李二嫂改嫁》，长春电影制片厂，1957。

《"刘巧儿"有新传，亮相北京大舞台》，http://culture.qianlong.com/6931/2004/05/11/1340@2047123.htm（2005 年 1 月 24 日浏览）。

钱雁秋导演《神探狄仁杰》，2004。

孙树培导演《包青天》，1993。

腾讯新闻谷雨：《2020 国人彩礼地图：哪个省的彩礼最贵？》，《风闻》，https://user.guancha.cn/main/content?id=397006（2020 年 10 月 19 日浏览）。

天津图书馆："津门群星：袁静"，http://dlibrary.tjl.tj.cn/jmqx/renwu/yj.htm，2012 年 5 月 12 日访问。

戏剧网：《评剧皇后新凤霞戏剧人生留佳话》，http://www.xijucn.com/html/pingju/20120418/35454.html（2021 年 2 月

15日浏览）。

伊琳导演《刘巧儿》，长春电影制片厂出品，1956。

"袁静和新儿女英雄传"，http://news.enorth.com.cn/system/2005/09/06/001111863.shtml，2012年5月12日访问。

"袁晓园"：维基百科条目，http//zh.wikipedia.org/wiki/袁晓园（2012年5月9日访问）。

张志永：《1950年代初期中共干部婚姻问题初探：以1950-1956河北省干部群体为例》，《二十一世纪》（网络版）二〇〇七年三月号，总第60期，http://www.cuhk.edu.hk/ics/21c/index.html（2014年3月12日查询）。

《中华人民共和国民法通则》（1986年4月12日颁布）第103条，引自《法律图书馆》，http://www.law-lib.com/law/law_view.asp?id=3633（2011年9月8日查询）。

最高人民法院：《婚姻司法解释（2）》，离婚法网，www.lihunfa.org/59w9.html（2014年1月15日浏览）。

最高人民法院：《婚姻法司法解释（3）》（2011年8月9日），新华报业网，http://news.xhby.net/system/2011/08/12/011448797.shtml（2014年12月20日浏览）。

五　中文著作、论文

1. 专著、译著

陈东原：《中国妇女生活史》，商务印书馆，1998。

陈建华：《"革命"的现代性：中国革命话语考论》，上海古籍出版社，2000。

陈永发:《延安的阴影》,台北中研院近代史研究所,1990。

费孝通:《乡土中国》,上海人民出版社,2006。

高华:《红太阳是怎样升起的?——延安整风运动的来龙去脉》,香港中文大学出版社,2000。

高新民、张树军:《延安整风实录》,浙江人民出版社,2000。

郭松义:《伦理与生活:清代的婚姻关系》,商务印书馆,2000。

侯欣一:《从司法为民到人民司法——陕甘宁边区大众司法制度研究》,中国政法大学出版社,2007。

黄传会:《天下婚姻:共和国三部婚姻法纪事》,文汇出版社,2004。

黄仁柯:《鲁艺人——红色艺术家们》,中共中央党校出版社,2001。

黄正林:《陕甘宁边区社会经济史(1937~1945)》,人民出版社,2006。

金观涛、刘青峰:《观念的历史:中国现代重要政治术语的形成》,法律出版社,2009。

李启成:《晚清各级审判庭研究》,北京大学出版社,2004。

梁治平:《清代习惯法:社会与国家》,中国政法大学出版社,1996。

〔美〕列文森(Joseph Levenson):《儒学中国及其现代命运》,郑大华、任菁译,中国社会科学出版社,2000。

刘增杰编《中国解放区文学史》,河南大学出版社,1988。

〔意〕马西尼(Fedrico Masini):《现代汉语词汇的形成》,黄河清译,汉语大词典出版社,1997。

毛立平:《清代嫁妆研究》,中国人民大学出版社,2007。

孟悦:《人、历史、家园:文化批评三调》,人民文学出版社,2006。

孟悦、戴锦华:《浮出历史地表》,河南人民出版社,1989。

〔美〕裴宜理(Elizabeth Perry):《安源——发掘中国革命之传统》,闫小骏译,香港大学出版社,2014。

秦燕:《清末民初的陕北社会》,陕西人民出版社,2000。

秦燕、胡红安:《秦代以来的陕北宗族与社会变迁》,西北工业大学出版社,2004。

秦燕、岳珑:《走出封闭:陕北妇女的婚姻与生育,1900~1949》,陕西人民出版社,1997。

庆阳市政协、华池县政协:《"刘巧儿"传奇人生》,甘肃人民出版社,2005。

荣敬本、罗燕明、叶道猛:《论延安的民主模式》,西北大学出版社,2004。

散木:《旧日子,旧人物》,花城出版社,2007。

史念海:《黄土高原历史地理研究》,黄河水利出版社,2001。

谭同学:《桥村有道:转型乡村的道德、权力与社会结构》,三联书店,2010。

王敬:《延安〈解放日报〉史》,新华出版社,1998。

王培元:《延安鲁艺风云录》,广西师范大学出版社,2004。

王跃生:《清代中期婚姻冲突透视》,社会科学文献出版社,2003。

汪晖:《亚洲视野:中国历史的叙述》,香港牛津大学出版社,2010。

汪世荣、刘全娥、王吉德、李娟：《新中国司法制度的基石：陕甘宁边区高等法院（1937~1949）》，商务印书馆，2011。

许慧琦：《娜拉在中国：新女性性向的塑造及其演变》，成功大学出版社，2003。

杨振发：《封芝琴，刘巧儿》，中国广播电视出版社，2004。

尹家民：《国共往事风云录：从黄埔到北伐》，当代中国出版社，2012。

张希坡：《马锡五审判方式》，法律出版社，1983。

张希坡：《革命根据地法制史研究与"史源学"举隅》，中国人民大学出版社，2011。

张希坡、韩延龙主编《中国革命法制史》，中国社会科学出版社，2007。

〔日〕中岛乐章：《明代乡村纠纷与秩序》，郭万平、高飞译，江苏人民出版社，2010。

朱鸿召：《延安：日常生活中的历史（1937~1947）》，广西师范大学出版社，2007。

朱学勤：《书斋里的革命》，长春出版社，1999。

2. 论文及论文集

陈尚敏：《陕甘分闱与清代甘肃进士的时间分布》，《青海社会科学》2009年第5期，第130~134页。

陈尚敏：《清代甘肃进士的地理分布》，《中国历史地理论丛》2009年第4期，第71~80页。

丛小平：《左润诉王银锁：20世纪40年代陕甘宁边区的妇女、婚姻与国家建构》，《开放时代》2009年第10期，第62~

79页。

丛小平:《20世纪中期革命文学中母女传承的转型与家国关系——兼论女作家袁静及其作品》,《开放时代》2016年第3期,第64~82页。

丛小平:《看上去像个国家》,《书林》2016年第6期,第223~226页。

范愉:《简论马锡五审判方式》,《清华法律评论》第2辑,清华大学出版社,1999,第221~231页。

郭于华:《心灵的集体化:陕北冀村农业合作化的女性》,《中国社会科学》2003年第4期,第79~92页。

郝在今:《评剧〈刘巧儿〉与三位女性的传奇经历》,《党史博览》2005年第2期,第25~27页。

何晓明:《近代中国自由主义:不结果实的精神之花》,郑大华、邹小站编:《中国近代史上的自由主义》,第14~26页。

侯欣一:《法学的中国学派:原因、方法及后果——以延安新法学会为中心的考察》,《政法论坛》2006年第6期,第173~179页。

侯欣一:《从司法为民到人民司法——陕甘宁边区大众化司法制度研究》,中国政法大学出版社,2007。

胡昌健:《曾懿与左锡嘉》,《四川文物》1993年6期,第7页。

胡其柱:《晚清"自由"语词的生成考略》,郑大华、邹小站编《中国近代史上的自由主义》,第127~145页。

胡永恒:《1943年陕甘宁边区停止援用六法全书之考察——整风、审干运动对边区司法的影响》,《抗日战争研究》2010

年第 4 期，第 90~102 页。

黄克武：《近代中国的自由主义》，郑大华、邹小站编《中国近代史上的自由主义》，第 27~43 页。

姜翰：《民意与司法：苏维埃时期的刑事审判（1931-1934）》，《苏区研究》2019 年第 4 期，第 71~81 页。

李娟：《马锡五审判方式产生的背景分析》，《法律科学》2008 年第 2 期，第 163~169 页。

李娟：《革命传统与西方现代司法理念的交锋及其深远影响——陕甘宁边区 1943 年的司法大检讨》，《法制与社会发展》2009 年第 4 期，第 38~49 页。

李小江主编《性别与中国》，三联书店，1994。

李秀清：《新中国婚姻法的成长与苏联模式的影响》，《法律科学》2002 年第 4 期，第 76~89 页。

林玫仪：《试论阳湖左氏二代才女之家族关系》，《中国文哲研究集刊》（台北）第 30 期，2007 年 3 月，第 179~222 页。

刘全娥、李娟：《陕甘宁边区高等法院档案及其学术价值》，《法律科学》2006 年第 1 期，第 156~162 页。

卢建荣主编《性别、政治与集体心态：中国新文化史》，麦田出版，2001。

马啸：《明代西北科举与社会环境——以庆阳府进士与举人的时空分布、特点以及成因为线索》，《宁夏大学学报》（人文社会科学版）2010 年第 4 期，第 118~130 页

强世功：《权力组织网络与法律的治理化》，《北大法律评论》第 3 卷第 2 辑，北京大学出版社，2000，第 1~61 页。

秦燕:《从社会性别视角对延安时期新女性的研究》,《妇女研究论丛》75 (5),2006 年 9 月,第 38~42 页。

任中和:《陕甘宁边区行政区划演变概述》,《历史档案》1988 年第 3 期,第 116~119、126 页。

散木:《北大学生赵梅生的传奇人生》,《党史博览》2006 年第 2 期,第 25~27 页。

石西民、范剑涯编《〈新华日报〉的回忆(续集)》,四川人民出版社,1983。

王锋:《抗战时期"知识青年奔赴延安"现象》,《二十一世纪》(香港) 114 (8),2009 年 8 月,第 51~58 页。

王歌雅:《域外法影响下的中国婚姻法改革》,《比较法研究》2007 年第 5 期,第 70~81 页。

王颖:《走出家庭与巩固家庭:抗日战争时期陕甘宁边区的妇女解放(1937-1945)》,《开放时代》2018 年第 4 期,第 13~35 页。

危兆盖、耿云志等:《历史为什么没有选择自由主义》,郑大华、邹小站编《中国近代史上的自由主义》,第 1~10 页。

吴雪杉:《从马锡五同志到调解诉讼到刘巧儿:革命婚姻的话语建构》,《中国美术史研究文集》,中央民族大学出版社,2009,第 135~172 页。

谢冬慧:《南京国民政府民事调解制度考论》,《南京社会科学》2009 年第 10 期,第 86~93 页。

熊秉真:《建构的感情—明清家庭的母子关系》,岳心怡译,卢建荣主编《性别、政治与集体心态:中国新文化史》,第

255~280页。

熊秉真:《明清家庭中的母子关系—性别、感情及其他》,李小江主编《性别与中国》,第514~544页。

熊复:《关于〈新华日报〉的历史地位及其特点》,石西民、范剑涯编《〈新华日报〉的回忆(续集)》,第61~74页。

熊月之:《晚清几个政治词汇的翻译和使用》,《史林》1999年第1期,第57~62页。

杨彬彬:《曾懿与晚清"疾病的隐喻"》,《中国社会科学院研究生院学报》2008年3月,第113~118页。

余敏玲:《女人扶犁?——女拖拉机手在中国》,陈永发主编《两岸分途:冷战初期的政经发展》,第1~29页。

余敏玲编《两岸分途:冷战初期的政经发展》,台北中研院近代史所,2006。

袁兴培主编《中国文学史》第4卷,高等教育出版社,1999。

张志永:《华北抗日根据地妇女运动与婚外性关系》,《抗日战争研究》2009年第1期,第77~86页。

郑大华、邹小站编《中国近代史上的自由主义》,社会科学文献出版社,2008。

六 英文文献

Akira Kurosawa (director), *Rashomon* (movie), 1950.

Alber, Charles J., *Embracing the Lie: Ding Ling and the Politics of Literature in the People's Republic of China*, Westport, CT: Praeger Publishers, 2004.

——, *Enduring the Revolution: Ding Ling and the Politics of Literature in Guomindang China*, Westport, CT: Praeger Publishers, 2001.

Anagnost, Ann, "Transformation of Gender in Modern China," in Sandra Morgen ed. *Gender and Anthropology: Critical Reviews for Research and Teaching*, pp. 313 - 329.

Andors, Phyllis, *The Unfinished Liberation of Chinese Women, 1949 - 1980*, Bloomington: Indiana University Press, 1983.

Arkush, R. David, "Love and Marriage in North Chinese Peasant Operas" in Perry Link, Richard Madsen, and Paul G. Pickowicz (eds.), *Unofficial China: Popular Culture and Thought in the People's Republic*, pp. 72 - 87.

Averill, Stephen, "The Origin of the Futian Incident," in Tony Saich and Hans van de Ven (eds.), *New Perspectives on the Chinese Communist Revolution*, pp. 79 - 115.

Barlow, Tani E. (ed.), *Gender Politics in Modern China, Writing and Feminism*, Durham, NC: Duke University Press, 1993.

——, "Asian Perspective," *Gender and History* 1 (3) (Autumn, 1989): 318 - 330.

——, "Theorizing Woman: Funü, Guojia, Jiating [Chinese Women, Chinese State, Chinese Family]," in Angela Zito and Tani E. Barlow (eds.), *Body, Subject and Power in China*, pp. 253 - 289.

——, *The Question of Women in Chinese Feminism*, Durham, NC: Duke University Press, 2004.

参考文献

Beauvoir, Simone de, *The Second Sex* (translated and edited by H. M. Parshley), New York: Knopf, 1953.

Belden, Jack, *China Shakes the World*, New York: Harper & Brothers, 1949.

Benton, Gregor, "Under Arms and Umbrellas: Perspectives on Chinese Communism in Defeat," in Tony Saich and Hans van de Ven (eds.), *New Perspectives on the Chinese Communist Revolution*, pp. 116 – 143.

——, *New Fourth Army: Communist Resistance Along the Yangtze and the Huai, 1938 – 1941*, Berkeley, California: University of California Press, 1999.

Bernhardt, Kathryn, *Women and Property in China, 960 – 1949*, Stanford, CA: Stanford University Press, 1999.

——, "A Ming – Qing Transition in Chinese Women's History? The Perspective from Law," in Gail Hershatter, Emily Honig, Jonathan N. Lipman, and Randall Stross (eds.), *Remapping China: Fissures in Historical Terrain*, pp. 42 – 58.

——, "Women and the Law: Divorce in the Republican Period," in Kathryn Bernhardt and Philip Huang (eds.), *Civil Law in Qing and Republican China*, pp. 187 – 214.

——, and Philip Huang (eds.), *Civil Law in Qing and Republican China*, Stanford, CA: Stanford University Press, 1994.

Bianco, Lucien, "Peasant Responses to CCP Mobilization Policies, 1937 – 1945," in Tony Saich and Hans van de Ven (eds.),

New Perspectives on the Chinese Communist Revolution, pp. 175 – 191.

Birge, Bettine, "Levirate Marriage and the Revival of Widow Chastity in Yuan China," *Asia Major* 8, 2 (1995): 107 – 146.

Bourgon, Jerome, "Rights, Freedoms, and Customs in the Making of Chinese Civil Law, 1900 – 1936," in William C. Kirby (ed.), *Realms of Freedom in Modern China*, Stanford, CA.: Stanford University Press, 2004, pp. 84 – 112.

——, "Uncivil Dialogue: Law and Custom did not Merge into Civil Law under the Qing," *Late Imperial China* 23, 1 (June 2002): 50 – 90.

Bray, Francesca, *Technology and Gender: Fabrics of Power in Late Imperial China*, Berkeley: University of California Press, 1997.

Brown, Jeremy and Paul G. Pickowicz (eds.), *Dilemmas of Victory: The Early Years of the People's Republic of China*, Cambridge, Mass.: Harvard University Press, 2007.

Butler, W. E. (ed.), *The Legal System of the Chinese Soviet Republic, 1931 – 1934*, New York: Transnational Publishers Inc., 1983.

Cheek, Timothy, "The Honorable Vocation: Intellectual Service in CCP Propaganda Institutions in Jin – Cha – Ji, 1937 – 1945," in Tony Saich and Hans van de Ven (eds.), *New Perspectives on the Chinese Communist Revolution*, pp. 235 – 262.

Chen, Tina Mai, "Female Icons, Feminist Iconography? Socialist

Rhetoric and Women's Agency in 1950s China," *Gender & History* 15, no. 2 (August 2003): 268 – 295.

Chow, Ray, *Women and Chinese Modernity: The Politics of Reading between West and East*, Minnesota: University of Minnesota Press, 1991.

——, "Violence in the Other Country: China as Crisis, Spectacle, and Women," in Chandra Talpade Mohanty, Ann Russo, and Laurdes Torres (eds.), *Third World Women and the Politics of Feminism*, pp. 81 – 100.

Cohen, Jerome A., "Chinese Mediation on the Eve of Modernization," *Journal of Asia and African Studies* 2, no. 1 (April 1967): 54 – 76.

——, *Discovering History in China: American Historical Writing on the Recent Chinese Past*, New York: Columbia University Press, 1984.

Cong, Xiaoping, "From 'Cainü' to 'Nü Jiaoxi': Female Normal Schools and the Transformation of Women's Education in the Late Qing Period, 1895 – 1911," in Nanxiu Qian, Grace S. Fong, and Richard J. Smith (eds.), *Different Worlds of Discourse*, pp. 115 – 144.

——, "Ma Xiwu's Way of Judging: Villages, the Masses, and the Legal Construction in Revolutionary China of the 1940s," *The China Journal* 72 (July 2014): 29 – 52.

——, *Teachers' Schools and the Making of the Modern Chinese Nation-State, 1897 – 1937*, Toronto: University of British Columbia

Press, 2007.

Coontz, Stephanie, *The Social Origins of Private Life: A History of American Families, 1600 – 1900*, New York: Verso, 1988.

Dai Qing, *Wang Shiwei and "Wild Lilies": Rectification and Purges in Chinese Communist Party, 1942 – 1944*, New York: M. E. Sharpe, Inc., 1994.

Davin, Delia, *Woman – Work: Women and the Party in Revolutionary China*, New York: Oxford University Press, 1980.

Diamant, Neil, "Re – examining the Impact of the 1950 Marriage Law: State Improvisation, Local Initiative and Rural Family Change," *The China Quarterly* 161 (Mar. 2000): 171 – 198.

——, *Revolutionizing the Family: Politics, Love, and Divorce in Urban and Rural China, 1949 – 1968*, Berkeley: University of California Press, 2000.

Diamond, Norma, "Collectivization, Kinship, and the Status of Woman in Rural China," in Rayna R. Reiter (ed.), *Toward an Anthropology of Women*, pp. 372 – 395.

Ebrey, Patricia, *The Inner Quarters: Marriage and the Lives of Chinese Women in the Sung Period*, Berkeley: University of California Press, 1993.

Elman, Benjamin, *Classicism, Politics, and Kinship: The Ch'ang – chou School of New Text Confucianism in Late Imperial China*, Berkeley, CA.: University of California Press, 1990.

Esherick, Joseph, "Deconstructing the Construction of the Party –

State: Gulin County in the Shaan‐Gan‐Ning Border Region," *The China Quarterly*, no. 140 (Dec. 1994): 1052‐1079.

Fei, Hsiao‐tong, *Peasant Life in China: A Field Study of Country Life in the Yangtze Valley*, London: Kegan Paul, Trench, Trubner & Co., Ltd, 1939.

Fong, Grace, "Reconfiguring Time, Space, and Subjectivity: Lü Bicheng's Travel Writing on Mount Lu," in Nanxiu Qian, Grace S. Fong, and Richard J. Smith (eds.), *Different Worlds of Discourse*, pp. 87‐114.

Fung, Edmund S. K., "The Idea of Freedom in Modern China Revisited: Plural Conceptions and Dual Responsibilities," *Modern China* 32, no. 4 (October 2006): 453‐482.

Galbiati, Fernando, *P'eng P'ai and the Hai‐Lu‐Feng Soviet*, Stanford, CA: Stanford University Press, 1985.

Geertz, Clifford, "Introduction," "From the Native's Point of View," "Common Sense as a Cultural System," and "Art as a Cultural System," in Clifford Geertz, *Local Knowledge: Further Essays in Interpretive Anthropology*, pp. 9‐13, 55‐120.

——, "Local Knowledge: Fact and Law in Comparative Perspective," in *Local Knowledge: Further Essays in Interpretive Anthropology*, pp. 167‐234.

——, *Local Knowledge: Further Essays in Interpretive Anthropology*, New York: Basic Books, 1983.

——, *The Interpretation of Cultures: Selected Essays*, New York:

Basic Books, 1973.

Gilmartin, Christina, *Engendering the Chinese Revolution: Radical Women, Communist Politics, and Mass Movements in the 1920s*, Berkeley: University of California Press, 1995.

Gilmartin, K. Christina, Gail Hershatter, Lisa Rofel, and Tyrene White (eds.), *Engendering China: Women, Culture, and the State*, Cambridge, MA: Harvard University Press, 1994.

Glosser, Susan L., *Chinese Visions of Family and State, 1915 - 1953*, Berkeley: University of California Press, 2003.

Goldman, Merle, *Literary Dissent in Communist China*, Cambridge, MA: Harvard University Press, 1967.

Goodman, Bryna and Wendy Larson (eds.), *Gender in Motion: Divisions of Labor and Cultural Change in Late Imperial and Modern China*, New York: Rowman & Littlefield Publisher, Inc., 2005.

Goodman, David S. G., "The Licheng Rebellion of 1941: Class, Gender, and Leadership in the Sino - Japanese War," *Modern China* 23 (2) (April 1997): 216 - 245.

——, *Social and Political Change in Revolutionary China: The Taihang Base Area in the War of Resistance to Japan, 1937 - 1945*, New York: Rowman & Littlefield Publishers, Inc., 2000.

Grieder, Jerome B., *Hu Shih and the Renaissance: Liberalism in the Chinese Revolution, 1917 - 1937*, Cambridge, MA: Harvard University Press, 1970.

Habermas, Jurgen, *The Structural Transformation of the Public Sphere: An Inquiry into a Category of Bourgeois Society* (trans. Thomas Burger and Frederick Lawrence), Cambridge, MA: MIT Press, 1989.

Hartford, Kathleen, "Fits and Starts: The Chinese Communist Party in Rural Hebei, 1921 – 1936," in Tony Saich and Hans van de Ven (eds.), *New Perspectives on the Chinese Communist Revolution*, pp. 144 – 174.

Hershatter, Gail, "Birthing Stories: Rural Midwives in 1950s China," in Jeremy Brown and Paul G. Pickowicz (eds.), *Dilemmas of Victory: The Early Years of the People's Republic of China*, pp. 337 – 358.

——, Emily Honig, Jonathan N. Lipman, and Randall Stross (eds.), *Remapping China: Fissures in Historical Terrain*, Stanford, CA.: Stanford University Press, 1996.

——, "The Gender of Memory: Rural Chinese Women and the 1950s," *Signs: Journal of Women in Culture and Society* 28, 1 (2002): 43 – 70.

——, "The Subaltern Talks Back: Reflections on Subaltern Theory and Chinese History," *Positions* 1 (1993), no. 1: 103 – 130.

——, "Virtue at Work: Rural Shaanxi Women Remember the 1950s," in Bryna Goodman and Wendy Larson (eds.), *Gender in Motion: Divisions of Labor and Cultural Change in Late Imperial and Modern China*, pp. 309 – 328.

——, *Dangerous Pleasures: Prostitution and Modernity in Twentieth-Century Shanghai*, Berkeley: University of California Press, 1997.

——, *The Gender of Memory: Rural Women and China's Collective Past*, Berkeley: University of California Press, 2011.

Ho, P'ingti, *The Ladder of Success in Imperial China: Aspects of Social Mobility, 1368 – 1911*, New York: Columbia University Press, 1962.

Holm, David, *Art and Ideology in Revolutionary China*, Oxford: Clarendon Press, 1991.

Holmgren, Jennifer, "The Economic Foundation of Virtue: Widow Remarrying in Early and Modern China," *The Australian Journal of Chinese Affairs* 13 (1985): 1 – 27.

Hsiao, Kung-Chuan, *Compromise in Imperial China*, Seattle: School of International Studies, University of Washington, 1979.

Hsiung Ping-chen, " Constructed Emotions: The BondBetween Mothers and Sons in Late Imperial China," *Late Imperial China* 15, no. 1 (June 1994): 87 – 117.

Hu Ying, " 'Tossing the Brush'? Wu Zhiying (1868 – 1934) and the Uses of Calligraphy," in Nanxiu Qian, Grace S. Fong, and Richard J. Smith (eds.), *Different Worlds of Discourse*, pp. 57 – 86.

Huang, Martin, "Sentiments of Desire: Thoughts on the Cult of Qing in Ming-Qing Literature," *Chinese Literature: Essays, Articles,*

Reviews (Dec. 20, 1998): 153 -184.

Huang, Martin, *Desire and Fictional Narrative in Late Imperial China*, Cambridge, MA: Harvard University Press, 2001.

Huang, Philip, "Between Informal Mediation and Formal Adjudication: The Third Realm of Qing Civil Justice," *Modern China* 19, no. 3 (1993): 251 -298.

——, "Court Mediation in China, Past and Present," *Modern China* 32, no. 3 (July 2006): 275 -314.

——, "Divorce Law Practices and the Origins, Myths, and Realities of Judicial 'Mediation' in China," *Modern China*, 31, no. 2 (April 2005): 151 -205.

——, "Women's Choices under the Law: Marriage, Divorce, and Illicit Sex in the Qing and the Republic," *Modern China* 27, 1 (2001): 3 -58.

——, *Chinese Civil Justice, Past and Present*, New York: Rowman & Littlefield, 2010.

——, *Code, Custom, and Legal Practice in China: The Qing and the Republic Compared*, Stanford, CA: Stanford University Press, 2001.

Hung, Chang -tai, "Reeducating a Blind Storyteller: Han Qixiang and the Chinese Communist Storytelling Campaign," *Modern China* 19, no. 4 (October 1993): 395 -426.

——, *War and Popular Culture: Resistance in Modern China, 1937 -1945*, Berkeley: University of California Press, 1994.

Hunt, Lynn, "Introduction," in Lynn Hunt (ed.), *The New Cultural History*, pp. 1 – 14.

——(ed.), *The New Cultural History*, Berkeley: University of California Press, 1989.

Idema, Wilt L., *Judge Bao and the Rule of Law: Eight Ballad – Stories from the Period 1250 – 1450*, Cambridge, Mass.: Harvard University Press, 2010.

Jacka, Tamara, *Women's Work in Rural China: Change and Continuity in an Era of Reform*, New York: Cambridge University Press, 1997.

Johnson, Chalmers, *Peasant Nationalism and Communist Power*, Stanford: Stanford University Press, 1962.

Johnson, Kay Ann, *Women, the Family and Peasant Revolution in China*, Chicago, IL: University of Chicago Press, 1983.

Judd, Ellen R., "New Yangge: The Case of 'A Worthy Sister – in – Law'" (CHINOPERL papers 10, 1981): 167 – 186.

——, "Reconsidering China's Marriage Law Campaign: Toward a DeOrientalized Feminist Perspective," *Asian Journal of Women's Studies*, vol. 4, no. 2 (1998): 8 – 26.

Judge, Joan, *Print and Politics: "Shibao" and the Culture of Reform in Late Qing China*, Stanford: Stanford University Press, 1996.

——, *The Precious Raft of History: The Past, The West, and The Women Question in China*, Stanford, CA: Stanford University Press, 2008.

——, "Talent, Virtue, and the Nation: Chinese Nationalisms and Female Subjectivities in the Early Twentieth Century," *The American Historical Review*, vol. 106, No. 3 (Jun., 2001): 765 – 803.

Keating, Pauline, "Review of *China in Revolution* and *New Perspectives on the Chinese Communist Revolution*," *The China Journal*, no. 37 (January 1997): 219 – 223.

——, "The Ecological Origins of the Yan' an Way," *The Australian Journal of Chinese Affairs*, no. 32 (July 1994): 123 – 153.

——, *Two Revolutions: Village Reconstruction and the Cooperative Movement in Northern Shaanxi, 1934 – 1945*, Stanford, CA: Stanford University Press, 1997.

Kirby, William C. (ed.), *Realms of Freedom in Modern China*, Stanford, CA.: Stanford University Press, 2004.

Ko, Dorothy, "Pursuing Talent and Virtue: Education and Women's Culture in Seventeenth – and Eighteenth – Century China," *Late Imperial China* 13, no. 1 (1992): 9 – 39.

——, *Teachers of the Inner Chamber: Women and Culture in Seventeenth – Century China*, Stanford, CA.: Stanford University Press, 1994.

Kuo, Margaret, *Intolerable Cruelty: Marriage, Law, and Society in Early Twentieth-Century China*, New York: Rowman & Littlefield Publishers, Inc., 2014.

Lean, Eugenia, *Public Passions: The Trial of Shi Jianqiao and the*

Rise of Popular Sympathy in Republican China, Berkeley: University of California Press, 2007.

Lieberman, Sally Taylor, *The Mother and Narrative Politics in Modern China*, Charlottesville: University of Virginia Press, 1998.

Link, Perry, "The Crocodile Bird: Xiangsheng in the Early 1950s," in Jeremy Brown and Paul G. Pickowicz (eds.), *Dilemmas of Victory: The Early Years of the People's Republic of China* (Cambridge, MA: Harvard University Press, 2007), pp. 207 – 231.

Link, Perry, Richard Madsen and Paul G. Pickowicz (eds.), *Unofficial China: Popular Culture and Thought in the People's Republic*, Boulder: Westview Press, 1990.

Liu Jianmei, *Revolution Plus Love: Literary History, Women's Bodies, and Thematic Repetition in Twentieth – Century Chinese Fiction*, Honolulu: University of Hawai'i Press, 2003.

Liu, Lydia, *Translingual Practice: Literature, National Culture, and Translated Modernity, 1900 – 1937*, Stanford, CA: Stanford University Press, 1995.

Lötveit, Trygve, *Chinese Communism 1931 – 1934: Experience in Civil Government*, Sweden: Studentlitteratur, 1973.

Lu, Weijing, *True to Her Word: The Faithful Maiden Cult in Late Imperial China*, Stanford, CA: Stanford University Press, 2008.

Lubman, Stanley, "Mao and Mediation: Politics and Dispute Resolution in Communist China," *California Law Review* 55 (1967): 1284 - 1359.

Lynch, Catherine, Robert B. Marks, and Paul G. Pickowicz (eds.), *Radicalism, Revolution, and Reform in Modern China: Essays in Honor of Maurice Meisner*, New York: Lexington Books, 2011.

Ma, Zhao, *Runaway Wives, Urban Crimes, and Survival Strategies in Wartime Beijing, 1937 - 1949*, Cambridge, MA: Harvard University Press, 2015).

Mann, Susan, "Grooming a Daughter for Marriage" in Rubie Watson and Patricia Buckley Ebrey (eds.), *Marriage and Inequality in Chinese Society*, pp. 203 - 230.

——, "Learned Women in the Eighteenth Century," in Gilmartin, Hershatter, Rofel, and White (eds.), *Engendering China*, pp. 27 - 46.

——, "The Education of Daughters in the Mid - Ch'ing Period," in Elman and Woodside (eds.), *Education and Society in Late Imperial China, 1600 - 1900*, pp. 19 - 49.

——, *Precious Records: Women in China's Long Eighteenth Century*, Stanford, CA: Stanford University Press, 1997.

——, *The Talented Women of the Zhang Family*, Berkeley: University of California Press, 2007.

——, *Gender and Sexuality in Modern Chinese History*, New York: Cambridge University Press, 2011.

Meijer, Marinus J., *Marriage Law and Policy in the Chinese People's*

Republic, Hong Kong: Hong Kong University Press, 1971.

Meng Yue, "Female Image and National Myth," in Tani E. Barlow (ed.), *Gender Politics in Modern China, Writing and Feminism*, pp. 118 – 136.

Michael, Franz, "The Role of Law in Traditional, Nationalist and Communist China," *China Quarterly*, no. 9 (1962): 124 – 48.

Mohanty, Chandra Talpade, Ann Russo, and Laurdes Torres (eds.), *Third World Women and the Politics of Feminism*, Bloomington: Indiana University Press, 1991.

Morgen, Sandra (ed.), *Gender and Anthropology: Critical Reviews for Research and Teaching*, Washington, DC: American Anthropological Association, 1989.

Nelson, Cary and Lawrence Grossberg (eds.), *Marxism and the Interpretation of Culture* (with introduction by editors), Urbana: University of Illinois Press, 1988.

Ono Kazuko, *Chinese Women in a Century of Revolution, 1850 – 1950*, ed. Joshua Fogel, and trans. Kathryn Bernhardt, Timothy Brook, Joshua Fogel, Jonathan Lipman, Susan Mann, and Laurel Rhodes, Stanford, CA: Stanford University Press, 1978.

Perry, Elizabeth J., *Anyuan: Mining China's Revolutionary Tradition*, Berkeley, California: University of California, 2012.

Qian, Nanxiu, "The Mother *Nü xuebao* versus the Daughter *Nü xuebao*: Generational Differences between 1898 and 1902 Women Reformers" in Nanxiu Qian, Grace S. Fong and Richard J. Smith (eds.), *Different Worlds of Discourse*, pp. 257 - 292.

Qian, Nanxiu, *Politics, Poetics, and Gender in Late Qing China*, Stanford, CA.: Stanford University Press, 2015 (forthcoming).

——, Grace S. Fong, and Richard J. Smith (eds.), *Different Worlds of Discourse: Transformations of Gender and Genre in Late Qing and Early Republican China*, Boston: Brill, 2008.

Rankin, Mary Backus, *Elite Activism and Political Transformation in China, Zhejiang Province, 1865 - 1911*, Stanford: Stanford University Press, 1986.

Reiter, Rayna R. (ed.), *Toward an Anthropology of Women*, New York: Monthly Review Press, 1975.

Ropp, Paul, Paola Zamperini, and Harriet Zurndorfer (eds.), *Passionate Women: Female Suicide in Late Imperial China*, Leiden: Brill Academic Publisher, 2001.

Saich, Tony and Hans van de Ven (eds.), *New Perspectives on the Chinese Communist Revolution*, London: M. E. Sharpe, 1994.

Scott, James C., *Seeing Like a State: How Certain Schemes to Improve the Human Condition Have Failed*. New Haven, CT: Yale University Press, 1998.

Scott, Joan W. "Gender: A Useful Category of Historical Analysis," *The American Historical Review*, Vol. 91, no. 5 (December, 1986): 1053 - 1075.

Selden, Mark, *China in Revolution: The Yenan Way Revisited*, London: M. E. Sharpe, 1995.

——, *The Yenan Way in Revolutionary China*, Cambridge, MA: Harvard University Press, 1971.

Snow, Edgar, *Red Star Over China*, New York: Grove Press, 1968.

Sommer, Matthew, "Making Sex Work: Polyandry as a Survival Strategy in Qing Dynasty China," in Goodman, Bryna and Wendy Larson (eds.), *Gender in Motion: Divisions of Labor and Cultural Change in Late Imperial and Modern China*, pp. 29 – 54.

——, *Sex, Law, and Society in Late Imperial China*, Stanford, CA: Stanford University Press, 2000.

Spence, Jonathan, *The Death of Woman Wang*, New York: Viking Press, 1978.

Gayatri Chakravorty Spivak, "Can the Subaltern Speak?" in Cary Nelson and Lawrence Grossberg (eds.), *Marxism and the Interpretation of Culture*, Urbana: University of Illinois Press, 1988, pp. 271 – 313.

Stacey, Judith, *Patriarchy and Socialist Revolution in China*, Berkeley: University of California Press, 1983.

Stranahan, Patricia, "Labor Heroines of Yan'an," *Modern China* 9, no. 2 (April 1983): 228 – 252.

——, *Yan'an Women and the Communist Party*, Berkeley: University of California, Institute of East Asian Studies, 1984.

Strand, David, *Rickshaw Beijing: City, People and Politics in the 1920*, Berkeley: University of California Press, 1989.

T'ien Ju – k'ang, *Male Anxiety and Female Chastity: A Comparative*

Study of Chinese Ethical Values in Ming – Ch'ing Times, Leiden: Brill Publisher, 1988.

The Soviet Law on Marriage: Full Text of the Code of Laws on Marriage and Divorce, the Family, and Guardianship, Moscow: Co-Operative Publishing Society of Foreign Workers in the USSR, 1932.

Theiss, Janet M., *Disgraceful Matters: The Politics of Chastity in Eighteenth – Century China*, Berkeley: University of California Press, 2004.

——, "Managing Martyrdom: Female Suicide and Statecraft in Mid – Qing China," *Nan Nü: Men, Women and Gender in China* 3, no. 1 (2005): 47 – 76.

Tran, Lisa, *Concubines in Court: Marriage and Monogamy in Twentieth Century China*, Lanham, MD: Rowman & Littlefield, 2015.

Wang, Zheng, " 'State Feminism' ? Gender and Socialist Formation in Maoist China," *Feminist Studies* 31, no. 3 (Fall 2005): 519 – 551.

——, "Dilemmas of Inside Agitators: Chinese State Feminists in 1957," *The China Quarterly* 188 (December 2006): 913 – 932.

——, *Women in the Chinese Enlightenment: Oral and Textual Histories*, Berkeley, California: University of California Press, 1999.

Wang, Lingzhen, *Personal Matters: Women's Autobiographical Practice in Twentieth-Century China*, Stanford: Stanford University Press, 2004.

Watson, Rubie and Patricia Buckley Ebrey (eds.), *Marriage and Inequality in Chinese Society*, Berkeley: The University of California Press, 1991.

Widmer, Ellen and Kang – I Sun Chang (eds.), *Writing Women in Late Imperial China*, Stanford: Stanford University Press, 1997.

Wolf, Margery and Roxane Witke (eds.), *Women in Chinese Society*, Stanford, CA: Stanford University Press, 1975.

Wolf, Margery, *Revolution Postponed: Women in Contemporary China*, Stanford, CA: Stanford University Press, 1985.

——, *Women and the Family in Rural Taiwan*, Stanford, CA: Stanford University Press, 1972.

Wollstonecraft, Mary, *A Vindication of the Rights of Women: with Strictures on Political and Moral Subjects* (by Ulrich H. Hardt), Troy, N. Y. : Whitston Pub. Co., 1982.

Wou, Odoric Y. K., *Mobilizing the Masses: Building Revolution in Henan*. Stanford, CA: Stanford University Press, 1994.

Wu Xueshan, "Forging Marriage" (trans. Hui Xiao), *Inter – Asia Cultural Studies* 7, no. 3 (2006): 504 – 512.

Xia Xiaohong, "Tianyi bao and He Zhen's Views on 'Women's Revolution'," in Nanxiu Qian, Grace S. Fong, and Richard J. Smith (eds.), *Different Worlds of Discourse*, pp. 293 – 314.

Xin Fengxia, *The Memoirs of Xin Fengxia* (trans. and ed. by John

Chinnery), New York: Oxford University Press, 2001.

Xu Xiaoqun, "The Fate of Judicial Independence in Republican China, 1912 - 37," *The China Quarterly* 149 (March 1997): 1 - 28.

Yan, Yunxiang, *The Flow of Gifts: Reciprocity and Social Networking*, Stanford, CA: Stanford University Press, 1996.

——, *Private Life Under Socialism: Love, Intimacy, and Family Change in a Chinese Village, 1949 - 1999*, Stanford, CA.: Stanford University Press, 2003.

Yang, Mayfair Mei-hui, "From Gender Erasure to Gender Difference: State Feminism, Consumer Sexuality, and Women's Public Sphere in China," in Mayfair Mei - Hui Yang (ed.), *Spaces of Their Own: Women's Public Sphere in Transitional China*, pp. 35 - 67.

—— (ed.), *Spaces of Their Own: Women's Public Sphere in Transitional China*, Minneapolis: University of Minnesota Press, 1999.

Young, Marilyn B. (ed.), *Women in China: Studies in Social Change and Feminism*, Ann Arbor: Center for Chinese Studies, University of Michigan, 1973.

Yu, Anthony, *Rereading the Stone: Desire and the Making of Fiction in Dream of the Red Chamber*, Princeton, NJ: Princeton University Press, 1997.

Zhang, Naihua, "In a World Together yet Apart: Urban and Rural

Women Coming of Age in the Seventies," in Xueping Zhong, Wang Zheng and Bai (eds.), *Some of Us: Chinese Women Growing up in the Mao Era*, pp. 1 - 26.

Zhong, Xueping, Wang Zheng, and Bai (eds.), *Some of Us: Chinese Women Growing up in the Mao Era*, New Brunswick: Rutgers University Press, 2001.

Zhu Suli, "Political Parties in China's Judiciary," *Duke Journal of International and Comparative Law* 17 (2007): 533 - 560.

Zito, Angela and Tani E. Barlow (eds.), *Body, Subject and Power in China*, Chicago, IL: University of Chicago, 1994.

图书在版编目(CIP)数据

自主:中国革命中的婚姻、法律与女性身份:1940-1960/(美)丛小平著译. -- 北京:社会科学文献出版社,2022.3(2023.4重印)
ISBN 978-7-5201-9394-8

Ⅰ.①自… Ⅱ.①丛… Ⅲ.①女性-婚姻问题-研究-中国 Ⅳ.①D669.1

中国版本图书馆 CIP 数据核字(2021)第 274530 号

自主:中国革命中的婚姻、法律与女性身份(1940~1960)

著　译 / 〔美〕丛小平

出 版 人 / 王利民
组稿编辑 / 宋荣欣
责任编辑 / 邵璐璐　石　岩
责任印制 / 王京美

出　　版 / 社会科学文献出版社·历史学分社(010)59367256
　　　　　　地址:北京市北三环中路甲29号院华龙大厦　邮编:100029
　　　　　　网址:www.ssap.com.cn
发　　行 / 社会科学文献出版社(010)59367028
印　　装 / 三河市东方印刷有限公司

规　　格 / 开本:889mm×1194mm　1/32
　　　　　　印张:15.125　字数:336千字
版　　次 / 2022年3月第1版　2023年4月第2次印刷
书　　号 / ISBN 978-7-5201-9394-8
定　　价 / 89.00元

读者服务电话:4008918866

版权所有 翻印必究